독자의 1초를 아껴주는 정성!

세상이 아무리 바쁘게 돌아가더라도
책까지 아무렇게나 빨리 만들 수는 없습니다.
인스턴트 식품 같은 책보다는
오래 익힌 술이나 장맛이 밴 책을 만들고 싶습니다.

길벗이지톡은 독자 여러분이
우리를 믿는다고 할 때 가장 행복합니다.
나를 아껴주는 어학 도서,
길벗이지톡의 책을 만나보십시오.

독자의 1초를 아껴주는
정성을 만나보십시오.

미리 책을 읽고 따라해본 2만 베타테스터 여러분과
무따기 체험단, 길벗스쿨 엄마 2% 기획단,
시나공 평가단, 토익 배틀, 대학생 기자단까지!
믿을 수 있는 책을 함께 만들어주신 독자 여러분께 감사드립니다.

홈페이지의 '독자마당'에 오시면
책을 함께 만들 수 있습니다.

(주)도서출판 길벗 www.gilbut.co.kr
길벗이지톡 www.gilbut.co.kr
길벗스쿨 www.gilbutschool.co.kr

생활 밀착형 패턴 233개로 일상에서 시험 준비까지 OK!

독일어 회화 핵심패턴 233

최재화 지음

독일어 회화 **핵심패턴 233**

233 Essential Patterns for German Conversation

초판 발행 · 2015년 2월 15일
초판 8쇄 발행 · 2021년 10월 15일

지은이 · 최재화
발행인 · 이종원
발행처 · (주)도서출판 길벗
브랜드 · 길벗이지톡
출판사 등록일 · 1990년 12월 24일
주소 · 서울시 마포구 월드컵로 10길 56(서교동)
대표 전화 · 02)332-0931 | **팩스** · 02)323-0586
홈페이지 · www.gilbut.co.kr | **이메일** · eztok@gilbut.co.kr

기획 및 책임 편집 · 박정현(bonbon@gilbut.co.kr) | **기획** · 이민경, 김대훈 | **본문디자인** · 박상희
제작 · 이준호, 손일순, 이진혁 | **마케팅** · 이수미, 장봉석, 최소영
영업관리 · 김명자, 심선숙 | **독자지원** · 송혜란, 윤정아

편집진행 및 교정 · 박민주 | **표지 및 부속디자인** · 디자인4B | **전산편집** · 김경희
오디오 녹음 · 와이알미디어 | **CTP출력 및 인쇄** · 북토리 | **제본** · 신정문화사

ISBN 978-89-6047-930-2 03750
(이지톡 도서번호 300775)

정가 15,800원

머리말

독일 현지에서 뽑은 생활 밀착형 패턴 233개!

보통 우리나라 사람들은 외국어를 배울 때 읽고 쓰는 것은 잘하는데, 듣고 말하는 것은 잘 못한다고 합니다. 실제 독일에서도 자기 전공 서적은 사전 없이도 읽는데, 일상 대화는 잘 못하는 사람을 종종 봅니다. 그저 읽고 쓰는 공부는 했지만, 듣고 말하는 공부는 하지 않았기 때문입니다. 독일어를 귀와 입으로 익히려면 어떻게 해야 할까요?

독일어, 말하면서 들어야 효과적입니다!

'모국어는 들을 수 있는 것을 말할 수 있고, 외국어는 말할 수 있는 것을 들을 수 있다'는 말이 있습니다. 모국어인 우리말은 어렸을 때부터 오랜 기간 동안 듣고, 따라 하면서 말하는 법을 배우게 됩니다. 독일어도 우리말처럼 배울 수 있다면 좋겠지만, 그렇게 배울 수 있는 시간도 여건도 안 됩니다. 따라서 우리말을 배우는 방법과 완전히 다른 방법으로 접근해야 합니다. 독일어는 먼저 말하고 들어야 효과적입니다.

독일어 공부할 때 3가지만 기억하세요!

독일어 공부의 첫 단계는 문장을 입에 익히는 것입니다. 여기서 중요한 점은 **발음, 강세, 음절입니다. 이 세 가지 포인트를 주의하여 정확하게 말하는 연습을 해야 합니다.** 빨리 말하는 것은 중요하지 않습니다. 처음 피아노를 연습할 때는 한 음 한 음 정확히 치고, 익숙해지면 점점 속도를 높이는 것과 같습니다. **다음은 조금 크게 발음하는 것입니다.** 처음에는 발음이 낯설기 때문에 목소리가 작고 위축되기 마련입니다. 자신감을 가지고 큰 소리로 여러 번 따라 연습하세요. **마지막은 좋은 교재를 선택하는 것입니다.**

패턴으로 일상 회화를 끝내세요!

이 책은 독일에 살면서 자주 듣고 말한 문장을 모아 패턴에 맞게 집필했습니다. **문장이 실생활에서 자주 사용되는지, 뉘앙스가 무엇인지, 어떤 상황에서 사용되는지 등 현지인과 함께 연구하며 검증하는 작업**을 거쳤습니다. 실생활에 자주 사용되는 기본적인 문장은 물론, 특정 전치사를 목적어로 가지는 동사와 같은 고급 문장까지 패턴으로 정리했습니다. 233개의 패턴을 학습하고 나면 일상생활, 독일어 시험, 학교진학이나 취업 등 독일어 학습 목적에 따라 상황에 맞는 나만의 문장을 만들 수 있습니다.

이 책을 집필하면서 많은 독일 친구들과 함께 했습니다. 친절하고 유쾌한 형제인 Simon Schiele과 Thomas Schiele, 가장 친한 친구인 Lukas Balles, 9남매의 예의 바른 장남인 Patrick Locher, 독일어를 전공하는 Jochen Widmaier, 늘 반갑게 맞이해준 Benedickt Joos가 있어서, 정말 재미있게 집필할 수 있었습니다.
독일어 회화, 결코 어렵지 않습니다. 이 교재가 좋은 도구가 될 것입니다.

Übung macht den Meister!

2015년

최재화

이 책의 구성

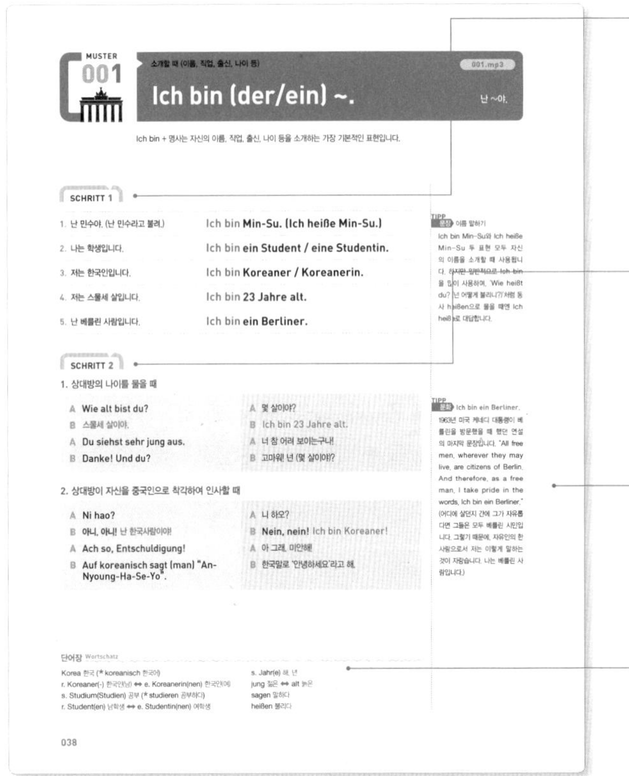

MUSTER 001

소개할 때 (이름, 직업, 출신, 나이 등)

001.mp3

Ich bin (der/ein) ~.

난 ~야.

Ich bin + 명사는 자신의 이름, 직업, 출신, 나이 등을 소개하는 가장 기본적인 표현입니다.

SCHRITT 1

1. 난 민수야. (난 민수라고 불려.) — Ich bin Min-Su. (Ich heiße Min-Su.)
2. 나는 학생입니다. — Ich bin ein Student / eine Studentin.
3. 저는 한국인입니다. — Ich bin Koreaner / Koreanerin.
4. 저는 스물세 살입니다. — Ich bin 23 Jahre alt.
5. 난 베를린 사람입니다. — Ich bin ein Berliner.

TIPP 이름 말하기
Ich bin Min-Su와 Ich heiße Min-Su 두 표현 모두 자신의 이름을 소개할 때 사용됩니다. 하지만 일반적으로 Ich bin을 많이 사용하며, 'Wie heißt du? 넌 어떻게 불리니?'처럼 동사 heißen으로 물을 때엔 Ich heiße로 대답합니다.

SCHRITT 2

1. 상대방의 나이를 물을 때

A Wie alt bist du?	A 몇 살이야?
B 스물세 살이야.	B Ich bin 23 Jahre alt.
A Du siehst sehr jung aus.	A 너 참 어려 보이는구나!
B Danke! Und du?	B 고마워! 넌 (몇 살이야)?

2. 상대방이 자신을 중국인으로 착각하여 인사할 때

A Ni hao?	A 니 하오?
B 아니, 아니! 난 한국사람이야!	B Nein, nein! Ich bin Koreaner!
A Ach so, Entschuldigung!	A 아 그래, 미안해!
B Auf koreanisch sagt (man) "An-Nyoung-Ha-Se-Yo".	B 한국말로 '안녕하세요'라고 해.

TIPP Ich bin ein Berliner.
1963년 미국 케네디 대통령이 베를린을 방문했을 때 했던 연설의 마지막 문장입니다. "All free men, wherever they may live, are citizens of Berlin. And therefore, as a free man, I take pride in the words, Ich bin ein Berliner." (어디에 살던지 간에 그가 자유롭다면 그들은 모두 베를린 시민입니다. 그렇기 때문에, 자유인의 한 사람으로서 저는 이렇게 말하는 것이 자랑습니다. 나는 베를린 사람입니다.)

단어장 Wortschatz

Korea 한국 (* koreanisch 한국어)
r. Koreaner(-) 한국인(남) ↔ e. Koreanerin(nen) 한국인(여)
s. Studium(Studien) 공부 (* studieren 공부하다)
r. Student(en) 남학생 ↔ e. Studentin(nen) 여학생
s. Jahr(e) 해, 년
jung 젊은 ↔ alt 늙은
sagen 말하다
heißen 불리다

038

SCHRITT 1 | 핵심패턴 익히기

핵심패턴이 적용된 표현 5개를 익힙니다. 패턴만 알고 있으면 한두 단어만 바꾸어 나만의 표현을 만들 수 있습니다.

SCHRITT 2 | 상황 속에서 패턴의 쓰임 익히기

각 패턴이 적용되는 대화문입니다. 대화문 중간에 우리말 해석 부분을 독일어로 바꿔 말해보세요.

TIPP

문법 설명, 유용한 표현, 독일의 문화 설명까지 덤으로 챙기세요.

단어장

따로 사전을 찾아 정리할 시간을 줄일 수 있도록 예문 속 단어를 정리했습니다.

EINHEIT 01 sein ~이다

MUSTER 001 — 난 ~야. — Ich bin (der/ein) ~.
1. Ich bin Min-Su. (Ich heiße Min-Su.)
2. Ich bin ein Student / eine Studentin.
3. Ich bin Koreaner / Koreanerin.
4. Ich bin 23 Jahre alt.
5. Ich bin ein Berliner.

MUSTER 002 — Ich bin ~.
1. Ich bin froh / glücklich.
2. Ich bin traurig.
3. Ich bin total durcheinander / niedergeschlagen.
4. Ich bin satt / voll.
5. Ich bin blau / voll / betrunken.

MUSTER 003 — Ich bin ~.
1. Ich bin gleich wieder da. = Ich bin gleich wieder zurück.
2. Ich bin spät dran.
3. Ich bin unterwegs. = Ich komme (zu dir).
4. Ich bin gerade dabei!
5. Ich bin fertig!

MUSTER 004 — Ich bin in + D.
1. Ich bin drin.
2. Ich bin im Urlaub.
3. Ich bin im Dienst.
4. Ich bin voll im Stress.
5. Ich bin in Not.

MUSTER 005 — Ich bin für + A.
1. Ich bin dafür!
2. Ich bin immer für dich da.
3. Ich bin für Deutschland!
4. Ich bin für die Todesstrafe!
5. Ich bin dafür, dass wir dagegen sind!

MUSTER 006 — Ich bin gegen + A.
1. Ich bin dagegen!
2. Ich bin gegen Atomkraft!
3. Ich bin gegen einen Krieg!
4. Ich bin gegen Walfang!
5. Ich bin gegen die Zeitumstellung.

MUSTER 007 — Ich bin stolz auf + A.
1. Ich bin so stolz auf mich!
2. Ich bin stolz auf dich!

훈련용 소책자

출퇴근할 때, 누군가를 기다릴 때 언제 어디서나 들고 다니며 학습할 수 있도록 핵심패턴과 SCHRITT 1의 예문을 훈련용 소책자에 담았습니다. 녹음을 들으며 패턴과 예문을 복습하세요.
어느 정도 익숙해졌다면 반으로 접어 우리말만 보고도 독일어 문장을 말할 수 있도록 연습하세요.

이 책의 효과적인 학습법

1단계 오디오를 먼저 들어 보세요.

독일어는 귀와 입으로 먼저 익혀야 합니다. 오디오를 먼저 듣고 독일어 발음에 익숙해져 보세요. 그러고 나서 책을 보고 오디오를 따라 말하는 연습을 합니다. 계속 반복 훈련하면 실제 회화 상황에서도 말이 나옵니다. 오디오는 길벗이지톡 홈페이지(www.gilbut.co.kr)에서 무료로 다운로드 받을 수 있습니다.

mp3 파일의 구성

❶ 기본 학습용

본문 전체 내용을 녹음했습니다. SCHRITT 1은 우리말 1번, 독일어 2번씩 녹음하고, 모든 문장은 독일 원어민 남녀가 한 번씩 읽어줍니다. 자신의 성별에 맞춰 말하기 연습을 해보세요. SCHRITT 2는 독일어로 1번 녹음했습니다.

❷ 반복 학습용

반복 학습용 mp3에는 패턴과 SCHRITT 1의 문장들만 녹음했습니다. 소책자와 함께 학습하세요.

2단계 책을 보며 큰 소리로 따라 하세요.

SCHRITT 1이 귀에 익숙해졌다면, 책을 보고 독일어 문장을 눈으로 익히며 큰 소리로 따라 해 보세요. SCHRITT 2는 우선 해석을 가리고 독일어만 보고 녹음을 들으며 상황을 유추해 보세요. 그 다음 녹음을 따라 소리 내어 읽어보고, 우리말 부분을 독일어로 바꾸어 말해보세요. 설명과 TIPP, 단어장까지 꼼꼼히 확인하고 넘어가세요.

3단계 훈련용 소책자로 반복하세요.

출퇴근할 때, 누군가를 기다릴 때 언제 어디서나 들고 다니며 학습할 수 있도록 핵심패턴과 SCHRITT 1의 예문을 훈련용 소책자에 담았습니다. 녹음을 들으며 패턴과 예문을 복습하세요. 어느 정도 익숙해졌다면 반으로 접어 우리말만 보고도 독일어 문장을 말할 수 있도록 연습하세요.

차 례

KAPITEL 0 | 핵심 기본 문법

KAPITEL 1 | 기본이 가장 중요하다! 기본동사 sein, haben 패턴

KAPITEL 2 | 생각하고, 느끼고, 말하라! 말, 생각, 감정 동사의 패턴

KAPITEL 3 | 일상생활에 꼭 필요한 핵심동사 패턴

KAPITEL 4 | 일상 대화를 생생하게 만드는 조동사 패턴

KAPITEL 5 | 일상 대화의 반인 질문! 의문사 패턴

KAPITEL 6 | 일상 대화의 레벨-업!

KAPITEL 7 | 반드시 익혀두어야 할 동사 관련 문법사항

핵심 기본 문법

이 책으로 독일어를 처음 공부하거나, 다시 시작하는 분들을 위해서 독일어 문법의 핵심 내용을 정리해놓았습니다.
독일어는 기초가 탄탄할수록 학습하기가 훨씬 쉬워지는 언어입니다. 모르면 말 한 마디도 못꺼낼 만큼, 독일어 학습의 기본이 되는 필수적인 내용들이니 잘 익혀두도록 합니다.

1 알파벳과 발음 익히기

2 낱말의 종류 이해하기

3 명사 익히기

4 관사 익히기

5 대명사 익히기

6 형용사 익히기

7 전치사 익히기

8 동사 익히기

9 문장의 구성 이해하기

01 알파벳과 발음 익히기

알파벳	이름	기본 발음	알파벳	이름	기본 발음
A a	[a] 아	[a] ㅏ	P p	[pe] 페	[p] ㅍ
B b	[be] 베	[b] ㅂ	Q q	[ku] 쿠	[k] ㅋ
C c	[tse] 체	[ts]	R r	[ɛr] 에르	[r]
D d	[de] 데	[d] ㄷ	S s	[ɛs] 에스	[s] ㅅ
E e	[e] 에	[e] ㅔ	T t	[te] 테	[t] ㅌ
F f	[ɛf] 에프	[f]	U u	[u] 우	[u] ㅜ
G g	[ge] 게	[g] ㄱ	V v	[fau] 파우	[f]
H h	[ha] 하	[h] ㅎ	W w	[ve] 베	[v]
I i	[i] 이	[i] ㅣ	X x	[iks] 익스	[ks] ㅋㅅ
J j	[jɔ] 요트	[j]	Y y	[ypsilɔn] 윕실론	[y] ㅟ
K k	[ka] 카	[k] ㅋ	Z z	[tsɛt] 체트	[ts]
L l	[ɛl] 엘	[l] ㄹ	Ä ä	아-움라우트	[ɛ] ㅐ
M m	[ɛm] 엠	[m] ㅁ	Ö ö	오-움라우트	[ø] ㅚ
N n	[ɛn] 엔	[n] ㄴ	Ü ü	우-움라우트	[y] ㅟ
O o	[o] 오	[o] ㅗ	ß	에스체트	[s] ㅅ

* 주의해야 할 발음들 *

1 F[f], V[f], W[v]는 윗니와 아랫입술 사이 발음입니다. (Volk 폴크)

2 R[r]는 혀와 목젖 사이 발음입니다. 보통 'ㄹ' 또는 'ㅎ' 로 들리지만, 아닙니다. 혀와 목젖 사이의 떨림을 느끼며 'ㄹ'을 발음할 때 가장 가까운 소리를 낼 수 있습니다. (real 레알)

3 C[ts]와 Z[ts]는 'ㅊ'에 가깝습니다. (Celsius 첼시우스, Zug 축) 하지만 대부분의 C는 [k]'ㅋ'로 발음됩니다. (Club 클룹)

4 B[b], D[d], G[g]가 음절, 단어 끝에 올 때 [p], [t], [k]로 발음됩니다. (halb 할프, bald 발트, Tag 탁)

5 S는 자음 앞에서나 단어 끝에서는 [s]로 발음되지만 (smart 스마트, Eis 아이스), 모음 앞에서는 [z] 발음이 납니다. (Silber 질버)

6 H가 단어 맨 처음에 오면 [h]로 발음되지만 (Hase 하제), 단어 중간이나 끝에 오면 묵음이 되고 (gehen 게엔, Theater 테아터), 모음 뒤에 오면 모음을 길게 만들어 줍니다. (Sohn 존-)

7 J는 모음과 결합하여 모음의 발음을 변화시킵니다. (Ja 야)

8 Ch는 [ç]'ㅎ'로 발음됩니다. (China 히나) 단 단어 끝에 올 때에는 바로 앞의 모음에 따라 발음이 바뀌기도 합니다. (Buch 부흐, nach 나하, nicht 니히트)

⑨ -ig로 끝날 경우 -ich처럼 [iç]로 발음됩니다. (wenig 베니히)

⑩ Sp, St, Sch는 [ʃ]'쉬'로 (Spiel 쉬필, Staat 쉬타트, schade 샤데), Tsch는 [tʃ]'취'로 (Deutsch 도이취), Dsch는 [dʒ]'쥐'로 (Dschungel 중을) 발음됩니다.

⑪ -tion은 [tsio:n]'치온'으로, -ds, -ts, -tz로 끝나는 경우는 [ts]'ㅊ'로 발음됩니다. (Nation 나치온, abends 아벤츠, nachts 나흐츠, jetzt 예츠트)

⑫ -ng와 -nk는 [ŋ]'ㅇ'으로 발음됩니다. (lang 랑, Dank 당크)

⑬ 단모음 a, e, i, o, u는 기본적으로 [a]'아', [e]'에', [i]'이', [o]'오', [u]'우' 소리가 납니다. 즉, 영어 모음과 달리 독일어 모음은 기본적으로 단어에 따라 발음이 달라지지 않습니다.

영어	f**a**ther 파더	**a**pple 애플	inform**a**tion 인포메이션
독일어	V**a**ter 파터	**A**pfel 압펠	Inform**a**tion 인포마치온

⑭ -en, -el 로 끝나는 경우, e는 약하게 발음됩니다. (haben 하븐, Mantel 만틀) 이러한 e 발음을 쉐바 e [ə]라고 합니다.

⑮ 모음 뒤에 R가 올 경우, R는 [ɐ]'어' 발음이 됩니다. 그렇지만 모음은 아닙니다.

-ar	-er	-ir	-or	-ur
[aɐ] 아어 Haar 하어	[ɐ] 어 Vater 파터 [eɐ] 에어 Berg 베억	[iɐ] 이어 mir 미어	[oɐ] 오어 Doktor 독토어	[oɐ] 우어 Urlaub 우어라웁

⑯ 이중모음

ai, ay, ei, ey	aü, eu	ie	au
[ai] 아이 Mai 마이, Bayern 바이에언, eins 아인스, Meyer 마이어	[oy] 오이 Räume 로이메 heute 호이테	장음 [i] 이 Liebe 리-베	[au] 아우 Auch 아우흐

⑰ 음절 (소리 마디)
모음을 기준으로(모음 수=음절 수) 한 호흡에 한 음절씩 읽습니다.
Frankfurt: Frank-furt (2음절), 잘못된 한국식 발음: 프-랑-크-푸-르-트 (6음절)

⑱ 강세
독일어 강세는 대부분 첫 모음에 있습니다.
ich: **i**ch (1음절, 첫 모음 i에 강세), 잘못된 한국식 발음: 이-**히** (2음절, 히에 강세)

02 낱말의 종류 이해하기

독일어에는 총 10가지 낱말의 종류가 있습니다. 공통된 성질을 지닌 낱말을 모아 분류한 것입니다. 소위 품사라고 합니다.

1 단어 끝(어미)의 모양이 바뀌는 품사 6가지

1. 명사	존재하는 모든 것의 이름 성(남성, 여성, 중성), 수(단수, 복수), 격(주격, 소유격, 여격, 목적격)을 가짐
2. 관사	명사 앞에서 명사를 규정하며, 명사의 성, 수, 격을 표시 종류: 정관사, 부정관사
3. 대명사	명사 즉 이름을 대신함 그래서 항상 시간상, 문법상, 문맥상 앞서서 그것이 지칭하는 명사를 필요로 함 종류: 인칭(재귀)대명사, 소유대명사, 지시대명사, 관계대명사, 부정대명사
4. 형용사	명사나 동사의 상태나 성질 표시 쓰임에 따른 분류: 수식적 형용사, 서술적 형용사, 부사적 형용사
5. 수사	수량이나 순서 표시 종류: 기수와 서수
6. 동사	움직임 표시 성, 수, 인칭(1인칭, 2인칭, 3인칭), 시제(현재, 현재완료, 과거, 과거완료, 미래, 미래완료), 태(능동태, 수동태), 법(직설법, 접속법1, 접속법2)을 가짐

*** 명사가 변하기 때문에 명사에 관계되는 모든 것이 변합니다.***

명사는 성, 수, 격을 가진다

→ 명사를 대신하는 대명사도 성, 수, 격을 가진다

→ 명사를 수식하는 관사, 수식적 형용사, 서수도 그 명사에 따라 성, 수, 격이 변한다

→ 주어(명사 1격)에 따라 동사가 변한다

2 모양이 바뀌지 않는 품사 4가지

7. 전치사	명사 앞에 놓여 장소, 시간, 방향 등의 의미를 표시 동사의 목적어로도 쓰임, 특정 동사와 함께 쓰이는 전치사가 정해져 있음 전치사에 따라 명사의 격이 정해짐 종류: 2격 전치사, 3격 전치사, 4격 전치사, 3/4격 전치사
8. 부사	동사 또는 문장의 장소, 시간, 상황을 표시 종류: 장소 부사, 시간 부사, 상황 부사
9. 접속사	문장과 문장을 연결 종류: 등위접속사, 종속접속사
10. 감탄사	놀람, 느낌 등을 표시

03 명사 익히기

명사는 존재하는 모든 것의 이름입니다. 독일어 명사의 첫 알파벳은 반드시 대문자로 씁니다.

1 독일어 명사는 각자의 성(남성, 여성, 중성), 수(단수, 복수), 격(주격, 소유격, 여격, 목적격)을 가집니다. 명사의 성, 수, 격은 관사로 나타내고, 복수형은 단수형에 복수형 어미 –(e)n 또는 –er을 첨가합니다.

명사 복수어미 규칙표

복수어미	규칙
동일	1. –en, –el, –er로 끝나는 남성명사, 중성명사는 이미 단수형 안에 복수형 어미를 가지고 있기 때문에 단수와 복수의 형태가 동일 (주로 변모음) der Briefkasten(") 우편함, der Apfel(") 사과, der Vater(") 아버지
–n	2. –en, –el, –er로 끝나는 여성명사는 복수어미 –n이 붙음 die Regel(n) 규칙, die Schwester(n) 자매 3. –e로 끝나는 명사(주로 여성)는 복수어미 –n이 붙음* die Straße(n) 도로, das Ende(n) 끝
–en	4. –or로 끝나는 명사는 복수어미 –en이 붙음 der Doktor(en) 박사 5. –heit, –keit, –schaft, –ung, –ei, –tion, –tät, –ur로 끝나는 여성명사에는 –en이 붙음* die Sicherheit(en) 안전, die Möglichkeit(en) 가능성, die Zeitung(en) 신문, die Botschaft(en) 소식, die Bäckerei(en) 빵집, die Information(en) 정보, die Universität(en) 대학, die Kultur(en) 문화 6. 일부 남성명사는 단수 1격을 제외 한 모든 경우 –n 또는 –en이 붙음 der Student(en, en) 학생
–er	중성명사가 많다는 것 외에 특별한 규칙은 없음 (주로 변모음) 자주 쓰이는 명사들은 외워두는 게 편함 das Volk("er) 민족, das Land("er) 나라, das Blatt("er) 잎
그 외	1. 복수어미 –e를 붙이는 명사 der Tisch(e) 책상, der Stuhl("e) 의자, der Platz("e) 장소 2. –in으로 끝나는 여성명사에는 복수어미 –nen을 붙임 die Studentin(nen) 여학생 3. –nis로 끝나는 명사에는 복수어미 –se를 붙임 das Ergebnis(se) 결과 4. 외래어에는 복수어미 –s를 붙임 das Auto(s) 자동차, das Hotel(s) 호텔 5. –um과 –a로 끝나는 외래어는 –um과 –a를 제거하고 –en을 붙임 das Studium(die Studien) 연구, das Thema(die Themen) 주제

* ( ) 안은 복수형, "은 변모음, (en, en)은 단수 1격을 제외하고 모든 경우 en인 명사

2 복합명사의 성과 수는 가장 뒤에 있는 단어의 성과 수에 따릅니다.

Wörter (단어들) + buch (책) = das Wörterbuch("er) 사전

04 관사 익히기

1 관사는 명사 앞에 붙어, 명사의 성, 수, 격을 표시합니다.

	남성단수(m.Sg.)	여성단수(f.Sg.)	중성단수(n.Sg.)	복수(Pl.)
1격	der Vater	die Mutter	das Kind	die Väter
2격	des Vaters	der Mutter	des Kindes	der Väter
3격	dem Vater	der Mutter	dem Kind	den Vätern
4격	den Vater	die Mutter	das Kind	die Väter

* 남성과 중성 단수 2격에는 –s 또는 –es가 붙습니다. 또한 복수 3격에는 –n을 붙입니다. 단 복수형이 –s로 끝나는 단어는 붙이지 않습니다. (예 das Auto – die Autos – den Autos)

2 관사에는 이미 정해진 것을 가리키는 정관사와 정해지지 않은 것을 가리키는 부정관사가 있습니다. 부정관사와 정관사의 어미 변화를 비교해보면, 남성 단수 1격과 중성 단수 1/4 격을 제외하고 같습니다. 결국 부정관사 역시 정관사에서 나왔다고 보면 됩니다.*

	정관사				부정관사			
	m.Sg.	f.Sg.	n.Sg.	Pl.	m.Sg.	f.Sg.	n.Sg.	Pl.
1격	der	die	das	die	ein	eine	ein	복수 형태 없음
2격	des	der	des	der	eines	einer	eines	
3격	dem	der	dem	den	einem	einer	einem	
4격	den	die	das	die	einen	eine	ein	

3 독일어에는 명사를 부정하는 방법이 있습니다. 명사 앞에 kein을 붙이는 것입니다. kein의 어미변화는 부정관사 ein의 어미변화와 일치합니다.

	kein + 명사				부정관사			
	m.Sg.	f.Sg.	n.Sg.	Pl.	m.Sg.	f.Sg.	n.Sg.	Pl.
1격	kein	keine	kein	keine	ein	eine	ein	복수 형태 없음
2격	keines	keiner	keines	keiner	eines	einer	eines	
3격	keinem	keiner	keinem	keinen	einem	einer	einem	
4격	keinen	keine	kein	keine	einen	eine	ein	

4 독일어에는 어미변화 하는 것이 많이 있습니다. 하지만 기본적으로 정관사 어미변화를 따르거나, 부정관사 어미변화를 따르는 것으로 나뉩니다.*

정관사 어미변화	정관사, 지시대명사, 관계대명사, 형용사어미
부정관사 어미변화	부정관사, kein, 소유대명사

05 대명사 익히기

1 인칭대명사 나, 너, 우리 등과 같이 인칭을 나타내는 대명사

		1 Pers.	2 Pers.	3 Pers. (3인칭)		
		(1인칭)	(2인칭)	남성(m.)	여성(f.)	중성(n.)
Sg. 단수	1격	Ich	du	er	sie	es
	2격	meiner	deiner	seiner	ihrer	seiner
	3격	mir	dir	ihm	ihr	ihm
	4격	mich	dich	ihn	sie	es
Pl. 복수	1격	wir	ihr	sie		
	2격	unserer	eurer	ihrer		
	3격	uns	euch	ihnen		
	4격	uns	euch	sie		

1 2격 인칭대명사는 문법적으로 2격을 필요로 하는 전치사나 동사에 사용됩니다. (예 wegen meiner 나 때문에) 독일어에서 소유는 소유대명사를 통해 표현합니다.*

2 주어와 목적어가 동일한 대상일 경우, 목적어를 재귀 형태(재귀대명사)로 받습니다.

주어	ich	du	er/sie/es	wir	ihr	sie
3격	mir	dir	**sich**	uns	euch	**sich**
4격	mich	dich	**sich**	uns	euch	**sich**

* Sie **erinnert sich** nicht mehr an mich. (그녀는 나를 더 이상 기억하지 않아.)

2 소유대명사 소유의 의미를 지니는 대명사

1 인칭과 수에 따른 소유대명사 1격

	1 Pers.	2 Pers.	3 Pser.m.	3 Pser.f.	3 Pser.n.
Sg.	mein Vater	dein Vater	sein Vater	ihr Vater	sein Vater
Pl.	unser Vater	euer Vater	ihr Vater		

2 소유대명사는 명사 앞에서 명사의 성, 수, 격을 규정하는 관사 역할을 하며, 부정관사 ein의 어미변화를 따릅니다.*

3 지시대명사 지시의 의미를 지니는 대명사

	m.Sg.	f.Sg.	n.Sg.	Pl.
1격	dieser Vater	diese Mutter	dieses Kind	diese Kinder

2격	dieses Vater**s**	dieser Mutter	dieses Kind**es**	dieser Kinder
3격	diesem Vater	dieser Mutter	diesem Kind	diesen Kinder**n**
4격	diesen Vater	diese Mutter	dieses Kind	diese Kinder

* dieser(이것)뿐만 아니라 jener(저것), solcher(그런) 등이 있습니다.

1 지시대명사는 명사 앞에서 명사의 성, 수, 격을 규정하는 관사 역할을 하며, 정관사 der의 어미변화를 따릅니다. 경우에 따라 명사 없이 사용될 수 있습니다.*

2 정관사 자체가 지시대명사 역할을 할 수 있습니다. 단, 단수 2격과 복수 2, 3격은 -en이 첨가됩니다.

Hast du den Film schon gesehen? (너 그 영화 벌써 봤어?)

Nein, **den** (Film) habe ich noch nicht gesehen! (아니, 아직 그거 안 봤어!)

4 관계대명사 두 문장의 같은 명사를 연결시키는 대명사

	정관사			
	m.Sg.	f.Sg.	n.Sg.	Pl.
1격	der	die	das	die
2격	des	der	des	der
3격	dem	der	dem	den
4격	den	die	das	die

관계대명사/지시대명사			
m.Sg.	f.Sg.	n.Sg.	Pl.
der	die	das	die
dess**en**	der**en**	dess**en**	der**en**
dem	der	dem	den**en**
den	die	das	die

1 관계대명사는 정관사와 일치하며, 단수 2격과 복수 2, 3격에는 -en이 첨가됩니다. 결과적으로 지시대명사 역할을 하는 정관사의 모양과 동일합니다.

2 한 명사를 선행사로 두고 다른 명사를 관계대명사로 바꾸어 두 문장을 연결시킵니다.

Ich kenne **die Frau (선행사)**. + **Sie** macht die Arbeit fertig.

→ Ich kenne die Frau, **die** die Arbeit fertig macht. (나는 일을 끝낸 그 여자를 압니다.)

5 부정대명사 아직 정해지지 않은 불특정 사람과 사물 등을 가리키는 대명사

1 명사처럼 독립적으로 쓰이는 부정대명사 : man(사람들), jemand(누군가), niemand(아무도), etwas(어떤 것), nichts(아무것도), einer(한 명, 한 개), keiner(아무도, 아무것)

Man lebt nur einmal. 사람들은 오직 한 번 산다. (인생은 한 번이다.)

Ist hier **jemand**? 누구 있나요? Nein, **niemand** ist da. 아니, 아무도 없어.

Keiner hat Geld. 아무도 돈이 없다.

Er kauft **eines** der Autos. 그는 그 자동차들 중에 하나를 산다.

2 형용사처럼 쓰이는 부정대명사 : jed-, all-, manch-, viel-, wenig-, einig-, ander-
사람 단수는 jed-, 복수는 alle, 사물은 중성 단수 alle로 표현합니다.
또한 수식하는 명사가 일반적인 경우(단수: -것, 복수: -사람들)에는 명사 없이 올 수 있습니다.

Jeder Mensch ist einzigartig. 모든 사람은 유일무이하다.

Alle (Leute) sind müde. 모두가 지쳤다.

06 형용사 익히기

1 형용사는 대상(명사, 동사)의 성질이나 상태를 나타냅니다.

2 형용사가 명사 앞에서 명사를 꾸며주는 경우, 성, 수, 격에 따라 형용사에 어미가 첨가됩니다. 특히 관사 없이 형용사가 명사 앞에서 명사를 수식할 때 형용사는 정관사 역할까지 같이 하게 되어 형용사의 어미는 정관사의 어미변화를 따릅니다. 하지만 **kaltes Wasser** (찬 물)와 같은 불특정 양을 표시하는 경우나 **Du, junger Mann!** (당신, 젊은이여!)과 같이 부름의 경우를 제외하고, 실생활에서 거의 사용되지 않습니다.

3 대부분의 경우는 형용사가 관사와 명사 사이에 놓입니다. 이 경우에 형용사는 따로 관사의 역할을 해줄 필요가 없습니다. 그래서 형용사 어미가 **-e** 또는 **-en**으로 단순화됩니다. 단, 부정관사와 명사 사이에 형용사가 올 경우 남성단수 1격을 표현하는 **-er**, 중성단수 1/4격을 표시하는 **-es**가 첨가됩니다.*

	m.Sg.	f.Sg.	n.Sg.	Pl.
1격	der alte Mann	die alte Frau	das alte Buch	die alten Leute
2격	des alten Mann**es**	der alten Frau	des alten Buch**es**	der alten Leute
3격	dem alten Mann	der alten Frau	dem alten Buch	den alten Leuten
4격	den alten Mann	die alte Frau	das alte Buch	die alten Leute

	m.Sg.	f.Sg.	n.Sg.
1격	ein alt**er** Mann	eine alte Frau	ein alt**es** Buch
2격	eines alten Mannes	einer alten Frau	eines alten Buches
3격	einem alten Mann	einer alten Frau	einem alten Buch
4격	einen alten Mann	eine alte Frau	ein alt**es** Buch

4 형용사 뒤에 와야 할 명사가 너무나 당연할 때(**Mann, Frau, Ding, Leute**)에는 그 명사를 생략하고 형용사의 첫 알파벳을 대문자화하여 형용사를 명사화시킬 수 있습니다.*
der Alte (Mann), die Alte (Frau), das Alte (Dinge), die Alten (Leute)

5 형용사의 비교급은 원급(**der Positiv**)에 어미 **-er**, 최상급은 어미 **-(e)st**를 붙여 만듭니다. 필요에 따라 모음변화(**Umlaut**)가 되며, 당연히 불규칙도 있습니다.

원급	비교급	최상급 (형용사 / 부사)	
schön 아름다운	schöner	schönst	am schönsten
gut 좋은	besser	best	am besten
viel 많은	mehr	meist	am meisten
hoch 높은	höher	höchst	am höchsten
nah 가까운	näher	nächst	am nächsten

07 전치사 익히기

전치사는 명사 앞에 놓여 장소, 시간, 방향 등의 의미를 나타냅니다. 또한 다음과 같이 전치사에 따라 함께하는 명사의 격이 정해져 있습니다.*

1 전치사 + 2격 (mit dem Genitiv)

전치사	뜻	예
wegen	-때문에	wegen des schlechten Wetters 나쁜 날씨 때문에
statt	-대신에	statt seines Bruders 그의 형제를 대신해서
trotz	-불구하고	trotz aller Bemühungen 온갖 노력에도 불구하고
während	-동안에	während des Krieges 전쟁 중에
angesichts	-직면하여	angesichts des Todes 죽음에 직면하여

2 전치사 + 3격 (mit dem Dativ)

전치사	뜻	예
aus	-로부터(출신)	aus Süd Korea 남한에서
bei	-곁에	beim Bahnhof 역 근처에
mit	-함께	mit dem Freund 친구와 함께
nach	-향하여 -후에(순서) -따르면	nach Korea 한국으로 Bitte, nach Ihnen! 당신 다음에! (당신이 먼저!) meiner Meinung nach 내 의견에 따르면
von	-로부터(장소/분리) -대해서 -의(소유) -의하여(수동)	von der Universität 대학에서 von dem Freund 친구에 대하여 einer von euch 너희들 중 한 명 von ihm 그로 인해
seit	-이래로	seit drei Jahren 3년 전부터
zu	-에게	zu seiner Mutter 그의 엄마에게

3 전치사 + 4격 (mit dem Akkusativ)

전치사	뜻	예
für	-위하여	für dich 너를 위해
bis	-까지	von Anfang bis Ende 처음부터 끝까지
durch	-통하여	durch die Tür 문을 통과하여
gegen	-반대하여	gegen dich 너에 반대하여
ohne	-없이	ohne mich 나 없이
um	-주위에 -위하여	um das Haus 집 주변에 um Deutsch zu lernen 독일어를 공부하기 위하여

4 전치사 + 3/4격 (mit dem Akkusativ oder Dativ)

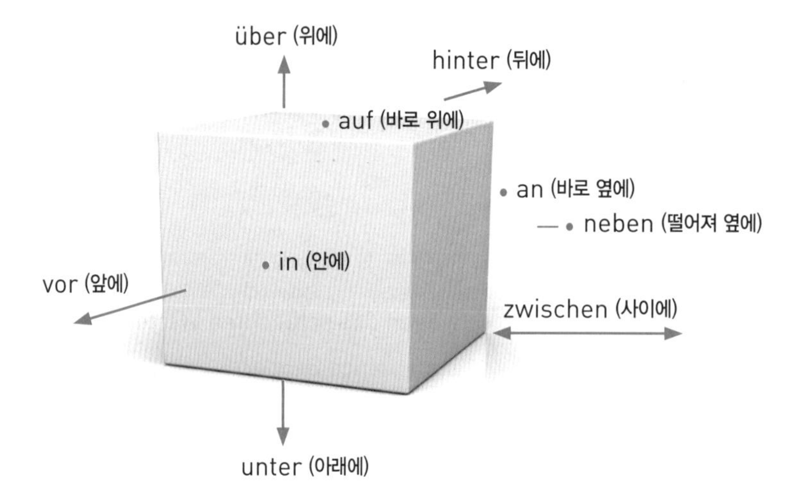

❶ 일종의 장소 전치사입니다. 대상이 전치사의 범위 안에 있을 때는 3격을, 대상이 전치사 범위 밖에서 안으로 (또는 안에서 밖으로) 움직일 때 4격을 사용합니다.*

Wir spielen den Fußball **auf** dem Sportplatz (우리는 운동장에서 축구를 합니다.) – 3격

Wir gehen **auf** den Sportplatz (우리는 운동장 안으로 들어갑니다.) – 4격

❷ 또한 이들 중 몇몇 전치사는 대부분 3격과 함께 시간에도 쓰입니다.

전치사	뜻	예
an	–에	am Abend (밤에), am 1. Juli (7월 1일에), am Montag (월요일에)
in	–에, –안에	in zwei Minuten (2분 안에), im April (4월 중에), im Jahr 1981 (1981년에), in letzten zwei Monaten (지난 2개월 동안)
über + 4격	넘어	über das Jahr (1년 넘어)
unter	아래	Kinder unter sechs Jahren (6살 아래 어린이들)
vor	전에	vor zehn Minuten (10분 전에)
zwischen	사이에	zwischen dem 1. und dem 6. Juli (7월 1일과 6일 사이에)

08 동사 익히기

1 부정사, 분사, 동명사

1 부정사란 아직 '정해지지 않은' 형태 즉, 동사원형을 뜻합니다. 사전에서 동사를 찾을 때에는 부정사의 형태로 찾습니다. 부정사는 동사의 어간에 어미 -en을 붙여 만듭니다.

mach**en**(부정사, 동사원형) = mach(어간) + en(어미) 만들다

2 분사란 동사가 형용사화된 것으로 형용사처럼 명사를 수식할 때 어미를 가집니다.

현재분사(능동 의미) machen**d** = machen(원형) + d(어미) 만든

과거분사(수동 의미) **ge**mach**t** = ge(어두) + mach(어간) + t(어미) 만들어진

3 동명사란 동사가 명사화된 것으로 명사처럼 성, 수, 격을 가집니다. 동명사는 항상 중성이며 복수 형태는 단수와 동일합니다. 동명사도 명사이기 때문에 첫 알파벳은 대문자로 표시합니다.

das Machen(-) 만들기

2 분리동사와 비분리동사

1 동사 앞에 첨가어가 붙어 의미를 확장한 새로운 동사가 만들어집니다.

2 첨가어가 동사와 분리 가능한 분리동사

첨가어	뜻	예
an	옆에	anmachen (스위치) 켜다, (불) 피우다, (물건) 부착하다
aus	로부터	ausmachen (스위치) 끄다, (불) 끄다, (문제) 해결하다
auf	위에	aufmachen (문) 열다, (마개) 따다, (가게) 열다
zu	에게로	zumachen (문) 닫다, (가게) 닫다
ab	로부터(분리)	abmachen 떼어내다, 합의하다, 처리하다
ein	안으로	eingehen 안으로 들어가다

3 첨가어가 동사와 분리 가능하지 않은 비분리동사

첨가어	뜻	예
be-, ge-, er-	(추상)	ersehen 알아채다, 인식하다, ergehen 알려지다
ver	추상, 잘못, 반대	vergeben 용서하다, vergehen 위반하다
ent-, emp-	분리, 제거	entschuldigen 사과하다, empfehlen 추천하다
zer	파괴	zerbrechen 부서지다
miss	잘못	missverstehen 오해하다

3 불규칙 동사

1 동사의 '부정사 – 과거 – 과거분사'의 변화 규칙에서 벗어난 동사를 불규칙동사라고 합니다.

(예 fang**en**–f**i**ng–gefang**en**)

❷ 불규칙은 오랜 시간 동안 사용되면서 발음의 편의 때문에 나타나는 현상입니다. 하지만 불규칙동사들에도 나름의 공통점을 발견할 수 있습니다. 부정사 모음에 따라 4개 형태로 나누고(a, e, i, ei), 모음의 변화에 따라 10가지 패턴으로 분류할 수 있습니다. 자주 사용되는 불규칙동사 130여 개를 간추려 부록에 실었습니다. 반복해서 학습해 외워두는 것이 좋습니다.*

4 동사의 목적어

❶ 특정 격의 명사를 목적어로 가지는 동사들이 있습니다. 대부분의 동사들은 한국어에 맞추어 예상 가능하지만(4격: –를, 3격: –에게), 예외도 여럿 있습니다.*

동사 + 격	의미	예
helfen + 3	–를 돕다	Kannst du **mir** helfen? 나를 도와줄 수 있니?
gehören + 3	–의 것이다	**Wem** gehört das Auto? 이 차는 누구 거죠?
fragen + 4	–에게 묻다	Ich frage **ihn**. 나는 그에게 물었다.
Es gibt + 4	–이 있다	Es gibt noch viele **gute Menschen** in der Welt. 세상에는 여전히 좋은 사람들이 많다.

❷ 특정 전치사를 목적어로 가지는 동사들이 있습니다. 이들 동사와 함께 전치사의 의미가 확장됩니다. 정말 자주 사용됩니다. 부록을 참고하여 익히도록 합시다.*

5 동사의 법, 태, 시제

❶ 동사는 주어의 동작을 나타내며, 주어에 따라 그 어미가 변합니다.

❷ 동사는 자신의 화법(직설법, 접속법1, 접속법2), 형태(능동, 수동), 시제(현재, 현재완료, 과거, 과거완료, 미래, 미래완료)를 가집니다.*

	직설 현재	직설 과거	접속2 현재	접속1 현재	직설 현재	직설 과거	접속2 현재	접속1 현재
	machen (규칙)				**werden** (불규칙)			
ich	mach**e**	mach**te**	mach**te**	mach**e**	werde	wurde	würde	werde
du	mach**st**	mach**test**	mach**test**	mach**est**	wirst	wurdest	würdest	werdest
er	mach**t**	mach**te**	mach**te**	mach**e**	wird	wurde	würde	werde
wir	mach**en**	mach**ten**	mach**ten**	mach**en**	werden	wurden	würden	werden
ihr	mach**t**	mach**tet**	mach**tet**	mach**et**	werdet	wurdet	würdet	werdet
sie	mach**en**	mach**ten**	mach**ten**	mach**en**	werden	wurden	würden	werden
	sein (불규칙)				**haben** (불규칙)			
ich	bin	war	wäre	sei	habe	hatte	hätte	habe
du	bist	warst	wärest	seiest	hast	hattest	hättest	habest
er	ist	war	wäre	sei	hat	hatte	hätte	habe
wir	sind	waren	wären	seien	haben	hatten	hätten	haben
ihr	seid	wart	wäret	seiet	habt	hattet	hättet	habet
sie	sind	waren	wären	seien	haben	hatten	hätten	haben

3 능동태와 수동태.

능동태는 주어가 행동의 주체가 되는 형태입니다. 수동태는 주어가 동작의 대상이 되는 형태입니다.

	능동태	수동태
현재	직설법 동사 현재형	werden … + 과거분사
과거	직설법 동사 과거형	wurde … + 과거분사
현재완료	haben / sein … + 과거분사	sein … + 과거분사 + worden
과거완료	hatte / war … + 과거분사	war … + 과거분사 + worden
미래	werden … + 동사원형	werden … + 과거분사 + werden
미래완료	werden … + 과거분사 + haben	werden … + 과거분사 + worden + sein

4 완료시제는 동사의 행위가 '완료'된 상태를 나타냅니다. 그렇기 때문에 결과적으로 현재완료는 (현재의 시점에서 이미 완료된) 과거를 나타내고, 과거완료는 (과거의 시점에서 이미 완료된) 과거의 과거를 나타냅니다. 하지만 미래완료는 (미래의 시점에서 이미 완료된, 하지만 아직 이루어지지 않은) 미래를 나타냅니다.

과거완료 과거 = 현재완료 현재 미래완료 미래

5 접속법 2식은 비현실적이거나 불가능한 것에 대한 간접적 표현으로, 크게 가정, 추측, 공손의 3가지 경우가 있습니다. 접속법 2식의 현재형 모양은 직설법 과거형에서 왔습니다.

	능동태	수동태
현재	접속법 2식 현재형	würde … + 과거분사
현재	würde … + 동사원형	würde … + 과거분사
과거	hätte … + 과거분사	wäre … + 과거분사 + worden
미래	würde … + 동사원형	würde … + 과거분사 + werden
미래완료	würde … + 과거분사 + haben	würde … + 과거분사 + worden + sein

* sein, haben 동사를 제외하고 접속법 2식 현재는 'würde … + 동사원형' 형태를 사용합니다.
결과적으로 접속법 2식 미래형과 würde를 이용한 접속법 2식 현재형 모양은 같습니다.

- 접속법 2식 (불가능한 것에 대한 가정)

Wenn ich Zeit hätte, würde ich dir helfen! 시간이 있다면 너를 도울 텐데!

- 직설법 (가정을 통해 현실적인 계획 표현)

Wenn ich Zeit habe, helfe ich dir. 시간이 나면 도와줄게.

6 접속법 1식은 간접 화법, 즉 다른 사람의 말을 간접적으로 인용할 때 사용합니다.

접속법 1식의 현재형 모양은 직설법 현재형에서 왔습니다.

	능동태	수동태
현재	접속법 1식 현재형	werde … + 과거분사
과거	habe … + 과거분사	sei … + 과거분사 + worden

미래	werde … + 동사원형	werde … + 과거분사 + werden
미래완료	werde … + 과거분사 + haben	werde … + 과거분사 + worden + sein

- 직설법 (직접화법)

  Er sagt "Ich habe das Haus gebaut." "나는 집을 지었다."고 그가 말했다.

- 접속법 1식 (간접화법)

  Er sagt, er hab**e** das Haus gebaut. 그는 그가 집을 지었다고 말했다.

6 화법조동사

1 화법조동사는 '화법조동사 … + 본동사(부정사)'의 형식으로 본동사의 의미를 돕습니다.

	ich	du	er/sie/es	wir	ihr	sie
할 수 있다	kann	kannst	kann	können	könnt	können
해도 된다	darf	darfst	darf	dürfen	dürft	dürfen
좋아하다	mag	magst	mag	mögen	mögt	mögen
할 것이다	will	willst	will	wollen	wollt	wollen
해야 한다	soll	sollst	soll	sollen	sollt	sollen
해야 한다	muss	musst	muss	müssen	müsst	müssen

7 동사의 위치

1 독일어에서 동사는 항상 문장에서 두 번째 자리에 있습니다.*

현재 능동	Er	**baut**	das Haus.

2 동사가 2개로 구성될 때 처음 동사를 문장의 두 번째 자리에, 다음 동사를 문장의 끝에 놓습니다.

현재완료 능동	Er	**hat**	das Haus	**gebaut**.

3 동사가 3개 이상으로 구성될 때는 처음 것은 문장의 두 번째 자리에, 다음은 문장의 끝에, 그 다음은 문장의 끝에 놓인 동사 바로 앞에 놓습니다.

현재완료 수동	Das Haus	**ist**	von ihm	**gebaut**	**worden**.

4 부문장에서 동사는 끝에 위치합니다.

현재 능동	Als	er	das Haus	**baut**,

5 부문장이 주문장 앞에 올 때 주문장의 동사는 부문장 바로 뒤에 옵니다. 왜냐하면 부문장이 주문장의 첫 번째 자리를 차지하는 것으로 보기 때문입니다.

부문장 + 주문장	Indem er **schweigt**,	**stimmt**	er	zu.

09 문장의 구성 이해하기

1 독일어 문장은 크게 서술어(Prädikativ), 보충어(Ergänzung), 진술어(Angabe)의 3가지 요소로 구성되어 있습니다.

2 서술어는 행동을 나타냅니다. 문장의 중심은 서술어입니다. 그래서 위치도 항상 문장의 2번째로 고정되어 있습니다. 그런데 서술어는 항상 동사와 일치합니다. 그래서 서술어라는 말보다는 동사라고 표현합니다.

3 보충어는 서술어를 보충하여 하나의 완성된 문장을 만듭니다. 보충어에는 주격 보충어인 주어(Subjekt)와 그 외 다른 보충어인 목적어(Objekt)가 있습니다. 주어는 행동의 주체입니다. 최소한의 문장은 주어와 동사로 구성됩니다.

주어 + 동사	Er schläft.	그는 자고 있다.

4 목적어에는 (대)명사 2~4격, 재귀대명사, 전치사, zu 부정사, dass 부문장 등이 올 수 있습니다. 즉, 명사 4격인 목적격(Akkusativ)은 문장의 구성요소인 목적어(Objektiv)에 속합니다.

명사 3격	Ich kann **dir** helfen.	나는 너를 도울 수 있어.
명사 4격	Sie liest **das Buch**.	그녀는 그 책을 읽고 있다.
재귀대명사 + 전치사	Ich freue **mich auf** dich.	나는 너 때문에 기뻐.
zu 부정사	Ich freue mich darauf, **dich bald zu sehen**	나는 너를 곧 만나는 것이 기뻐.
dass 부문장	Ich freue mich darauf, **dass du bald ankommst**.	나는 네가 곧 도착하는 것이 기뻐.

5 진술어는 문장의 시간, 장소, 방법, 정도, 이유 등을 형용사, 부사, 전치사 등을 이용해서 나타냅니다. 일반적으로 보어와 수식어라고 합니다. 문장 구성에 꼭 필요한 요소는 아닙니다.

6 결국 문장은 다음과 같이 5가지 요소, 즉 주어, 서술어, 목적어, 보어, 수식어로 구성됩니다.*

주격 보충어	서술어	그 외 보충어	진술어		
1. 주어	2. 서술어	3. 목적어	4. 보어	5. 수식어	기타
(대)명사 1격	동사	(대)명사 2~4격 재귀대명사 전치사 zu 부정사 dass 부문장	전치사 부사 (부사적 형용사) 부문장	수식적 형용사 분사 관계문장	nicht

기본이 가장 중요하다!

기본동사 sein, haben 패턴

★ 단어장 약어 일러두기 ★

명사 앞의 r. e. s.는 명사의 성

r. : der (남성)

e. : die (여성)

s. : das (중성)

명사 뒤의 ( )는 명사의 복수형태

(x) : 복수형 없음

(–) : 단수형과 복수형 모양 같음

(e) : 단수형에 e

(") : 단수형 모음변화(a → ä, o → ö, u → ü)

(en, en) : 1격 단수를 제외하고 모든 경우에 en이 붙는 명사

(복수) : 복수형태만 있을 때

(*) : 비교, 같은 어원, 비슷한 뜻, 비슷한 단어 등

↔ : 반대 단어

= : 같은 뜻의 단어

(일상어) : 문법적으로 문제가 있지만, 일상생활에서 자주 쓰이는 문장

Jm : 사람 3격

Jn : 사람 4격

sich : 재귀대명사 4격

sich³ : 재귀대명사 3격

N : Nominativ 주격, 1격

G : Genitiv 소유격, 2격

D : Dativ 여격, 3격

A : Akkusativ 목적격, 4격

adj : Adjektiv 형용사

inf : Infinitiv 부정사(부정형, 동사원형)

p. p. : Partizip Perfekt 과거분사

EINHEIT 01

sein ~이다

모든 언어의 가장 기본이 되는 동사는 '~이다/~있다'를 의미하는 동사일 것입니다. 독일어도 마찬가지입니다. 독일어에서 '~이다/~있다'에 해당되는 동사가 바로 sein 동사입니다. 기본동사이면서 가장 많이 사용되는 동사이지요. 그와 동시에 가장 많이 바뀌는 불규칙 동사이기도 합니다. 주어의 인칭과 시제에 따라 불규칙하게 변하기 때문에 아래의 'sein 동사 변화표'를 보고 달달 외워서 언제든지 필요할 때 자유자재로 표현할 수 있어야 합니다. 영어에서 I am, you are, she is 등 인칭에 따라 be 동사가 변화되는 것과 같은 이치입니다. 가장 기본이 되는 동사인 만큼, 확실하게 익혀두도록 합시다!

★ **sein** 동사의 동사 변화표 ★

시제	**sein – war – gewesen** 현재 – 과거 – 과거분사		직설 현재	직설 과거	접속2 현재	접속1 현재
인칭	나는	ich	bin	war	wäre	sei
	너는	du	bist	warst	wärest	seiest
	그/그녀/그것은	er/sie/es	ist	war	wäre	sei
	우리는	wir	sind	waren	wären	seien
	너희들은	ihr	seid	wart	wäret	seiet
	그들/그것들은	sie	sind	waren	wären	seien

MUSTER
001

소개할 때 (이름, 직업, 출신, 나이 등)

001.mp3

Ich bin (der/ein) ~.

난 ~야.

Ich bin + 명사는 자신의 이름, 직업, 출신, 나이 등을 소개하는 가장 기본적인 표현입니다.

SCHRITT 1

1. 난 민수야. (난 민수라고 불려.)	Ich bin **Min-Su. (Ich heiße Min-Su.)**
2. 나는 학생입니다.	Ich bin **(ein) Student / (eine) Studentin.**
3. 저는 한국인입니다.	Ich bin **Koreaner / Koreanerin.**
4. 저는 스물세 살입니다.	Ich bin **23 Jahre alt.**
5. 난 베를린 사람입니다.	Ich bin **(ein) Berliner.**

TIPP 문장 이름 말하기

Ich bin Min-Su와 Ich heiße Min-Su 두 표현 모두 자신의 이름을 소개할 때 사용됩니다. 하지만 일반적으로 Ich bin을 많이 사용하며, 'Wie heißt du? (넌 어떻게 불리니?)'처럼 동사 heißen으로 물을 때엔 Ich heiße로 대답합니다.

SCHRITT 2

1. 상대방의 나이를 물을 때

A Wie alt bist du?	A 몇 살이야?
B 스물세 살이야.	B Ich bin 23 Jahre alt.
A Du siehst sehr jung aus.	A 너 참 어려 보이는구나!
B Danke! Und du?	B 고마워! 넌 (몇 살이야)?

2. 상대방이 자신을 중국인으로 착각하여 인사할 때

A Ni hao?	A 니 하오?
B 아니, 아니! 난 한국사람이야!	B Nein, nein! Ich bin Koreaner!
A Ach so, Entschuldigung!	A 아 그래, 미안해!
B Auf koreanisch sagt (man) "An-Nyoung-Ha-Se-Yo".	B 한국말로 '안녕하세요'라고 해.

TIPP 문화 **Ich bin ein Berliner.**

1963년 미국 케네디 대통령이 베를린을 방문했을 때 했던 연설의 마지막 문장입니다. "All free men, wherever they may live, are citizens of Berlin. And therefore, as a free man, I take pride in the words, Ich bin ein Berliner." (어디에 살던지 간에 그가 자유롭다면 그들은 모두 베를린 시민입니다. 그렇기 때문에, 자유인의 한 사람으로서 저는 이렇게 말하는 것이 자랑습니다. 나는 베를린 사람입니다.)

단어장 Wortschatz

Korea 한국 (* koreanisch 한국어)
r. Koreaner(-) 한국인(남) ↔ e. Koreanerin(nen) 한국인(여)
s. Studium(Studien) 공부 (* studieren 공부하다)
r. Student(en) 남학생 ↔ e. Studentin(nen) 여학생
s. Jahr(e) 해, 년
jung 젊은 ↔ alt 늙은
sagen 말하다
heißen 불리다

기분이나 감정을 표현할 때

002.mp3

Ich bin ~.

난 ~해.

Ich bin + 형용사는 자신의 기분이나 감정을 나타내는 가장 기본적인 표현입니다.

SCHRITT 1

1. 기뻐 / 행복해.	Ich bin **froh / glücklich.**
2. 나 슬퍼.	Ich bin **traurig.**
3. 나 완전 혼란스러워 / 낙담하고 있어.	Ich bin **total durcheinander / niedergeschlagen.**
4. 배불러.	Ich bin **satt / voll.**
5. 난 취했어. (만취 상태)	Ich bin **blau / voll / betrunken.**

SCHRITT 2

1. 안부를 물을 때

A Wie geht's dir?
B 나 슬퍼.
A Warum?
B Ich habe viel zu tun.

A 어떻게 지내?
B Ich bin traurig.
A 왜?
B 할 일이 많거든.

2. 배가 불러 더 먹기를 사양할 때

A Möchtest du noch etwas?
B 고마워, 하지만 배불러.
A Bist du sicher?
B Ja, ich habe spät gefrühstückt.

A 좀 더 먹을래?
B Dank, aber ich bin satt.
A 정말?
B 응, 아침을 늦게 먹었거든.

TIPP 문법 was와 etwas의 차이

Was möchtest du noch? 뭘 좀 더 원해?
– Ich möchte noch ein Stück Kuchen. 난 케이크 한 조각을 더 원해.
Möchtest du noch etwas? 어떤 것을 좀 더 원해?
– Ja, ich möchte noch. Gib mir ein Stück Kuchen. 응 나는 더 원해. 케이크 한 조각 줘.

첫 번째 질문이 상대가 원하는 것이 '무엇인지'를 묻는다면, 두 번째 질문은 상대가 무엇인가를 '원하는지 아닌지'를 묻습니다. 그래서 etwas로 묻는 질문에는 Ja 또는 Nein으로 대답합니다.

단어장 Wortschatz

froh = fröhlich 기쁜 ↔ traurig 슬픈
glücklich 행복한
gut ↔ schlecht 나쁜
total 완전히
durcheinander 뒤섞인, 혼란스러운
niedergeschlagen 낙담한
müde 피곤한
satt 배 부른 = voll 매우 배 부른, 가득 찬
blau 파란, 매우 취한
betrinken 술을 마시다 (* trinken 마시다)
noch 아직, 여전히 ↔ schon 이미
sicher 확실한 ↔ unsicher 확실하지 않은
spät 늦은 ↔ früh 이른
frühstücken 아침식사를 하다. (* s. Frühstück(e) 아침식사)

시간, 장소, 상황에 관한 자신의 상태를 나타낼 때

003.mp3

Ich bin ~.

난 ~야

Ich bin + 부사(또는 형용사의 부사적 용법)는 시간, 장소, 상황에 대한 자신의 상태를 나타내는 가장 기본적인 표현입니다.

SCHRITT 1

1. 곧 다시 올게.	Ich bin **gleich wieder da.** = Ich bin **gleich wieder zurück.**
2. 늦었어.	Ich bin **spät dran.**
3. (너에게) 가는 중이야.	Ich bin **unterwegs.** = **Ich komme (zu dir).**
4. 지금 하고 있어!	Ich bin **gerade dabei!**
5. (일) 다 끝냈어!	Ich bin **fertig!**

SCHRITT 2

1. 잠시 밖에 나갔다 올 때

A Wann kommst du zurück?
B 곧 올게.
A Komm vor dem Essen!
B Alles klar!

A 언제 와?
B Ich bin gleich wieder da.
A 식사시간 전에 와!
B 그래!

2. 도착이 늦는 것을 알리는 통화

A Alle sind schon da, außer dir!
B Entschuldigung, Ich komme später.
A Wo bist du eigentlich?
B 가는 중이야.

A 이미 모두 모였어, 너 빼고!
B 미안, 더 늦게 도착해.
A 도대체 어딘데?
B Ich bin unterwegs.

TIPP 문장 **Ich bin fertig와 Ich habe A fertig gemacht**

Ich bin fertig 문장은 문맥에 따라 두 가지 뜻을 가집니다. 1) (일 등을) 끝내다 2) 완전히 지치다. 그리고 fertig를 haben 동사와 함께 쓸 때는 Ich habe fertig라고 표현하지 않고, Ich habe die Arbeit fertig gemacht (난 그 일을 다 끝냈어)와 같이 현재완료 형식으로 표현합니다.

단어장 Wortschatz

gleich 같은 ↔ ander 다른
wieder 다시 (* e. Wiederholung(en) 반복)
unterwegs 도중에
gerade 1) 곧 2) 바로 지금
außer + D D를 제외하고
e. Entschuldigung(en) 사과
eigentlich 실제로, 도대체(의문문)

어떤 상황에 처해 있음을 나타낼 때

004.mp3

Ich bin in + D.

난 D하는 중이야.

Ich bin in + D(3격 명사)를 통해 자신이 어떤 상황에 처해 있음을 표현할 수 있습니다.

SCHRITT 1

1. 접속했어 / (공간) 안에 있어. **Ich bin drin.**
2. 휴가 중이야. **Ich bin im Urlaub.**
3. 근무 중이야. **Ich bin im Dienst.**
4. 스트레스를 많이 받았어. **Ich bin voll im Stress.**
5. 어려움에 처해 있어. **Ich bin in Not.**

SCHRITT 2

1. 스트레스를 많이 받아 부탁을 거절할 때

A Kannst du mir helfen? 어려움에 처해 있어.
B Jetzt gerade nicht. 나 스트레스를 많이 받았거든.
A Was mußt du machen?
B Ich muß bis morgen früh einen Bericht schreiben.

A 나 좀 도와줄 수 있어? Ich bin in Not.
B 지금 당장은 안 돼. Ich bin voll im Stress.
A 뭐 해야 하는데?
B 내일 일찍까지 보고서를 써야 해.

2. 전화 상으로 약속을 잡을 때

A Was machst du jetzt?
B 근무 중이야.
A Wann können wir uns treffen?
B Ich habe um 16:30 Uhr Dienstschluss.

A 지금 뭐해?
B Ich bin im Dienst.
A 우리 언제 만나?
B 4시 반에 끝나.

TIPP 문화 Dienst 군복무

Dienst는 일반적으로 공무원, 경찰, 군인 등 공공의 직업을 나타내는 데 사용하며, 일반적인 일이나 직업 표현은 Arbeit를 사용합니다. 그래서 Dienst는 im Dienst로, Arbeit는 bei der Arbeit로 표현합니다. 독일의 군대 문화는 병사들끼리는 명령체계가 없고, 한 내무반에서 3~6명이 지내며, 오후 4시 30분이면 모든 일과가 끝나기 때문에 이후 시간은 하고 싶은 걸 하면서 지낸다고 합니다.

단어장 Wortschatz

r. Urlaub(e) 휴가
r. Dienst(e) 근무
r. Dienstschluss(x) 근무 마감
r. Stress(x) 스트레스 (* stressen 스트레스를 주다)
e. Not(¨e) 궁지, 위기
Jm bei + D helfen Jm에게 D로 도움을 주다
r. Bericht(e) 보고서 (* e. Nachricht(en) 뉴스)
schreiben 쓰다 (schreiben– schrieb – geschrieben)
sich mit + Jm treffen Jm을 만나다

찬성할 때

005.mp3

Ich bin für + A.

난 A에 찬성해.

Ich bin für + A는 A에 대한 찬성을 의미하는 가장 간단한 표현입니다.

SCHRITT 1

1. 난 찬성! — Ich bin **dafür!**
2. 난 항상 널 위해 있어. (항상 널 도울 준비가 되어 있어.) — Ich bin **immer** für **dich da.**
3. 난 독일을 응원해! — Ich bin für **Deutschland!**
4. 난 사형제도를 찬성해! — Ich bin für **die Todesstrafe!**
5. 난 우리가 반대할 것에 찬성해! — Ich bin **dafür, dass wir dagegen sind!**

SCHRITT 2

1. 사형제도에 대한 견해를 물을 때

A Wie denkst du über die Todesstrafe?
B 난 찬성해!
A Aus welchem Grund?
B Manche Leute haben den Tod verdient.

A 사형제도에 대해 어떻게 생각해?
B Ich bin dafür!
A 어떤 근거로?
B 많은 사람들이 사형당할 짓을 해.

2. 매사에 부정적인 친구와의 대화

A Warum bist du so negativ?
B Wie meinst du das?
A Du bist nie für etwas, sondern immer nur dagegen.
B 난 우리가 반대하는 것에 찬성해.

A 넌 왜 그렇게 부정적이야?
B 무슨 말인데?
A 뭐든 찬성하지 않고, 항상 반대만 하잖아.
B Ich bin dafür, dass wir dagegen sind.

TIPP 표현 **verdienen 벌다**
우리말의 '네가 매를 번다!'는 뉘앙스의 표현에 가장 적합한 단어가 verdienen입니다. Du hast die Strafe verdient!라고 쓸 수 있습니다.

단어장 Wortschatz

immer 항상
s. Deutschland 독일
r. Tod(x) 죽음
e. Strafe(n) 벌
r. Grund(¨e) 1) 땅 2) 바닥 3) 이유
verdienen (돈) 벌다, (받을) 만하다 (* dienen 근무하다)
negativ 부정적인 ↔ positiv 긍정적인
meinen 생각하다, 여기다
nicht(nie) A sondern B A가 아니라 B이다

MUSTER 006

반대할 때

Ich bin gegen + A.

난 A를 반대해.

006.mp3

Ich bin gegen + A는 A에 대한 반대를 의미하는 가장 간단한 표현입니다.

SCHRITT 1

1. 난 반대! — Ich bin **da**gegen!
2. 난 원자력을 반대해! — Ich bin gegen **Atomkraft!**
3. 난 전쟁을 반대해! — Ich bin gegen **einen Krieg!**
4. 난 고래사냥을 반대해! — Ich bin gegen **Walfang!**
5. 난 (서머타임) 시간변경을 반대해! — Ich bin gegen **die Zeitumstellung.**

SCHRITT 2

1. 우크라이나 위기상황에 관한 대화

A Wie sollte Deutschland sich in der Ukraine-Krise verhalten?
B Ich finde, wir sollten mehr mit Russland reden.
A Sollten wir nicht Truppen einsetzen?
B 응, 난 전쟁에 반대야!

A 우크라이나 위기상황에 대해서 독일은 어떤 태도를 취해야 할까?
B 난 러시아와 대화를 더 많이 나눠야 한다고 생각해.
A 우리가 부대를 투입해야 하진 않겠지?
B Nein, ich bin gegen einen Krieg!

2. 고래사냥 반대에 대한 대화

A 난 반대야!
B Wogegen?
A 고래사냥을 반대해!
B Ich esse auch lieber Kuh als Wal.

A Ich bin dagegen!
B 뭘 반대하는데?
A Ich bin gegen Walfang!
B 나 역시 고래보다 소를 더 즐겨 먹지. (유머)

단어장 Wortschatz

e. Atomkraft(x) 원자력 (* e. Kraft(¨e) 힘, 권력)
r. Krieg(e) 전쟁 = r. Kampf(¨e) = e. Schlacht(en)
r. Wal(e) 고래
e. Zeit(en) 시, 때 (* e. Zeitung(en) 신문)
e. Umstellung(en) 전환, 바꿈
sich verhalten 태도를 취하다 (* s. Verhalten(x) 태도)
e. Truppe(n) 군대
reden 말하다
einsetzen (군을) 투입하다
e. Kuh(¨e) (암)소
gern 기꺼이, 즐거이

TIPP 문법 부정 질문에 대한 대답

Hast du kein Auto?
자동차 없어?
– Ja, habe ich. 아니, 있어.
– Nein, habe ich nicht.
응, 없어.
부정으로 물으면 부정으로 대답해야 긍정의 대답이 됩니다.

TIPP 문법 원자력 반대운동 (Gegen Atomkraft!)

2011년 일본 후쿠시마 원자력사고 이후로 독일에서도 원자력을 반대하는 운동이 확산되었습니다. 웃고 있는 태양 그림에 "Atomkraft? Nein, Danke!" 라는 문구가 새겨진 로고 스티커를 거리에서 자주 볼 수 있습니다.

TIPP 문법 서머타임 (Sommerzeit)

독일에선 3월 마지막 일요일부터 10월 마지막 일요일까지 기존 시간대보다 1시간 일찍 당겨집니다. 독일은 한국과 8시간 차이가 나는데, 서머타임 기간엔 7시간 차이가 납니다.

MUSTER 007

자랑스러울 때

007.mp3

Ich bin stolz auf + A.

난 A가 자랑스러워.

Ich bin stolz auf + A는 A에 대한 자랑스러운 마음을 나타낼 때 사용하는 표현입니다. 특히 시험에 합격했다거나 취직에 성공했을 때와 같이 무엇인가 이룬 것을 축하할 때 사용합니다.

SCHRITT 1

1. 난 내가 정말 자랑스러워! — **Ich bin so stolz auf mich!**
2. 난 네가 자랑스러워! — **Ich bin stolz auf dich!**
3. 난 이 팀이 자랑스러워! — **Ich bin stolz auf die Mannschaft!**
4. 난 독일이 자랑스럽지 않아. — **Ich bin nicht stolz auf Deutschland.**
5. 난 네가 나의 베프인 것이 자랑스러워! — **Ich bin stolz (darauf), dass du meine beste Freundin bist!**
   (* 일상생활에서는 darauf를 생략합니다. 물론 생략하지 않고 말해도 문제는 없습니다.)

SCHRITT 2

1. (아이가 엄마에게) 성적표를 보여줄 때

A Zeig mir dein Zeugnis!
B Hier! Ich habe nur gute Noten.
A 오! 난 네가 자랑스럽구나!
B Darauf bin ich so stolz!

A 성적표 좀 보여줘봐!
B 여기요! 좋은 점수만 받았어요!
A Oh! Ich bin stolz auf dich!
B 저도 제가 정말 자랑스러워요!

2. 독일이 자랑스러운지를 물을 때

A Bist du stolz auf Deutschland?
B Ich bin froh, in Deutschland zu leben. 하지만 독일이 자랑스럽지는 않아.
A Warum denkst du so?
B Ich denke, der Begriff "Stolz" ist unpassend.

A 독일이 자랑스럽니?
B 난 독일에서 사는 것이 좋아. Aber ich bin stolz nicht auf Deutschland.
A 왜 그렇게 생각해?
B 내 생각에 '자랑'이란 개념은 적합하지 않은 것 같아.

단어장 Wortschatz

stolz 자랑스러운 (* selbstbewusst 자부심 있는, eingebildet 자만한)
r. Stolz(x) 자랑, 자부심
e. Mannschaft(en) 선수단, 팀
zeigen 가리키다
e. Note(n) 점수, 음표
r. Begriff(e) 개념 (* begreifen 이해하다)
unpassend 어울리지 않는, 맞지 않는 (* passen 꼭 맞다)

TIPP 문화 자부심 (Stolz)

Stolz가 나라와 함께 나오면, 민족주의적 뉘앙스를 띠게 됩니다. 그래서 독일인들은 그들의 과거 역사 때문에 아직도 자기 나라에 대해 Stolz를 가지는 것에 대해 거부감을 느낍니다. 국가조차 축구경기 같은 이벤트가 있을 때 일시적으로 내겁니다. 그럼 경기에서 이겼을 때 어떻게 하냐고 물으니 'Ich bin stolz auf die Mannschaft! (선수단이 자랑스러워!)'라고 한다더군요.

호기심이나 흥미가 생길 때

008.mp3

Ich bin gespannt auf + A. 난 A가 흥미진진해.

Ich bin gespannt auf + A는 A에 대한 강한 호기심을 나타낼 때 사용하는 표현입니다.

SCHRITT 1

1. 그것이 흥미진진해.	Ich bin gespannt **darauf.**
2. 그 결과들이 흥미진진해.	Ich bin gespannt auf **die Ergebnisse.**
3. 그를 알아가는 일은 흥미진진해.	Ich bin gespannt**, ihn kennenzulernen.**
4. 그녀가 뭐라고 말할지 흥미진진해.	Ich bin gespannt**, was sie sagt.**
5. 그 일이 어떻게 진행될지 흥미진진해.	Ich bin gespannt**, wie es weitergeht.**

SCHRITT 2

1. 영화에 대한 흥미를 말할 때

A Hast du den Film gesehen?	A 이 영화 봤어?
B Ja, ich habe ihn schon gesehen.	B 응, 이미 그것(영화)을 봤어.
A Ich noch nicht, 하지만 궁금해.	A 난 아직, aber ich bin gespannt darauf.
B Ja, er ist sehr lustig!	B 응, 그거 정말 재미있어.

2. 실험결과에 대한 사장님과의 대화

A Hallo, Chef? Wir haben gerade mit dem Experiment begonnen.	A 안녕하세요, 사장님. 우리는 금방 실험을 시작했습니다.
B Schön! 결과가 기대되네요.	B 좋아요! Ich bin gespannt auf die Ergebnisse!
A Wir geben unser Bestes!	A 최선을 다하고 있습니다!
B Ich bin stolz auf euch!	B 여러분이 자랑스럽군요!

TIPP 문장 성공의 기원

Viel Glück! 많은 행운(이 있길)!
Viel Erfolg! 많은 성공(이 있길)!
Toi, Toi, Toi! 화이팅!
Ich drücke dir die Daumen. 너의 성공을 빌어.

단어장 Wortschatz

gespannt 호기심에 가득 찬, 긴장된 ↔ entspannt 긴장이 풀린
s. Ergebnis(se) 결과 (* sich ergeben 결과로 나타나다)
kennenlernen (사람을) 알아가다
weitergehen 계속 가다 (* gehen 가다)
r. Film(e) 영화
lustig 재미있는
r. Chef(s) 우두머리, 장
s. Experiment(e) 실험
beginnen 시작하다 (beginnen – begann – begonnen)
schön 예쁜, 멋진, 훌륭한 ↔ hässlich 추한, 더러운

필요성을 강하게 주장할 때

009.mp3

Ich bin auf + A angewiesen. 난 A가 정말 필요해.

Ich bin auf + A angewiesen은 A가 정말 필요할 때 사용하는 표현입니다. 일반적인 필요는 brauchen 동사를 사용합니다.

SCHRITT 1

1. 난 그(그의 도움)가 꼭 필요해. — Ich bin auf **ihn** angewiesen.
2. 난 그 증명서가 꼭 필요해. — Ich bin auf **die Bescheinigung** angewiesen.
3. 난 약이 꼭 필요해. — Ich bin auf **Medikamente** angewiesen.
4. 난 아무도 필요하지 않아. — Ich bin auf **niemanden** angewiesen.
5. 난 어떤 도움도 필요하지 않아. — Ich bin auf **keine Hilfe** angewiesen.

SCHRITT 2

1. 혼자 힘으로 하고 싶어 도움을 거절할 때

A Brauchst du Hilfe?
B Nein!
A Bist du sicher? Das sieht schwierig aus.
B 난 어떤 도움도 필요하지 않아.

A 도움이 필요하니?
B 아니!
A 정말? 그거 어려워 보이는데.
B Ich bin auf keine Hilfe angewiesen.

2. 대학등록 서류에 관해

A Hast du dich schon immatrikuliert?
B Nein, mir fehlt ein Abschlusszeugnis.
A Geht es nicht auch ohne?
B 증명서가 꼭 필요해.

A 대학 입학 등록했어?
B 아니, 졸업증명서가 없어서.
A 그거 없이는 안 돼?
B Ich bin auf die Bescheinigung angewiesen.

TIPP 문화 독일 어학원이나 대학의 등록서류(Unterlage) 준비
어학원이나 대학마다 조금씩 다르긴 하지만, 보통 고등학교, 대학교 졸업증명서와 성적증명서, 독일어시험 증명서 등이 필요합니다. 독일에 유학가신다면, 한국에서 준비해야 할 것들을 미리 다 준비해 가시는 것이 좋습니다.

단어장 Wortschatz

anweisen 1) 맡기다 2) 할당하다 (* weisen 가리키다)
brauchen 필요하다. (* r. Brauch(¨e) 관습)
e. Bescheinigung(en) 증명서 (* scheinen 빛나다)
s. Medikament(e) 약
schwer 어려운, 무거운 (* schwierig 어려운)
immatrikulieren (대학) 입학하다
Jm fehlen Jm이 없다, Jm이 빠지다 (* r. Fehler 잘못)

MUSTER 010

기분을 나타낼 때

010.mp3

Ich bin zu + D aufgelegt.

난 D한 기분이야.

Ich bin zu + D aufgelegt는 자신의 기분 특히 D를 할 기분을 나타낼 때 사용하는 표현입니다. 특정한 대상 없이 단지 기분좋음을 나타낼 때에는 'Ich bin gut aufgelegt'란 표현을 씁니다. 하지만 반대로 기분이 나쁘다는 표현으로 gut의 반대말 schlecht를 써서 'Ich bin schlecht aufgelegt'라고는 하지 않습니다.

SCHRITT 1

1. 기분이 좋아. — Ich bin gut aufgelegt.
2. 놀고 싶어. — Ich bin **zum Spielen** aufgelegt.
3. 농담할 기분이 아냐. — Ich bin **nicht** zu **Scherzen** aufgelegt.
4. 오늘은 그럴 기분이 아니야. — Ich bin **heute nicht da**zu aufgelegt.
5. 계속 공부할 기분이 아냐. — Ich bin **nicht da**zu aufgelegt**, weiter zu studieren.**

SCHRITT 2

1. 기분을 물을 때

A Wie fühlst du dich heute?
B 기분 좋아! Und selbst?
A Gelangweilt.
B Hast du denn Lust, mit mir zu spielen?

A 오늘 기분이 어때?
B Ich bin gut aufgelegt! 그럼 넌?
A 심심해.
B 그럼 나랑 함께 놀 마음 있어?

2. 카니발 행렬에 참석하기를 거절할 때

A Möchtest du mit mir zum Fasching gehen?
B 싫어, 오늘은 그럴 기분이 아냐.
A Warum? Was ist los mit dir?
B Heute bin ich müde. Lass uns morgen gehen.

A 카니발 구경 같이 가지 않을래?
B Nein, ich bin heute nicht dazu aufgelegt.
A 왜? 무슨 일 있어?
B 오늘 피곤해. 내일 가자.

단어장 Wortschatz

aufgelegt (기분이) ~한 (* aufgeregt 흥분한, 화가 난)
s. Spiel(e) 경기, 놀이 (* spielen 경기하다, 놀다)
r. Scherz(e) 농담
sich fühlen 느끼다 (* s. Gefühl(e) 느낌)
Und selbst? (숙어) 그럼 너는? (상대의 질문을 그대로 상대에게 물을 때, 보통 안부에서 사용)
langweilen 지루하게 하다 (* langweilig 지루한, lang 긴)
selbst 스스로
r. Fasching(s) 카니발
Was ist los (mit dir)? (숙어) 무슨 일 있어?
같은 표현 Was ist passiert? Was ist geschehen?

TIPP 문화 카니발 (Karneval)

라인 강변에 위치한 뒤셀도르프, 쾰른, 본 등의 도시에서 사순절(기독교 절기) 전 일주일간 카니발이라는 축제가 열립니다. 가장 행렬 등 다채로운 행사가 열리며, 어느 날에는 여자들이 남자들의 넥타이를 가위로 자르고 사과의 의미로 남성에게 입을 맞추기도 합니다.

자신의 잘못이 아님을 말할 때

011.mp3

Ich bin nicht schuld an + D.

난 D에 잘못이 없어 / 내 잘못이 아니야.

Ich bin nicht schuld an + D는 D에 대해 자신의 잘못이 없음을 나타내는 표현입니다.

SCHRITT 1

1. 난 그것에 대해 아무런 잘못이 없어. **Ich bin nicht schuld daran.**
2. 너무 늦게 온 것은 내 잘못이 아냐. **Ich bin nicht schuld, dass ich zu spät komme.**
3. 그게 고장 난 건 내 잘못이 아니야. **Ich bin nicht schuld, dass es kaputt ist.**
4. 그걸 잃어버린 건 내 잘못이 아냐. **Ich bin nicht schuld, dass es verloren gegangen ist.**
5. 여기가 정리가 안 된 건 내 잘못이 아냐. **Ich bin nicht schuld, dass es hier unordentlich ist.**

TIPP 문화 WG (Wohngemeinschaft)
유학을 오게 되면, 보통 학생 기숙사나 한 집에 여럿이서 사는 WG에서 살곤 합니다. 다른 곳보다 저렴하고, 쉽게 방을 구할 수 있기 때문이지요. WG로 살게 되면 독일인 친구를 사귀기 쉽고, 그만큼 독일어를 빨리 배울 수 있습니다. 하지만 부엌이나 화장실을 공동으로 써야 하고, 생활규칙을 정하고 지켜야 하지요.

SCHRITT 2

1. 공동으로 쓰는 부엌이 지저분할 때

A Die Teller sind nicht aufgeräumt!
B Was meinst du damit?
A Wer war das?
B Ich weiß auch nicht, aber 여기가 정리가 안 된 건 내 잘못이 아냐.

A 접시가 정리되지 않았잖아!
B 뭘 말하는 건데?
A 누가 이랬는데?
B 나도 몰라, 하지만 ich bin nicht schuld, dass es hier unordentlich ist.

2. 늦게 온 이유를 말할 때

A Du kommst zu spät!
B 내가 너무 늦게 온 것은 내 잘못이 아냐.
A Was ist passiert?
B Der Bus kam später als normal!

A 너 너무 늦었어!
B Ich bin nicht schuld, dass ich zu spät komme.
A 무슨 일이 있는데?
B 버스가 평소보다 늦게 왔어.

TIPP 문법 so spät과 zu spät
언젠가 과제를 제출하면서 'zu spät?'이란 표현을 썼습니다. 그러자 선생님께서 'so spät'이란 표현을 쓰라고 고쳐주시더군요. zu spät은 기한을 초과하여 되돌릴 수 없는 상황(버스를 놓쳤을 때와 같은 상황)에 쓰고, so spät은 늦긴 늦었지만, 기한을 넘기지 않은 상황에 쓰입니다.

단어장 Wortschatz

schuld 책임이 있는, 잘못이 있는
kaputt 망가진
verloren gehen 없어지다 (* verlieren 잃다)
unordentlich 무질서한 (* e. Ordnung(en) 질서, 배열)
s. Teller(-) 접시
aufräumen 정리하다
passieren 1) 발생하다2) 통과하다
normal 보통의

사랑에 빠졌을 때

012.mp3

Ich bin verliebt in + Jn.

난 Jn과 사랑에 빠졌어.

Ich bin verliebt in + Jn은 사랑에 빠졌을 때 사용하는 표현입니다. 더 간단한 표현으로는 Ich liebe A가 있습니다. 이 경우에는 사람뿐 아니라 사물도 대상이 될 수 있습니다.

SCHRITT 1

1. 난 그녀와 사랑에 빠졌어. — Ich bin verliebt in **sie.**
2. 난 율리아와 사랑에 빠졌어. — Ich bin verliebt in **Julia.**
3. 난 다른 남자와 사랑에 빠졌어. — Ich bin verliebt in **einen anderen Mann.**
4. 난 널 사랑해. — Ich liebe **dich.**
5. 난 독일을 사랑해. — Ich liebe **Deutschland.**

SCHRITT 2

1. 삼각관계

A Hast du die neue Kollegin gesehen?
B Ja, habe ich.
A 난 사랑에 빠졌어!
B Was? Ich auch!

A 새로 온 여직원 봤어?
B 응, 봤어.
A Ich bin verliebt in sie!
B 뭐라고? 나도!

2. 막장 드라마에서 나올 법한 대화

A Schatz! Ich möchte dich etwas fragen.
B Was denn?
A Warum bist du so still?
B 나 다른 남자와 사랑에 빠졌어!

A 자기야! 뭐 물어보고 싶은데.
B 뭐?
A 왜 이리 조용해?
B Ich bin verliebt in einen anderen Mann!

TIPP 문법 삶과 사랑

우리말에서 삶과 사랑의 발음이 비슷하듯이 독일어의 Leben과 Liebe의 발음도 비슷합니다. 아마 사랑하는 것이 곧 사는 것이기 때문 아닐까요?

단어장 Wortschatz

lieben 사랑하다 (* e. Liebe(n) 사랑)
r. Mann(¨er) 남자 ↔ e. Frau(en) 여자
man (불특정) 사람, 누군가
r. Kollege(n, n) 동료(남) ↔ e. Kollegin(nen) 동료(여)
r. Schatz(¨e) 1) 보물 2) 자기 (여자 애칭)
Jn fragen Jn에게 묻다
still 조용한

MUSTER 013

미치도록 좋을 때

013.mp3

Ich bin verrückt nach + D. 난 D가 미치도록 좋아.

Ich bin verrückt nach + D는 D가 좋아 미쳐버릴 것 같을 때 사용하는 표현입니다. 일반적으로는 Ich mag A (난 A가 좋아)라고 합니다.

SCHRITT 1

1. 난 네가 미치게 좋아! — Ich bin verrückt nach **dir.**
2. 난 단 것이 미치게 좋아! — Ich bin verrückt nach **Süßigkeiten.**
3. 난 노는 것이 미치게 좋아! — Ich bin verrückt nach **Spielen.**
4. 난 축구가 미치게 좋아! — Ich bin verrückt nach **Fußball.**
5. 난 음악이 미치게 좋아! — Ich bin verrückt nach **Musik.**

SCHRITT 2

1. 사랑 고백

A Warum schaust du mich so an?
B Wie denn?
A So verträumt.
B 난 네가 미치도록 좋거든!

A 왜 날 그렇게 바라보니?
B 어떻게 (보는데)?
A 황홀한 듯이 (보잖아).
B Ich bin verrückt nach dir!

2. 독일에 온 이유

A Warum bist du in Deutschland?
B Um Fußball zu sehen.
A Darum bist du den ganzen Weg hergekommen?
B 난 축구가 미치도록 좋거든!

A 왜 독일에 왔어?
B 축구 보려고.
A 단지 그것 때문에 온 거야? (직역: 그것 때문에 네가 이 모든 길을 걸어 이쪽으로 온 거야?)
B Ich bin verrückt nach Fußball!

단어장 Wortschatz

verrückt 미친, 미치게 좋은 (* rücken 밀다, r. Rücken(-) 등)
e. Süßigkeit(en) 단 것 (* süß 단, 달콤한, 귀여운)
r. Fußball(x) 축구, 축구공 (* r. Ball(¨e) 공)
e. Musik(x) 음악
anschauen 바라보다
verträumt 꿈꾸듯, 황홀한 듯 (* r. Traum(¨e) 꿈)
herkommen 이쪽으로 오다 (* kommen 오다)
r. Weg(e) 길, 방법 (* weg 떠나서, 떨어져서)

감동받았을 때

014.mp3

Ich bin begeistert von + D. 난 D에 감동받았어.

Ich bin begeistert von + D는 D에 무척 감동받았을 때 사용하는 표현입니다.

SCHRITT 1

1. 난 네게 감동받았어. Ich bin begeistert von **dir.**
2. 난 이 책에 감동받았어. Ich bin begeistert von **diesem Buch.**
3. 난 이 도시에 감동받았어. Ich bin begeistert von **der Stadt.**
4. 난 교수님에게 감동받았어. Ich bin begeistert von **dem Professor.**
5. 난 울름 대성당에 감동받았어. Ich bin begeistert vom **Ulmer Münster.**

SCHRITT 2

1. 감동받은 도시에 대해서 이야기할 때

A Wohin möchtest du reisen?
B (Ich möchte) nach Rom (reisen).
A Warum Rom?
B 그 도시에 감동받았거든. Ich denke, die ganze Stadt ist ein Museum!

A 너 어디로 여행가길 원해?
B 로마로 (여행가길 원해).
A 왜 로마야?
B Ich bin begeistert von der Stadt. 도시 전체가 박물관이야!

2. 감동받은 책에 대해 이야기할 때

A Hast du dieses Buch gelesen?
B Nein, noch nicht.
A 난 그 책에 감동받았어. Du kannst es auch lesen.
B Wenn du es empfiehlst, werde ich es auch lesen.

A 이 책 읽어봤어?
B 아니, 아직 안 읽어봤어.
A Ich bin begeistert von diesem Buch. 너도 한번 읽어봐.
B 네가 추천하니까 나도 읽어볼게.

단어장 Wortschatz

begeistern 감격케 하다 (* r. Geist(er) 정신, 영혼)
s. Buch(¨er) 책 (* buchen 예약하다)
r. Staat(en) 나라 (* e. Stadt(¨e) 도시, 시내)
r. Professor(en) 교수님(남) ↔ e. Professorin(nen) 교수님(여)
s. Münster(-) 대성당 (* r. Dom(e) 대성당)
reisen 여행하다 (* e. Reise(n) 여행)
ganz 전체의, 모두
lesen 읽다 (lesen – las – gelesen)
empfehlen 추천하다 (empfehlen – empfahl – empfohlen)

실망했을 때

015.mp3

Ich bin von + D enttäuscht. 난 D에 실망했어.

Ich bin von + D enttäuscht는 D가 실망스러울 때 사용하는 표현입니다.

SCHRITT 1

1. 난 단지 실망했을 뿐이야.	Ich bin **nur (da**von**)** enttäuscht.
2. 난 그에게 실망했어.	Ich bin von **ihm** enttäuscht.
3. 난 나 자신에게 실망했어.	Ich bin von **mir selbst** enttäuscht.
4. 난 내 선수들에게 실망했어.	Ich bin von **meiner Mannschaft** enttäuscht.
5. 난 불공정한 판정에 실망했어.	Ich bin von **dem ungerechten Urteil** enttäuscht.

SCHRITT 2

1. 불공정한 판정에 실망했을 때

A Was ist passiert?	A 무슨 일 있어?
B Yuna Kim gewinnt nur Silber.	B 김연아 선수가 은메달을 땄어.
A Oh, Nein! Das kann nicht sein!	A 오 이런! 있을 수 없는 일이야!
B 난 불공정한 판정에 실망했어.	B Ich bin von dem ungerechten Urteil enttäuscht.

2. 시험에 떨어졌을 때

A Was ist geschehen? Du siehst nicht gut aus.	A 무슨 일 있어? 별로 안 좋아 보이는데.
B Ich bin in der Prüfung durchgefallen.	B 시험에 떨어졌어.
A Bist du sauer?	A 짜증 나?
B Nein, ich bin nicht sauer. 다만 실망했을 뿐이야.	B 아니, 짜증 나진 않아. Ich bin nur enttäuscht.

TIPP 문화 카타리나 비트 (Katarina Witt)

2014년 소치 올림픽에서 김연아 선수가 은메달을 땄을 때, 독일 피겨 스케이트의 전설인 카타리나 비트가 매우 흥분하면서 다음과 같이 말했죠. "Ich war wirklich enttäuscht und ein bißchen sauer! (정말 실망했고 약간 화가 났습니다!)"

단어장 Wortschatz

sich enttäuschen 실망하다 (* täuschen 속이다)
nur 단지
gerecht 올바른, 공정한, 정의의 ↔ ungerecht 부정한, 불공평한
s. Urteil(e) 판결
gewinnen 이기다, 획득하다 (gewinnen – gewann – gewonnen)
e. Prüfung(en) 시험
durchfallen (시험에) 떨어지다
bestehen 1) 있다 2) (시험에) 합격하다
sauer 신맛 나는, 짜증 나는, 화나는

확신할 때

016.mp3

Ich bin von + D überzeugt.

난 D를 확신해.

Ich bin von + D überzeugt는 D가 확실할 때 사용하는 표현입니다.

SCHRITT 1

1. 난 그것을 확신해. — Ich bin **da**von überzeugt.
2. 난 나 자신을 확신해. (자신 있어.) — Ich bin von **mir selbst** überzeugt.
3. 난 그것이 틀렸다고 확신해. — Ich bin überzeugt**, dass es falsch ist.**
4. 전 이 직장이 제 능력에 걸맞다고 확신합니다. — Ich bin überzeugt**, dass dieses Arbeitsfeld meinen Fähigkeiten entspricht.**
5. 납득이 가. (설득됐어 / 네 말이 맞아.) — Ich bin überzeugt.

SCHRITT 2

1. 면접 볼 때

A Warum haben Sie sich für diese Stelle beworben?
B 전 이 직장이 제 능력에 걸맞다고 확신합니다.
A Warum glauben Sie, dass wir Sie einstellen werden?
B Ich bin von mir überzeugt.

A 당신은 왜 이 일(자리)에 지원하셨나요?
B Ich bin überzeugt, dass dieses Arbeitsfeld meinen Fähigkeiten entspricht.
A 왜 우리가 당신을 고용할 것이라고 생각하나요?
B 자신이 있거든요.

2. 상대의 주장에 납득할 때

A Glaubst du wirklich, dass wir das tun sollten?
B Ja, wir bekommen dadurch viel Geld!
A 좋아, 설득됐어.
B Sehr schön, lass uns anfangen!

A 너 정말 우리가 이것을 해야 한다고 생각해?
B 응, 이걸로 우린 많은 돈을 벌 수 있어!
A **Ok,** ich bin überzeugt.
B 아주 좋아, 그럼 시작하자!

TIPP 문화 면접과 구술시험

독일에서는 필기시험뿐만 아니라 구술시험의 비중이 큽니다. 면접도 결국은 구술시험이지요. 자신의 의견을 직접 말로 표현하는 것을 정말 중요하게 생각합니다.

단어장 Wortschatz

sich überzeugen 확신하다, 납득하다 (* überzeugen 설득하다, überzeugt 확신하고 있는)
zeugen 증언하다 (* s. Zeugnis(se) 증명서)
e. Fähigkeit(en) 능력
D entsprechen D에 일치하다, 걸맞다
e. Stelle(n) 자리
einstellen 넣다, 고용하다
sich um(für) + A bewerben A에 지원하다
wirklich 정말로 = echt = richtig
bekommen 얻다 (* kommen 오다)

확신할 때

017.mp3

Ich bin (mir) sicher, ~.

난 ~인 것을 확신해.

Ich bin (mir) sicher는 무엇이 확실할 때 사용하는 표현입니다. 보다 강한 표현으로는 Es steht fest가 있습니다.
(Es ist sicher ⟨⟨ Es steht fest = Es ist absolut sicher)

SCHRITT 1

1. 난 (전적으로) 확신해 — Ich bin (**mir absolut**) sicher.
2. 난 내일 날씨가 좋을 거라고 확신해. — Ich bin sicher, **dass morgen die Sonne scheint.**
3. 나는 그가 너를 사랑한다고 전적으로 확신해. — Ich bin **absolut** sicher, **dass er dich liebt.**
4. 나는 그가 무슨 말을 했는지 확신할 수 없어. — Ich bin **nicht** sicher, **was er sagt.**
5. 난 내가 사랑에 빠졌는지 확신할 수 없어. — Ich bin **nicht** sicher, **ob ich verliebt bin.**

TIPP 문화 독일어 어학시험: DSH, TestDaf
독일어 어학시험은 크게 DSH (Deutsche Sprachprüfung für den Hochschulzugang)와 TestDaf(Test Deutsch als Fremdsprache)가 있습니다. 요즘 대학에서는 TestDaf를 요구하는 추세입니다. 시험은 보통 읽기(Leseverstehen), 듣기(Hör-verstehen), 쓰기(schriftlicher Ausdruck), 말하기(mündlicher Ausdruck)로 구성됩니다.

SCHRITT 2

1. 소풍 가기 전 날씨에 대해 이야기할 때

A Es regnet! Können wir morgen einen Ausflug machen?	**A** 비가 와! 내일 소풍 갈 수 있을까?
B 난 내일 날씨가 좋을 거라고 확신해.	**B** Ich bin sicher, dass morgen die Sonne scheint.
A Hast du den Wetterbericht gesehen?	**A** 일기예보 봤어?
B Nein, aber ich bin Optimist!	**B** 아니, 난 낙천주의자거든!

2. 시험의 난이도를 예상할 때

A Morgen kommt endlich die DSH! Welche Aufgaben könnten dran kommen?	**A** 내일이면 독일어 어학시험이야. 어떤 과제(문제)가 나올까?
B Ich denke, dass die Aufgaben nicht so schwer sind.	**B** 내 생각엔 그리 어렵지 않을 것 같아.
A Bist du dir sicher?	**A** 확신해?
B 전적으로 확신해! Die Lehrerin hat es schon so gesagt.	**B** Ich bin mir absolut sicher! 선생님이 이미 그렇게 말했거든.

단어장 Wortschatz

sicher 확실한
⟷ unsicher 불확실한
feststehen 확신하다
absolut 완전히
regnen 비 오다
(* r. Regen(x) 비)
e. Sonne(n) 해
(* r. Mond(e) 달)
r. Ausflug(¨e) 소풍
r. Wetterbericht(e) 일기예보
r. Optimist(en, en) 낙천주의자 ⟷ r. Pessimist(en, en) 비관주의자
e. Aufgabe(n) 임무, 과제

MUSTER 018

익숙함 또는 습관을 이야기할 때

018.mp3

Ich bin (es) gewohnt, ~. 난 ~하는 데 익숙해 / 보통 ~해.

Ich bin (es) gewohnt는 익숙함을 나타낼 때 사용하는 표현입니다.

SCHRITT 1

1. 일찍 일어나는 데 익숙해 — **Ich bin gewohnt, früh aufzustehen.**
2. 아침 먹는 것에 익숙하지 않아. — **Ich bin nicht gewohnt, zu frühstücken.**
3. 스스로 공부하는 것에 익숙해. — **Ich bin gewohnt, selbstständig zu arbeiten.**
4. 집에 늦게 오는 것에 익숙해. — **Ich bin gewohnt, spät nach Hause zu kommen.**
5. 난 보통 자전거를 타고 이동해. — **Ich bin gewohnt, mit dem Fahrrad zu fahren.**

SCHRITT 2

1. 기상시간에 대해

A Wann stehst du auf?
B Um 5 Uhr.
A Echt? Bist du nicht müde?
B 일찍 일어나는 것에 익숙해.

A 언제 일어나?
B 5시에.
A 정말? 피곤하지 않아?
B Ich bin gewohnt, früh aufzustehen.

2. 냉장고에 음식이 없는 이유에 대해서

A Warum hast du kein Essen in deinem Kühlschrank?
B 아침 먹는 것에 익숙지 않아서.
A Isst du auch nicht zu Abend?
B 보통 집에 늦게 들어와.

A 왜 냉장고에 먹을 것이 없어?
B Ich bin nicht gewohnt, zu frühstücken.
A 저녁도 안 먹어?
B Ich bin gewohnt, spät nach Hause zu kommen.

단어장 Wortschatz

gewohnt ~에 익숙하다, 버릇(습관)으로 되어 있다
gewöhnlich 보통의, 일상의
e. Gewohnheit(en) 습관, 버릇
sich an + A gewöhnen A에 익숙해지다, 길들다
aufstehen 기상하다
selbstständig 자주적인, 독립적인
s. Fahrrad(¨er) 자전거
s. Essen(-) 음식 (* essen 먹다)
r. Bäcker(-) 빵 제조업자 (* e. Bäckerei(en) 빵집, 베이커리)

TIPP

문화 가장 일찍 일어나는 직업: 빵 제조업자(Bäcker)

독일에서 가장 일찍 일어나는 이들은 아마 빵 제조업자(빵집 주인, 제빵사)들일 것입니다. 새벽 2시쯤 일어나 빵을 만들고 6시에 문을 연다고 하더군요. 독일인들에게 빵은 아침식사입니다.

준비되어 있을 때

019.mp3

Ich bin zu + D bereit.

난 D를 할 준비가 되어 있어.

Ich bin zu + D bereit는 D를 할 준비가 되어 있음을 나타낼 때 사용하는 표현입니다. 하지만 현재 준비를 하고 있는 중이라면 Ich bereite mich auf + A vor라고 표현합니다.

SCHRITT 1

1. 난 준비됐어! — **Ich bin (dazu) bereit!**
2. 난 떠날 준비가 되어 있어. — **Ich bin zur Abfahrt bereit.**
3. 난 새로운 것을 배울 준비가 되어 있어. — **Ich bin bereit, Neues zu lernen.**
4. 난 작은 위험은 감수할 준비가 되어 있어. — **Ich bin bereit, ein kleines Risiko einzugehen.**
5. 난 새로운 도전을 받아들일 준비가 되어 있어. — **Ich bin bereit, neue Herausforderungen anzunehmen.**

SCHRITT 2

1. 여행 떠나기 전 각오에 대해

A Bist du zur Abfahrt bereit?
B 응, 이미 준비 다 했어!
A Hast du keine Angst?
B Nein, ich bin bereit, Neues zu lernen.

A 떠날 준비 다 했어?
B Ja, ich bin schon bereit!
A 걱정되진 않아?
B 아니, 난 새로운 것을 배울 준비가 되어 있어.

2. 보험을 들지 않는 이유에 대해

A Warum hast du keine Versicherung abgeschlossen?
B 난 작은 위험은 감수할 준비가 되어 있거든.
A Aber wäre es nicht klüger?
B No risk, no fun.

A 너 왜 보험을 안 들었어?
B Ich bin bereit, ein kleines Risiko einzugehen.
A 좋은 생각 같진 않은데?
B 위험 없인 재미도 없지.

TIPP 문화 보험 (Versicherung)
비자를 받기 위해 꼭 필요한 것이 보험입니다. 보험에는 공보험(gesetzlich)과 사보험(privat)이 있습니다. 각자 장단이 있고 나이, 학생, 수입 등에 따라 보험료가 차이 납니다. 보통 어학생일 때는 사보험(Care Concept, Mawista 등) 중 가장 저렴한 여행자보험을, 대학생이 되면 공보험(AOK, TK 등)을 듭니다.

단어장 Wortschatz

bereit sein 준비가 되어 있다 (* sich auf + A vorbereiten A를 준비하다)
e. Abfahrt(en) 출발 ↔ e. Ankunft(¨e) 도착
klein 작은 ↔ groß 큰
s. Risiko(Risiken) 리스크, 위험
eingehen 안으로 들어가다
e. Herausforderung(en) 도전
annehmen 받아들이다
e. Versicherung(en) 보험

결심했을 때

020.mp3

Ich bin entschlossen, ~ . 난 ~하기로 결심했어.

Ich bin entschlossen은 무엇에 대한 자신의 결심을 나타낼 때 사용합니다.

SCHRITT 1

1. 독일어를 배우기로 결심했어. **Ich bin entschlossen, Deutsch zu lernen.**
2. 끝까지 하기로 결심했어. **Ich bin entschlossen, das durchzuziehen.**
3. 시도해보기로 결심했어. **Ich bin entschlossen, es zu versuchen.**
4. 지원해보기로 결심했어. **Ich bin entschlossen, mich zu bewerben.**
5. 시간을 낭비하지 않기로 결심했어. **Ich bin entschlossen, keine Zeit zu verlieren.**

SCHRITT 2

1. 독일어를 배우기로 결심한 것에 대해

A Warum hast du dir dieses Lehrbuch gekauft?
B 독일어를 배우기로 결심했거든.
A Das kann aber anstrengend werden.
B Ja, 하지만 끝까지 해보기로 굳게 결심했어.

A 왜 이 교과서를 샀어?
B Ich bin entschlossen, Deutsch zu lernen.
A 근데 많이 힘들 수도 있어.
B 그렇겠지, aber ich bin fest entschlossen, das durchzuziehen.

2. 독일어를 배우는 이유에 대해

A Warum lernst du Deutsch?
B Ich möchte in Deutschland meine Doktorarbeit schreiben.
A Und du glaubst, das klappt?
B Ich kann nicht sicher sein, 하지만 시도해보기로 결심했어.

A 넌 왜 독일어를 배우니?
B 독일에서 박사논문 쓰길 원하거든.
A 이루어질 수 있다고 생각하니?
B 확신할 순 없어, aber ich bin entschlossen, es zu versuchen.

단어장 Wortschatz

entschlossen 결심한, 단호한 (* sich zu + D entschließen D를 결심하다)
schließen 닫다 (schließen – schloss – geschlossen)
(* s. Schloss(¨er) 성, r. Schluss(¨e) 끝)
durchziehen 끝까지 해내다 (* ziehen 끌다)
versuchen 시도하다 (* suchen 찾다, besuchen 방문하다)
sich um + A bewerben A에 지원하다
verlieren 잃어버리다 (verlieren – verlor – verloren)
anstrengend 아주 힘든

TIPP 문화 독일어를 배우는 이유

독일어를 배우는 이유와 목적은 다양할 것입니다. 그 중 큰 비중을 차지하는 건 공부와 직업이라고 생각합니다. 독일 대학들의 깊이 있고 탄탄한 학문적 토대는 공부를 계속하려는 자에게 좋은 환경이 되고, 독일의 안정적인 경제는 직업을 구하는 이들에게 많은 기회를 제공합니다. 그래서 세계 각국의 많은 이들이 건축, 기계공학, 자동차, 음악, 디자인, 법학, 철학 등 다양한 전공으로 독일 대학들에 유학을 오고 있습니다.

상대방의 성격을 표현할 때

021.mp3

Du bist ~.

넌 ~해.

Du bist + 형용사는 상대방의 성격을 나타낼 때 사용하는 표현입니다.

SCHRITT 1

1. 너 정말 친절하구나!	**Du bist sehr freundlich!**
2. 넌 정말 재밌어 / 재치 있어!	**Du bist so lustig / witzig!**
3. 넌 너무 예민해 / 신경질적이야 / 감정 이입을 잘해!	**Du bist so empfindlich / nervös / einfühlsam!**
4. 넌 스트레스를 줘.	**Du bist stressig.**
5. 넌 정신적으로 문제가 있는 게 아냐, 다만 특별히 감수성이 풍부한 거야.	**Du bist nicht gestört, sondern besonders sensibel.**

SCHRITT 2

1. 민감한 성격에 대해

A Ich muss die ganze Zeit heulen, ich glaube ich bin gestört.
B 넌 정신적으로 문제가 있는 게 아냐, 다만 특별히 감수성이 풍부한 거지.
A Vielen Dank, du bist sehr freundlich!

A 난 계속 울었어. 내 생각엔 나 정신적으로 문제가 있는 것 같아.
B Du bist nicht gestört, sondern besonders sensibel.
A 고마워, 넌 정말 친절해!

2. 독일 유머

A Treffen sich zwei Jäger, beide tot.
B Das verstehe ich nicht.
A Treffen ist doppeldeutig.
B 넌 정말 재밌어!

A 사냥꾼 두 명이 만나면, 둘 다 죽어.
B 무슨 말인지 모르겠어.
A Treffen은 두 가지 의미가 있어.
B Du bist so lustig!

TIPP 문화 독일 유머 (Humor)
처음에는 독일어를 못알아들어서 웃지 못하고, 나중에는 웃기지 않아서 웃지 못한다고 합니다.

단어장 Wortschatz

freundlich 친절한↔ unfreundlich 불친절한
lustig 재미있는 (* lästig 부담스러운)
witzig 재치 있는
empfindlich 예민한 (* empfinden 느끼다)
nervös 신경질적인
einfühlsam 감정이입을 잘하는 (* fühlen 느끼다)
gestört 방해되는, 정신적 결함이 있는 (* stören 방해하다)
sensibel 민감한, 감수성이 풍부한
r. Jäger(-) 사냥꾼
treffen 만나다, (총) 쏘다 (treffen – traf – getroffen)
doppeldeutig 두 가지로 해석되는, 애매한

상대방에게 물을 때

022.mp3

Bist du ~?

넌 ~이니?

Bist du ~ ?는 상대방에게 질문할 때 사용하는 표현입니다.

SCHRITT 1

1. 당신이 여기 주인입니까? — Bist du **hier der Chef?**
2. 행복해? — Bist du **glücklich?**
3. 너 나한테 화났어? — Bist du **böse auf mich?**
4. 이미 집이니? — Bist du **schon zuhause?**
5. 잘 도착했어? — Bist du **gut angekommen?**

SCHRITT 2

1. 화나 보이는 친구와 대화하기

A 너 나한테 화났니?
B **Nein, bin ich nicht.**
A **Aber du siehst verärgert aus.**
B **Ja, ich bin verärgert, aber nicht auf dich.**

A Bist du böse auf mich?
B 아니, 화 안 났어.
A 하지만 너 화나 보여.
B 맞아, 화났어. 하지만 너한테 화난 건 아냐.

2. 여행 간 친구에게 안부 전화하기

A **Ich habe gehört, dass du auf einer Reise bist.**
B **Ja, ich bin jetzt in Berlin.**
A 잘 도착했어?
B **Ja, gut. Danke!**

A 너 여행 갔다며?
B 응, 지금 베를린이야.
A Bist du gut angekommen?
B 응 잘, 고마워!

TIPP 문법 대답할 때 동사의 위치

1) Nein, ich bin nicht böse. (O) ← 이 문장이 문법적으로 맞습니다.
2) Nein, bin ich nicht. (O) ← 하지만 일상에서는 이 문장이 자주 표현됩니다.
3) Nein, ich bin nicht. (X) ← 그리고 이렇게 쓰진 않습니다.

단어장 Wortschatz

r. Chef(s) 주인, 우두머리, 주방장
böse 화난, 나쁜 ↔ gut 선한
zuhause 집에 (* nach Haus 집으로)
ankommen 도착하다
verärgern 화나게 하다 (* r. Ärger(x) 분노, 화, sich über A ärgern A에 화나다)

상황에 대해서 표현할 때

023.mp3

Es ist adj, ~.

~하는 것은 ~해.

Es ist adj는 어떤 특정 상황의 상태(좋고 나쁨 등)를 나타내는 표현입니다.

SCHRITT 1

1. 네가 무엇을 하고 싶은지를 안다면, 좋은 거야.	Es ist **gut, wenn du weißt, was du willst.**
2. 저녁 늦게 먹는 것은 좋지 않아.	Es ist **schlecht, spät abends zu essen.**
3. 정직한 것은 중요해.	Es ist **wichtig, ehrlich zu sein.**
4. 규칙적으로 운동하는 것은 꼭 필요해.	Es ist **nötig, regelmäßig Sport zu machen.**
5. 철로를 건너는 것은 금지돼 있어.	Es ist **verboten, über die Bahngleise zu gehen.**

SCHRITT 2

1. 늦은 시간에 먹는 것이 좋지 않은 이유에 대해

A Ich habe Hunger! Möchtest du auch etwas essen?
B Nein. 저녁 늦게 먹는 것은 좋지 않다고 생각해.
A Wieso?
B Wenn ich abends esse, kann ich nicht gut schlafen.

A 나 배고파! 뭐 좀 먹고 싶지 않아?
B 아니. Ich finde, es ist schlecht, abends zu essen.
A 왜?
B 밤에 뭘 먹으면, 잠을 잘 못자거든.

2. 철길을 건너다가 경찰에게 걸렸을 때

A 철길을 건너는 것은 금지되어 있습니다.
B Ach, so! Das habe ich nicht gewußt.
A Sie müssen 50 Euro bezahlen!

A Es ist verboten, über die Gleise zu gehen.
B 아, 그렇군요! 몰랐어요.
A 당신은 (벌금) 50유로를 내야 합니다!

단어장 Wortschatz

gut 좋은 ↔ schlecht 나쁜
wichtig 중요한 ↔ unwichtig 사소한
ehrlich 솔직한 ↔ unehrlich 솔직하지 않은
nötig = notwendig 꼭 필요한
regelmäßig 규칙적인 (* e. Regel(n) 규칙)
verboten 금지된 ↔ erlaubt 허락된
s. Gleis(e) 선로, 레일 (* s. Bahngleis(e) 철도 선로)
bezahlen 지불하다
überlegen 숙고하다
vorher 전에, 미리 ↔ nachher 후에, 나중에
wissen 알다, 이해하다 (wissen-wußte-gewußt)

TIPP

문화 철길 건너는 것은 금지 (Verbot)

독일 어느 시골에서 지내는 동안 철길을 무심코 건너곤 했습니다. 모두가 건너다녔고, 사람들이 하도 많이 건너다니다 보니 작은 길도 나 있었죠. 하지만 어느 날 철로를 건너다 경찰관에게 걸렸습니다. 벌금 50유로를 내야 한다더군요. 그래서 경찰관에게 여길 지나다니는 게 불법인지 몰랐고 학생이라고 말했습니다. 그러자 경찰관은 처음이니 봐준다고 했습니다. 벌금을 물지 않아도 되어서 다행이긴 했지만, 당황한 나머지 몰랐다는 말을 'Ich habe nicht gewissen'이라고 잘못된 표현을 썼습니다. 'Ich habe das nicht gewußt!'라고 써야 올바른 표현입니다.

하는 것이 쉬울 때

024.mp3

Es ist leicht, ~.

~하는 일은 쉬워.

Es ist leicht는 뭔가를 하는 일이 쉬움을 나타내는 표현입니다.

SCHRITT 1

1. 독일어를 배우는 것은 쉬워. **Es ist leicht, Deutsch zu lernen.**
2. 다른 사람을 판단하는 일은 쉬워. **Es ist leicht, über andere zu urteilen.**
3. 말하긴 쉬워. **Es ist leicht, zu reden.**
4. 그냥 넘어가기는 쉬워. **Es ist leicht, wegzuschauen.**
5. 포기하는 건 쉬워. **Es ist leicht, aufzugeben.**

TIPP 격언 Es ist leicht, das Leben schwer zu nehmen, aber schwer, es leicht zu nehmen. 삶을 어렵게 받아들이기는 쉽지만, 쉽게 받아들이기는 어렵다.

SCHRITT 2

1. 독일어를 배우는 것에 대해

A 난 독일어 배우는 일은 쉽다고 생각해.
B **Also ich finde, es ist leichter, aufzugeben.**
A **Ach was! Man muss nur jeden Tag etwas dafür tun.**
B **Du hast leicht reden.**

A Ich finde, es ist leicht, Deutsch zu lernen.
B 난 포기하는 것이 더 쉽다고 생각하는데.
A 무슨 말이야! 매일 조금씩이라도 하면 돼.
B 너니까 쉽게 말하는 거야.

2. 위험에 처한 사람을 못 본 체하는 것에 대해

A **Du siehst ängstlich aus.**
B **Ja, ich wurde gestern überfallen.**
A **Das ist sehr schrecklich. Hat dir keiner geholfen?**
B **Nein,** 못 본 체하긴 쉽지.

A 너 불안해 보여.
B 응, 나 어제 습격당했거든.
A 정말 끔찍하네. 아무도 널 도와주지 않았어?
B 응, es ist leicht, wegzuschauen.

단어장 Wortschatz

leicht 가벼운, 쉬운 ↔ schwer 무거운
r/e. Deutsche(n, n) 독일인(남/여)
s. Deutsch(x) 독일어 (* deutsch 독일(인)의)
urteilen 판단하다 (* r. Teil(e) 부분)
wegschauen 못 본 체하다
schauen 보다 (* e. Schau(en) 쇼)
aufgeben 1) 맡기다 2) 교부하다 3) 포기하다
ängstlich 겁나는, 불안한 (* vor + D Angst haben D를 두려워하다)
schrecklich 무서운, 끔찍한
überfallen 습격하다 (* fallen 떨어지다)
Du hast leicht reden. (숙어) 너니까 쉽게 말하는 거야.

MUSTER 025

하는 것이 어려울 때

025.mp3

Es ist schwer, ~.

~하는 것은 어려워.

Es ist schwer는 무엇인가 하는 것의 어려움을 나타내는 표현입니다.

SCHRITT 1

1. 그것을 말하기는 / 설명하기는 어려워. — Es ist schwer, **das zu sagen / zu erklären.**
2. 그와 사이좋게 지내기는 어려워. — Es ist schwer, **mich mit ihm zu verstehen.**
3. 집 구하는 건 어려워. — Es ist schwer, **eine Wohnung zu finden.**
4. 딱 맞는 직업을 찾기는 정말 어려워. — Es ist **eben** schwer, **einen passenden Beruf zu finden.**
5. 잘못을 인정하는 일은 어려워. — Es ist schwer, **Fehler einzugestehen.**

TIPP 격언 Es ist schwer, das Glück in uns zu finden, und es ist ganz unmöglich, es anderswo zu finden.
우리 안에서 행복을 찾기는 어렵다. 그러나 다른 곳에서 행복을 찾는 일은 완전히 불가능하다.
– Nicolas Chamfort (니콜라스 샹포르)

SCHRITT 2

1. 관계 맺기 어려운 사람에 대해

A 그와 사이좋게 지내는 것은 어려워.
B Warum?
A Ich weiß nicht, aber ich weiß sicher, ich gefalle ihm nicht. Er grüßt mich nicht, obwohl ich ihn grüße.
B Es ist schwer, jedem zu gefallen.

A Es ist schwer, mich mit ihm zu verstehen.
B 왜?
A 모르겠어. 하지만 확실한 건 그가 나를 마음에 들어하지 않는다는 거야. 그는 내게 인사를 하지 않아, 내가 인사를 해도 말이야.
B 모든 사람의 마음에 드는 것은 어려운 일이지.

2. 면접결과 기다리기

A Wie lief dein Bewerbungsgespräch?
B Schlecht.
A Wurdest du genommen?
B Das weiß ich noch nicht, ich muss abwarten. 딱 맞는 직업을 찾는 건 정말 어려워.

A 면접 본 일은 어떻게 되고 있니?
B 별로야.
A 합격할 것 같아?
B 그건 아직 몰라, 기다려봐야 해. Es ist eben schwer, einen passenden Beruf zu finden.

단어장 Wortschatz

erklären 설명하다
passen 꼭 맞다
sich mit Jm verstehen Jm과 사이좋게 지내다
(* verstehen 이해하다)
r. Beruf(e) 직업
Jm gefallen Jm의 마음에 들다
r. Fehler(-) 잘못
e. Bewerbung(en) 지원, 지망
s. Gespräch(e) 대화
eben 1) 바로, 막 2) (강조) 정말
abwarten 기다리다

유감일 때

026.mp3

Es ist schade um + A.

A는 유감이야.

Es ist schade um + A는 A라는 상황에 대한 유감을 나타내는 표현입니다.

SCHRITT 1

1. 유감이야! — **(Es ist) Schade!**
2. 노력을 많이 기울였는데 (성과가 없어) 유감이야. — Es ist schade um **die viel Mühe.**
3. 먹을 것이 많은데 (배가 불러) 유감이야. — Es ist schade um **das Essen.**
4. 바꾸지 못해서 안타까워. — Es ist schade**, aber nicht zu ändern.**
5. 네가 함께하지 못한 것은 유감이야. — Es ist schade**, dass du nicht dabei warst.**

TIPP 문화 날씨 (Wetter)
독일은 정말 자주, 그리고 갑자기 비가 옵니다.

SCHRITT 2

1. 저녁식사 초대를 거절할 때

A Kommst du heute Abend zum Essen?
B Nein, ich komme nicht. Heute Abend habe ich viel zu tun.
A 유감이네!
B Ja, sehr schade!

A 오늘 저녁 먹으러 올래?
B 아니, 나 못 가. 오늘 저녁에 할 일이 많아.
A Schade!
B 응, 정말 유감이야!

2. 비가 와서 일정을 바꿀 때

A Heute wollten wir draußen Fußball spielen, aber es regnet.
B (날씨를) 바꾸지 못하는 것이 안타깝네.
A Was machen wir stattdessen?
B In der Turnhalle spielen.

A 오늘 밖에서 축구하려고 했는데, 비가 오네.
B Es ist schade, aber nicht zu ändern.
A 그 대신 뭐할까?
B 실내체육관에서 놀자.

단어장 Wortschatz

e. Mühe(n) 노력, 수고
ändern 바꾸다 (* ander- 다른)
draußen 밖에서 ↔ drinnen 안에서
stattdessen 그것 대신에 (* statt + G G 대신에)
e. Turnhalle(n) 실내체육관
e. Halle(n) 홀

자신에게 어떠한지를 강조할 때

027.mp3

Mir ist adj.

내겐 ~해.

Mir ist + 형용사는 Es ist mir + 형용사의 형태에서 Mir를 문장 맨 앞에 둠으로써, '자신'을 강조한 형태입니다. 대상이 자신에게 어떠한지(생각, 느낌 등)를 표현합니다.

SCHRITT 1

1. 더워 / 추워 / 따뜻해. — Mir ist **heiß / kalt / warm.**
2. 지루해. — Mir ist **langweilig.**
3. 좋지 않고 어지러워. — Mir ist **schlecht und schwindelig.**
4. 둘 다 내겐 똑같아. — Mir ist **beides gleich.**
5. 다른 사람이 나에 대해 뭐라고 생각하든 상관없어. — Mir ist **egal, was andere über mich denken.**

SCHRITT 2

1. 춥다고 말할 때

A Ich bin kalt!	**A** 난 냉정해!
B Was? Wie bitte?	**B** 뭐? 뭐라고?
A Die Temperatur ist sehr niedrig.	**A** 지금 온도가 매우 낮다고.
B 그럴 땐 '난 냉정해'가 아니라 '난 추워'라고 해.	**B** Dann sagt man nicht "Ich bin kalt", sondern "Mir ist kalt".

2. 재킷을 살 때

A Welche Jacke gefällt dir besser? Die blaue oder die rote?	**A** 어떤 재킷이 더 맘에 들어? 파란색 혹은 빨간색?
B Egal, 둘 다 내겐 똑같아.	**B** 상관없어, mir ist beides gleich.
A Aber ich möchte, dass du eine von beiden wählst.	**A** 하지만 난 네가 둘 중 하나를 골라줬으면 좋겠어.
B Dann nimm die Günstigere!	**B** 그럼 더 싼 걸로!

TIPP 문장 Ich bin kalt 와 mir ist kalt.
Ich bin kalt: 나는 냉정해 (성격)
Mir ist (es) kalt: 나는 추워 (온도)

단어장 Wortschatz

heiß 뜨거운 ⟷ kalt 추운
warm 따뜻한 ⟷ kühl 시원한
schwindelig 어지러운
(* r. Schwindel(x) 현기증)
egal 같은, 아무렇게 하여도 좋은
e. Temperatur(en) 온도
niedrig 낮은 ⟷ hoch 높은
e. Jacke(n) (위에 걸쳐 입는 모든 윗옷) 재킷
Jm gefallen Jm의 마음에 들다
blau 파란
rot 빨간
wählen 선택하다
nehmen 취하다 (nehmen – nahm – genommen)
günstig 저렴한

상태에 대해 물을 때

028.mp3

Ist es adj?

그게 ~해?

Ist es + 형용사?는 상대 또는 상황의 상태를 묻는 질문입니다.

SCHRITT 1

1. 잘되고 있어?	Ist es **okay?**
2. 그것이 가능해 / 불가능해?	Ist es **möglich / unmöglich?**
3. 그게 사실이야?	Ist es **wahr / echt / richtig?**
4. 그게 좋아 / 더 좋아 / 최고야?	Ist es **gut / besser / am besten?**
5. 그게 보통이야?	Ist es **normal?**

SCHRITT 2

1. 일이 잘 진행되고 있는지 물을 때

A 잘되고 있어?
B Nein, es ist ganz schlimm!
A Was ist das Problem?
B Es ist schwer, zu erklären.

A Ist es okay?
B 아니, 완전히 좋지 않아!
A 뭐가 문제인데?
B 설명하기 어려워.

2. 버스 파업에 대해서

A 오늘 버스기사들 파업에 들어간 게 사실이야?
B Ja, es ist sicher.
A Ich finde es sehr unangenehm. Was sagst du dazu?
B Ich denke trotzdem, dass es unbedingt nötig ist!

A Ist es wahr, dass die Busfahrer heute in Streik treten?
B 응, 확실해.
A 내 생각엔 그거 정말 불편한 것 같아. 네 생각은 어때?
B 그럼에도 불구하고 난 꼭 필요한 일이라고 생각해!

단어장 Wortschatz

möglich 가능한 ↔ unmöglich 불가능한
wahr 사실의 ↔ unwahr, falsch 거짓의
echt 진짜의 ↔ unecht, falsch 가짜의
richtig 올바른 ↔ falsch 틀린
schlimm 심한, 좋지 않은
s. Problem(e) 문제
in Streik treten 파업에 들어가다 (* treten 발을 내딛다)
unangenehm 불쾌한, 불편한 ↔ angenehm 쾌적한, 안락한
unbedingt 절대적인 ↔ bedingt 제한된

MUSTER 029

무엇을 할 시간임을 알릴 때

029.mp3

Es ist Zeit, ~.

~할 시간이야.

Es ist Zeit는 무엇을 할 시간이 되었음을 알리는 표현입니다. 일상에서는 종종 생략하기도 합니다. 예를 들어 '밥 먹어'를 Es ist Zeit, zu essen이 아니라 그냥 Essen!이라고 하죠.

SCHRITT 1

1. 밥 먹을 시간이야. **Es ist Zeit, zu essen.**
2. 갈 시간이야. **Es ist Zeit, zu gehen.**
3. 잘 시간이야. **Es ist Zeit, zu schlafen.**
4. 놀 시간이야. **Es ist Zeit, zu spielen.**
5. 쉬는 시간이야. **Es ist Zeit, Pause zu machen.**

SCHRITT 2

1. 식사하기 전 대화

A Thomas! 밥 먹을 시간이야!
B Oh! Ich habe schon darauf gewartet!
A Hast du Hunger?
B Ja, sehr!

A 토마스! Es ist Zeit, zu essen!
B 오, 벌써 기다리고 있었어!
A 너 배고프구나?
B 응, 매우!

2. 쉬지 않고 계속 일하는 동료에게

A 쉬는 시간이야!
B Schon? Aber ich muss noch mehr arbeiten.
A Nein, nein. Das ist nicht so gut! Pass auf, dass du dich nicht überarbeitest!
B Ich bin überzeugt, ich komme gleich!

A Es ist Zeit, Pause zu machen!
B 벌써? 나 더 일해야 해.
A 안 돼, 안 돼! 그거 좋지 않아! 과로하지 않도록 주의해!
B 알았어, 곧 갈게!

TIPP 문화 쉬는 시간 (Pausenzeit)

독일 친구들과 쉬는 시간과 과로에 대해서 이야기를 할 기회가 있었습니다. 그런데 독일 친구들은 SCHRITT 2의 2번 예문에서와 같은 상황은 없다더군요. 공부를 하든, 일을 하든 반드시 쉬는 시간을 가진다고 합니다.

단어장 Wortschatz

essen 먹다 (essen – aß – gegessen)
gehen 가다 (gehen – ging – gegangen)
schlafen 자다 (schlafen – schlief – geschlafen)
spielen 놀다, 경기하다
Pause machen 쉬다
auf + A warten A를 기다리다
noch mehr 여전히 더
auf + A aufpassen A를 주의하다
sich überarbeiten 과로하다
überzeugt 설득된, 확신하는

MUSTER 030

이미 언급된 상황에 대한 상태를 표현할 때

030.mp3

Das ist ~.

그것은 ~이야.

Das ist는 이미 언급된 특정상황의 상태를 나타냅니다. 언급되지 않은 것은 보통 Es ist로 표현합니다.

SCHRITT 1

1. 최고야! / 허튼 소리! — **(Das ist) super! / Quatsch!**
2. 그거 완전 간단해! — **Das ist doch total einfach!**
3. 그것은 내 사정이 아냐. (직역: 그것은 내 맥주가 아냐.) — **Das ist nicht mein Bier.** (숙어. 주로 남성이 사용)
4. 성공이야. — **Das ist mir gelungen.**
5. 그것은 똑바르고, 그것은 삐뚤어요. (독일의 동요 가사) — **Das ist gerade, das ist schief.**

SCHRITT 2

1. 시험 때문에 긴장하고 있는 친구에게

A Wie geht's?
B Ich bin im Stress. Ich lerne auf die Zwischenprüfung.
A Entspann dich! 그거 완전 간단해!
B Schön wär's.

A 어때?
B 스트레스 받고 있어. 중간시험 준비하고 있거든.
A 긴장 풀어! Das ist doch total einfach!
B (네 말대로) 그러길 바라.

2. 그리고 열흘 후

A Wie war deine Prüfung?
B Ich habe bestanden!!
A Wow! 최고야!
B Danke!

A 시험 어떻게 됐어?
B 붙었어!!
A 와우! Super!
B 고마워!

단어장 Wortschatz

super = prima = cool = klasse = toll (약간의 뉘앙스 차이는 있지만) 최고의, 멋진
wunderbar 놀라운
genial 천재적인
r. Quatsch(x) 허튼 소리
r. Unsinn(x) 무의미
r. Wahnsinn(x) 미친 짓(대부분), 미치게 좋은 짓(가끔)
blöd = dumm 어리석은
total einfach 완전히 간단한
s. Bier(e) 맥주
bestehen 있다, (시험에) 합격하다 ↔ durchfallen (시험에) 떨어지다
auf + 시험 lernen 시험을 준비하다 (* lernen 배우다)

TIPP 문법 감탄 표현

긍정적 감탄
super, prima, toll, cool, klasse, wunderbar, genial, Wahnsinn! (좋아, 최고야!)

부정적 감탄
Quatsch, Unsinn, blöd, dumm, Wahnsinn! (젠장, 말도 안 돼!)

TIPP 문장 Schön wär's

'Es wäre schön, wenn es so wäre, wie du es sagst (네가 말한 것처럼, 그것이 그렇게 되면 좋을 것 같아)'를 축약한 표현입니다.

이미 언급된 상황에 대해 표현할 때

031.mp3

Das war ~.

그것은 ~이었어.

Das war는 이미 언급된 특정상황의 과거 상태를 나타냅니다.

SCHRITT 1

1. 그것이 살짝 모자랐어. — Das war **knapp.**
2. 그것은 내 잘못이야. — Das war **mein Fehler.**
3. 그때가 제일 좋았어. — Das war **die beste Zeit.**
4. 고의가 아니었습니다. — Das war **keine Absicht.**
5. 그건 명령이었어! — Das war **ein Befehl!**
(영화 〈몰락〉에서 히틀러가 외쳤던 말)

TIPP 문화 영화 〈몰락(der Untergang)〉에서 히틀러의 대사 "Das war ein Befehl! Der Angriff, Steiner, war Befehl! Wer sind Sie, dass Sie es wagen, sich meinen Befehlen zu widersetzen?"
"그건 명령이었어! 슈타이너의 공격은 명령이었다고! 감히 내 명령에 반기를 든 자가 누구지?" (* 한국뿐 아니라 세계적으로 패러디가 많이 된 유명한 장면의 대사입니다.)

SCHRITT 2

1. 가벼운 자동차 사고가 났을 때

A Du hast mich angefahren.	A 당신이 (자동차로) 와서 부딪쳤어요.
B Tut mir leid, 고의가 아니었어요.	B 죄송합니다, das war keine Absicht.
A Pass das nächste Mal besser auf!	A 다음엔 더 주의하세요!
B Ja, (das war) mein Fehler.	B 네, 제 잘못입니다.

2. 함께 시험을 준비했던 때를 생각하며

A Weißt du noch, wie wir zusammen auf die DSH gelernt haben?	A 우리가 독일어 어학시험을 함께 준비할 때 기억나니?
B Ja, wir waren vierzehn Stunden in der Bibliothek.	B 물론, 우린 열네 시간을 도서관에서 있었지.
A Damals haben wir viel Zeit miteinander verbracht.	A 그때 우린 참 많은 시간을 함께했는데.
B 그때가 제일 좋았어!	B Das war die beste Zeit!

단어장 Wortschatz

knapp 모자라는, 불충분한, 겨우
e. Absicht(en) 의도
r. Befehl(e) 명령 (* befehlen 명령하다)
anfahren (차로) 사람을 치다. (* fahren (차를 타고) 가다)
Tut mir leid. (숙어) 죄송합니다, 유감입니다
auf + A aufpassen A를 주의하다
zusammen 함께
e. Stunde(n) 시간 (* e. Uhr(en) 시, 시계)
e. Bibliothek(en) 도서관
damals 당시에
Zeit verbringen 시간을 보내다

목표를 말할 때

032.mp3

Mein Ziel ist es, zu ~.

~하는 것이 내 목표야.

Mein Ziel ist es, zu + inf(부정형)는 자신의 목표, 꿈 등을 나타낼 때 쓰는 표현입니다.

SCHRITT 1

1. 독일어 실력을 향상시키는 것이 내 목표야. — Mein Ziel ist es, **mein Deutsch** zu **verbessern.**
2. 독일로 여행가는 것이 내 목표야. — Mein Ziel ist es, **nach Deutschland** zu **reisen.**
3. 독일 친구들을 많이 사귀는 것이 내 목표야. — Mein Ziel ist es, **viele deutsche Freunde** zu **haben.**
4. 독일어 책을 읽는 것이 내 목표야. — Mein Ziel ist es, **deutsche Bücher** zu **lesen.**
5. 포르쉐에 취업하는 것이 내 목표야. — Mein Ziel ist es, **bei Porsche** zu **arbeiten.**

SCHRITT 2

1. 독일어를 배우는 이유

A Wofür lernst du Deutsch?
B 독일어 실력을 향상시키는 것이 내 목표야.
A Und dann?
B Ganz einfach. Ich möchte nach Deutschland reisen, viele Freunde haben und etwas über deutsche Kultur erfahren!

A 무엇을 위해 독일어를 공부하니?
B Mein Ziel ist es, mein Deutsch zu verbessern.
A 그리고 나서는?
B 정말 간단해. 독일로 여행 가서 친구들을 많이 사귀고 독일의 문화를 경험하고 싶어.

2. 목표에 대해서

A Was ist dein Ziel?
B 포르쉐에 취업하는 것이 내 목표야.

A Wie bereitest du dich darauf vor?
B Als Erstes lerne ich Deutch.

A 네 목표는 뭐야?
B Mein Ziel ist es, bei Porsche zu arbeiten.
A 그러기 위해 어떻게 준비하고 있어?
B 첫 단계로 독일어를 배우고 있어.

단어장 Wortschatz

s. Ziel(e) 목적
verbessern 향상시키다
lesen 읽다 (lesen – las – gelesen)
e. Kultur(en) 문화
erfahren 경험하다
sich auf + A vorbereiten A를 준비하다
als erstes 첫 번째로

무엇으로 유명한지 설명할 때

033.mp3

N ist bekannt ….

N은 …로 유명해.

N ist bekannt를 통해 N이 무엇으로 유명한지 표현할 수 있습니다. 경우에 따라 für나 als 전치사를 사용합니다. für + A는 A로, als + N은 N으로서 유명하다는 표현입니다.

SCHRITT 1

1. 알디는 저렴한 상품으로 유명해. **ALDI ist bekannt für günstige Waren.**
2. 이케아는 많은 품목으로 유명해. **IKEA ist bekannt für sein großes Warensortiment.**
3. 루어 지역은 석탄채굴지로 유명해. **Das Ruhrgebiet ist bekannt als Kohleabbaugebiet.**
4. 프랑크푸르트 암 마인은 경제로 유명해. **Frankfurt am Main ist bekannt für seine Wirtschaft.**
5. 함부르크는 항구도시로 유명해. **Hamburg ist bekannt als Hafenstadt.**

SCHRITT 2

1. 장 보는 곳에 대해

A Wo gehst du normalerweise einkaufen?
B Je nach den Umständen, REWE, Kaufland, Real, ALDI usw. Aber zu ALDI gehe ich häufiger.
A Wieso?
B 왜냐하면 알디는 저렴한 상품으로 유명하거든.

A 주로 어디서 장을 보니?
B 상황에 따라 다르지만 레베, 카우프란트, 레알, 알디 등등에서. 하지만 주로 알디를 가지.
A 왜?
B Weil ALDI bekannt für Günstiges ist.

2. 루어 공업지대에 대해

A Was weißt du über Deutschland?
B Ich habe vom Ruhrgebiet gehört, wo die Generation meiner Eltern als Bergmänner arbeitete.
A 맞아, 루어 지역은 석탄채굴지로 유명해.

A 넌 독일에 대해 무엇을 아니?
B 난 내 부모님 세대가 광부로 일했다는 루어 지역에 대해서 들은 바 있어.
A Ja, das Ruhrgebiet ist bekannt als Kohleabbaugebiet.

TIPP 문화 파독 광부와 간호사

1960년대 독일로 건너간 파독 광부와 간호사 들은 현재 독일에 정착하여 한인회를 이루고 있습니다. 이들의 노력과 수고가 한국경제의 발전에 커다란 밑거름이 되었습니다.

단어장 Wortschatz

- e. Ware(n) 상품, 물품
- s. Warensortiment(e) (진열된) 전체 상품
- r. Umstand(¨e) 사정, 상황
- e. Kohle(n) 석탄
- r. Abbau(x) 철거, 채굴
- s. Gebiet(e) 지역
- e. Wirtschaft(en) 경제
- r. Hafen(¨) 항구
- normalerweise 보통
- häufig 빈번한 (* oft 자주)
- e. Eltern(Pl) 부모님
- e. Generation(en) 세대
- r. Bergmann(¨er) 광부

EINHEIT 02

haben ~을/를 가지다

haben 동사는 sein 동사만큼이나 빈번하게 사용되는 중요한 동사입니다. '~을/를 가지다'는 일차적 의미 외에도 여러 품사와 함께 쓰여 다양한 의미를 나타냅니다. 다양한 의미를 띠는 만큼 실생활에서 자주 사용되는 표현이 많습니다. 또한 haben 동사는 완료시제를 만들 때에도 쓰이기 때문에 문법적으로도 굉장히 중요한 역할을 합니다. haben 동사도 sein 동사처럼 불규칙하게 변화하는 동사입니다. 하지만 sein 동사만큼 불규칙 활용이 심하지는 않습니다. 이번 Einheit에서는 haben 동사의 폭넓은 쓰임새를 배워봅니다. 충분히 익혀서 필요한 때에 제대로 활용할 수 있도록 합시다!

★ haben 동사의 동사 변화표 ★

시제	**haben – hatte – gehabt** 현재 – 과거 – 과거분사		직설 현재	직설 과거	접속2 현재	접속1 현재
인칭	나는	ich	habe	hatte	hätte	habe
	너는	du	hast	hattest	hättest	habest
	그/그녀/그것은	er/sie/es	hat	hatte	hätte	habe
	우리는	wir	haben	hatten	hätten	haben
	너희들은	ihr	habt	hattet	hättet	habet
	그들/그것들은	sie	haben	hatten	hätten	haben

무엇을 가지고 있음을 말할 때

034.mp3

Ich habe + A.

난 A를 갖고 있어.

Ich habe + A의 일차적 의미는 자신이 A를 가지고 있음을 표현합니다. 이러한 소유의 의미 외에도 일상생활에서 상황에 따라 자신의 상태를 표현하기도 합니다.

SCHRITT 1

1. 나에게 좋은 생각이 있어.	Ich habe **eine gute Idee.**
2. 배고파 / 목말라.	Ich habe **Hunger / Durst.**
3. 난 자유야!	Ich habe **frei!**
4. 질문이 있어.	Ich habe **eine Frage.**
5. 관계에 있어 내가 결정권을 갖고 있어! (직역: 관계에서 내가 바지를 입고 있어!)	Ich habe **die Hose in meiner Beziehung an!** (숙어, 주로 남성이 사용)

SCHRITT 2

1. 집을 찾는 친구에게 조언

A 궁금한 게 있어.	**A** Ich habe eine Frage.
B Ja, bitte?	**B** 응, 뭔데?
A Ich suche eine neue Wohnung, aber ich habe noch keine gefunden. Kannst du mir einen Tipp geben?	**A** 새로운 집을 찾고 있는데, 하나도 찾지 못했어. 조언 좀 해줄래?
B Hast du eine Email an das Studentenwohnheim geschrieben?	**B** 학생 기숙사에 이메일 보내봤어?

2. 해고당할지도 모르는 친구에게 조언

A Ich habe ein Problem mit meinem Chef. Ich werde möglicherweise gefeuert. Ich weiß nicht, was ich tun soll.	**A** 회사 사장이랑 문제가 있어. 난 아마도 해고당할 것 같아. 뭘 어떻게 해야 할지 모르겠어.
B 나에게 좋은 생각이 있어.	**B** Ich habe eine gute Idee.
A Welche?	**A** 어떤?
B Kündige, bevor du gefeuert wirst!	**B** 해고당하기 전에 사표 내!

TIPP 문장 **Ich bin frei와 Ich habe frei의 차이**

Ich bin frei! 난 자유야! (감옥에 갇혀 있지 않은 상태)

Ich habe frei! 난 자유야! (일을 끝내고 자유시간이 생겼을 때)

단어장 Wortschatz

r. Hunger(x) 배고픔
r. Durst(x) 갈증
gern 기꺼이
e. Beziehung(en) 관계
finden 찾다 (finden – fand – gefunden)
anhaben (옷을) 입다 (= anziehen)
s. Studentenwohnheim(e) 학생 기숙사
feuern 1) 불을 지피다 2) 해고하다 (* s. Feuer(x) 불)
kündigen 1) 취소하다 2) 사표 내다

가게에서 주문할 때

035.mp3

Ich hätte gerne A.

A 주세요.

Ich hätte gerne A는 가게에서 음식을 주문할 때 가장 많이 사용되는 표현입니다. 접속법 2식을 사용하여 A를 먹고 싶다는 의지를 완곡하게 드러내는 표현입니다.

SCHRITT 1

1. 포크커틀릿(돈가스) 주세요. — Ich hätte gerne **ein paniertes Schnitzel vom Schwein.**
2. 탄산수 / 콜라 / 슈페치 / 압펠숄레 주세요. — Ich hätte gerne **Sprudel / Cola / Spezi / eine Apfelschorle.**
3. 메뉴 / 계산서 주세요. — Ich hätte gerne **die Speisekarte / die Rechnung.**
4. 파라세타몰 주세요. (진통제 이름) — Ich hätte gerne **Paracetamol.**
5. 삼겹살 3kg 주세요. — Ich hätte gerne **3kg Schweinebauch.**

SCHRITT 2

1. 식당에서 주문할 때

A Haben Sie einen Tisch für vier?
B Ja, hierneben dem Fenster bitte. Was möchten Sie trinken?
A 슈페치 주세요.
B Groß oder klein?

A 네 명 앉을 자리 있나요?
B 네, 창가 옆 자리가 있습니다. 무엇을 드릴까요?
A Ich hätte gerne Spezi.
B 큰 병으로 드릴까요, 작은 병으로 드릴까요?

2. 정육점에서 고기를 살 때

A 삼겹살 3킬로그램 주세요.
B Möchten Sie ihn am Stück?
A Nein. Könnten Sie ihn bitte dünn schneiden? Etwa 2mm.

A Ich hätte gerne 3kg Schweinebauch.
B 덩어리로 원하세요? (그냥 드릴까요?)
A 아니요, 얇게 썰어주실 수 있을까요? 2밀리 정도 두께로요.

단어장 Wortschatz

s. Schnitzel(-) 포크커틀릿, 돈가스
panieren (빵가루 옷을 입혀) 튀기다
s. Schwein(e) 돼지고기
r. Bauch(¨e) 배
r. Sprudel(-) 탄산수
e. Spezi(s) 슈페치(환타와 콜라를 섞은 듯한 맛의 탄산음료)
e. Apfelschorle(n) 압펠숄레(사과주스에 탄산을 넣은 탄산음료)
(* r. Apfel(¨) 사과)
die Speisekarte(n) = s. Menü(s) 메뉴
die Rechnung(en) 계산서
dünn 얇은 ↔ dick 두꺼운
am Stück 한 덩어리로

TIPP 문화 삼겹살 (Schweinebauch)

우리나라 사람들은 모임이나 회식 때 삼겹살을 자주 사먹고, 평소에도 많이 즐기는 문화이지만 독일인들은 우리나라처럼 얇게 썰어 구워먹거나 한번에 많이 먹지도 않습니다. 그래서 정육점에서 얇게 썰어달라는 부탁을 하는 한국인들을 특이해 합니다.

MUSTER 036

지참하고 있음을 알릴 때

036.mp3

Ich habe A dabei.

난 A를 가지고 왔어.

Ich habe A dabei에서 동사 dabeihaben은 분리동사로, 무엇인가를 지참하고 있음을 뜻합니다. 이 표현은 관공서에서 주로 많이 사용됩니다.

SCHRITT 1

1. 그것을 가지고 왔어요.	Ich habe **es** dabei.
2. 보험증을 갖고 오지 않았는데요.	Ich habe **die Versicherungskarte nicht** dabei.
3. 증명서를 갖고 오지 않았는데요.	Ich habe **die Bescheinigung nicht** dabei.
4. 신분증명서를 갖고 오지 않았는데요.	Ich habe **den Personalausweis nicht** dabei.
5. 통장을 가지고 오지 않았는데요.	Ich habe **den Kontoauszug nicht** dabei.

TIPP 문화 통장 (Bankkonto)

독일의 은행통장은 한국과는 다르게 따로 가지고 다니는 것이 아니고 은행에서 한 번 출력할 수 있게 되어 있습니다. 출력된 종이가 통장 역할을 하는 것이지요. 출력한 종이들을 모아두면 필요할 때 쓸 수 있습니다. 물론 은행 홈페이지에서도 출력이 가능합니다.

SCHRITT 2

1. 병원에 처음 갔을 때

A Haben Sie sich hier schon angemeldet?	A 이미 등록했나요?
B Nein, ich bin hier zum ersten Mal.	B 아니요, 여기 처음 왔습니다.
A Haben Sie die Versicherungskarte dabei?	A 보험증은 가지고 오셨나요?
B 네, 갖고 왔습니다.	B Ja, ich habe sie dabei.

2. 비자를 신청할 때

A Haben Sie das Antragsformular ausgefüllt?	A 신청서를 다 작성하셨나요?
B Ja, das habe ich (getan).	B 네, 다 했습니다.
A Haben Sie Pass, Foto, Bescheinigungen und Kontoauszug dabei?	A 여권, 사진, 증명서와 통장을 가지고 오셨나요?
B Den Kontoauszug? Ich habe ihn vergessen! 통장을 가지고 오지 않았어요.	B 통장요? 잊어버렸어요! Ich habe den Kontoauszug nicht dabei.

단어장 Wortschatz

e. Versicherungskarte(n) 보험증
e. Bescheinigung(en) 증명서
r. Personalausweis(e) 신분증명서 (* ausweisen 증명하다)
r. Kontoauszug(¨e) 통장
sich anmelden 등록하다
s. Antragsformular(e) 신청서
ausfüllen 1) 채우다 2) 기입하다
r. Pass(¨e) 여권
s. Foto(s) 사진

계획을 설명할 때

037.mp3

Ich habe vor, ~.

난 ~할 계획이야.

Ich habe vor에서 동사 vorhaben은 분리동사로, 어떤 계획이 있음을 표현합니다. 다른 표현으로 Ich habe einen Plan이 있습니다. 하지만 일상에서는 vorhaben을 더 자주 사용합니다.

SCHRITT 1

1. 새 노트북을 살 계획이야. — **Ich habe vor, mir einen neuen Laptop zu kaufen.**
2. 미리암 집에 갈 계획이야. — **Ich habe vor, Miriam zu besuchen.**
3. 쾰른을 여행할 계획이야. — **Ich habe vor, nach Köln zu reisen.**
4. 비자를 신청할 계획이야. — **Ich habe vor, mein Visum zu beantragen.**
5. 세미나를 취소할 계획이야. — **Ich habe vor, das Seminar abzusagen.**

SCHRITT 2

1. 저녁식사 초대를 받았음을 알릴 때

A Hast du heute Abend etwas vor?
B 응, 미리암 집에 갈 계획이야. Ich werde zum Abendessen eingeladen.
A Ach so, hab eine schöne Zeit!
B Danke, du auch!

A 오늘 저녁에 어떤 계획 있어?
B Ja, ich habe vor, Miriam zu besuchen. 저녁식사 초대를 받았거든.
A 아 그래, 좋은 시간 보내!
B 고마워, 너도!

2. 주말에 쾰른으로 여행 갈 계획에 대해

A Was hast du am Wochenende vor?
B 쾰른을 여행할 계획이야.
A Wofür ist Köln bekannt?
B Für den Kölner Dom und den Rhein.

A 이번 주말에 뭐해?
B Ich habe vor, nach Köln zu reisen.
A 쾰른은 뭐가 유명해?
B 쾰른 돔과 라인강.

단어장 Wortschatz

r. Laptop(s) 노트북
kaufen 사다, 구입하다
s. Visum(Visa) 비자
beantragen 신청하다 (* tragen 나르다 'tragen – trug – getragen')
s. Seminar(e) 세미나
absagen 취소하다
Jn zu + D einladen Jn을 D에 초대하다 (* laden 싣다 'laden – lud – geladen')
s. Wochenende(n) 주말
bekannt 유명한

TIPP 문화 쾰른 (Köln)

쾰른은 독일 노르트라인-베스트팔렌(NRW, Nordrhein-Westfalen) 주의 한 도시로, 로마에 의해 세워졌습니다. 쾰른이라는 도시이름은 식민지를 뜻하는 colonia에서 유래되었죠. 라인 강변과 박물관, 카니발 축제 등이 유명하며, 무엇보다 쾰른역에 도착하면 바로 보이는 고딕양식의 거대한 쾰른 돔이 명소입니다.

무엇에 관심이나 마음이 있을 때

038.mp3

Ich habe (keine) Lust auf + A.

난 A에 관심(마음)이 있어.

Ich habe Lust auf + A는 A에 대한 관심이나 흥미 혹은 마음이 있음을 표현합니다. 하지만 즐겨 사용되는 표현은 거절을 뜻하는 'keine Lust'입니다. 비슷한 표현으로 Ich möchte + inf (난 inf를 하고 싶어)가 있습니다.

SCHRITT 1

1. 난 낯선 문화에 관심이 많아. — Ich habe Lust auf **fremde Kulturen.**
2. 독일어를 배우는 것에 관심이 많아. — Ich habe Lust**, Deutsch zu lernen.**
3. (지금은) 관심 없어. — **(**Ich habe **jetzt)** keine Lust**.**
4. 공부에 흥미가 없어. — Ich habe keine Lust auf **mein Studium.**
5. 난 더 이상 싸울 마음도, 힘도 없어! — Ich habe keine Lust **mehr und auch keine Kraft mehr, zu kämpfen!**

SCHRITT 2

1. 쉬고 싶어 도보여행 제안을 거절할 때

A Lass uns zusammen wandern!
B Nein, 지금은 (그럴) 마음 없어.
A Worauf hast du denn Lust?
B Ich möchte jetzt nur Pause machen.

A 함께 도보여행 가자!
B 아니, ich habe jetzt keine Lust.
A 그럼 뭘 하고 싶은데?
B 지금은 그냥 쉬고 싶어.

2. 독일어 배우는 것에 관심이 있을 때

A 독일어를 배우는 것에 관심이 많아.
B Ist das nicht schwierig?
A Ja doch, aber auch lustig.
B Soll ich es auch versuchen?

A Ich habe Lust, Deutsch zu lernen.
B 어렵지 않아?
A 응 (어렵지), 하지만 재밌기도 해.
B 나도 한번 해볼까?

TIPP 문화 도보여행 (Wanderung)

Wanderung은 한국의 올레길을 걷는 것과 같이 도심지를 벗어나 자연을 벗 삼아 몇 시간씩 걷는 행위를 뜻합니다. 자전거 하이킹은 Radwandern, 산행은 Bergwandern, 등산은 Bergsteigern, 암벽등반은 Bergklettern이라고 합니다.

단어장 Wortschatz

fremd 낯선
e. Kultur(en) 문화
e. Kraft(¨e) 힘
kämpfen 싸우다 (* r. Kampf(¨e) 싸움, 전투)
zusammen 함께
wandern 도보여행하다
sollen 1) 해야 한다 2) (의문문 soll ich) 내가 ~할까요?
r. Berg(e) 산

두려움이나 걱정이 있을 때

039.mp3

Ich habe (keine) Angst vor + D.

난 D가 두려워 / 걱정이야.

Ich habe Angst vor + D는 D에 대한 두려움 또는 걱정을 나타내는 표현입니다.

SCHRITT 1

1. 낯선 사람이 두려워.	Ich habe Angst vor **Fremden.**
2. 사람들 앞에서 말하는 것이 두려워.	Ich habe Angst, vor **Leuten zu sprechen.**
3. 실수할까봐 두려워.	Ich habe Angst**, etwas falsch zu machen.**
4. 시험에 떨어질까 걱정이야.	Ich habe Angst**, in der Prüfung durchzufallen.**
5. 그가 거절할까봐 걱정돼.	Ich habe Angst**, dass er nein sagt.**

SCHRITT 2

1. 실수할까봐 독일어를 말하지 않는 친구에게

A Warum sprichst du nicht?
B 실수할까봐 두려워서.
A Keine Sorge! Durch Fehler kann man lernen. Es zu versuchen, ist ganz wichtig.
B Du hast recht. Ich will die Angst überwinden.

A 왜 넌 말하지 않니?
B Ich habe Angst, etwas falsch zu machen.
A 걱정 마! 실수를 통해 배울 수 있는 거야. 시도해 보는 것 자체가 정말 중요해.
B 네가 옳아. 이 두려움을 극복할 거야.

2. 시험에 떨어질까봐 걱정하는 친구에게

A 시험에 떨어질까봐 걱정이야!
B Hab keine Angst davor! Sie macht dich nur krank!
A Das stimmt. Aber ich weiß nicht, wie ich meine Angst überwinden kann!
B Du musst dich ihr stellen.

A Ich habe Angst, in der Prüfung durchzufallen.
B 두려워하지 마! 두려움은 널 단지 아프게만 해.
A 맞아. 하지만 어떻게 두려움을 극복할 수 있을지 모르겠어.
B 그것에 맞서야 해.

단어장 Wortschatz

r./e. Fremde(n) 낯선 사람
e. Leute (복수) 사람들
falsch 잘못
e. Sorge(n) 걱정
überwinden 극복하다 (* winden 감다 'winden – wand – gewunden')
stimmen 맞다 (* e. Stimme(n) 목소리)
sich D stellen D에 대항하다 (* stellen 세우다)

TIPP 문화 도전하기와 부끄러워하지 않기

나서지 않는 것이 미덕처럼 여겨지는 문화의 영향인지 유독 우리나라 학생들은 질문을 하거나 자신의 의견을 발표하는 데 소극적입니다. 그와는 달리 독일인들은 뭔가 생각나면 무조건 손을 들고 말을 합니다. 모르는 것을 부끄러워하지 않고 틀리는 걸 두려워하지 않습니다. 오히려 배우려고 하지 않는 것을 부끄러워합니다. 교수님들조차 모르면 잘 모르겠다고 솔직하게 얘기하고, 함께 알아나가자고 하는 분위기입니다.

MUSTER 040

문제가 있을 때

040.mp3

Ich habe ein Problem mit + D.

난 D에 문제가 있어.

Ich habe ein Problem mit + D는 D에 관해 문제가 있음을 나타내는 표현입니다.

SCHRITT 1

1. 문제없어. (상대방이 미안하다고 할 때 괜찮다는 의미의 대답으로도 사용)	(Ich habe) kein Problem.
2. 내 핸드폰에 문제가 있어.	Ich habe ein Problem **mit meinem Handy.**
3. 상사와 문제가 있어.	Ich habe ein Problem **mit meinem Chef.**
4. 비자에 문제가 있어.	Ich habe ein Problem **mit meinem Visum.**
5. 스카이프 로그인에 문제가 있어.	Ich habe ein Problem **damit, mich bei Skype anzumelden.**

SCHRITT 2

1. 핸드폰이 고장났을 때

A Wie kann ich Ihnen helfen?
B 핸드폰에 문제가 있어요. Mein Akku lädt nicht mehr auf.
A Haben Sie bereits versucht, Ihr Handy auf die Werkseinstellungen zurückzusetzen?
B Ja, das habe ich schon. Hat leider nichts gebracht.

A 무엇을 도와드릴까요?
B Ich habe ein Problem mit meinem Handy. 충전이 안 돼요.
A 핸드폰 초기화는 해봤어요?
B 네, 이미 해봤어요. 아쉽게도 아무런 변화가 없어요.

2. 여자친구와의 관계에 문제가 있을 때

A Du siehst nicht gut aus! Was ist los?
B 여자친구와 문제가 있어. Sie liebt mich nicht so, wie ich sie liebe!
A Oh, nein! Wie fühlst du dich dabei? Gibst du auf?
B Nein, mein Herz schlägt noch für sie.

A 너 안 좋아 보여! 무슨 일이야?
B Ich habe ein Problem mit meiner Freundin. 내가 그녀를 사랑하는 것만큼 그녀는 나를 사랑하지 않아!.
A 오 이런! 네 마음은 어때? 포기할 거야?
B 아니, 내 가슴은 여전히 뛰거든.

TIPP
문화 독일의 핸드폰(Handy) 통신사
독일에는 O_2, E-Plus, Vodafone 등의 핸드폰 통신사가 있습니다. 핸드폰을 계약할 경우 보통 같은 회사끼리는 무료라서 자주 연락하는 친구끼리 같은 통신사를 사용하곤 합니다. 하지만 요즘은 계약조건에 따라 타 통신사와도 그 같은 혜택을 사용할 수 있습니다.

단어장 Wortschatz
s. Handy(s) 핸드폰
(* e. Hand(¨e) 손)
r. Akku(s) 충전지
aufladen 충전하다
Werkseinstellungen (출고 당시의) 초기 설정 (보통 복수 형태)
auf + A zurücksetzen 1) 뒤에 두다 2) 복귀시키다
bringen 운반하다, 가져오다
sich fühlen 느끼다
aufgeben 1) 과제를 내다 2) 포기하다

느낌을 말할 때

041.mp3

Ich habe das Gefühl, ~.

난 ~한 느낌이야.

Ich habe das Gefühl을 통해 자신의 느낌을 표현할 수 있습니다. 같은 표현으로 Ich fühle mich (나는 ~하게 느껴)가 있습니다.

SCHRITT 1

1. 느낌이 좋아. — Ich habe **ein gutes** Gefühl**.**
2. 최고로 행복해! (직역: 7번 구름 위에 떠 있는 느낌이야!) — Ich habe das Gefühl**, auf Wolke sieben zu schweben.** (숙어)
3. (머리가) 돌아버릴 것 같아. — Ich habe das Gefühl**, durchzudrehen.**
4. 깊은 구덩이에 빠진 느낌이야. — Ich habe das Gefühl**, in ein tiefes Loch zu fallen.**
5. 숨막히는 느낌이야. — Ich habe das Gefühl**, dass ich ersticke.**

TIPP 문장 7번 구름과 7번째 하늘

관용구 'auf Wolke sieben sein'이나 'im siebten Himmel sein'은 매우 고양된 기쁜 감정을 표현합니다. 아리스토텔레스의 글이나 《탈무드》 등에서 유래한 것으로 봅니다.

SCHRITT 2

1. 시험을 마치고 온 친구에게 소감 묻기

A Wie war deine Klausur?
B 느낌이 좋아.
A Und wie erging es Simon damit?
B 아마도 돌아버릴 것 같은 느낌일걸.

A 필기시험 어땠어?
B Ich habe ein gutes Gefühl.
A 시몬은 어떤 것 같아?
B Vielleicht hat er das Gefühl, durchzudrehen.

2. 여자친구를 사귀게 된 친구에게 소감 묻기

A Wie geht es dir mit deiner neuen Freundin?
B 최고로 행복해!
A Wie wäre es, wenn ihr euch trennen würdet?
B 깊은 구덩이에 빠진 느낌이겠지.

A 새 여자친구와는 어때?
B Ich habe das Gefühl, auf Wolke sieben zu schweben.
A 그녀랑 헤어지면 어떨 것 같아?
B Ich hätte das Gefühl, in ein tiefes Loch zu fallen.

단어장 Wortschatz

s. Gefühl(e) 느낌
e. Wolke(n) 구름
schweben 떠 있다
durchdrehen 머리가 돌다, 정신을 잃다, 어찌할 바를 모르다
tief 깊은 ↔ hoch 높은
s. Loch(¨er) 구멍, 구덩이
ersticken 숨이 막히다
e. Klausur(en) 필기시험

시간이 없을 때

042.mp3

Ich habe keine Zeit, ~.

난 ~할 시간이 없어.

Ich habe keine Zeit로 무엇인가를 할 시간이 없음을 표현합니다. 보통 부탁을 거절할 때 사용합니다.

SCHRITT 1

1. 난 오늘 시간 없어. — Ich habe **heute** keine Zeit.
2. 더 이상 시간이 없어. — Ich habe keine Zeit **mehr**.
3. 쉴 시간이 없어. — Ich habe keine Zeit **für eine Pause**.
4. 널 기다릴 시간이 없어. — Ich habe keine Zeit, **auf dich zu warten**.
5. 난 그것에 몰두할 시간이 없어. — Ich habe keine Zeit, **mich damit zu beschäftigen**.

SCHRITT 2

1. 시간이 없어 부탁을 거절할 때

A Kannst du mir helfen?	**A** 도와줄 수 있어?
B Entschuldigung, aber 난 오늘 시간 없어. Ich glaube, Jochen hätte Zeit.	**B** 미안한데, ich habe heute keine Zeit. 내 생각엔 요헨이 시간이 있을 것 같은데.
A Weißt du, wo Jochen ist?	**A** 요헨이 어디 있는지 알아?
B Er ist in der Bibliothek.	**B** 도서관에 있어.

2. 할 일이 많아 기다려달란 요청을 거절할 때

A Kannst du auf mich warten?	**A** 날 기다려줄 수 있어?
B 미안하지만 널 기다릴 시간이 없어.	**B** Leider habe ich keine Zeit, auf dich zu warten.
A Hast du viel zu tun?	**A** 할 일이 많아?
B Ja, ich habe noch viel in der Stadt zu erledigen.	**B** 응, 시내에서 처리해야 할 일이 많아.

TIPP 문화 거절 (Absage)

독일인들은 한국 사람들과 달리 거절할 때 돌려 말하지 않습니다. 그래서 처음엔 한국 정서와 달라 힘들게 느껴질 수도 있습니다. 하지만 절대 독일인들이 나쁜 사람이라서 그런 것이 아닙니다. 그들의 정서와 문화인 것이죠.

단어장 Wortschatz

e. Pause(n) 쉼
auf + A warten A를 기다리다
sich mit + D beschäftigen D에 몰두하다
e. Bibliothek(en) 도서관
Ich habe viel zu tun. (숙어) 할 일이 많아. (= Ich habe viel zu erledigen.)
erledigen 끝내다, 완수하다, 처리하다 (* ledig 미혼의)

모르겠을 때

043.mp3

Ich habe keine Ahnung von + D.

난 ~에 대해서 모르겠어.

Ich habe keine Ahnung von + D를 통해 D에 대한 견해나 생각이 없음을 말합니다. 견해나 생각이 없다는 말은 결국 모르겠다는 말입니다. 그래서 모르겠다는 의미로 자주 사용됩니다. 일상에서는 뭔가를 모르겠을 때 Keine Ahnung이란 표현이 자주 사용됩니다.

SCHRITT 1

1. 몰라.	**(Ich habe) keine Ahnung.**
2. 난 정치에 대해 몰라.	Ich habe keine Ahnung **von Politik.**
3. 무엇을 공부해야 할지 모르겠어.	Ich habe keine Ahnung**, was ich studieren soll.**
4. 난 그가 누군지 모르겠어.	Ich habe keine Ahnung**, wer er ist.**
5. 난 사람들이 왜 그렇게 흥분하는지 모르겠어.	Ich habe keine Ahnung**, warum die Leute sich so aufregen.**

SCHRITT 2

1. 도서관 문 여는 시간에 대해서 물을 때

A Weißt du, wann die Bibliothek öffnet?
B 몰라! Aber du kannst dich im Internet informieren!
A Mein Laptop ist momentan nicht mit dem Internet verbunden.
B Schade!

A 도서관 언제 문 여는지 알아?
B Keine Ahnung! 인터넷에서 찾아봐!
A 내 노트북이 지금 인터넷에 연결이 안 돼.
B 저런!

2. 밖이 시끄러운 것에 대해서 이야기할 때

A Was ist passiert? Draußen ist es so laut!
B 난 사람들이 왜 그렇게 흥분하는지 모르겠어.
A Vielleicht hat es mit der Wahl zu tun?
B 정치에 대해선 난 몰라.

A 무슨 일이야? 밖이 시끄러운데!
B Ich habe keine Ahnung, warum die Leute sich so aufregen.
A 아마도 투표랑 관련이 있나?
B Ich habe keine Ahnung von Politik.

TIPP 문화 독일 정당 (Partei)

독일의 정당은 크게 다음의 6개 정당이 있습니다. CDU (Christlich Demokratische Union Deutschlands, 기독민주연합), CSU (Christlich-Soziale Union in Bayern, 기독사회연합-바이에른 주에만 있는 당으로 CDU와 자매당), FDP (Freie Demokratische Partei, 자유민주당), SPD (Sozialdemokratische Partei Deutschlands, 사회민주당), Die Grünen (녹색당), Die Linke (좌파당) 이렇게 여섯 개 정당이 있습니다. 순서대로 보수에서 진보 성향을 지닙니다.

단어장 Wortschatz

e. Ahnung(en) 예상, 생각
e. Politik(en) 정치 (대부분 단수 형태)
aufregen 흥분하다
sich über + A informieren A를 조사하다
momentan 일시적으로
mit + D verbinden D와 연결하다
vielleicht 아마도
e. Wahl(en) 투표
Es hat mit + D zu tun. (숙어) D와 관련이 있다.

아플 때

044.mp3

Ich habe ~schmerzen.

난 ~가 아파.

Ich habe ~ schmerzen으로 자신이 아픈 부분을 표현할 수 있습니다.

SCHRITT 1

1. 머리가 아파.	Ich habe **Kopf**schmerzen.
2. 이가 아파.	Ich habe **Zahn**schmerzen.
3. 오늘 아침부터 배가 아파.	**Seit heute Morgen** habe ich **Bauch**schmerzen.
4. 등이 아파.	Ich habe **Rücken**schmerzen.
5. 아랫배가 아파.	Ich habe Schmerzen **im Unterbauch.**

SCHRITT 2

1. 배가 아파 병원에 갔을 때

A 오늘 아침부터 배가 아파요!
B Wo genau?
A Unten rechts.
B Möglicherweise ist es der Blinddarm, aber ich will einen Test machen lassen.

A Seit heute Morgen habe ich Bauchschmerzen.
B 정확히 어디요?
A 오른쪽 아래요.
B 아마도 맹장인 것 같네요. 하지만 검사를 해볼게요.

2. 두통약을 찾을 때

A 머리가 아파! Hast du ein Medikament?
B Leider habe ich keins.
A Welches Medikament soll ich nehmen?
B Ich denke an Aspirin oder Paracetamol, aber frag die Apotheke!

A Ich habe Kopfschmerzen! 너 약 있어?
B 미안하지만 없어.
A 어떤 약을 먹어야 할까?
B 내 생각엔 아스피린이나 파라세타몰이야. 하지만 약국에 물어봐!

TIPP 문화 독일에서 맹장수술한 경험

어느 날 밤에 배가 아파서 잠을 못 자고 서성대다가 밤을 샜습니다. 그리고 괜찮아지려니 하고 쉬고 있는데, 점심즈음에 너무 심하게 아프더군요. 원래는 가정의를 먼저 찾아가야 하지만, 점심 때 진료를 보지 않아 바로 응급으로 병원에 갔습니다. 맹장이더군요. 제 첫 수술과 입원을 독일에서 해 보았습니다. 독일에서의 수술 소감을 세 가지로 요약하면, 1) 병원비가 보험으로 처리되었다 2) 2인 1실이었다 3) 수술 후 아침으로 빵이 나온다 정도입니다.

단어장 Wortschatz

r. Schmerz(en) 아픔
r. Kopf(¨e) 머리
r. Zahn(¨e) 이
r. Bauch(¨e) 배
r. Unterbauch(¨e) 아랫배
r. Rücken(-) 등
genau 정확히
rechts 오른쪽 ↔ links 왼쪽
r. Blinddarm(¨e) 맹장
r. Test(s) 검사
s. Medikament(e) 약
e. Apotheke(n) 약국

MUSTER 045

해야만 하거나 관련이 있을 때

Ich habe ~ zu tun. Ich habe mit + D zu tun.

045.mp3

난 ~해야만 해.
난 D와 관련이 있어.

Ich habe ~ zu tun은 해야만 할 것을 나타냅니다. 특히 Ich habe viel zu tun은 일상에서 정말 자주 사용되는 표현입니다. 그리고 haben mit + D zu tun은 관련성을 나타냅니다. 이 표현 역시 자주 사용되는 표현입니다.

SCHRITT 1

1. 난 할 일이 많아. — Ich habe **viel** zu tun.
2. 할 게 없어. — Ich habe **nichts** zu tun.
3. 할 일이 꽉 찼어. (직역: 일거리가 손에 꽉 찼어.) — Ich habe **alle Hände voll** zu tun.
4. 난 그것과 관련이 없어. — Ich habe **nichts damit** zu tun.
5. 난 그와 상관없어. — Ich habe **mit ihm nichts** zu tun.

SCHRITT 2

1. 스트레스 푸는 방법에 대해

A Wie geht es dir?
B 할 일이 많아. Lernen und Arbeiten.
A Machst du etwas, um den Stress abzubauen?
B Ja, ich gehe zwei Mal pro Woche in den Fitness-Club.

A 어떻게 지내?
B Ich habe viel zu tun. 공부랑 일이랑.
A 스트레스를 풀기 위해 뭔가를 하니?
B 응, 일주일에 두 번 피트니스 클럽에 가.

2. 책 도난사건과 관련이 없다고 말할 때

A Aus der Bibliothek wurde ein Buch gestohlen.
B Tatsächlich? 난 상관없어.
A Man vermutet, es war der Hausmeister.
B Ach so, 난 그와 상관없어.

A 도서관에서 책을 도난당했대.
B 정말? Ich habe nichts damit zu tun.
A (사람들은) 건물관리인이 있었다고 추측해.
B 아 그래, ich habe mit ihm nichts zu tun.

단어장 Wortschatz

viel 많은 (viel – mehr – am meisten) ↔ wenig 적은
nichts 없음, 하찮은(쓸데없는) 것
lösen 풀다 (* e. Lösung(en) 해답)
e. Woche(n) 주
r. Fitness-Club(s) 피트니스 클럽
s. Buch(¨er) 책 (* buchen 예약하다)
stehlen 훔치다 (stehlen – stahl – gestohlen)
tatsächlich 정말로 (= wirklich)
vermuten 추측하다
r. Hausmeister(-) 건물관리인

TIPP 문법 zu 부정사의 용법

1) zu + inf haben (= müssen) ~를 해야 하다 (의무)
Ich habe viel zu tun. 할 일이 많아.
= Ich muss viel tun. 많은 것을 해야 해.
2) zu + inf sein (= können + 수동) ~되어질 수 있다 (수동 가능)
Die Fragen sind nicht zu beantworten. 그 질문들은 대답될 수 없어.
= Die Fragen können nicht beantwortet werden. 그 질문들은 대답될 수 없어.
3) es scheint zu + inf ~로 보이다
Es scheint zu funktionieren. 작동하는 것처럼 보여.
4) zu + inf brauchen ~할 필요가 있다
Du brauchst nicht zu danken. 고마워할 필요 없어.

이미 했을 때

046.mp3

Ich habe schon + p. p..

난 이미 ~했어.

Ich habe schon + p. p.(과거분사)는 과거에 '이미'한 행동을 언급할 때 사용되는 표현입니다. 동사에 따라 목적어를 가질 수 있습니다.

SCHRITT 1

1. 난 이미 그것을 완수했어. — Ich habe es schon **geschafft.**
2. 난 이미 그것을 했어. — Ich habe es schon **gemacht.**
3. 내가 이미 언급했어 / 말했어. — Ich habe es schon **mal erwähnt / gesagt.**
4. 난 벌써 먹었어. — Ich habe schon **gegessen.**
5. 난 벌써 요리를 시작했어. — Ich habe schon **angefangen, zu kochen.**

SCHRITT 2

1. 구내식당에 대해

A Wohin gehst du?
B Ich gehe zur Mensa. Sollen wir zusammen essen?
A 난 벌써 먹었어. Aber heute gibt es nichts Leckeres in der Mensa.
B Das ist normal. Ich habe keine Hoffnung mehr.

A 어디 가?
B 구내식당에. 같이 밥 먹을래?
A Ich habe schon gegessen. 근데 오늘은 구내식당에 맛있는 게(음식이) 없어.
B 원래 그래. 기대하지도 않아.

TIPP 문화 구내식당 (Mensa)
구내식당을 멘자라고 합니다. 가장 저렴하게 밥을 사 먹을 수 있지요. 사실 지역마다 맛의 정도가 다르지만, 보통 그리 맛있지는 않습니다.

2. 버스표 개찰

A Die Kontrolle kommt. Hast du ein Ticket gekauft?
B 응, 이미 샀어. (einen Moment später) Oh, nein!
A Was ist denn?
B Ich habe es nicht entwertet!

A 표 검사하는 사람 왔어. 너 표 샀지?
B Ja, Ich hab's schon gemacht. (잠시 후) 오, 이런!
A 왜?
B 개찰을 하지 않았어!

TIPP 문화 개찰 (entwerten)
버스표를 사면 그 자체로 개찰된 것이 있고 아닌 것이 있습니다. 보통 4개짜리는 개찰이 안 되어 있지요. 이런 경우는 개찰기계에서 (버스 안에 있든지 정류장에 있든지 합니다) 개찰해야 합니다.

단어장 Wortschatz

schaffen 1) 일하다 2) 끝내다, 완수하다
anfangen 시작하다 (= beginnen)
erwähnen 언급하다 (* wählen 선택하다)
e. Mensa(Mensen) 대학 구내식당
Es gibt + A A가 있다
lecker 맛있는
e. Kontrolle(n) 검수원
s. Ticket(s) 표
r. Moment(e) 순간
entwerten 개찰하다

아직 하지 않았을 때

047.mp3

Ich habe noch nicht(s) + p. p..

난 아직 ~하지 못했어.

Ich habe noch nicht(s) + p. p.는 아직 하지 못했음을 언급할 때 사용되는 표현입니다. 동사에 따라 목적어를 가질 수 있습니다.

SCHRITT 1

1. 난 아직 아무런 계획도 못세웠어.	Ich habe noch nichts **geplant.**
2. 난 아직 아무것도 못 들었어.	Ich habe noch nichts **gehört.**
3. 난 아직 아무것도 못썼어.	Ich habe noch nichts **geschrieben.**
4. 아직 물건을 받지 못 했어.	Ich habe **meinen Artikel** noch nicht **erhalten.**
5. 난 아직 대답하지 않았어.	Ich habe noch nicht **geantwortet.**

SCHRITT 2

1. 주문한 상품이 도착하지 않아 문의할 때

A Hallo, Ich habe eine Frage. Ich habe schon vor vier Tagen einen Artikel bestellt. 그런데 아직 물건을 받지 못 했습니다.

B Guten Tag! Wie lautet die Bestellnummer?

A EB-8001-11-EN.

B Wir haben Ihren Artikel schon verschickt, morgen können Sie ihn empfangen.

A 안녕하세요. 문의 좀 드리려는데요. 4일 전에 상품을 주문했습니다. Aber ich habe ihn noch nicht erhalten.

B 안녕하세요! 주문번호가 어떻게 되세요?

A EB-8001-11-EN입니다.

B 이미 상품을 보냈습니다. 내일 받으실 수 있습니다.

2. 과제에 대해서 물을 때

A Wie steht es um deine Hausarbeit?

B 유감이지만 난 아직 아무것도 못썼어.

A Warum? Hast du ein Problem?

B Ich muss noch viel lesen!

A 너 과제는 어떻게 진행되고 있니?

B Leider habe ich noch nichts geschrieben.

A 왜? 문제 있어?

B 읽을 게 여전히 너무 많아!

TIPP 문법 과제 (Hausarbeit)

일반적인 숙제를 의미하는 Hausaufgabe 말고, Hausarbeit라는 것이 있습니다. Hausarbeit는 보통 세미나 수업을 들은 후 방학기간 내에 집에서 써서 방학 중이나 다음 학기에 제출하는 과제입니다. 대학생들은 보통 방학 때 휴가를 다녀온 후 Hausarbeit를 쓰지요.

단어장 Wortschatz

planen 계획하다
schreiben 쓰다 (schreiben – schrieb – geschrieben)
r. Artikel(-) 1) (신문) 논설 2) 관사 3) 상품
erhalten 받다, 얻다
empfangen 받다, 수령하다
(* r. Empfänger(-) 받는 사람)
verschicken 보내다
e. Frage(n) 질문
bestellen 주문하다
(* e. Bestellnummer(n) 주문번호)
lauten ~라는 내용이다
(* laut 소리가 큰)
Wie steht es um + A? (숙어) A는 어떻게 진행되고 있니?
r. Hausarbeit(en) 1) 가사일 2) 과제

MUSTER 048

상대방이 무엇을 가지고 있을 때

048.mp3

Du hast A.

넌 A를 가지고 있어.

haben 동사의 기본적인 의미가 '~를 가지다'이기 때문에 Du hast + A는 '네가 A를 갖고 있어'입니다. 하지만 du를 주어로 해서 쓰이는 haben 동사는 다양한 목적어와 어울려 '구어적으로' 쓰이고 있습니다. 그래서 다소 문법에는 벗어나더라도 관용적으로 쓰이는 표현들이 많으니 익혀두는 것이 좋습니다.

SCHRITT 1

1. 네가 옳아! **Du hast recht.** (* sein이 아니라 haben 동사를 씁니다.)
2. 넌 좋겠구나. **Du hast es gut.**
3. 그것은 네 손에 달렸어. **Du hast es selbst in der Hand.**
4. 너라서 쉽게 말하는 거야. **Du hast leicht reden.**
5. 넌 잿팍을 터트렸어. **Du hast den Jackpot gezogen.**

TIPP 문화 분데스리가 (Bundesliga)

독일축구는 7개 이상의 리그로 구성되어 있는데, 이 중 1부 리그와 2부 리그를 분데스리가라고 합니다. 매 시즌 후 1부 리그 18팀에서 성적이 제일 안 좋은 두 팀이 2부 리그로 내려가고, 2부 리그 18팀에서 성적이 제일 좋은 두 팀이 올라옵니다. 이처럼 탄탄한 인프라와 자기 지역 축구팀에 대한 독일인들의 열정적인 관심(독일인들은 자기 지역팀이 2부 리그로 떨어졌다고 해서 절대 떠나지 않습니다)이 있기 때문에 독일축구가 세계적으로 강하겠지요.

SCHRITT 2

1. 여자친구 자랑하기

A Deine Freundin ist sehr nett!	A 네 여자친구 정말 친절하던데!
B Und sie kann auch gut kochen!	B 게다가 요리도 잘해!
A 너 잿팍을 터트렸구나!	A Du hast den Jackpot gezogen!
B Da hast du recht!	B 네가 맞아!

2. 축구 훈련을 더 하라고 충고하기

A 넌 좋겠구나!	A Du hast es gut!
B Warum denn?	B 도대체 왜?
A Du kannst so gut Fußball spielen. Aber mich will keiner in der Mannschaft haben.	A 넌 축구를 잘하잖아. 하지만 난 아무도 자기 팀으로 받아주지 않잖아.
B 그건 네 손에 달렸어. Du musst nur genug trainieren.	B Du hast es selbst in der Hand. 넌 그저 훈련을 더 충분히 해야 해.

단어장 Wortschatz

recht 옳은 (* s. Recht(e) 법)
r. Jackpot(s) 잭팟
ziehen 끌다, 끌어당기다 (ziehen – zog –gezogen)
genug 충분히
trainieren 훈련하다

상대방이 무엇을 가지고 있는지 물을 때

049.mp3

Hast du A?

넌 A를 가지고 있니?

Hast du A?를 통해 상대가 A를 가지고 있는지 물을 수 있습니다.

SCHRITT 1

1. 내일 수업 있는지 어떤지 알아? — Hast du **eine Ahnung, ob der Unterricht morgen stattfindet?**
2. 게임할 마음 있어? — Hast du **Lust auf ein Spiel?**
3. 오늘 기분 좋아? — Hast du **heute gute Laune / ein gutes Gefühl?**
4. 문제 있어? — Hast du **ein Problem?**
5. 스트레스 받았어? — Hast du **Stress?**

SCHRITT 2

1. 학생의 날, 수업 여부에 대해

A 내일 수업 있는지 어떤지 알아?
B Warum sollte er nicht stattfinden?
A Weil morgen der Studententag ist.
B Am Studententag findet kein Unterricht statt, sondern spezielle Veranstaltungen. Aber man muss nicht daran teilnehmen.

A Hast du eine Ahnung, ob der Unterricht morgen stattfindet?
B 왜 (수업이) 없는데?
A 내일 학생의 날이잖아.
B 학생의 날에는 수업은 없지만 특별행사가 있어. 하지만 꼭 참석할 필요는 없어.

2. 게임을 하고자 할 때

A 게임할 마음 있어?
B Welches Spiel meinst du?
A Schach oder Dame.
B Schach fände ich gut.

A Hast du Lust auf ein Spiel?
B 어떤 게임을 하고 싶은데?
A 체스나 바둑.
B 체스가 좋을 것 같아.

단어장 Wortschatz

e. Ahnung(en) 생각, 예상
r. Unterricht(e) 수업
e. Veranstaltung(en) 행사, 대학 강의
stattfinden 열리다, 개최하다 (* finden 발견하다 'finden – fand – gefunden')
e. Laune(n) 기분
an + D teilnehmen D에 참석하다.
s. Schach(x) 체스(서양 장기)
e. Dame(n) 1) 부인 2) 체스 여왕 3) 서양 바둑

TIPP 문화 학생의 날 (Studententag)

한 학기에 하루 학생의 날이 열립니다. 정규수업은 없고, 특강이나 행사가 열리지요.

TIPP 문화 Dame

일상에서는 여자를 뜻할 때 Frau라고 합니다. 하지만 Dame가 쓰이는 경우가 있는데, 공식적인 연설(Damen und Herren 신사 숙녀 여러분), 편지(sehr geehrte Damen und Herren 매우 존경하는 여러분께), 화장실 표시(Herren 신사, Damen 숙녀) 등에 쓰입니다.

상대가 뭔가를 했는지를 물을 때

050.mp3

Hast du es ~ ?

넌 그것을 ~했니?

Hast du es + p. p.?를 사용하여 상대가 어떤 행위를 했는지 물을 수 있습니다.
es 자리에는 다양한 목적어가 올 수 있습니다.

SCHRITT 1

1. 그거 다 완수했어?	Hast du **es geschafft?**
2. 그거 이해했어?	Hast du **es verstanden / kapiert?**
3. 잘 잤어?	Hast du **gut geschlafen?**
4. 그녀에 대한 어떤 소식 들었어?	Hast du **etwas von ihr gehört?**
5. 모든 것을 잊었어?	Hast du **alles vergessen?**

TIPP 문법 schaffen

schaffen은 어떤 일을 단순히 끝낸 것이 아니라 성공적으로 완수했을 때 사용합니다. 예전에 구술시험을 마치고 나올 때 담당시험관이 "Sie haben die Prüfung geschafft!"라고 말해 주더군요.

SCHRITT 2

1. 일을 다 끝냈는지 물을 때

A 그거 다 끝냈어?
B **Nein, noch nicht!**
A **Bis wann kannst du es schaffen?**
B **Wenn es gut geht, bis heute Abend.**

A Hast du es geschafft?
B 아니, 아직 아냐!
A 언제까지 끝낼 수 있어?
B 잘 되면, 오늘 저녁까지.

2. 친구가 아기 낳은 소식을 들었을 때

A 율리아 소식 들었어?
B **Nein. Was ist mit ihr los?**
A **Gerade hat sie eine Tochter geboren!**
B **Oha, ich hoffe, sie ist gesund und glücklich!**

A Hast du etwas von Julia gehört?
B 아니, 그녀에게 무슨 일이 있는데?
A 금방 딸을 낳았대!
B 오, 난 그녀가 건강하고 행복하길 바라!

단어장 Wortschatz

schaffen 1) 일하다 2) 끝내다, 완수하다 (* schlafen 자다)
verstehen 이해하다 (* sich mit Jm vestehen Jm과 사이좋게 지내다)
kapieren 이해하다, 알아듣다
etwas von Jm hören Jm에 대한 소식을 듣다
vergessen 잊다 (* essen 먹다 'essen – aß – gegessen')
gebären 아기를 낳다 (gebären – gebar – geboren)
e. Tochter(¨) 딸 ↔ r. Sohn(¨e) 아들

KAPITEL

2

생각하고, 느끼고, 말하라!

말, 생각, 감정 동사의 패턴

말

회화에서 자신의 말, 생각, 감정을 드러내는 것이 많은 부분을 차지합니다. 이번 Einheit에서는 이 중 첫 번째인 '말하는 것'에 관련된 다양한 표현들을 배웁니다. '말하다'의 의미를 지닌 동사로는 sagen, erzählen, reden, sprechen, unterhalten 등이 있습니다. 실생활에 자주 쓰이는 동사들이니 반복해서 학습해 제대로 익혀두도록 합시다.

★ 자주 쓰이는 동사들의 쓰임과 의미 ★

동사 + 전치사	의미	예
sagen (zu) Jm A	Jm에게 A를 말하다	**Sag mir die Wahrheit!** 내게 사실을 말해!
erzählen Jm A **erzählen etw. über + A** **erzählen von + D**	Jm에게 A를 이야기하다 A에 대한 뭔가를 이야기하다 D에 대해 이야기하다	**Sie erzählt mir ihre Probleme.** 그녀는 내게 그녀의 문제에 대해 이야기한다. **Sie erzählt etwas über sich.** 그녀는 그녀 자신에 대한 뭔가를 이야기한다. **Sie erzählt von ihrem Freund.** 그녀는 그녀의 남자친구에 대해 이야기한다.
reden (mit + Jm) über + A (von + D)	(Jm과) A에 대해 대화하다	**Ich rede mit ihm über die Reise.** 나는 그와 여행에 대해서 대화한다.
sprechen (mit + Jm) über + A	(Jm과) A에 대해 대화하다	**Er spricht mit seinem Vorgesetzten über sie.** 그는 그의 상사와 그녀에 대해 대화한다.
sich unterhalten (mit + Jm) über + A	(Jm과) A에 대해 담소를 나누다	**Können wir uns darüber später unterhalten?** 우리 다음에 그것에 대해 담소 나눌 수 있을까요?

강조해서 말하거나, 무엇인가를 말하고자 할 때

051.mp3

Ich sage A.

난 A를 말해.

Ich sage A를 통해 말하고자 하는 A를 강조할 수 있습니다. 또한 Ich wollte ~ sagen은 하고 싶은 말이 있어 말을 꺼낼 때 사용합니다.

SCHRITT 1

1. 응 / 아니 / 고마워! (강조) — **Ich sage ja / nein / Danke!**
2. 난 약속을 취소했어. — **Ich sagte den Termin ab.**
3. 난 이미 그것을 말했어. — **Ich sagte es bereits.**
4. 내가 말 좀 할게. — **Ich wollte sagen.**
5. 네게 알려줄 소식이 있어. — **Ich wollte dir Bescheid sagen.**

SCHRITT 2

1. 레인지가 고장 났을 때

A 할 말이 있는데요, dass der Herd nicht richtig funktioniert.
B Was ist nicht in Ordnung damit?
A Er wird nicht heiß.
B Dann rufe ich einen Elektriker an.

A Ich wollte dir Bescheid sagen, 레인지가 제대로 작동하지 않아요.
B 어디가 고장인가요?
A 뜨거워지지 않아요.
B 그럼 전기기사를 부를게요.

2. 약속시간을 다시 물어볼 때

A Wann treffen wir uns?
B 난 이미 너에게 그것을 말했는데.
A Entschuldige, ich habe es vergessen.
B Kein Problem, wir treffen uns um 9 Uhr.

A 우리 언제 만나지?
B Ich sagte es dir doch bereits.
A 미안, 잊어버렸어.
B 괜찮아, 9시에 만나기로 했어.

TIPP 문법 말하다 동사

'말하다'를 의미하는 동사는 다양합니다. 다음 5가지 동사가 자주 쓰입니다. sagen, reden, sprechen, erzählen, sich unterhalten. erzählen(이야기하다)과 sich unterhalten(담소를 나누다)을 제외한 세 동사는 의미와 뉘앙스 면에서 구분하기 어렵습니다.

단어장 Wortschatz

r. Dank(x) 감사 (* für A danken A를 고마워하다)
r. Termin(e) 약속, 기한
absagen 취소하다
bereits 이미, 벌써 (* sich auf + A vorbereiten A를 준비하다)
r. Bescheid(e) (답변으로서의)정보 (* bescheiden 겸손한)
r. Herd(e) 레인지
funktionieren 작동하다
r. Elektriker(-) 전기기사
sich mit + Jm treffen Jm을 만나다

MUSTER 052

독일어로 뭐라고 하는지 물어볼 때

052.mp3

Wie sagt man A auf Deutsch?

독일어로 A를 뭐라고 하죠?

Wie sagt man A auf Deutsch?는 A를 독일어로 뭐라고 하는지 물어볼 때 사용합니다.

SCHRITT 1

1. "생일 축하해"를 독일어로 뭐라고 하죠? — **Wie sagt man "happy birthday" auf Deutsch?**
2. '그런데'를 독일어로 뭐라고 하죠? — **Wie sagt man "by the way" auf Deutsch?**
3. "만나서 반가워"를 독일어로 뭐라고 하죠? — **Wie sagt man "nice to meet you" auf Deutsch?**
4. '건배'를 독일어로 뭐라고 하죠? — **Wie sagt man "cheers" auf Deutsch?**
5. "담당자 분께"를 독일어로 뭐라고 하죠? — **Wie sagt man "to whom it may concern" auf Deutsch?**

SCHRITT 2

1. 생일파티에 초대받았을 때

A Morgen ist mein Geburtstag! Kann ich dich dazu einladen?
B Danke, 근데 "생일 축하해"를 독일어로 뭐라고 해?
A Man sagt "Herzlichen Glückwunsch zum Geburtstag!"
B Ich möchte dir das morgen gerne sagen.

A 내일 내 생일이야! 널 초대해도 되겠니?
B 고마워. Wie sagt man aber "happy birthday" auf Deutsch?
A "Herzlichen Glückwunsch zum Geburtstag!"이라고 해.
B 내일 기꺼이 너에게 그렇게 말하고 싶어!

2. 이메일을 쓸 때

A Kannst du mir helfen? Ich schreibe eine Email. "담당자 분께"를 독일어로 뭐라고 해?
B Gerne. Du kannst "sehr geehrte Damen und Herren" schreiben.
A Danke, aber sage es mir bitte noch einmal, langsam und deutlich.

A 나 좀 도와줄 수 있어? 이메일을 쓰고 있거든. Wie sagt man "to whom it may concern" auf Deutsch?
B 기꺼이. "sehr geehrte Damen und Herren"이라고 하면 돼.
A 고마워, 그런데 한 번 더, 천천히 그리고 정확히 말해줘.

TIPP 문화 독일에서 영어 쓰기

독일 대학생들은 웬만큼 영어를 다 할 줄 압니다. 그렇지만 아무리 영어를 잘한다고 해도 어쨌든 그들도 영어가 모국어가 아닌 건 마찬가지라서 되도록이면 문법에 맞게 사용하려고 하고 틀릴까봐 조심합니다. 그래서 독일에 간 지 얼마되지 않아서 독일어로 소통이 어려울 땐 오히려 영어가 편할 수도 있습니다.

단어장 Wortschatz

r. Geburtstag(e) 생일
Jn zu + D einladen Jn을 D에 초대하다
herzlich 진심으로
(* s. Herz(ens, en) 심장)
r. Glückwunsch(¨e) 축하
schreiben 쓰다
deutlich 정확하게

자신이 무슨 말을 했다고 말할 때

053.mp3

Ich habe ~ geredet.

난 ~라고 말했어.

Ich habe ~ geredet은 자신이 과거에 무슨 말을 했음을 표현할 때 사용합니다. 또한 reden 동사 외에도 reden에서 의미가 확장된 비분리동사 verabreden(약속하다)과 überreden(설득하다) 동사도 자주 사용됩니다.

SCHRITT 1

1. 말을 너무 많이 했어. — **Ich habe zu viel geredet.**
2. 난 너에 대해 한 번도 나쁘게 말한 적 없어. — **Ich habe niemals schlecht über dich geredet.**
3. 벽 보고 이야기하는 줄 알았어. — **Ich habe gegen eine Wand geredet.**
4. 난 그녀와 (데이트) 약속을 했어. — **Ich habe mich mit ihr verabredet.**
5. 난 부모님을 설득하지 못했어. — **Ich konnte meine Eltern nicht überreden.**

SCHRITT 2

1. 뒷담화를 하지 말라고 할 때

A Rede nicht hinter meinem Rücken!
B Was? 난 너에 대해 한 번도 나쁘게 말한 적 없어.
A Doch, ich habe davon gehört!
B Es liegt vielleicht ein Missverständnis vor!

A 내 뒷담화 하지 마!
B 뭐라고? Ich habe niemals schlecht über dich geredet.
A 아니, 나 이미 들었어!
B 아마도 오해일 거야.

2. 데이트 약속을 잡은 것에 대해

A Du siehst glücklich aus! Was ist passiert?
B 그녀와 데이트하기로 했어.
A Holst du sie mit dem Auto deiner Eltern ab?
B Nein, wir fahren mit dem Rad. 부모님을 설득하지 못했어.

A 너 행복해 보여! 무슨 일이야?
B Ich habe mich mit ihr verabredet.
A 부모님 자동차 갖고 나갈 거야?
B 아니, 자전거 타려고. Ich konnte meine Eltern nicht überreden.

TIPP 문화 약속(Termin)

선생님이나 교수님 등 공식적인 관계에 있는 사람과의 약속은 Termin이라고 하고, 친구와의 약속은 treffen을, 연인과의 데이트는 Date 혹은 Verabredung을 사용합니다. 예전에 독일 친구와 Verabredung에 대해서 이야기를 하는데, 그 친구는 저와의 사이에 Verabredung을 사용하면 다시 만나지 않겠다고 단언하더군요. 물론 우린 둘 다 남자입니다.

단어장 Wortschatz

niemals 한 번도
r. Rücken(-) 등
e. Wand(¨e) 벽
sich mit Jm verabreden Jm과 만날 약속을 하다 (데이트)
Jn zu + D überreden Jn을 D하도록 설득하다
s. Missverständnis(se) 오해
Es liegt A vor A가 놓여 있다
abholen 마중 가다
s. Rad(¨er) 1) 바퀴 2) 자전거 (* s. Fahrrad(¨er) 자전거)

상대방의 말을 평가할 때

054.mp3

Du redest / sprichst ~.

넌 ~하게 말하는구나.

Du redest / sprichst를 통해 상대방의 말이 어떠한지 또는 어떻게 말하는지를 평가할 수 있습니다.

SCHRITT 1

1. 넌 쉴 새 없이 말하는구나. — **Du redest ohne Punkt und Komma.**
2. 넌 헛소리 하는구나. — **Du redest Schwachsinn.**
3. 넌 나오는 대로 말하는구나. (직역: 넌 머리와 목덜미에서 나오는 대로 말하는구나.) — **Du redest dich gerade um Kopf und Kragen.**
4. 하지만 넌 독일어를 잘 말해. — **Du sprichst aber gut Deutsch.**
5. 너의 말에 전적으로 동의해. (직역: 넌 영혼으로부터 내게 말해.) — **Du sprichst mir aus der Seele.**

SCHRITT 2

1. 상대의 의견을 부정적으로 평가할 때

A Wie findest du meine Argumentation?
B 넌 헛소리한 거야.
A Aber das musste doch mal gesagt werden.
B 아니야, 넌 (입에서) 나오는 대로 말하는구나.

A 내 논증을 어떻게 보니?
B Du redest Schwachsinn.
A 하지만 그것은 꼭 말해야만 했어.
B Nein, du redest dich gerade um Kopf und Kragen.

2. 독일어 실력을 향상시키고 싶다고 말할 때

A Ich möchte mein Deutsch verbessern!
B 그치만 넌 독일어를 잘해.
A Nein, oft kann ich es nicht verstehen.
B Das ist normal. Sei nicht zu hastig!

A 난 내 독일어 실력을 향상시키고 싶어!
B Du sprichst aber gut Deutsch.
A 아냐, 이해가 안 갈 때가 많아.
B 그게 정상이야. 조급해하지 마!

TIPP 문장 동의 (Zustimmung)

"Du sprichst mir aus der Seele."라는 표현으로 자신이 상대의 의견에 전적으로 동의함을 나타낼 수 있습니다. 하지만 일반적인 동의의 뜻을 표현할 때에는 Ich stimme total zu 또는 Ich denke genauso라고 합니다.

단어장 Wortschatz

r. Punkt(e) 1) 점 2) 마침표
s. Komma(ta) 쉼표
r. Schwachsinn(x) 헛소리
r. Kragen(-) 목덜미, 옷깃
e. Seele(n) 정신, 영혼
genauso 똑같이
e. Argumentation(en) 논증, 추론
verbessern 향상시키다
hastig 서두르는

EINHEIT 04

생각

실제 회화에서 가장 많이 표현되는 것 중 하나가 자신의 '생각'입니다. 특히 토론 문화가 잘 발달되어 있는 독일에서는 자신의 생각을 전달하고, 상대방에게 의견을 묻거나 타인의 의중을 제대로 파악하는 의사전달과 소통 능력을 굉장히 중요하게 생각합니다. 그렇기 때문에 자신의 생각을 전달하는 표현법을 익히는 것이 매우 중요합니다. 이번 Einheit에서는 생각과 관련된 동사들을 활용한 다양한 표현법을 배워보겠습니다.

생각과 관련된 동사로는 denken(생각하다), überdenken(곰곰 생각하다), meinen(의미하다), finden(생각하다), erinneren(기억하다), vergessen(잊다), wissen(알다), kennen(알다) 등이 있습니다. 실생활에서 자주 쓰이는 동사들이니 만큼 잘 알아둬야겠죠? 입에 익도록 반복해서 연습하도록 합시다.

★ 생각과 관련된 주요 동사 중 불규칙 변화하는 동사의 변화표 ★

부정사	과거	과거분사	뜻
denken	dachte	gedacht	생각하다
finden	fand	gefunden	생각하다
vergessen	vergaß	vergessen	잊다
wissen	wußte	gewußt	알다

생각을 말할 때

Woran denkst du? Ich denke an + A.

055.mp3

무슨 생각해?

난 A를 생각해.

Ich denke an + A를 통해 A를 생각하고 있음을 표현할 수 있습니다. 특히 dass절과 함께 자신이 무엇을 생각하고 있는지를 표현할 때 씁니다.

SCHRITT 1

1. 나는 너를 생각해. **Ich denke an dich.**
2. 난 그의 말을 생각해. **Ich denke an seine Rede.**
3. 난 그 시간을 추억해. **Ich denke an die Zeit zurück.**
4. 난 네가 옳다고 생각해. **Ich denke, dass du recht hast.**
5. 난 그가 무례하다고 생각해. **Ich denke, dass er unhöflich ist.**

SCHRITT 2

1. 연인 사이의 대화

A Woran denkst du?
B Ich denke an etwas Schönes.
A Woran genau?
B 난 널 생각하고 있어.

A 무슨 생각하니?
B 뭔가 예쁜 걸 생각하고 있어.
A 정확히 뭘?
B Ich denke an dich.

2. 누가 한 말에 대해서 생각할 때

A Woran denkst du?
B 난 그의 말을 생각하고 있어.
A Wie findest du sie?
B 난 그가 무례하다고 생각해.

A 무슨 생각하니?
B Ich denke an seine Rede.
A 어떻다고 생각하는데?
B Ich denke, dass er unhöflich ist.

TIPP 문법 생각하다 동사

Ich denke / glaube / meine / finde, dass ~. 나는 ~라고 생각한다.
denken, glauben, meinen, finden, 이 네 동사는 dass절과 함께 쓰여 '나는 ~라고 생각한다' 또는 '내 생각엔 ~이다'의 뜻으로 사용됩니다. 독일어 표현은 가급적이면 같은 단어를 반복적으로 사용하는 것을 꺼립니다. 그래서 같은 뜻을 가진 다른 단어나 표현이 많습니다.

단어장 Wortschatz

e. Rede(n) 말 (* reden 말하다)
zurückdenken 돌이켜 생각하다, 회상하다
unhöflich 무례한 ↔ höflich 예의 바른
etwas 어떤 것, 무엇 (* etwa 대략)
schön 예쁜, 멋진, 훌륭한 ↔ hässlich 추한, 더러운
finden 1) 찾다 2) 생각하다 (finden – fand – gefunden)

숙고하고 있다고 말할 때

056.mp3

Worüber denkst du nach? 무슨 생각을 곰곰 하고 있니?
Ich denke über + A nach. 난 A에 대해 곰곰 생각하고 있어.

Ich denke über + A nach를 통해 A를 곰곰이 생각하고 있음을 표현할 수 있습니다. 특히 Ich denke darüber nach, ob ~의 형태로 종종 사용됩니다.

SCHRITT 1

1. 난 내 삶에 대해 곰곰 생각하고 있어. **Ich denke über mein Leben nach.**
2. 난 그의 제안에 대해 곰곰 생각하고 있어. **Ich denke über seinen Vorschlag nach.**
3. 난 이별에 대해 곰곰이 생각하고 있어. **Ich denke über eine Trennung nach.**
4. 난 계속 공부를 해야 할지 아닐지 곰곰이 생각하고 있어. **Ich denke darüber nach, ob ich weiter studieren soll.**
5. 난 새 일자리를 찾아야 할지 아닐지에 대해 곰곰 생각하고 있어. **Ich denke darüber nach, ob ich eine neue Arbeitsstelle suchen muss.**

SCHRITT 2

1. 같이 일하자는 제안에 대해 생각할 때

A Worüber denkst du gerade nach?
B 난 그의 제안에 대해 곰곰이 생각하고 있어.
A Was hat er dir vorgeschlagen?
B Er schlug vor, dass ich mit ihm zusammenarbeiten soll.

A 너 지금 무슨 생각을 곰곰이 하니?
B Ich denke über seinen Vorschlag nach.
A 그가 뭘 제안했는데?
B 같이 일하는 게 어떠냐고 제안해왔어.

2. 이별에 대해 숙고할 때

A 난 헤어짐에 대해 곰곰이 생각하고 있어.
B Oh, man! Was ist passiert?
A Wir haben uns auseinander gelebt.
B Oh, schade.

A Ich denke über eine Trennung nach.
B 오, 이런! 무슨 일이야?
A 우린 사이가 멀어졌어.
B 저런, 유감이야.

TIPP 문법 숙고하다는 뜻의 동사

Ich denke darüber nach, ob뿐만 아니라 Ich überlege, ob이나 Ich frage mich, ob으로도 숙고하고 있음을 표현할 수 있습니다.

단어장 Wortschatz

s. Leben(-) 삶 (* e. Liebe(n) 사랑)
auseinander 떨어져, 따로따로
sich auseinander leben 사이가 멀어지다
r. Vorschlag(¨e) 제안
e. Trennung(en) 분리, 헤어짐
weiter 계속해서 (* weit 먼)
e. Arbeitsstelle(n) 직장, 일자리
zusammenarbeiten 같이 일하다

말하고자 하는 의도나 말의 의미를 표현할 때

057.mp3

Was meinst du? Ich meine A.

너 무슨 의미로 말하는 거야?

난 A라는 의미로 말해.

Ich meine A를 통해 A라는 의미로 말하고 있음을 혹은 A를 어떤 식으로 말하고 있음을 표현합니다.

SCHRITT 1

1. 그게 내가 말하고자 하는 거야. **Das meine ich.**
2. 난 진지하게 말하는 거야. **Ich meine es ernst.**
3. 난 그것이 네게 좋다고 생각해. **Ich meine es gut mit dir.**
4. 난 아무도 나에게 강요할 수 없다고 말하는 거야. **Ich meine, dass niemand mich dazu zwingen darf.**
5. 나는 네가 노력해야 한다고 말하는 거야. **Ich meine, dass du dich darum bemühen solltest.**

SCHRITT 2

1. 대화에 오해가 있어 상세히 설명할 때

A Meinst du also, dass ich die Prüfung nicht schaffe?

B Nein, Ich habe es nicht so gemeint.

A Was meinst du eigentlich?

B 나는 네가 노력해야 한다고 말하는 거야.

A 그러니까 넌 내가 시험에 합격하지 못할 거라고 말하는 거지?

B 아니, 그렇게 말하지 않았어.

A 그럼 도대체 무슨 말인데?

B Ich meine, dass du dich darum bemühen solltest.

2. 담배를 피지 않았으면 할 때

A Warum verbietest du mir, zu rauchen?

B 난 그것이 네게 좋다고 생각해.

A Aber kann ich nicht wenigstens eine Zigarette am Tag rauchen?

B Nein, das ist nicht gut für dich. 진지하게 말하는 거야.

A 넌 왜 내가 담배를 못피게 하니?

B Ich meine es gut mit dir.

A 하지만 내가 하루에 적어도 한 개피도 피지 않을 수 있을까?

B 응, 그것은 네게 좋지 않아. Ich meine es ernst.

단어장 Wortschatz

ernst 진지한 (* erst 처음에)
Jn zu + D zwingen Jn을 D하도록 강요하다
sich um + A bemühen A를 하려고 노력하다 (* e. Mühe(n) 노력)
verbieten 금하다 (* bieten 제공하다 'bieten– bot – geboten')
rauchen 담배 피다 (* brauchen 필요로 하다)
e. Zigarette(n) 담배

TIPP 문법 Meiner Meinung nach

Meiner Meinung nach는 '내 생각에 따르면' 혹은 '내 의견으로는'이라는 뜻으로 자신의 생각을 말할 때 사용합니다. 이 표현에서 중요한 것은 일종의 관용적 표현으로, 전치사 nach가 Meiner Meinung 뒤에 온다는 것입니다. 예를 들어 nach Meinung des Verfassers(저자의 의견에 따르면)나 nach Meinung von Experten(전문가의 의견에 따르면) 같은 표현은 원래대로 nach가 명사 앞에 옵니다.

되물을 때

058.mp3

Meinst du A?

넌 A라는 의미로 말하는 거니?

Meinst du A?는 상대방의 말이 A임을 재차 확인할 때 사용됩니다.

SCHRITT 1

1. 나보고 말하는 거야?	Meinst du **mich?**
2. 너 그걸 진심으로 말하는 거야?	Meinst du **das ernst?**
3. 너 잘 못지낸다고 말하는 거니?	Meinst du**, dir geht es schlecht?**
4. 넌 내가 그걸 신경 써야 한다고 말하는 거니?	Meinst du**, ich soll mich darum kümmern?**
5. 넌 내일 비가 온다고 말하는 거니?	Meinst du**, es regnet morgen?**

SCHRITT 2

1. 자기를 부르는지 확인할 때

A Hallo, du da!
B 나 말이야?
A Ja, genau.
B Warum? Was willst du?

A 안녕, 거기 너!
B Meinst du mich?
A 응, 맞아.
B 왜? 무슨 일이야?

2. 노트북이 고장 났을 때

A Der Laptop ist kaputt!
B 넌 내가 그걸 신경 써야 한다는 거니?
A Ja, du solltest es dringend machen!
B Okay, ich bringe ihn morgen zur Reparatur.

A 노트북이 고장 났어!
B Meinst du, ich soll mich darum kümmern?
A 응, 긴급히 해결하길 바라.
B 그래, 내일 수리하러 보낼게.

단어장 Wortschatz

sich um + A kümmern A를 신경 쓰다
regnen 비 오다
dringend 긴급한 (* dringen 뚫고 나아가다 'dringen–drang – gedrungen')
bringen 가져오다, 운반하다 (bringen – brachte – gebracht)
e. Reparatur(en) 수리

찾을 때 혹은 찾았을 때

059.mp3

Ich suche A. Ich habe A gefunden.

난 A를 찾고 있어.
난 A를 찾았어.

Ich suche A를 통해 A를 찾고 있음을 표현합니다. 더 고급한 문장으로 Ich bin auf der Suche nach + D란 표현을 쓰기도 합니다. 찾았다는 표현은 문맥상 항상 과거이기 때문에 Ich habe A gefunden, 이렇게 표현합니다. 또한 의미가 확장된 비분리동사 besuchen(방문하다), versuchen(시도하다), untersuchen(연구하다)도 자주 사용됩니다.

SCHRITT 1

1. 난 내 지갑을 찾고 있어.	Ich suche **meinen Geldbeutel.**
2. 난 내 지갑을 찾았어.	Ich habe **meinen Geldbeutel** gefunden.
3. 난 베를린에 있는 내 친구를 방문해.	Ich besuche **meinen Freund in Berlin.**
4. 난 최선을 다해 시도할 거야.	Ich versuche, **mein Bestes zu geben.**
5. 난 노트북의 바이러스를 검사하고 있어.	Ich untersuche **meinen Laptop auf Viren.** (suchen 동사를 맞추기 위해서 untersuchen을 썼으나, 보통은 überprüfen 또는 scannen을 씁니다.)

TIPP 문화 공휴일 (Feiertag)

독일의 공휴일은 다음과 같습니다. 새해(Neujahrstag, 1/1), 성금요일(Karfreitag, 부활절 전 금요일), 부활절 월요일(Ostermontag, 부활절 다음 월요일), 노동절(Tag der Arbeit, 5/1), 예수승천일(Christi Himmelfahrt, 부활절 후 39일), 오순절(Pfingstmontag, 부활절 후 50일), 통일 기념일(Tag der Deutschen Einheit, 10/3), 성탄절(Weihnachtstag, 12/25), 두 번째 성탄절축제일(Zweiter Weihnachtsfeiertag, 12/26). 학교에서는 오순절에 일주일, 성탄절과 새해에 2주일간 방학합니다.

SCHRITT 2

1. 잃어버린 지갑을 찾고 있을 때

A Was machst du?	**A** 뭐해?
B Ich habe meinen Geldbeutel verloren, 난 그것을 찾고 있어.	**B** 지갑을 잃어버렸어, ich suche ihn.
A Hast du schon deine Karte sperren lassen? (* lassen이 부정형과 결합할 때는 완료형에서 gelassen이 아니라 lassen으로 쓰입니다.)	**A** 카드는 정지시켰어?
B Ja, ich habe schon bei der Bank angerufen.	**B** 응, 벌써 은행에 전화했어.

2. 친구를 방문할 계획에 대해 이야기할 때

A Was hast du in den Pfingstferien vor?	**A** 오순절 방학 때 무슨 계획 있어?
B 베를린에 있는 친구를 방문할 거야.	**B** Ich besuche meinen Freund in Berlin.
A Wie lange bleibst du dort?	**A** 거기서 얼마나 오래 머물 거야?
B Etwa 5 Tage. Am Freitagabend werde ich zurückfahren.	**B** 닷새 정도. 금요일 저녁에 돌아올 거야.

단어장 Wortschatz

r. Geldbeutel(-) 지갑
besuchen 방문하다
versuchen 시도하다
Bestes geben 최선을 다하다
e. Karte(n) 카드
sperren 차단하다
anrufen (이름) 부르다, 전화하다 (* rufen 부르다 'rufen – rief – angerufen')
bleiben 머무르다 (bleiben - blieb - geblieben)
zurückfahren (차) 되돌아오다

생각을 말할 때

060.mp3

Wie findest du A? Ich finde A + adj.

넌 A를 어떻게 생각해?

난 A는 adj라고 생각해.

Ich finde A + adj를 통해 A에 대한 자신의 생각을 표현할 수 있습니다. 정말 자주 사용됩니다. 같은 표현으로 Ich halte A für adj와 Ich sehe A als adj an이 있습니다.

SCHRITT 1

1. 난 그것이 예쁘다고 생각해! — Ich finde **es schön!**
2. 난 그것이 적합하다고 생각해! — Ich finde **es in Ordnung!**
3. 난 그 생각이 좋다고 생각해. — Ich finde **die Idee gut.**
4. 난 모든 게 훌륭하다고 생각해. — Ich finde **alles klasse.**
5. 난 너 스스로 건강을 지켜야 한다고 생각해. — Ich finde**, dass du dich schonen musst.**

SCHRITT 2

1. 옷이 잘 어울리는지 물어볼 때

A Wie findest du mein Kleid?
B 난 그것이 예쁘다고 생각해.
A Wirklich? Findest du es nicht zu bunt?
B Nein nein, 잘 어울려!

A 내 옷 어때?
B Ich finde es schön.
A 정말? 너무 알록달록하진 않아?
B 아니 아니, ich finde es in Ordnung!

2. 건강을 지킬 것을 권유할 때

A Wie geht's?
B Es geht mir immer gleich. Ich habe viel zu tun. Ich muss viel arbeiten, schlafe wenig, esse unregelmäßig und habe Stress.
A Oh nein, du wirst vielleicht krank. 난 너 스스로 건강을 지켜야 한다고 생각해.
B Ich denke auch. Aber ich habe keine Zeit.

A 어떻게 지내?
B 항상 같지. 할 게 너무 많아. 일이 너무 많고, 잠도 적게 자고, 식사도 불규칙하고, 스트레스 받아.
A 아 저런, 병들겠다. Ich finde, dass du dich schonen musst.
B 나도 그렇게 생각해. 하지만 시간이 없어.

단어장 Wortschatz

e. Idee(n) 생각
schonen 보호하다
s. Kleid(er) 옷
bunt 알록달록한
unregelmäßig 불규칙한 (* e. Regel(n) 규칙)

TIPP 문장 Ich finde A와 Ich finde A + adj의 차이

Ich finde sie. 난 그녀를 (지금) 찾았어.
Ich finde sie süß. 난 그녀가 매력적이라고 생각해.
* Ich finde sie süß. 문장과 같은 표현: Ich halte sie für süß. = Ich sehe sie als süß an.

기억할 때

061.mp3

Ich erinnere mich an + A. 난 A를 기억하고 있어.

Ich erinnere mich an + A를 통해 A를 기억하고 있음을 표현할 수 있습니다.

SCHRITT 1

1. 난 그것을 기억하고 있어.	Ich erinnere mich **daran.**
2. 난 널 기억하고 있어.	Ich erinnere mich an **dich.**
3. 난 그 멋진 시간을 좋게 기억하고 있어.	Ich erinnere mich **gern** an **die schöne Zeit.**
4. 난 내가 어디선가 그녀를 봤다는 사실을 기억하고 있어.	Ich erinnere mich **dar**an**, ich habe sie schon irgendwo gesehen.**
5. 난 네가 이미 그걸 내게 말했다는 걸 기억해.	Ich erinnere mich **dar**an**, dass du mir das schon mal gesagt hast.**

SCHRITT 2

1. 꼭 전화하라고 당부할 때

A Erinnere dich unbedingt daran, ihn anzurufen!
B 응응, 기억할 거야.
A Das hast du letztes Mal auch gesagt. Schreibe es dir bitte auf!
B Ok ok, ich schreibe es auf.

A 그에게 전화하는 거 꼭 기억해!
B Ja ja, ich werde mich daran erinnern.
A 지난 번에도 넌 그렇게 말했어. 제발 기록해둬!
B 그래 그래, 기록해둘게.

2. 모토에 대해 말할 때

A Erinnere dich an gestern, denke an morgen aber lebe heute! (격언)
B 너 전에도 그 말 한 거 기억해.
A Ja, das habe ich mir als mein Motto gewählt!
B Ich finde es sehr gut!

A 어제를 기억하고, 내일을 생각하고, 오늘을 살라!
B Ich erinnere mich daran, dass du mir das schon mal gesagt hast.
A 응, 이것을 내 모토로 삼았거든!
B 정말 좋다고 생각해!

TIPP 문화 격언과 모토

우리가 사자성어를 쓰듯이 독일인들도 대화 중에 격언을 자주 씁니다. 많이 알아둘수록 좋습니다.

단어장 Wortschatz

sich an + A erinnern A를 기억하다
unbedingt 무조건, 반드시, 꼭
irgendwo 어딘가에서
s. Motto(s) 모토, 좌우명

MUSTER 062

잊어버렸을 때

062.mp3

Ich habe A vergessen.

난 A를 잊어버렸어.

Ich habe A vergessen은 A를 잊어버렸다는 표현입니다.

SCHRITT 1

1. 내 핀 번호를 잊어버렸어.	Ich habe **meine PIN** vergessen.
2. 그의 이름을 잊어버렸어.	Ich habe **seinen Namen** vergessen.
3. 그것을 (완전히) 까먹었어.	Ich habe **es (total)** vergessen.
4. 네게 그 소식을 말해주는 걸 잊어버렸어.	Ich habe vergessen, **dir den Bescheid zu sagen.**
5. 너도 온다는 걸 잊어버렸어.	Ich habe vergessen, **dass du auch kommst.**

SCHRITT 2

1. 만나기로 한 약속을 잊어버렸을 때

A Entschuldige. 완전히 잊고 있었어.	**A** 미안해. Ich habe es total vergessen.
B Das macht nichts!	**B** 괜찮아!
A Können wir uns dann morgen treffen?	**A** 그럼 내일 만날까?
B Kein Problem, komm um 17 Uhr.	**B** 그래, 5시에 와.

2. 핸드폰 핀 번호를 잊어버렸을 때

A 핀 번호를 잊어버렸어. Und schon zweimal eingegeben.	**A** Ich habe meine PIN vergessen. 그리고 이미 두 번이나 입력했어.
B Ist deine PIN nicht das Geburtsjahr von deiner Mutter?	**B** 네 핀 번호는 어머니 생신 아니었어?
A Ich weiß, 하지만 그걸 잊어버렸어.	**A** 알아, aber ich habe es vergessen.
B Schäme dich!	**B** 부끄러운 줄 알아!

단어장 Wortschatz

vergessen 잊다 (* essen 먹다 'essen – aß – gegessen')
r. Name(ns, n) 이름
r. Bescheid(e) 정보, 소식 (* bescheiden 겸손한)
Das macht nichts. (숙어) 괜찮아.
sich mit + Jm treffen Jm을 만나다
eingeben 입력하다 (* geben 주다 'geben – gab – gegeben')
sich schämen 부끄러워하다 (* e. Scham(x) 부끄러움)

TIPP 문화 **PIN (Persönliche Identifikationsnummer)**

핸드폰 계약서류를 보면 PIN 번호와 PUK(Personal Unblocking Key) 번호라는 게 있습니다. 알다시피 PIN 번호는 세 번 틀리면 막힙니다. 그때 PUK 번호를 입력하면 됩니다. PIN 번호를 외우시되, 더 중요한 것은 서류를 잘 보관하는 것입니다.

안다고 말할 때

Ich weiß A. Ich kenne A.

063.mp3

난 A를 알아.
난 A를 알아.

Ich weiß A 또는 Ich kenne A를 통해 A를 알고 있음을 표현합니다.

SCHRITT 1

1. 난 그것을 몰라.	**Ich weiß / kenne es nicht.**
2. 이제 난 그것이 어떻게 작동되는지 알아. (직역: 이제 난 토끼가 어떻게 뛰는지 알아.)	**Jetzt weiß ich, wie der Hase läuft.** (숙어)
3. 난 그것의 가치를 알아.	**Ich weiß, das zu schätzen.**
4. 난 그를 잘 몰라. (직역: 난 그를 겉으로만 알아.)	**Ich kenne ihn nur vom Sehen.**
5. 난 단지 멜로디만 알아.	**Ich kenne nur die Melodie.**

SCHRITT 2

1. 작동법을 알게 되었을 때

A Weißt du, wie das Gerät funktioniert?
B Ja, ich weiß es. Ich kenne das Gerät ganz gut. Du musst zuerst auf den roten Knopf drücken.
A Ach so. 이제 어떻게 작동되는지 알겠어.
B Eigentlich ist es ganz einfach.

A 이 기계 어떻게 작동하는지 아니?
B 응, 알아. 난 그 기계를 완전 잘 알거든. 먼저 빨간색 버튼을 눌러야 해.
A 아 그래. Jetzt weiß ich, wie der Hase läuft.
B 사실 완전 간단해.

2. 잘 알지 못하는 사람에 대해 말할 때

A Wer ist der Typ da?
B 잘 알지는 못해.
A Wie heißt er?
B Das weiß ich nicht.

A 저기 저 녀석은 누구야?
B Ich kenne ihn nur vom Sehen.
A 이름이 뭔데?
B 그건 모르겠는데.

TIPP 문법 wissen과 kennen의 차이

wissen은 논리적인 것이나 내용의 옳고 그름을 아는 것입니다. 반면 kennen은 경험적으로 아는 것을 뜻합니다.
Ich weiß, das Haus ist hoch. 나는 그 집이 높다는 것을 안다.
Ich kenne das Haus. 나는 그 집을 안다.

단어장 Wortschatz

wissen 알다 (wissen – wußte – gewußt)
kennen 알다 (* können 할 수 있다)
r. Hase(n, n) 토끼
laufen 1) 달리다 2) 걷다 (laufen – lief – gelaufen)
schätzen 평가하다
e. Melodie(n) 멜로디
s. Gerät(e) 도구, 기계
r. Knopf(¨e) 단추, 버튼
r. Typ(en) 1) 유형, 특정 유형의 사람 2) 녀석

EINHEIT

05 감정

회화에서 생각뿐만 아니라 자신의 감정도 자주 표현합니다. 우리가 독일인에 대해 쉽게 하는 오해 중 하나가 합리적인 사고만 하고 감정이 없거나 감정 표현이 서툴 거라고 생각하는 것입니다. 하지만 제가 경험한 독일인들은 오히려 더 감성적이고, 자신의 감정을 잘 표현합니다. 축구경기 때나 매년 독일 곳곳에서 벌어지는 축제에 참석해보면 어떻게 이렇게 감정이 충만한 사람들이 평소에는 그렇게 누르고 살까 싶을 정도입니다. 독일 친구들에게 물어보니 예전에 감정에 휩쓸려 전쟁을 일으킨 역사적 경험으로 인해 감정에 치우치는 것을 경계한다고 하더군요. 그래서 그런지 그에 관련된 교육도 하고 규칙을 지키는 것을 매우 중요하게 여깁니다. 아무튼 독일인도 감정이 풍부하고, 일상생활에서 감정 표현을 잘 합니다. 당연히 그것을 표현하는 독일어도 매우 많습니다. 이번 Einheit에서는 이러한 감정 표현에 대해서 배웁니다.

기분을 표현할 때

064.mp3

Ich fühle mich ~.

난 ~해 / ~라 느껴.

Ich fühle mich + adj를 통해 자신의 느낌을 표현할 수 있습니다. 특히 상대방에게 안부 차 기분을 물을 때도 사용됩니다.

SCHRITT 1

1. 기분이 좋아 / 더 좋아 / 정말 좋아. — Ich fühle mich **gut / besser / sehr wohl.**
2. 매우 존중받는 기분이야. — Ich fühle mich **sehr geehrt.**
3. 지금 칭찬받는다고 느껴. — **Jetzt** fühle ich mich **geschmeichelt.**
4. 이용당하는 기분이야. — Ich fühle mich **ausgenutzt.**
5. 난 널 떠보고 있어. — Ich fühle **dir auf den Zahn.**

SCHRITT 2

1. 상대방의 기분을 물을 때

A Wie fühlst du dich heute?
B 좋아.
A Du siehst auch gut aus.
B 지금 칭찬받는 기분이야.

A 오늘 어때?
B Ich fühle mich gut.
A (내가 보기에도) 좋아 보여.
B Jetzt fühle ich mich geschmeichelt.

2. 잠을 못 자 피곤할 때

A 피곤해.
B Wieso, was ist los?
A Ich habe wenig geschlafen.
B Mach (halt) einen Mittagsschlaf!

A Ich fühle mich schlapp.
B 왜, 무슨 일 있어?
A 잠을 못 잤거든.
B 낮잠이라도 자!

TIPP 문법 **halt의 쓰임**

halt는 다음의 세 가지 쓰임을 가집니다.
1) 동사 halten (붙잡다, 유지하다)
2) 명사 r. Halt(e) (정지, 방지)
3) 부사 halt (정말, 바로 그렇게)
SCHRITT 2의 2번 예문에 쓰인 halt는 부사로, 동사 mach의 의미를 강조합니다.

단어장 Wortschatz

sich fühlen 느끼다 (* fehlen 없다, führen 안내하다, fahren (차) 가다)
geehrt 존경하는 (* ehren 존경하다, 경의를 표하다)
schmeicheln 칭찬하다 (* Schmeichler 아첨꾼)
s. Kompliment(e) 칭찬 ↔ e. Beleidigung(en) 모욕
schlapp 축 늘어진, 피곤한 (* schlafen 자다)
ausnutzen 착취하다 (* nutzen 이용하다)
Jm auf den Zahn fühlen (숙어) 누구의 마음을 떠보다, 능력을 테스트하다

감사할 때

065.mp3

Danke für + A!

A에 대해 감사해 / 고마워!

Danke für + A는 A에 대한 감사함을 표현할 때 쓰입니다.

SCHRITT 1

1. 정말 고마워! — **Danke schön!** = **Vielen Dank!** (* Dank는 명사, Danke는 동사입니다.)
2. 이 음식에 감사해! — **Danke für das Essen!**
3. 너의 친절한 도움에 감사해! — **Danke für deine freundliche Hilfe!**
4. 너의 초대에 감사해! — **Danke für deine Einladung!**
5. 염려해줘서 고마워! — **Danke der Nachfrage!**

SCHRITT 2

1. 초대해줘서 고맙다고 할 때

A Herzlich Willkommen!	**A** 환영해!
B 초대해줘서 고마워!	**B** Danke für deine Einladung!
A Komm herein, fühle dich wie zu Hause!	**A** 들어와, 편하게 있으렴!
B 고마워, das ist sehr freundlich. (* 여기선 du가 아니라 das를 씁니다. 초대에 관련된 모든 것이 친절하다는 뜻입니다.)	**B** Vielen Dank, 정말 친절하구나.

2. 도와줘서 고맙다고 말할 때

A 너의 친절한 도움에 감사해!	**A** Danke für deine freundliche Hilfe!
B Das macht nichts! Es ist mir eine Freude!	**B** 괜찮아! 그건 내게 기쁨이야.
A Du bist sehr freundlich!	**A** 넌 참 친절하구나!
B Man tut, was man kann.	**B** 누구나 할 수 있는 일이야.

TIPP 문장 Danke schön에 대한 대답

Bitte schön. 천만에요.
Danke auch. 저 역시 감사합니다.
Keine Ursache. 천만에요.
Das macht nichts! 천만에요!, 괜찮아요!

TIPP 문장 Gott sei Dank!

직역하면 '신께 감사를'이지만, 보통 '다행이야'라는 의미를 지닙니다. 2014년 브라질 월드컵에서 독일의 Götze가 결승골을 넣은 다음 Götze sei Dank! (괴체에게 감사를!)이란 유행어가 등장했지요.

단어장 Wortschatz

e. Hilfe(n) 도움
e. Einladung(en) 초대 (* Jn zu + D einladen Jn을 D에 초대하다)
e. Nachfrage(n) (안부) 문의
Danke der Nachfrage. (숙어) 염려해줘서 고마워.
Herzlich Willkommen! (숙어) 환영해요!
Man tut, was man kann. (숙어) 누구나 다 할 수 있는 일이에요.

미안할 때

066.mp3

Entschuldige A. Entschuldigung für + A.

A에 대해 미안해.

A에 대해 미안해.

Entschuldige A는 A에 대한 미안함을 표현할 때 사용합니다. 동사 entschuldigen이 목적어를 명사로 받는 반면, 명사 Entschuldigung은 목적어를 전치사 für + A로 받습니다.

SCHRITT 1

1. 실례합니다! — **Entschuldigen Sie bitte!** = **Entschuldigung!**
2. 답장이 늦어서 죄송합니다! — **Entschuldigung für meine späte Antwort!**
3. 화내서 미안해. — **Entschuldige, dass ich mich aufgeregt habe.**
4. 내가 방해했다면 미안해. — **Entschuldige, wenn ich störe.**
5. 내가 상처 줬다면 미안해. — **Entschuldige, wenn ich dich verletzt habe.**

TIPP 문법 wenn과 dass

확실하지 않은 것은 wenn으로, 확실한 것은 dass로 표현합니다.
Entschuldige, wenn ich dich verletzt habe. 내가 널 상처 입혔다면 미안해.
Entschuldige, dass ich dich verletzt habe. 내가 널 상처 입혀서 미안해.

SCHRITT 2

1. 길을 물어볼 때

A 실례합니다, kennen Sie sich hier aus?
B Ja!
A Wo ist die Haltestelle “Derendingen Bahnhof”?
B Ganz einfach, geradeaus gehen und dann links!

A Entschuldigung, 여기 잘 아세요?
B 네!
A '데렌딩엔역' 정류장이 어디인가요?
B 아주 간단해요. 직진하다가 왼쪽으로요!

2. 오해해서 사과할 때

A 화내서 미안해. Ich habe dich falsch verstanden.
B Macht nichts!
A Ich habe immer noch Schwierigkeiten, Deutsch zu verstehen.

A Entschuldige, dass ich mich aufgeregt habe. 내가 잘못 이해했어.
B 괜찮아!
A 난 여전히 독일어를 이해하는 데 어려움이 있어.

단어장 Wortschatz

e. Antwort(en) 대답 (* auf A antworten A에 대답하다)
sich aufregen 화내다 (* aufgelegt 기분이 ~한)
stören 방해하다
verletzen 상처 입히다, 상처 주다
auskennen 정통하다 (* kennen 알다)
kennen Sie sich hier aus? (숙어) (길을 물어볼 때) 여기 잘 아세요?
e. Haltestelle(n) 정류장
geradeaus 똑바로
e. Schwierigkeit(en) 어려움

관심 있을 때

067.mp3

Ich interessiere mich für + A.

난 A에 대해 관심 있어.

Ich interessiere mich für + A를 통해 A에 대해 관심이 있음을 표현할 수 있습니다. 또한 이 문장의 상태수동형인 Ich bin interessiert an + D도 종종 사용됩니다.

SCHRITT 1

1. 난 너에게 관심 있어.	Ich interessiere mich für **dich.** (* 실제로는 이렇게 직접적으로 말하지 않습니다.)
2. 난 그 주제에 대해 관심 있어.	Ich interessiere mich für **dieses Thema.**
3. 난 아무것에도 관심 없어.	Ich interessiere mich für **nichts.**
4. 난 당신이 내놓은 집에 관심이 있습니다.	Ich interessiere mich für **die von Ihnen angebotene Wohnung.**
5. 난 그 자리에 관심 있어.	Ich bin interessiert an **der Stelle.**

TIPP 문법 수식어와 관계문장

Es gibt die Wohnung + Die Wohnung wird von Ihnen angeboten.
(2개의 주문장: 집이 있다. + 그 집은 당신에 의해 제공되었다.)
= die von Ihnen angebotene Wohnung (수식어: 당신에 의해 제공된 그 집)
= die Wohnung, die von Ihnen angeboten wird. (관계문장: 그 집, 당신에 의해 제공된)

SCHRITT 2

1. 관심 있는 주제에 대한 강연이 있을 때

A Morgen findet ein Vortrag zum Thema "Neue weltwirtschaftliche Herausforderungen" statt.
B Wann und wo genau? 난 그 주제에 대해 관심 있어.
A Um 19 Uhr an der Uni, Hörsaal 4.

A 내일 '세계경제의 새로운 도전'이란 주제로 강연이 있어.
B 정확히 언제 그리고 어디서 (해)? Ich interessiere mich für dieses Thema.
A 저녁 7시, 대학 4강당에서.

2. 집을 보러갈 때

A Hallo, ich bin Thomas. 전 당신이 내놓은 집에 관심이 있습니다.
B Hallo, schön, dass Sie da sind! Wollen Sie sich die Wohnung gleich anschauen?
A Ja, gerne, wenn es Ihnen keine Umstände bereitet.

A 안녕하세요, 전 토마스입니다. Ich interessiere mich für die von Ihnen angebotene Wohnung.
B 안녕하세요, 당신이 와주셔서 좋네요! 지금 집을 살펴보시겠어요?
A 네, 기꺼이, 번거롭지 않으시다면요.

단어장 Wortschatz

s. Interesse(n) 관심
s. Thema(Themen) 테마, 주제
e. Stelle(n) 자리
anbieten 제공하다, 내놓다 (* s. Angebot(e) 제공된 상품,
bieten 제공하다 'bieten – bot – geboten')
Schön, dass Sie da sind. (숙어) 와주셔서 감사합니다.
r. Umstand(¨e) 1) 사정, 상태, 상황 2) (복수) 번거로움
bereiten 준비하다, 야기하다.

MUSTER 068

기쁠 때

Ich freue mich auf / über + A.

068.mp3

난 A가 기뻐.

Ich freue mich auf / über + A는 A에 대한 기쁜 마음을 표현합니다. 전치사 auf는 사람 또는 아직 일어나지 않은 미래의 사건에 쓰이고, über는 사물 또는 현재의 사건에 쓰입니다.

SCHRITT 1

1. 난 네가 기뻐.	Ich freue mich auf **dich.**
2. 난 이 만남이 / 알아가는 것이 기뻐.	Ich freue mich auf **das Treffen / Kennenlernen.**
3. 난 여름방학이 기뻐.	Ich freue mich auf **die Sommerferien.**
4. 난 이 선물이 기뻐.	Ich freue mich über **das Geschenk.**
5. 난 이 기회가 기뻐.	Ich freue mich über **die Gelegenheit.**

SCHRITT 2

1. 산티아고 여행 계획에 대해 이야기할 때

A 난 여름방학이 기뻐.	**A** Ich freue mich auf die Sommerferien.
B Hast du einen besonderen Plan für die Ferien?	**B** 방학에 특별한 계획 있어?
A Ja, ich will den Jakobsweg gehen.	**A** 응, 난 순례자의 길에 갈 거야.
B Cool, da hast du einen weiten Weg vor dir!	**B** 멋지다, 거기 가면 장대한 길이 널 기다리고 있을 거야!

2. 생일선물을 줄 때

A Herzlich willkommen zu meiner Geburtstagsfeier!	**A** 생일파티에 온 걸 진심으로 환영해!
B Danke für deine Einladung! Herzlichen Glückwunsch zum Geburtstag! Und das hier habe ich für dich.	**B** 초대에 감사해! 진심으로 생일 축하해! 그리고 여기 이건 널 위한 거야.
A Oh! Danke! 난 이 선물이 기뻐.	**A** 오! 고마워! Ich freue mich über das Geschenk.
B Bitte, schau es dir mal an!	**B** 한번 봐봐!

단어장 Wortschatz

e. Freude(x) 기쁨 (* r. Freund(e) 친구)
s. Treffen(-) 만남, 모임 (* sich mit + Jm treffen Jm을 만나다)
s. Geschenk(e) 선물
e. Gelegenheit(en) 기회 (* gelegen 적당한)
besonder 특별한 (* besonders 특별히)

TIPP **문화** 산티아고 데 콤포스텔라 (Santiago de Compostela)

스페인의 '산티아고 길'은 파울로 코엘료의 《순례자》로 인해 더욱 유명해졌죠. 산티아고 길(산티아고는 야곱의 스페인어 이름) 또는 야곱의 길이라고도 합니다. 프랑스의 생장피데포르 (Saint-Jean-Pied-de-Port)에서 스페인의 산티아고 데 콤포스텔라 (Santiago de Compostela)까지 800여 km를 세계 각지의 수많은 이들이 걷고 있습니다.

MUSTER 069

믿을 때

Ich verlasse mich auf + A. 난 A를 믿어.
Ich vertraue + Jm / auf + A. 난 Jm을 / A를 믿어.

069.mp3

Ich verlasse mich auf + A와 Ich vertraue + Jm / auf + A를 통해 대상에 대한 믿음을 표현할 수 있습니다. 단 Ich verlasse mich auf + A는 구체적인 상황에, Ich vertraue + Jm / auf + A는 일반적인 상황에서의 믿음을 뜻합니다.

SCHRITT 1

1. 난 널 믿어. (구체적인 상황) — Ich verlasse mich auf **dich.**
2. 난 널 믿어. (일반적인 상황) — Ich vertraue **dir.**
3. 난 나의 감각을 믿어. — Ich verlasse mich auf **meine Sinne.**
4. 난 전문가의 판단을 믿어. — Ich vertraue **dem Urteil der Experten.**
5. 난 그가 자기 말을 지킬 거라고 믿어. — Ich vertraue **darauf, dass er sein Wort hält.**

SCHRITT 2

1. 지구온난화에 대한 근거를 제시할 때

A Glaubst du, dass es die Erderwärmung gibt?
B Ja, 난 전문가의 판단을 믿어. Und du?
A Nein, 난 나의 감각을 믿어.
B Du wirst es schon noch merken.

A 넌 지구온난화가 있다고 생각해?
B 응, ich vertraue dem Urteil der Experten. 그럼 넌?
A 아니, ich verlasse mich auf meine Sinne.
B 너도 역시 곧 깨닫게 될 거야.

2. 약속을 지킬 거라고 말할 때

A Glaubst du, dass Thomas morgen kommt?
B Er hat gesagt, dass er kommt.
A Aber glaubst du wirklich, dass er kommt? Er hat es schon oft gesagt und ist nicht gekommen.
B 난 그가 자기 말을 지킬 거라고 믿어.

A 넌 토마스가 내일 올 거라는 걸 믿어?
B 그가 올 거라고 말했어.
A 하지만 너는 정말로 그가 올 거라고 믿는 거야? 그는 전에도 자주 그렇게 얘기해놓고 오지 않았어.
B Ich vertraue darauf, dass er sein Wort hält.

단어장 Wortschatz

verlassen 떠나다
r. Sinn(e) 1) 감각, 감각 기능 2) 관능, 욕망 3) 의식, 지각, 자각
s. Urteil(e) 판단 (* r. Teil(e) 부분)
r. Experte(n, n) 전문가 (* s. Experiment(e) 실험)
s. Wort(¨er) 단어, 말
e. Erderwärmung(en) 지구온난화 (* warm 따뜻한)
merken 인지하다, 깨닫다

TIPP 문장 **Ich verlasse dich와 Ich verlasse mich auf dich**
Ich verlasse dich. 난 널 떠나.
Ich verlasse mich auf dich. 난 널 믿어. (직역: 난 날 떠나 너에게로 향해 가.)
* 믿는다는 것을 자신을 떠나 상대에게로 향하는 행위로 이해합니다.

기다릴 때

070.mp3

Ich warte auf + A.

난 A를 기다리고 있어.

Ich warte auf + A는 A를 기다리고 있음을 나타내는 표현입니다.

SCHRITT 1

1. 난 널 기다리고 있어. — Ich warte auf **dich.**
2. 난 대답을 기다리고 있어. — Ich warte auf **eine Antwort.**
3. 난 그녀의 전화를 기다리고 있어. — Ich warte auf **ihren Anruf.**
4. 난 너의 소식을 기다리고 있어. — Ich warte auf **eine Nachricht von dir.**
5. 난 금요일을 기다리고 있어. — Ich warte auf **Freitag.**

SCHRITT 2

1. 지원서에 대한 답변을 기다릴 때

A Wie läuft deine Bewerbung?
B 난 대답을 기다리고 있어.
A Wie fühlst du dich?
B Ich hoffe, es klappt.

A 지원한 거 어떻게 진행되고 있어?
B Ich warte auf eine Antwort.
A 기분은 어때?
B 잘되길 희망해.

2. 누군가의 전화를 기다릴 때

A Was machst du? Du siehst immer in dein Handy.
B 난 그녀의 전화를 기다리고 있어.
A Von Julia?
B Ja, wir wollten heute picknicken.

A 뭐하니? 너 계속 핸드폰만 보고 있어.
B Ich warte auf ihren Anruf.
A 율리아 (전화)?
B 응, 우린 오늘 피크닉 가기로 했거든.

TIPP 격언 Warte nicht auf den perfekten Moment! Nimm dir den Moment und mach ihn perfekt!
완벽한 순간을 기다리지 마라! 그 순간을 취하고, 그것을 완벽하게 만들어라!

단어장 Wortschatz

e. Antwort(en) 대답 (* auf + A antworten A에 대답하다)
r. Anruf(e) 부름, 전화 (* rufen 부르다 'rufen – rief – gerufen')
e. Nachricht(en) 소식 (* r. Bericht(e) 보고서)
e. Bewerbung(en) 지원 (* e. Bewegung(en) 움직임)
klappen 1) 접다 2) 수행되다 (* knapp 불충분한)
picknicken 피크닉 가다

희망할 때

Ich wünsche dir A. Ich hoffe auf + A.

071.mp3

나는 네가 A하길 바라.
난 A를 희망해.

Ich wünsche dir A는 상대방에게 A가 이루어지기를 희망할 때 사용하는 격식화된 표현입니다. 반면 Ich hoffe auf + A는 A에 대한 단순한 희망을 표현할 때 사용합니다.

SCHRITT 1

1. 성공하길 바라.	Ich wünsche dir **viel Erfolg.** (* Ich wünsche dir를 생략하여 자주 쓰임)
2. 생일에 모든 것이 좋길 바라.	Ich wünsche dir **alles Gute zum Geburtstag.**
3. 좋은 날씨이길 희망해.	Ich hoffe auf **gutes Wetter.**
4. 좋은 공동작업이 되길 희망해.	Ich hoffe auf **eine gute Zusammenarbeit.**
5. 네가 잘 지내길 희망해.	Ich hoffe**, es gehr dir gut.**

SCHRITT 2

1. 생일을 축하할 때

A 행복한 생일 되길 바라.
B Danke, schön, dass du da bist.
A 네가 잘 지내길 희망해.
B Ja ja, es geht mir sehr gut.

A Ich wünsche dir alles Gute zum Geburtstag.
B 고마워, 와줘서 고마워.
A Ich hoffe, es geht dir gut.
B 그래 그래, 난 정말 잘 지내고 있어.

2. 함께 일하게 되었을 때

A Ich habe die Prüfung bestanden!
B Herzlichen Glückwunsch!
A Ich bin jetzt dein neuer Mitarbeiter.
B 즐겁게 함께 일하게 되길 바라.

A 나 시험에 합격했어!
B 진심으로 축하해!
A 이제 난 네 새 동료야!
B Ich hoffe auf eine gute Zusammenarbeit.

TIPP 문장 편지에 자주 사용되는 표현

Ich hoffe auf baldige Antwort. 빠른 답변을 희망합니다.
Ich hoffe auf positive Antwort. 긍정적인 답변을 희망합니다.
Ich hoffe auf Ihr Verständnis. 당신의 이해를 희망합니다.
= Ich hoffe, dass Sie damit einverstanden sind. 그것에 대해 당신이 양해해주실 것을 희망합니다.

단어장 Wortschatz

r. Wunsch(¨e) 소원 (* r. Busch(¨e) 덤불)
e. Hoffnung(en) 희망 (* e. Öffnung(en) 개봉)
r. Erfolg(e) 성공 (* erfolgen 결과로 일어나다)
s. Wetter(-) 날씨 (* e. Wette(n) 내기)
e. Zusammenarbeit(en) 공동작업
Schön, dass du da bist. (숙어) 와줘서 고마워.
Es geht Jm adj. Jm이 adj하다.

축하할 때

Herzlichen Glückwunsch zu + D!

D를 진심으로 축하해!

072.mp3

Herzlichen Glückwunsch zu + D는 D를 축하한다는 격식화된 표현입니다.

SCHRITT 1

1. 생일을 진심으로 축하해! — Herzlichen Glückwunsch zu**m Geburtstag!**
2. 시험 합격을 진심으로 축하해! — Herzlichen Glückwunsch zu**r bestandenen Prüfung!**
3. 새 자동차 산 것을 진심으로 축하해! — Herzlichen Glückwunsch zu**m neuen Auto!**
4. 너의 첫 번째 메달을 진심으로 축하해! — Herzlichen Glückwunsch zu **deiner ersten Medaille!**
5. 결혼을 진심으로 축하해! — Herzlichen Glückwunsch zu**r Hochzeit!**

SCHRITT 2

1. 자동차를 새로 산 것을 축하할 때

A Heute habe ich mein erstes Auto gekauft!
B Wirklich? 새 자동차 산 것을 진심으로 축하해!
A Ich will eine Probefahrt machen! Möchtest du mitfahren?

A 오늘 내 첫 차를 샀어!
B 정말? Herzlichen Glückwunsch zum neuen Auto!
A 시운전할 거야! 같이 탈래?

2. 결혼식에 참석했을 때

A 결혼을 진심으로 축하해!
B Danke für dein Kommen.
A Das Essen und die Musik sind ausgezeichnet.

A Herzlichen Glückwunsch zur Hochzeit!
B 와줘서 고마워.
A 음식과 음악이 훌륭해.

TIPP 문화 자동차 (Auto)

메르체데스 벤츠(Mercedes-Benz), 아우디(Audi), 베엠베(BMW), 포르쉐(Porsche), 폴크스바겐(Volkswagen) 등 독일 하면 자동차로 유명합니다. 특히 자동차의 도시로 불리는 슈트트가르트에는 자동차 관련 박물관들이 많이 있습니다. 벤츠 박물관에 가면 이런 문구가 쓰여 있습니다. Das Beste oder nichts. (최고가 아니면 아무것도 아니다).

단어장 Wortschatz

e. Medaille(n) 메달
e. Hochzeit(en) 결혼식
e. Probefahrt(en) 시운전 (* e. Probe(n) 시험, 예행)
mitfahren 동승하다 (* fahren (차) 타다 'fahren – fuhr – gefahren')
ausgezeichnet 뛰어난, 탁월한 (* sich auszeichnen 두드러지다)

화가 날 때

073.mp3

Ich ärgere mich über + A. 난 A에 대해 화가 나.

Ich ärgere mich über + A를 통해 A에 대해 화나는 감정을 표현할 수 있습니다.

SCHRITT 1

1. 난 직장동료에게 화가 나. — **Ich ärgere mich über meinen Kollegen.**
2. 나 갈수록 몹시 화가 나. — **Ich ärgere mich allmählich grün und blau darüber.**
3. 난 그의 잘못된 행동에 화가 나. — **Ich ärgere mich über sein Unrecht.**
4. 난 관료주의에 화가 나. — **Ich ärgere mich über die Bürokratie.**
5. 난 외국인 담당 공무원의 무례한 태도에 화가 나. — **Ich ärgere mich, dass die Beamten in der Ausländerbehörde unhöflich sind.**

SCHRITT 2

1. 무임승차한 사람의 행동에 대해

A 난 그의 잘못된 행동에 화가 나.
B Was hat er gemacht?
A Er ist ohne ein gültiges Zugticket mit dem Zug gefahren. Aber er hat sich nicht geschämt, sondern ist stolz darauf gewesen.
B Oh nein. Darüber ärgere ich mich auch allmählich grün und blau.

A Ich ärgere mich über sein Unrecht.
B 그가 뭘 했는데?
A 기차표를 사지 않고 기차를 탔어. 게다가 부끄러워하지 않고, 오히려 자랑스러워해.
B 오 저런. 나도 점점 더 몹시 화가 나는 걸.

2. 형식적인 관료주의에 대해

A 난 관료주의에 화가 나.
B Was ist los?
A Der Beamte fordert die Immatrikulationsbescheinigung, aber die Uni-Sekretärin fordert das Studenten-Visum.
B Oh, schade! Das kenne ich auch.

A Ich ärgere mich über die Bürokratie.
B 무슨 일인데?
A 공무원은 학교등록증을 요구하고, 학교 비서는 학생비자를 요구해.
B 오 저런! 나도 그거 알아.

TIPP 문화 ▶ 무임승차 (Schwarzfahrt)

무임승차한 사람을 Schwarzfahrt라고 합니다. 독일은 버스나 기차를 탈 때 검사하는 것이 아니라 타고 나서 검수원(e. Kontrolle(n))이나 승무원이 돌아다니면서 검사합니다. 그래서 안 걸릴 수도 있지요. 하지만 불법이고, 적발되면 벌금이 최소 40유로입니다.

TIPP 문화 ▶ 관료주의 (Bürokratie)

관료주의는 독일인들이 독일의 특징을 말할 때 자주 언급하는 사항입니다. 예전에 해당 관청에 비자를 신청하러 갔는데 학교등록증을 요구하길래 학교에 가니 비자를 요구하더군요.

단어장 Wortschatz

grün und blau (감정) 매우, 몹시
s. Unrecht(x) 잘못된 행동
e. Bürokratie(n) 1) 관료기구 2) 관료주의
r. Beamte(n, n) 공무원
r. Ausländer(-) 외국인
e. Behörde(n) 관청
gültig 유효한 ↔ ungültig 무효한
s. Zugticket(s) 기차표
sich schämen 부끄러워하다
fordern 요구하다
(* e. Forderung(en) 요구)
r. Sekretär(s) 비서(남) ↔ e. Sekretärin(nen) 비서(여)

부러울 때

074.mp3

Ich beneide Jn um + A. 난 A에 대해 Jn이 부러워.

Ich beneide Jn um + A을 통해 Jn이 A를 이룬 것에 대한 부러운 마음을 표현할 수 있습니다.

SCHRITT 1

1. 난 네가 부러워! **Ich beneide dich!**
2. 난 너의 행복이 부러워. **Ich beneide dich um dein Glück.**
3. 난 너의 아름다움이 부러워. **Ich beneide dich um deine Schönheit.**
4. 난 네 여행이 부러워. **Ich beneide dich um deine Reise.**
5. 난 그의 성공이 부럽지 않아. **Ich beneide ihn nicht um seinen Erfolg.**

SCHRITT 2

1. 겨울방학에 여행 다녀 온 것에 대해

A Was hast du in Winterferien gemacht?
B Ich war in Prag. Das war eine tolle Entscheidung! Prag im Winter ist ganz schön!
A Gut, 난 네 여행이 부러워.
B Ich hoffe, dass du beim nächsten Mal auch reisen kannst.

A 겨울방학에 뭐 했어?
B 프라하에 갔었어. 탁월한 선택이었어! 겨울의 프라하는 정말 아름다워!
A 좋았겠네. Ich beneide dich um deine Reise.
B 다음엔 너도 여행할 수 있길 바라.

2. 잘난 체하는 친구에 대해

A Er hat eine sehr gute Note in der Prüfung bekommen.
B Ich weiß, 하지만 난 그의 성공이 부럽지 않아.
A Warum?
B Weil er eingebildet ist. Er ist stolz auf seinen Erfolg und denkt, dass alle ihn beneiden müssen.

A 그가 시험에서 좋은 점수를 받았대.
B 나도 알아. aber ich beneide ihn nicht um seinen Erfolg.
A 왜?
B 그는 잘난 체하거든. 그는 자신의 성공에 우쭐해 하며, 모두가 자기를 부러워해야 한다고 생각해.

TIPP 문화 프라하 (Prag)

체코의 수도로 문화유산이 많은 관광도시입니다. 프라하성과 성 비투스 대성당은 〈미션 임파서블 4〉에 나오기도 합니다. 드레스덴과 뮌헨에는 프라하까지 바로 가는 버스가 있으며, 드레스덴에서 프라하까지는 두 시간, 뮌헨에서 프라하까지는 세 시간 정도 걸립니다.

단어장 Wortschatz

beneiden 부러워하다
r. Neid(x) 질투
r. Erfolg(e) 성공
toll 미친, 미치게 좋은
e. Entscheidung(en) 결정
nächst 바로 다음에 ↔ letzt 바로 전의, 직전의
s. Mal(e) 번
eingebildet 잘난 체하는
auf + A stolz sein A를 자랑스러워하다, 뽐내다

3

일상생활에 꼭 필요한 핵심동사 패턴

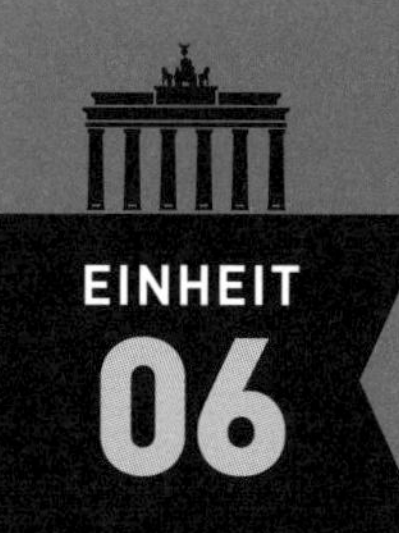

sehen und hören

~를 보다, 듣다

독일어에는 사물이나 상황을 인지하는 지각동사가 있습니다. 즉 '보다'와 '듣다'입니다. 문법적으로 중요하게 다루지는 않지만, 실생활에서 정말 자주 사용되는 동사들입니다. 이번 Einheit에서는 지각동사의 다양한 쓰임새를 익혀봅니다.

sehen 동사의 의미와 특징

1. 자신이 무엇을 보고 있는지, 또는 상대가 (무엇인가를) 어떻게 보는지를 표현
2. sehen 동사의 분리/비분리 동사
   이해하다 (einsehen), 상대가 어떻게 보이다 (aussehen), 다시 보다 (wiedersehen), 텔레비전을 보다 (fernsehen) 등
3. 지각동사의 dass 절은 '목적어 + 부정사'로 대신할 수 있음
   Ich sehe ihn kommen. = Ich sehe, dass er kommt. (나는 그가 오는 것을 보고 있다.)
4. 지각동사의 현재완료형은 'haben + 과거분사'가 아니라 'haben + 부정사'로 쓰임
   Hast du mich kommen sehen?
   = Hast du gesehen, dass ich gekommen bin. (너 내가 오는 거 봤니?)

hören 동사의 의미와 특징

1. 자신이 무엇을 듣고 있는지, 또는 (과거에) 들었는지를 표현
2. hören 동사의 분리/비분리 동사
   어떻게 들리다 (sich anhören), 경청하다 (zuhören), 끝내다 (aufhören),
   ~의 것이다 (gehören + Jm), ~에 속하다 (gehören zu + D) 등

★ sehen 동사의 불규칙 동사 변화표 ★

부정사	과거	과거분사	뜻
sehen	**sah**	**gesehen**	보다

MUSTER 075

무엇인가를 볼 때

075.mp3

Ich sehe A.

난 A를 봐.

Ich sehe A를 통해 A를 보고 있음을 혹은 A가 무엇을 하는 것을 보고 있음을 표현합니다. 분리동사 einsehen(속을 들여다보다)은 그 의미가 확장되어 이해하다, 받아들이다는 뜻으로 사용되기도 합니다.

SCHRITT 1

1. 난 시력이 나빠. **Ich sehe schlecht.**
2. 난 그것을 완전히 분명하게 보고 있어. **Ich sehe es ganz deutlich.**
3. 나는 그를 보고 있어. **Ich sehe ihn.**
4. 나는 그가 오는 걸 보고 있어. **Ich sehe ihn kommen. = Ich sehe, dass er kommt.**
5. 난 그것을 이해해. **Das sehe ich ein. = Das verstehe ich.**

SCHRITT 2

1. 시력검사를 할 때

A 잘 보이지 않습니다. Ich möchte meine Augenstärke prüfen lassen.
B (Buchstabe an der Tafel zeigen) Können Sie das sehen?
A Nein, ich kann es nicht sehen.

A Ich sehe schlecht. 시력검사를 해보고 싶은데요.
B (벽에 붙은 시력검사표를 가리키며) 이거 보이세요?
A 아니요, 보이지 않습니다.

2. 연인끼리 다툴 때

A Ich verstehe nicht, warum du dich aufgeregt hast.
B Ich finde, du hast einen Fehler gemacht!
A 아니, 난 이해 못하겠어.
B Dann denkst du, dass ich daran schuld bin?

A 난 네가 왜 화내는지 이해가 안 돼.
B 내 생각엔 네가 잘못했어!
A Nein, das sehe ich nicht ein.
B 그럼 내가 잘못했다고 생각하는 거니?

TIPP 문법 보다 동사

sehen뿐만 아니라 '보다'를 의미하는 동사로는 gucken(보다), schauen(바라보다), beobachten(관찰하다) 등이 있습니다. 특히 일상어에서 단순히 보다라는 의미로는 sehen 동사보다 gucken 동사를 더 자주 사용합니다. Guck mal! (이것 좀 봐!)

단어장 Wortschatz

kommen 오다 (kommen – kam – gekommen)
einsehen 1) (속을) 들여다보다 2) 이해하다
e. Augenstärke(n) 시력 (* s. Auge(n) 눈)
r. Buchstabe(n, n) 철자, 글자
e. Tafel(n) 칠판
zeigen 가리키다
e. Reihe(n) 열, 줄, 행
sich aufregen 화내다
an + D schuld sein D에 잘못이 있다

MUSTER 076

상대방의 말이나 생각을 평가할 때

076.mp3

Du siehst (nur) A.

넌 (단지) A를 보는구나.

Du siehst (nur) A를 통해 상대방이 단지 A만을 본다는 의미에서 상대방의 말과 생각을 평가할 수 있습니다.

SCHRITT 1

1. 넌 너무 많은 (직역: 소리가 큰) 나무들 앞에서 숲을 보지 않는구나. — Du siehst **den Wald vor lauter Bäumen nicht.**
2. 넌 단지 외적인 것만 보는구나. — Du siehst **nur das Äußere.**
3. 넌 단지 네가 보고 싶은 것만 보는구나. — Du siehst **nur das, was du sehen willst.**
4. 넌 단지 다른 사람의 단점만 보는구나. — Du siehst **nur Fehler bei den anderen.**
5. 넌 단지 너 자신의 장점만 보는구나. — Du siehst **nur auf deinen eigenen Vorteil.**

TIPP 문화 학비 (Studiengebühr)

독일 유학의 장점 중 하나는 학비가 없다는 것입니다. 각 주마다 조금씩 다르긴 하지만 일반적으로 매 학기 학생회비 120유로에 교통비 70유로 정도를 냅니다. 이는 배우고자 하는 이들이 경제적인 어려움 때문에 배우지 못하는 일이 없어야 한다는 정신을 바탕으로 합니다. 하지만 최근에 몇몇 정치인들은 EU에 가입하지 않은 국가 출신의 유학생에게는 학비를 받아야 한다고 주장합니다.

SCHRITT 2

1. 유학생이 학비 내는 것에 대해 이야기할 때

A Ich denke, dass die internationalen Studenten die Studienkosten bezahlen müssen.
B Wieso?
A Die meisten werden in ihre Heimat zurückkehren, und nicht mehr Steuern zahlen.
B 넌 나무만 보고 숲을 보지 못하는구나.

A 난 유학생은 학비를 내야 한다고 생각해.
B 왜?
A 대부분이 자국으로 돌아가서 더 이상 세금을 내지 않으니까.
B Du siehst den Wald vor lauter Bäumen nicht.

TIPP 격언 Man sieht nur mit dem Herzen gut. Das Wesentliche ist für die Augen unsichtbar. 사람은 오직 마음으로만 제대로 볼 수 있어. 본질적인 것은 눈에 보이지 않아. – 생떽쥐페리의 《어린왕자》 중에서

2. 외적인 것만으로 평가하는 걸 반대할 때

A Er ist nicht schön!
B Aber er ist ein netter Mensch.
A Das spielt keine Rolle.
B 넌 단지 외적인 것만 보는구나. Man sieht aber nur mit dem Herzen gut. Das Wesentliche ist für die Augen unsichtbar.

A 그는 잘생기지 않았어!
B 하지만 그는 친절한 사람이야.
A 그건 중요하지 않아.
B Du siehst nur das Äußere. 하지만 사람은 오직 마음으로만 제대로 볼 수 있어. 본질적인 것은 눈에 보이지 않아.

단어장 Wortschatz

r. Wald (¨er) 숲
r. Baum(¨e) 나무
r. Vorteil(e) 장점 ↔
r. Nachteil(e) 단점
international 국제적인
e. Heimat(en) 고향
zurückkehren 되돌아가다
e. Steuer(n) 세금
s. Äußere(x) 외관
wesentlich 본질적인, 근본적인, 중요한
unsichtbar 눈에 보이지 않는
↔ sichtbar 눈에 보이는

MUSTER 077

상대방의 외모나 기분 등을 평가할 때

077.mp3

Du siehst adj aus.

넌 ~해 보여.

Du siehst adj aus를 통해 상대방이 지금 어떻게 보이는지를 표현할 수 있습니다. 특히 이 표현으로 칭찬(예뻐 보여) 또는 걱정(피곤해 보여) 등을 말할 수 있습니다.

SCHRITT 1

1. 너 피곤해 보여. — Du siehst **müde** aus.
2. 너 좋아 / 예뻐 보여. — Du siehst **gut / schön** aus.
3. 너 완전히 다르게 보여. — Du siehst **so ganz anders** aus.
4. 넌 변하지 않은 채로 어리게 보여. — Du siehst **unverändert jung** aus.
5. 너 모델처럼 보여. — Du siehst aus **wie ein Model.**

SCHRITT 2

1. 옷맵시를 칭찬할 때

A Wie sehe ich in diesem Kleid aus?
B 모델 같아!
A Sicher? Danke! Ich fühle mich geschmeichelt!
B Es ist die reine Wahrheit!

A 이 옷 입으니 어때 보여?
B Du siehst aus wie ein Model!
A 정말? 고마워! 나 칭찬 받은 느낌이야!
B 그거 순수한 진실이야!

2. 오랜만에 만난 친구가 예전 그대로일 때

A Hi! Ich habe dich lange nicht gesehen. Wie geht es dir?
B Hi, es geht mir gut, und selbst?
A Mir geht es auch gut. Aber 넌 변하지 않은 채로 어리게 보여.
B Ich esse viel Obst und mache viel Sport!

A 안녕! 오랫동안 못 봤네. 어떻게 지내?
B 안녕, 잘 지내, 넌?
A 나도 잘 지내, 그런데 du siehst unverändert jung aus.
B 과일을 많이 먹고, 운동을 많이 하거든!

TIPP 문화 운동 (Sport)

비가 오나 눈이 오나 조깅하는 독일인들을 매일 볼 수 있습니다. 날씨가 좋으면 더 합니다. 최소한 제가 만난 독일 친구들은 대부분 무슨 운동이든 꼭 하나씩 규칙적으로 합니다. 반면 인터넷 게임을 하는 친구들은 거의 보지 못했습니다. 놀거나 운동을 하거나 인터넷 게임을 할 때 동사 spielen을 씁니다. 독일 친구가 "한국인들은 무슨 운동을 좋아하니?" (Was spielen die Koreaner lieber?)라고 묻길래 "온라인 게임을 즐겨 해." (Sie spielen lieber Online Games.)라고 대답해주었습니다.

단어장 Wortschatz

unverändert 변하지 않은 (* ändern 변경하다)
jung 어린 ↔ alt 늙은 (* r. Junge(n, n) 사내)
wie ~처럼
s. Model(s) 모델 (s. Modell(e) 형, 조안)
sich fühlen 느끼다
geschmeichelt 칭찬 받은
rein 순수한 ↔ unrein 불결한
e. Wahrheit(en) 진실 (* e. Weisheit(en) 지혜)
s. Obst(x) 과일 (* s. Gemüse(-) 야채)

MUSTER 078

무엇인가를 들을 때

078.mp3

Ich höre A.

난 A를 듣고 있어.

Ich höre A를 통해 A를 듣고 있음을 표현하거나 A가 무슨 소리를 내는 것을 듣고 있음을 표현합니다.

SCHRITT 1

1. 난 음악을 / 라디오를 / 강의를 듣고 있어.	Ich höre **Musik / Radio / einen Vortrag.**
2. 잘 안 들려.	Ich höre **schlecht.**
3. 아침에 자명종 소리가 들리지 않아.	Ich höre **morgens den Wecker nicht.**
4. 난 네게 귀 기울여.	Ich höre **dir zu.**
5. 난 그녀가 말하는 / 노래하는 / 웃는 것을 듣고 있어.	Ich höre **sie reden / singen / lachen.** = Ich höre**, dass sie redet / singt / lacht.**

SCHRITT 2

1. 좋아하는 음악에 대해 이야기할 때

A Was hörst du?
B 난 음악을 듣고 있어. Ich mag sie!
A Welche Musik magst du?
B Ich mag Herbert Grönemeyer.

A 뭐 듣고 있니?
B Ich höre Musik. 난 그것을 좋아하거든!
A 어떤 음악을 좋아하는데?
B 헤르베르트 그뢰네마이어를 좋아해.

2. 자명종이 들리지 않는 것에 대해서

A 아침에 자명종 소리가 들리지 않아.
B Vielleicht bist du so müde, oder?
A Ich glaube einfach, dass ich ihn nicht hören möchte.
B Dann schalte ihn abends einfach nicht ein!

A Ich höre morgens den Wecker nicht.
B 아마도 넌 피곤한 거야, 그렇지 않니?
A 내 생각엔 단순히 내가 듣기를 원하지 않는 것 같아.
B 그럼 그냥 저녁에 알람을 맞추지 마!

단어장 Wortschatz

e. Musik(en) 음악
s. Radio(s) 라디오
r. Vortrag(¨e) 강연 (* r. Vertrag(¨e) 계약)
r. Wecker(-) 자명종 (* r. Bäcker(-) 빵 제조업자)
zuhören 귀 기울이다 (* horchen 경청하다)
welch 어떤
Ich mag A 난 A를 좋아해
einschalten 스위치를 켜다 ↔ ausschalten 스위치를 끄다
(* schalten 스위치를 돌리다)

TIPP 문화 헤르베르트 그뢰네마이어 (Herbert Grönemeyer)

독일 대중음악은 그다지 발전하지 못한 것 같습니다. 그래서 모든 독일인이 알 만한 대중적인 가수가 없습니다. 그래도 독일 친구에게 한 명쯤 있지 않겠냐고 물으니 헤르베르트 그뢰네마이어를 꼽더군요. 연배상 느낌상 한국의 조용필 정도 되는 것 같습니다.

이미 무엇인가를 들었을 때

079.mp3

Ich habe (schon) gehört, ~.

난 (이미) ~를 들었어.

Ich habe (schon) gehört를 사용해 이미 어떤 소식을 들었음을 표현합니다.

SCHRITT 1

1. 지금 막 난 그것을 들었어. — **Gerade habe ich es gehört.**
2. 난 이미 당신에 대해 많이 들었어요. — **Ich habe schon so viel von Ihnen gehört.**
3. 난 이미 오랫동안 그에 대해서 듣지 못했어. — **Ich habe schon lange nichts mehr von ihm gehört.**
4. 난 네가 아팠다고 들었어. — **Ich habe gehört, dass du sehr krank warst.**
5. 난 내가 스스로 알지 못했던 나에 대한 얘기를 들었어! — **Ich habe Dinge über mich gehört, die ich selbst nicht wusste!**

SCHRITT 2

1. 놀라운 소식을 들었을 때

A Angela Merkel wird zurücktreten!	**A** 앙겔라 메르켈 총리가 물러난대!
B Bist du sicher?	**B** 정말이야?
A Ja, bin ich. 지금 막 난 들었어.	**A** 응, 그래. Gerade habe ich es gehört.
B Mich wundert, dass das passiert.	**B** 그런 일이 일어나다니 놀라운걸.

2. 연예인을 만났을 때

A Sind Sie nicht Arnold Schwarzenegger?	**A** 당신 아놀드 슈왈제네거 아닌가요?
B Ja, genau, der bin ich.	**B** 네, 맞아요. 저입니다.
A 전 이미 당신에 대해 많이 들었어요, ich liebe Ihre Filme.	**A** Ich habe schon so viel von Ihnen gehört, 전 당신의 영화를 사랑해요.
B Das freut mich. Ich gebe dir gerne ein Autogramm.	**B** 기쁘군요. 기꺼이 사인해드릴게요.

단어장 Wortschatz

gerade 1) 곧은, 반듯한 2) 곧, 바로 지금
s. Ding(e) 물건, 사건
zurücktreten 은퇴하다
wundern 놀라게 하다
passieren 발생하다
genau 정확히
freuen 기쁘게 하다
s. Autogramm(e) 사인

TIPP 문화 앙겔라 도로테아 메르켈 (Angela Dorothea Merkel)

앙겔라 메르켈은 2000년부터 CDU 최초 여성 의장을 역임하고 2005년에 독일의 8대 총리가 되었습니다. 최초의 여성, 최연소, 동독 출신 총리로서 현재까지 3선에 성공했습니다.

어떤 말이나 소리에 대한 평가

080.mp3

Das hört sich adj an. ~하게 들려.
Das klingt adj. ~하게 들려.

Das hört sich adj an과 Das klingt adj는 상대방의 생각에 대한 반응을 나타내거나 소리가 어떻게 들리는지를 표현할 때 사용됩니다.

SCHRITT 1

1. 좋게 들려.	Das hört sich **gut** an.
2. 멋지게 들려.	Das klingt **fantastisch.**
3. 최악으로 들리는데.	Das hört sich **ziemlich schlimm** an.
4. 개(가 짖는 것)처럼 들려.	Das hört sich an **wie ein Hund.**
5. 그가 화난 것처럼 들려.	Das hört sich an**, als ob er wütend ist.**

SCHRITT 2

1. 커피 마시러 갈 때

A Lass uns einen Kaffee trinken gehen!
B 좋게 들리는데.
A Möchtest du auch ein Stück Kuchen?
B 환상인데.

A 우리 커피 마시러 가자!
B Das hört sich gut an.
A 케이크 한 조각도 어때?
B Das klingt fantastisch.

2. 옆집에서 싸우는 소리가 들릴 때

A Hast du den Nachbarn gerade gehört?
B Ja, er hat laut geschrien.
A 화난 것처럼 들리는데.
B Vielleicht streitet er sich mit seiner Frau.

A 너 지금 이웃집에서 나는 소리 들었어?
B 응, 그가 크게 소리쳤어.
A Das hört sich an, als ob er wütend ist.
B 아마도 아내랑 싸우고 있을 거야.

TIPP 문화 커피 (Kaffee)
독일인이 가장 많이 마시는 음료는 맥주가 아니라 커피입니다. 맥주는 주말마다 마신다면 커피는 매일 마십니다. 한국에 있을 때 자판기 커피만 마셨던 제가 여기에선 에스프레소를 마시고 있습니다. 독일에 와서 설탕과 프림 없이 커피 자체가 맛있다는 것을 알게 됐습니다.

단어장 Wortschatz

sich anhören ~처럼 들리다 (* aussehen ~처럼 보이다)
klingen (소리) 울리다, 들리다
fantastisch 환상적으로, 판타스틱하게
ziemlich 상당히
r. Hund(e) 개 (* e. Hand(¨e) 손)
auf + A wütend sein A에 대해 몹시 화나다
r. Kaffee(s) 커피 (* e. Cafeteria(s) 카페테리아)
inf + gehen inf하러 가다 (gehen 가다 'gehen – ging – gegangen')
r. Kuchen(-) 케이크 (* e. Küche(n) 부엌)
r. Nachbar(n, n) 이웃
schreien 소리치다 (schreien – schrie – geschrien)
sich mit + Jm streiten Jm과 싸우다

하지 말라고 명령할 때

081.mp3

Hör auf, ~!

~하지 마!

분리 동사 aufhören의 명령형인 Hör auf를 통해 상대방에게 어떤 행동을 하지 말라고 명령할 수 있습니다. 또한 Ich will aufhören ~ 의 형태로 '나는 ~를 하지 않을 거야'라는 표현으로도 사용됩니다.

SCHRITT 1

1. 그만해(조용히 해)! 날 내버려 둬!	**Hör bitte auf! Lass mich in Ruhe!**
2. 날 괴롭히지 좀 마!	**Hör auf mich zu belästigen!**
3. 거짓말 좀 하지 마!	**Hör doch auf zu lügen!**
4. 울지 마 / 울부짖지 마!	**Hör auf, zu weinen / heulen!**
5. 모든 이의 마음에 들려고 하지 마!	**Hör auf, allen gefallen zu wollen!**

TIPP 격언 Wenn sie aufhören, mit dir zu reden, fangen sie an, über dich zu reden.
만약 그들이 너와 함께 이야기하는 것을 멈춘다면, 그들은 너에 대해서 얘기하기 시작할 것이다.

SCHRITT 2

1. 심부름 부탁을 거절할 때

A Warst du schon einkaufen?
B Noch nicht! Ich schaue gerade Fußball!
A Du musst aber unbedingt heute noch einkaufen gehen.
B 그만해! 날 내버려 둬!

A 이미 장 보고 왔어?
B 아니 아직! 나 지금 축구 보고 있어!
A 너 오늘 정말 장 보러가야 해!
B Hör bitte auf! Lass mich in Ruhe!

2. 좋은 점수를 받지 못한 친구를 위로할 때

A Warum bist du im Stress?
B Ich habe keine gute Note bekommen. Mein Professor mag mein Referat nicht.
A 모든 이의 마음에 들려고 하지 마!
B Aber seine Anerkennung ist wichtig für mich!

A 왜 그리 스트레스를 받니?
B 좋은 점수를 못받았어. 교수님이 내 연구발표를 좋아하지 않는 것 같아.
A Hör auf, allen gefallen zu wollen!
B 하지만 그(교수님)의 인정은 내게 중요해!

단어장 Wortschatz

aufhören 끝내다
lassen 하게 하다 (lassen – ließ – gelassen)
e. Ruhe(x) 고요함 (* sich beruhigen 진정하다)
belästigen 괴롭히다 (* lästig 부담스러운, lustig 재미있는)
lügen 거짓말하다 (lügen – log – gelogen) (* trügen 속이다)
weinen 울다 (* r. Wein(e) 와인)
heulen 울부짖다
s. Referat(e) 1) 연구발표 2) (관청) 과, 부서
e. Anerkennung(en) 인정

MUSTER 082

누구 것이냐고 물어볼 때와 대답할 때

Wem gehört N? N gehört Jm.

082.mp3

N은 누구 것이죠?

N은 Jm 것이에요.

Wem gehört N?을 통해 N이 누구의 것인지 물을 수 있습니다. 또한 진술형 형태인 N gehört Jm을 통해 N이 Jm의 소유임을 표현할 수 있습니다.

SCHRITT 1

1. 이 핸드폰은 / 심카드는 / 돈은 누구 것이죠? — Wem gehört **das Handy / die SIM-Karte / das Geld?**
2. 여기 놓인 재킷은 누구 것이죠? — Wem gehört **die Jacke, die hier liegt?**
3. 저기 저 자동차는 누구 것이죠? — Wem gehört **dieses Auto dort?**
4. 그것은 내 거야! — **Das** gehört **mir!**
5. 난 너의 것이 아니야. — **Ich** gehöre **dir nicht.**

SCHRITT 2

1. 핸드폰 주인을 찾을 때

A 이 핸드폰 누구 거죠?
B Mir! Ich habe es schon gesucht. Danke!
A Schade, ich wollte es auf eBay verkaufen!
B Zum Glück haben Sie es nicht gemacht, sonst hätte ich alle Nummern verloren.

A Wem gehört das Handy?
B 내 것이에요! 찾고 있었어요. 고마워요!
A 이런, 이베이에 내다팔려고 했는데! (유머)
B 그렇게 하지 않아서 다행이네요. 그랬다면 난 모든 번호를 다 잃어버렸을 거예요.

2. 재킷 주인을 찾을 때

A 여기에 놓인 재킷은 누구 것이지?
B Vielleicht Hannes.
A Weißt du, wo er ist?
B Er ist schon weg.

A Wem gehört die Jacke, die hier liegt?
B 아마 한네스 것일 거야.
A 그가 어디 있는지 알아?
B 이미 갔어.

단어장 Wortschatz

Jm gehören Jm의 것이다
s. Handy(s) 핸드폰
e. SIM-Karte(n) 심카드
e. Jacke(n) 재킷
liegen 누워 있다 (liegen – lag – gelegen)
verkaufen 팔다 ↔ einkaufen 사다
weg 사라진, 떠난 (* r. Weg(e) 길, 방법)

TIPP 문화 eBay (이베이)

다국적기업이며, 동시에 독일에서도 가장 유명한 쇼핑 웹사이트입니다. 한국의 옥션이라고 생각하시면 됩니다. 참고로 2001년에 이베이가 옥션을 인수했습니다.

무엇이 어디에 속하는지 물어볼 때와 답할 때

083.mp3

Was gehört zu + D? N gehört zu + D.

무엇이 D에 속하지요?
N이 D에 속해요.

Was gehört zu + D?를 통해 D에 무엇이 속하는지를 물을 수 있으며, N gehört zu + D로 N이 D에 속한다고 대답할 수 있습니다. N gehört Jm이 소유를 표현하는 반면, N gehört zu + D는 구성되어 있음을 표현합니다.

SCHRITT 1

1. 부대비용에 무엇이 속하지요? **Was gehört zu den Nebenkosten?**
2. 일반 쓰레기에 무엇이 속하지요? **Was gehört zum Restmüll?**
3. 그것은 내 임무에 속하지 않아. **Das gehört nicht zu meinen Aufgaben.**
4. 난 그 그룹에 속해. **Ich gehöre zur Gruppe.**
5. 스위스는 유럽연합에 속하지 않아. **Schweiz gehört nicht zur EU.**

SCHRITT 2

1. 독일의 쓰레기 분리정책에 대해 이야기할 때

A Welche Müllarten gibt es in Deutschland?
B Es gibt Biomüll, Restmüll, Sperrmüll usw.
A 일반 쓰레기에 무엇이 속하지요?
B Alles außer den anderen Müllarten!

A 독일에는 어떤 쓰레기 종류가 있어요?
B 음식물 쓰레기, 일반 쓰레기, 대형 쓰레기 등이 있어요.
A Was gehört zum Restmüll?
B 다른 쓰레기 종류에 속하지 않은 모든 것!

2. 스위스가 유럽연합에 속하지 않은 이유에 대해 이야기할 때

A Welche Länder gehören nicht zur EU?
B Schweiz! 스위스는 유럽연합에 속하지 않아.
A Warum?
B Weil ihre Schokolade schlecht schmeckt! Aber es gibt auch politische Gründe!

A 어떤 나라가 유럽연합에 속하지 않나요?
B 스위스! Schweiz gehört nicht zur EU.
A 왜죠?
B 왜냐하면 스위스 초콜릿이 맛이 없기 때문이지! 하지만 정치적인 이유도 있어!

단어장 Wortschatz

zu + D gehören D에 속하다
e. Nebenkosten(복수) 부대비용
e. Müllart(en) 쓰레기 종류
r. Biomüll(x) 음식물 쓰레기
r. Restmüll(x) 일반 쓰레기 (* r. Rest(e) 나머지)
r. Sperrmüll(x) 대형 쓰레기 (* sperren 차단하다)
e. Aufgabe(n) 1) 임무, 과업 2) 포기
außer + D D를 제외하고 ↔ einschließlich + D D를 포함해서
politisch 정치적인
r. Grund(¨e) 1) 땅, 바닥 2) 이유

TIPP 문화 쓰레기 종류 (Müllarten)

쓰레기 종류는 크게 일반 쓰레기(Restmüll), 음식물 쓰레기(Biomüll), 대형 쓰레기(Sperrmüll)가 있고, 그 외에도 유리(Glas), 종이(Altpapier), 헌옷(Altkleider) 등을 따로 분리합니다. 또한 플라스틱 같은 재활용품은 노란색 자루(Gelber Sack, 매년 시에서 배분합니다)에 따로 모읍니다.

TIPP 문화 EU (유럽연합)

EU는 2014년 현재 다음의 28개 나라로 구성되어 있습니다. 서독(1990 통독), 프랑스, 이탈리아, 네덜란드, 룩셈부르크, 벨기에(1957), 영국, 아일랜드, 덴마크(1973), 그리스(1981), 스페인, 포르투갈(1986), 스웨덴, 오스트리아, 핀란드(1995), 체코, 슬로바키아, 슬로베니아, 폴란드, 헝가리, 라트비아, 리투아니아, 몰타, 에스토니아, 키프로스(2004), 루마니아, 불가리아(2007), 크로아티아(2013). EU에 속하지 않은 대표적인 나라는 스위스와 노르웨이입니다.

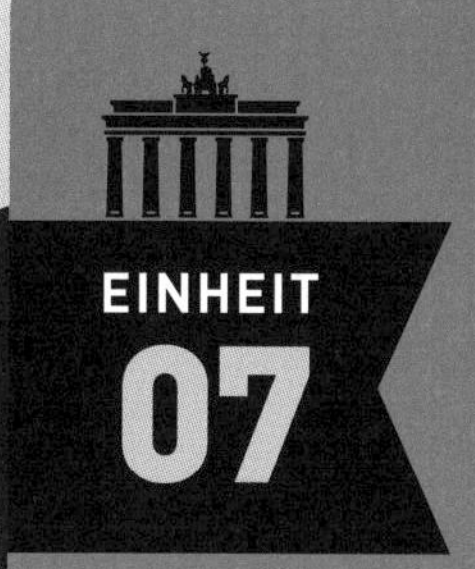

gehen und kommen

가다, 오다

자신의 행동 또는 움직임을 표현하는 것도 회화의 많은 부분을 차지합니다. 이번 Einheit부터는 실생활에서 자주 사용되는 행동을 나타내는 동사들과 관련된 표현 방법들을 배우고자 합니다. 그 중 첫 번째는 '가다'와 '오다'입니다. 특히 이 두 동사는 활용도가 매우 높습니다.

gehen 동사의 의미와 특징

1. 기본 의미: 어느 장소를 향해 혹은 무엇인가를 하기 위해 가는 행위를 표현
2. 특정 상황이나 상태를 향해 나아갈 때
   Ich gehe meinen Weg. 나는 나의 길을 간다.
3. gehen + 부정사: (부정사)를 하러 가다
4. 가주어 es와 함께 쓰여 안부 (Es geht mir gut! 잘 지내!)와 내용 진술 (Es geht um + A. A에 관한 것이다.)에 쓰임
5. gehen 동사의 분리/비분리 동사
   외출하다/시작하다/확신하다 (ausgehen) 등

kommen 동사의 의미와 특징

1. 어디에서 왔는지 또는 어디 출신인지를 묻고, 답하기 또는 명령하기
2. 가주어 es와 함께 쓰여 결정권 (Es kommt auf + A an. A에 달려 있다.)을 나타냄
3. 현재완료 시제를 나타낼 때는 haben + 과거분사가 아니라 sein + 과거분사를 사용
4. kommen 동사의 분리/비분리 동사
   도착하다 (ankommen), 받다 (bekommen), 환영하다 (willkommen),
   죽다 (umkommen), 들르다 (vorbeikommen) 등

★ gehen 동사와 kommen 동사의 불규칙 동사 변화표 ★

부정사	과거	과거분사	뜻
gehen	**ging**	**gegangen**	가다
kommen	**kam**	**gekommen**	오다

어디에 가는지, 어떻게 가는지를 말할 때

084.mp3

Ich gehe / fahre / fliege zu ~. 난 ~에 가.
Ich gehe / fahre / fliege mit ~. 난 ~를 타고 가.

Ich gehe / fahre / fliege ~를 통해 어디에 가는지(장소)와 어떻게 가는지(교통수단)를 표현할 수 있습니다. 장소에 따라 다른 전치사를 쓴다는 점을 유의해야 합니다.

SCHRITT 1

1. 난 대학교에 / 도서관에 / 집에 가. — Ich gehe **zur Uni / in die Bibliothek / nach Hause.**
2. 난 파티에 / 방학(여행을) 가. — Ich gehe **auf eine Party / in die Ferien.**
3. 난 걸어서 가. — Ich gehe **zu Fuß.**
4. 난 자전거 타고 가. — Ich fahre **mit dem Fahrrad.**
5. 난 비행기를 타고 가. — Ich fliege **mit dem Flugzeug.**

SCHRITT 2

1. 광역버스를 타고 프랑크푸르트로 갈 때

A Wohin gehst du?
B 프랑크푸르트에 가.
A Wie fährst du?
B Ich fahre mit dem Bus. Heutzutage gibt es viele Busse, die viel billiger als Züge sind.

A 어디 가니?
B Ich fahre nach Frankfurt.
A 어떻게 가?
B 버스 타고. 요즘 기차보다 훨씬 싼 버스가 많이 있어.

2. 자전거를 산 것에 대해 말할 때

A Ich finde, dass viele Deutsche mit dem Fahrrad fahren.
B Du hast recht. 나도 종종 자전거를 타.
A Wo hast du dein Fahrrad gekauft?
B Auf dem Fahrradflohmarkt.

A 난 많은 독일인들이 자전거를 타고 다닌다고 생각해.
B 맞아. Ich fahre auch oft mit dem Fahrrad.
A 네 자전거 어디서 샀어?
B 자전거 벼룩시장에서.

단어장 Wortschatz

fliegen 날다 (fliegen – flog – geflogen)
e. Universität(en) 종합대학 (약칭 Uni)
e. Party(s) 파티
e. Ferien(복수) 방학
s. Flugzeug(e) 비행기
heutzutage 오늘날
r. Flohmarkt(¨e) 벼룩시장

TIPP 문화 교통 (Verkehr)

독일은 교통비가 참 비쌉니다. 특히 광역버스가 없었습니다. 그래서 멀리 갈 때에는 대부분 기차를 타거나 자동차 동승(Mitfahren)을 해야 했습니다. 특히 기차는 정말 비싸지요. 하지만 최근에 광역버스가 생겼습니다. 기차만큼 노선이 많지는 않지만 미리 예약하면 싼 가격에 이용할 수 있습니다.

TIPP 문화 벼룩시장 (Flohmarkt)

독일은 벼룩시장이 잘 돼 있습니다. 한번씩 가보는 것도 독일에서 지내는 재미입니다. 물론 좋은 상품을 구입하기 위해서는 발품을 많이 팔아야 하지요. 독일은 자전거 같은 공산품이 비쌉니다. 새 자전거는 적어도 200~300유로는 줘야 하지요. 하지만 벼룩시장에서는 50~150유로 정도에 살 수 있습니다. 물론 마음에 드는 자전거를 발견하지 못할 수도 있습니다.

어떤 상태나 상황을 향해 진행되고 있음을 표현할 때

085.mp3

Ich gehe ~.

난 ~(해)가고 있어.

Ich gehe는 단지 장소의 이동뿐만 아니라 상태나 상황을 향해가고 있음을 표현할 수 있습니다.

SCHRITT 1

1. 난 내 길을 가. — **Ich gehe meinen Weg.**
2. 나 지금 정말 화났어! (직역: 나 지금 이불 옆으로 가!) — **Ich gehe gleich an die Decke!** (숙어)
3. 난 갈등을 피해. — **Ich gehe Konflikten aus dem Weg.**
4. 난 망했어. — **Ich gehe zugrunde.**
5. 나 파산했어. — **Ich gehe pleite.**

SCHRITT 2

1. 남자친구가 생일을 잊어 화난 친구와의 대화

A	Was ist los?	A	무슨 일이야?
B	나 지금 정말 화났어! Er hat meinen Geburtstag vergessen!	B	Ich gehe gleich an die Decke! 그가 내 생일을 잊었거든!
A	Ich finde es gut, wenn du Konflikten aus dem Weg gehen kannst.	A	내 생각엔 네가 갈등을 피할 수 있으면 좋겠어.
B	Aber das ist nicht meine Schuld!	B	하지만 그건 내 잘못이 아냐!

2. 낭비해서 파산한 것에 대해

A	Oh nein, 나 파산했어!	A	오 이런, ich gehe pleite!
B	Warum?	B	왜?
A	Ich habe mir zu viele Dinge gekauft, die ich mir eigentlich nicht hätte leisten können.	A	감당이 안 되는 것들을 많이 샀거든.
B	Du hättest besser sparen sollen.	B	넌 더 아꼈어야 했어.

단어장 Wortschatz

e. Decke(n) 1) 덮개, 뚜껑 2) 식탁보, 이불보
an die Decke gehen (숙어) 매우 화가 나다
r. Konflikt(e) 논쟁, 갈등
zugrunde gehen 망하다, 몰락하다
pleite 파산한 (= bankrott)
sich[3] A leisten können A를 지불할 재정적 수단을 가지고 있다
sparen 절약하다, 저축하다

TIPP 문화 절약 (Sparen)

독일인들은 무엇이든 절약하는 습관이 몸이 배었습니다. 한 가지 예로 설거지를 할 때 흐르는 물에 설거지를 하지 않고 꼭 설거지 통에 물을 받아 세제를 푼 다음 담궜다 꺼냅니다. 당연히 거품이 남아 있습니다. 독일 친구에게 그렇게 해도 괜찮냐고 물어보니 세제가 몸에 해롭지 않다는 연구결과가 있다더군요. 제가 만나본 모든 독일 친구들이 다 그렇게 생각하고 있습니다. 그런데 최근 어떤 기사를 보니 독일에서는 지난 20년간 물 사용량이 줄었고, 그로 인해 하수도에 충분히 물이 흐르지 않아 악취가 난다고 하더군요.

무엇을 하러 간다고 표현할 때

086.mp3

Ich gehe + inf.

난 ~하러 가.

Ich gehe + inf를 통해 inf를 하기 위해 가는 것을 표현할 수 있습니다. 결국 이 표현에서 gehen 동사는 조동사 역할을 합니다.

SCHRITT 1

1. 장 보러 가.	Ich gehe **einkaufen.**
2. 수영하러 / 산책하러 가.	Ich gehe **schwimmen / spazieren.**
3. 샤워하러 가.	Ich gehe **duschen.**
4. 지금 자러 가.	Ich gehe **jetzt schlafen.**
5. 밥 먹으러 가.	Ich gehe **essen.**

SCHRITT 2

1. 장 보러 갈 때

A Wohin gehst du?	**A** 어디 가니?
B Zum ALDI. 장 보러 가.	**B** 알디에. Ich gehe einkaufen.
A Wie oft gehst du normalerweise einkaufen?	**A** 보통 얼마나 자주 장을 보니?
B Zweimal pro Woche.	**B** 일주일에 두 번.

2. 더워서 샤워하러 갈 때

A Mir ist so warm, 샤워하러 갈래.	**A** 너무 더워, ich gehe duschen.
B Es sind bestimmt 35 Grad.	**B** 정확히 35도야.
A Nach einer kalten Dusche geht es mir wieder besser.	**A** 차가운 물로 샤워하면 나아질 거야.
B Gute Idee! Wenn du fertig bist, gehe ich auch.	**B** 좋은 생각이야! 네가 (샤워를) 끝내면 나도 할래.

TIPP 문화 더위 (Wärme)

독일의 날씨는 기본적으로 춥습니다. 여름보다는 겨울이 길고, 맑은 날보다는 흐리고, 비 오는 날이 많습니다. 그래도 더운 기간이 한두 달 정도 있습니다. 문제는 그 기간이 짧다 보니, 게다가 독일인들 절약정신이 워낙 투철하다 보니 웬만한 곳에는 에어컨(Klimaanlage)이 없습니다. 선풍기도 대형마트에서 짧은 기간 판매합니다.

단어장 Wortschatz

einkaufen 사다 ↔ verkaufen 팔다
schwimmen 수영하다 (schwimmen – schwamm – geschwommen)
spazieren 산책하다
duschen 샤워하다 (* e. Dusche(n) 샤워)
schlafen 자다 (schlafen – schlief – geschlafen)
essen 먹다 (essen – aß – gegessen)
wohin 어디를 향하여 ↔ woher 어디로부터
oft 자주
r. Grad(e) 1) 정도 2) 학위 3) 온도
fertig sein 끝내다

무엇을 확신할 때

087.mp3

Ich gehe von + D aus.

난 D를 확신해.

Ich gehe von + D aus를 통해 D를 확신함을 표현할 수 있습니다. 비슷한 표현으로 Ich bin sicher나 Ich bin von + D überzeugt가 있습니다.

SCHRITT 1

1. 난 승리를 확신해.	Ich gehe von **einem Sieg** aus.
2. 전 이러한 입장에서 시작합니다.	Ich gehe von **diesem Standpunkt** aus.
3. 난 내일 날씨가 좋을 거라고 확신해.	Ich gehe **da**von aus, **dass das Wetter morgen gut wird.**
4. 난 네가 해낼 거라고 확신해.	Ich gehe **da**von aus, **dass du es schaffst.**
5. 난 그녀와 데이트할 거야.	Ich gehe **mit ihr** aus.

SCHRITT 2

1. 축구경기의 결과를 예측할 때

A Schaust du die Fußballweltmeisterschaft dieses Jahr an?
B Ja natürlich, wer macht das nicht?
A Wie glaubst du wird Deutschland heute Abend gegen Argentinien spielen?
B 난 승리를 확신해.

A 올해 월드컵 보니?
B 응 당연하지, 누가 안 보겠어?
A 독일이 오늘 저녁 아르헨티나랑 경기하는 것에 대해 어떻게 생각해?
B Ich gehe von einem Sieg aus.

2. 데이트에 대한 걱정을 이야기할 때

A Ich gehe mit ihr aus. Aber ich habe Angst davor.
B Wo geht ihr denn hin?
A In ein Restaurant. Aber ich weiß nicht, ob sie mich mögen wird.
B 난 네가 해낼 거라고 확신해.

A 난 그녀와 데이트를 해. 하지만 걱정이야.
B 어디로 갈 거야?
A 레스토랑에. 그녀가 나를 좋아하게 될지 어떨지 모르겠어.
B Ich gehe davon aus, dass du es schaffst.

TIPP 문법 ausgehen

분리동사 ausgehen의 일차적 의미는 '외출하다'입니다. 그리고 전치사 von과 함께 쓰이면서 '어디로부터 외출하다'는 의미에서 '어디로부터 (견해 따위가) 시작되다', '근거를 삼다', '확신하다'로 의미가 확장됩니다. 실제로 외출하다는 뜻보다 확장된 의미가 더 자주 사용됩니다. 그리고 ausgehen 동사는 전치사 mit과 함께 쓰여 '데이트하러 나가다'란 뜻으로 쓰이기도 합니다.

단어장 Wortschatz

ausgehen 외출하다
r. Sieg(e) 승리
r. Standpunkt(e) 견해, 입장
schaffen 1) 일하다 2) 끝내다
gewinnen 이기다, 획득하다
e. Fußballweltmeisterschaft(en) 월드컵 (약어 WM)
natürlich 당연한
s. Restaurant(s) 레스토랑

MUSTER 088

어떻게 지내는지 묻고 답할 때

Wie geht's dir? Es geht mir ~.

088.mp3

어떻게 지내?

난 ~하게 지내.

Wie geht's dir?는 안부를 묻는 가장 기본적인 질문입니다. 이에 대해 Es geht mir + 형용사로 대답할 수 있습니다.

SCHRITT 1

1. 난 잘 지내 / 환상적이야. — Es geht mir **gut / fantastisch.**
2. 난 잘 못 지내 / 최악이야. — Mir geht es **so schlimm / ganz schlecht.**
3. 그럭저럭 지내. — Es geht mir **so lala.**
4. 나도 똑같아. — Es geht mir **genauso.**
5. 점점 좋아지고 있어. — Es geht mir **immer besser.**

SCHRITT 2

1. 깁스한 친구를 만났을 때

A Warum trägst du einen Gips?
B Ich habe mir meinen Arm gebrochen.
A Oh, schade! Gute Besserung! Wann wirst du wieder gesund?
B Bald, 점점 좋아지고 있어.

A 왜 깁스하고 있어?
B 팔이 부러졌거든.
A 오 이런! 쾌유를 빌어! 언제쯤 건강해져?
B 곧, es geht mir immer besser.

2. 좋지 않은 날씨에 대해

A Das Wetter heute ist schlecht!
B Was meinst du damit?
A Nun ja, es regnet stark! Das hasse ich.
B 나도 그래.

A 오늘 날씨는 안 좋아!
B 뭘 말하려는 거야?
A 뭐 지금, 비가 강하게 내린다고! 난 (비 오는 것이) 싫어.
B Es geht mir genauso.

TIPP 문장 출발

Auf geht's! = Los! 출발!
Achtung (auf die Plätze), fertig, los! 주의 (위치로), 준비, 출발! (* 우리말의 준비, 차렷, 땅!)

단어장 Wortschatz

so lala 그럭저럭
genauso 아주 똑같이 (* genau 정확히)
immer + 비교급 점점 ~하다
r. Gips(e) 깁스, 석고붕대
tragen 나르다 (tragen – trug – getragen)
r. Arm(e) 팔 (* arm 가난한, warm 따뜻한)
brechen 부수다 (brechen – brach – gebrochen)
(* bringen 운반하다)
Gute Besserung (숙어) 쾌유를 빌어!
hassen 미워하다

무엇에 관한 이야기라고 말할 때

089.mp3

Es geht um + A.

A에 대한 것이야.

Es geht um + A를 통해 대화가 A에 대한 것임을 표현합니다. 문맥에 따라 무엇이 문제라거나 중요하다는 의미를 띱니다.

SCHRITT 1

1. 그것은 내겐 문제가 아니야!	**Darum geht es mir nicht!**
2. 너와 나에 관한 문제야.	**Es geht um dich und mich.**
3. (이 책은) 살해당한 여성에 관한 것이야.	**Es geht (im Buch) um eine ermordete Frau.**
4. 지금 그게 중요한 거야. (직역: 소시지에 대한 거야.)	**Jetzt geht es um die Wurst.** (숙어)
5. 옳고 그름이 중요한 게 아니야.	**Es geht nicht um recht oder unrecht.**

SCHRITT 2

1. 읽고 있는 책에 대해서 대화할 때

A Was liest du?
B Ich lese einen Krimi.
A Worum geht es in dem Buch?
B 살해당한 여자에 대한 거야.

A 뭐 읽고 있어?
B 범죄소설 읽어.
A 뭐에 관한 건데?
B Es geht um eine ermordete Frau.

2. 졸업시험에 대해 이야기할 때

A Studierst du noch?
B Ja, ich bin im zehnten Semester.
A Musst du dich auf dein Examen vorbereiten?
B Ja, 지금 그게 중요한 거야.

A 계속 공부하고 있니?
B 응, 10학기째야.
A 너 졸업시험 준비해야 하니?
B 응, jetzt geht es um die Wurst.

TIPP 격언 Im Leben geht es nicht darum, zu warten, dass das Unwetter vorbeizieht, sondern zu lernen, im Regen zu tanzen. 살아가는 데 있어 중요한 것은 악천후가 지나가길 기다리는 것이 아니라 빗속에서도 춤 추는 법을 배우는 것이다.

TIPP 문화 중간시험(Zwischen-prüfung)과 졸업시험(Examen) 대학 교육과정엔 중요한 시험 두 개가 있습니다. 학기 중간에 보는 중간시험과 학기 말에 보는 졸업시험입니다. 두 시험 모두 두 번의 기회가 있습니다. 만일 두 번째 시험에도 합격하지 못하면 더 이상 그 전공을 공부하지 못합니다. 참고로 입학시험인 수능(Abitur)은 단 한 번 칠 수 있습니다.

단어장 Wortschatz

ermorden 살해하다
e. Frau(en) 여자 ↔ r. Mann(¨er) 남자
e. Wurst(¨e) 소시지 (* e. Wüste(n) 사막)
recht 옳은 ↔ unrecht 옳지 않은
r. Krimi(s) 범죄 (소설)
s. Semester(-) 학기
s. Examen(-) 졸업시험
sich auf + A vorbereiten A를 준비하다

어디 출신인지와 어디에서 왔는지를 말할 때

090.mp3

Ich komme aus + D. Ich komme von + D.

나는 D 출신이야.
나는 D에서 왔어.

Ich komme aus + D를 통해 자신이 어디 출신임을, Ich komme von + D를 통해 자신이 어디서 왔음을 표현할 수 있습니다.

SCHRITT 1

1. 난 한국 출신이야. **Ich komme aus Süd Korea.**
2. 난 서울에서 왔어. **Ich komme aus Seoul.**
3. 난 장 보고 왔어. **Ich komme vom Einkaufen.**
4. 난 시골에서 왔어. **Ich komme vom Land.**
5. 난 슈바르츠발트 출신이야. **Ich komme aus dem Schwarzwald.**

TIPP 문법 aus 와 von
aus는 어디 출신인지를, von은 어디에서 왔는지를 뜻합니다.
Ich komme aus Frankfurt. 난 프랑크푸르트 출신이야.
Ich komme von Frankfurt. 난 프랑크푸르트에서 왔어.

SCHRITT 2

1. 출신에 대해서 물을 때

A Woher kommst du?
B 난 슈바르츠발트에서 왔어. Das ist in Süddeutschland. Und woher kommst du?
A 난 대한민국 서울에서 왔어. Kennst du das?
B Ich kenne es aus den Nachrichten, aber ich war noch nicht dort.

A 넌 어디서 왔니?
B Ich komme aus dem Schwarzwald. 남부독일에 있어. 그럼 넌 어디서 왔니?
A Ich komme aus Seoul in Südkorea. 아니?
B 뉴스를 통해 알아. 하지만 가본 적은 없어.

2. 장 보고 와서 대화할 때

A Wo warst du? Ich habe dich schon gesucht.
B 장 보고 왔어.
A Hast du Milch mitgebracht?
B Oh nein, die habe ich vergessen.

A 어디에 있었니? 찾고 있었어.
B Ich komme vom Einkaufen.
A 우유 사왔어?
B 오 이런, 그걸 잊어버렸어.

단어장 Wortschatz

r. Süden(x) 남쪽 ↔ r. Norden(x) 북쪽
s. Land(¨er) 1) 나라 2) 토지, 땅 3) 시골 4) (독일 연방) 주
Schwarzwald 슈바르츠발트, 독일 서남부에 있는 지역 이름, 뜻은 검은 숲
mitbringen 가져오다, 사오다 (* bringen 운반하다 'bringen – brachte – gebracht')

오라고 명령할 때

091.mp3

Komm ~ !

~ 와!

Komm!으로 오는 행동(들어오다, 나오다, 곁으로 오다 등)에 대한 다양한 명령을 표현할 수 있습니다.

SCHRITT 1

1. 들어와! **Komm herein (rein)!**
2. 당장 나와! **Komm sofort heraus (raus)!**
3. 여기 와서 내 곁에 앉아봐! **Komm mal her, setz dich zu mir!**
4. 가버려, 그리고 다시는 오지 마! **Geh weg und komm nie wieder!**
5. 어서! **Komm schon!**

SCHRITT 2

1. 누군가를 불러낼 때

A 당장 나와!
B Was?
A Ich muss mit dir sprechen.
B Okay, warte einen Moment!

A Komm sofort raus!
B 뭐라고?
A 너에게 꼭 할 말이 있어.
B 그래, 잠시만 기다려!

2. 도움이 필요해 갑자기 방문했을 때

A (Es klopft) Hallo, ich bin Josua. Darf ich eintreten?
B 들어와!
A Kannst du deine Tätigkeit kurz unterbrechen? Ich möchte mit dir reden.
B Ja gern, was ist los?

A (문을 두드리며) 안녕, 나 조슈아야. 들어가도 돼?
B Komm herein!
A 잠깐 하는 일 멈출 수 있어? 나 너랑 얘기 좀 하고 싶은데.
B 응 물론, 무슨 일이야?

TIPP 격언 Freunde kommen und Freunde gehen, doch nur die wahren Freunde bleiben ein Leben lang.
친구는 오고 간다, 하지만 오직 진실된 친구만이 평생 남는다.

단어장 Wortschatz

herein 안으로 ↔ heraus 밖으로
sofort 당장
sich setzten 앉다
weggehen 떠나다 (* gehen 가다 'gehen – ging – gegangen')
schon 어서
sprechen 말하다 (= reden)
r. Moment(e) 순간
eintreten 입장하다 (* treten 내딛다 'treten – trat – getreten')
e. Tätigkeit(en) 활동, 일 (* e. Tat(en) 행위)
kurz 짧은 ↔ lang 긴
unterbrechen 중단하다 (* brechen 부수다 'brechen – brach – gebrochen')
Kannst du deine Tätigkeit kurz unterbrechen? (숙어) 잠깐 하는 일 멈출 수 있어?

MUSTER 092

무엇에 달려 있음을 말할 때

092.mp3

Es kommt auf + A an.

그것은 A에 달렸어.

Es kommt auf + A an은 무엇인가가 A에 달려 있음을 말합니다. 자주 사용되는 패턴입니다. 분리동사 ankommen의 일차적 의미인 '도착하다' 또한 자주 사용됩니다.

SCHRITT 1

1. 그것에 달렸어.	Es kommt **dar**auf an.
2. 그것은 성격에 달렸어.	Es kommt auf **den Charakter** an.
3. 그것은 관점에 달렸어.	Es kommt auf **den Blickwinkel** an.
4. 그것은 크기뿐 아니라 무게에 달렸어.	Es kommt **nicht nur auf die Größe, sondern auch auf das Gewicht** an.
5. 그것은 네가 무엇을 하고자 하느냐에 달렸어.	Es kommt **dar**auf an, **was du willst.**

SCHRITT 2

1. 한국으로 소포를 보낼 때

A Ich möchte ein Paket nach Korea schicken. Es ist sehr klein.
B Das kostet viel Geld.
A Aber es ist doch sehr klein.
B 그것은 크기뿐만 아니라 무게에 달렸어요. Zwischen 1 und 2kg kostet es 17 Euro.

A 한국으로 소포를 보내려고 합니다. (크기는) 매우 작아요.
B (우편 비용이) 비쌉니다.
A 하지만 이거 정말 작은데요.
B Es kommt nicht nur auf die Größe, sondern auch auf das Gewicht an. 1~2kg 사이는 17유로예요.

2. 집의 크기에 대한 의견이 다를 때

A Wie denkst du über die Wohnung?
B Ich finde sie klein!
A Aber sie ist 10m² groß!
B 그것은 관점에 달렸어.

A 이 집 어때요?
B 내 생각엔 너무 작아!
A 하지만 10평방미터나 되는걸요!
B Es kommt auf den Blickwinkel an.

TIPP 문화 독일 우체국 (Deutsch Post)

독일에서 한국으로 편지나 택배를 보내야 할 때가 있습니다. 2kg 이하는 편지로 분류되며, EU 이외의 국가에 보내는 주소 적는 종이가 따로 있습니다. 가장 가벼운 카드는 75센트, 500g까지는 3.45유로, 1kg까진 7유로, 2kg까진 17유로입니다. 13kg을 보내려면 두 개로 나눠 보내는 것이 더 쌉니다. 등기로 보내는 것을 einschreiben한다고 합니다. 이것을 미리 말해야 송장번호(Sendungsnummer)를 받을 수 있습니다.

단어장 Wortschatz

r. Charakter(e) 성격
r. Blickwinkel(-) 시점, 관점
e. Größe(n) 크기
s. Gewicht(e) 무게 (* wichtig 중요한)
klein 작은 ↔ groß 큰
s. Paket(e) 소포
kosten (값이) 나가다
m² = s. Quadratmeter(-) 평방미터

MUSTER 093

무엇인가를 받았을 때

093.mp3

Ich bekomme A.

난 A를 받아.

Ich bekomme A를 통해 A를 받았음을 표현합니다.

SCHRITT 1

1. 난 답장으로 이상한 메일을 받았어.	Ich bekam **eine komische Email als Antwort.**
2. 난 손님이 있어.	Ich bekomme **Besuch.**
3. 난 항상 거절당해. (직역: 난 항상 바구니를 받아.)	Ich bekomme **immer einen Korb.**
4. 난 질투심을 제어할 수 있어.	Ich bekomme **meine Eifersucht in den Griff.**
5. 난 내 임무를 끝낼 수 없어.	Ich bekomme **nichts auf die Reihe.**

SCHRITT 2

1. 사기 메일을 받았을 때

A Ich habe eine Email für eine Wohnung geschrieben. 그런데 답장으로 이상한 메일을 받았어.

B Wie?

A Darin steht, dass er mir die Schlüssel schicken wird, nachdem ich die Miete bezahle, weil er jetzt nicht in Deutschland ist.

B Ich glaube, es ist wahrscheinlich eine dubiose Email.

A 집을 구하려고 메일을 보냈어. Aber ich bekam eine komische Email als Antwort.

B 어떤데?

A 메일엔 임대인이 지금 독일에 없으니까 내가 먼저 임대료를 내면 열쇠를 보내주겠다고 쓰여 있어.

B 내 생각엔, 그건 십중팔구 사기 편지야.

2. 할 일이 너무 많아 지쳤을 때

A 난 내 일을 끝낼 수 없어. Ich bin müde.

B Was hält dich auf?

A Ich habe so viel zu tun, dass ich nicht mehr weiß, wo ich anfangen soll.

B Soll ich dir helfen?

A Ich bekomme nichts auf die Reihe. 피곤해.

B 뭐가 문제야?

A 너무 많은 것을 해야만 해, 그래서 어디서부터 시작해야 할지 더 이상 모르겠어.

B 내가 도와줄까?

TIPP 문화 사기 편지 (dubiose Email)

처음 독일에 와서 집을 알아 보기 위해 많은 곳에 메일을 보냈습니다. 하지만 간혹 SCHRITT 2의 1번 예문과 같이 이상한 답변이 오더군요. 100퍼센트 사기입니다. 절대 직접 보지 않고서는 계약하지 마세요.

단어장 Wortschatz

komisch 이상한
r. Korb(¨e) 바구니
e. Eifersucht(x) 질투심
r. Griff(e) 움켜쥠
unterdrücken 억제하다
r. Schlüssel(-) 열쇠
schicken (편지 등) 보내다
e. Miete(n) 매달 내는 임대료 (보통 월세)
wahrscheinlich 십중팔구는
dubios 의심스러운
aufhalten 막다, 저지하다

MUSTER 094

방문을 환영할 때

094.mp3

Herzlich Willkommen zu / in ~!

~에 온 것을 환영해!

Herzlich Willkommen + 장소/행사!를 통해 초대를 했거나, 방문한 사람에 대한 환영의 마음을 표현할 수 있습니다.

SCHRITT 1

1. 환영해!	Herzlich Willkommen!
2. 집에 온 것을 환영해!	Herzlich Willkommen zu **Hause!**
3. 내 생일파티에 온 걸 환영해!	Herzlich Willkommen zu **meiner Geburtstagsfeier!**
4. 독일에 온 것을 환영해!	Herzlich Willkommen **in Deutschland!**
5. 튀빙엔에 온 것을 환영해!	Herzlich Willkommen **in Tübingen!**

SCHRITT 2

1. 옆방 친구가 여행에서 돌아왔을 때

A 집에 온 것을 환영해!	A Herzlich Willkommen zu Hause!
B Ich freue mich auch, wieder zu Hause zu sein!	B 집에 와서 나도 기뻐!
A Wie war deine Reise?	A 여행은 어땠어?
B Es war total entspannend.	B 매우 편했어.

2. 베를린에 사는 친구가 놀러왔을 때

A 튀빙엔에 온 것을 환영해!	A Herzlich Willkommen in Tübingen!
B Ich freue mich auch, dich zu sehen!	B 널 봐서 나도 기뻐!
A Wie lange dauerte deine Anreise?	A 오는 데 얼마나 걸렸니?
B Etwa 10 Stunden.	B 10시간 정도.

TIPP 문화 독일크기

독일의 면적은 약 360,000km로 우리나라 면적(약 100,000)의 3.5배입니다. 한국은 독일 남부 바덴-뷔르템베르크(Baden-Württemberg)와 바이에른(Bayern)을 합친 정도의 크기입니다. 북동쪽에 있는 베를린(Berlin)부터 남서쪽에 있는 프라이부르크(Freiburg)까지는 800km쯤 됩니다.

단어장 Wortschatz

s. Haus(¨er) 집
total 완전히
entspannt 긴장이 풀린, 평안한
sich auf + A freuen A가 기쁘다
dauern 계속되다 (* e. Dauer(n) 기간)
Wie lange dauert A A는 얼마나 걸리니?

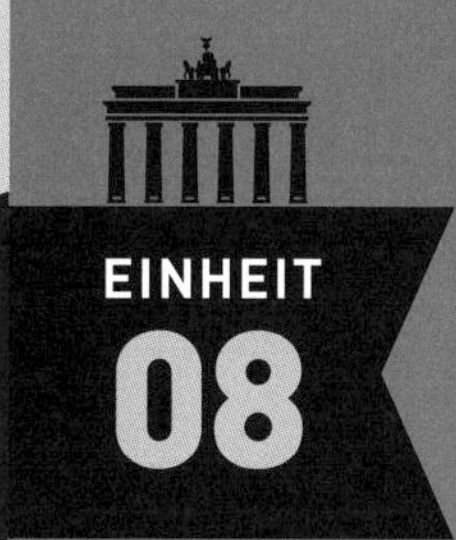

EINHEIT 08

machen und tun 하다

이번 Einheit에서는 직접적으로 무엇인가를 '하다' 또는 '행하다'를 의미하는 동사를 배웁니다.

machen 동사의 의미와 특징

1. 하다, 만들다, 일으키다, 하게 하다(사역) 등을 의미
2. 동사를 부정하는 nicht보다 명사를 부정하는 kein을 자주 사용
   Ich mache keinen Hehl daraus. 난 그것에 대해 숨기지 않고 말해.
3. 자신을 목적어(3격 또는 4격)로 두고 자신이 '당하는 것'을 나타내는 표현
   Du machst mir (vielleicht) Spaß! 웃기시네!
4. machen 동사의 분리/비분리 동사
   열다 (aufmachen), 닫다 (zumachen), 켜다 (anmachen), 끄다 (ausmachen) 등

tun 동사의 의미와 특징

1. 하다를 의미, 특히 machen 동사가 '하다'는 의미를 지닐 때는 tun과 의미가 동일
   Ich habe es gemacht. = Ich habe es getan. 내가 그것을 했어.
2. 가주어 es와 함께 쓰여 사과나 유감 (Es tut mir leid. 미안해.)이나 아픔 (Mein Kopf tut mir weh. 머리가 아파.)을 나타냄

★ tun 동사의 불규칙 동사 변화표 ★

부정사	과거	과거분사	뜻
tun	**tat**	**getan**	하다

하고 있는 것을 말할 때

095.mp3

Ich mache A.

난 A를 하고 있어.

Ich mache A를 통해 자신이 A를 하고 있음을 말할 수 있습니다.

SCHRITT 1

1. 난 실습을 하고 있어.	Ich mache **ein Praktikum.**
2. 난 네게 제안할 것이 있어.	Ich mache **dir ein Angebot.**
3. 난 모든 것을 잘못해 / 망가뜨려.	Ich mache **alles falsch / kaputt.**
4. 난 금요일에 아무것도 안 해.	Ich mache **am Freitag blau.**
5. 난 (병원) 진료 예약시간을 잡았어.	Ich mache **einen Termin beim Arzt** aus.

SCHRITT 2

1. 감기 때문에 병원 예약한 것을 말할 때

A 난 병원 예약을 했어.	A Ich mache einen Termin beim Arzt aus.
B **Was fehlt dir?**	B 어디가 아픈데?
A **Ich habe Schnupfen und Husten.**	A 코감기와 기침이 나.
B **Gute Besserung!**	B 쾌유를 빌어!

2. 휴일에 바비큐 파티를 하는 것에 대해

A **Am Donnerstag ist Feiertag,** 그래서 난 금요일에 아무것도 안 해. **Können wir etwas unternehmen?**	A 목요일은 휴일이야, deshalb mache ich am Freitag blau. 우리 뭔가를 할까?
B **Lass uns grillen! Ich habe schon Kohle und Anzünder.**	B 바비큐 하자! 나한테 숯이랑 점화기 있어.
A **Okay, ich besorge das Fleisch!**	A 좋아, 내가 고기를 마련할게!
B **Wunderbar!**	B 멋져!

단어장 Wortschatz

s. Praktikum(ka) 실습 (* praktisch 실제적인)
s. Angebot(e) 1) 제공된 상품 2) 제안, 제시
kaputt 망가진
ausmachen 1) (불을) 끄다 2) 파내다 3) 협정하다, 약정하다
einen Termin ausmachen 기한을 협정하다
Was fehlt dir? (숙어) 어디가 아파?
Gute Besserung! (숙어) 쾌유를 빌어!
r. Schnupfen(x) 코감기
r. Husten(x) 기침
unternehmen 착수하다, 꾀하다
grillen 고기를 굽다, 바비큐 하다
r. Anzünder(-) (불 붙이는) 점화기
besorgen 마련하다, 구입하다

TIPP 문법 blau

Ich bin blau.
= Ich bin betrunken.
난 취했어.
Ich mache blau.
= Ich habe keine Arbeit.
난 일이 없어.

MUSTER 096

하고 있지 않은 것을 말할 때

096.mp3

Ich mache kein A.

난 A를 하지 않아.

Ich mache kein A를 통해 자신이 A를 하지 않고 있음을 말할 수 있습니다.

SCHRITT 1

1. 난 운동을 하지 않아. — Ich mache keinen **Sport.**
2. 내가 널 귀찮게 하는 게 아니길 바라. — **Ich hoffe,** ich mache dir keine **Umstände.**
3. 난 가난한 자와 부자를 차별하지 않아. — Ich mache keinen **Unterschied zwischen arm und reich.**
4. 난 실패를 하지 않아, 다만 그것을 통해 배울 뿐이야. — Ich mache keine **Fehler, sondern lerne nur dazu.**
5. 그것에 대해 숨김없이 말할게. — Ich mache keinen **Hehl daraus.**

SCHRITT 2

1. 책장 설치하는 걸 도와달라고 할 때

A Kannst du mir helfen, den Schrank aufzubauen?
B Wann?
A Jetzt, ich bin gerade dabei. Wenn ich dich so plötzlich anspreche, 난 내가 널 귀찮게 하는 게 아니길 바라.
B Nein, es macht mir keine Umstände.

A 책장 설치하는 걸 도와줄 수 있어?
B 언제?
A 지금, 지금 하는 중이야. 만약 내가 너에게 갑자기 부탁한 거라면, ich hoffe, ich mache dir keine Umstände.
B 아냐, 귀찮지 않아.

2. 옆방 친구에 대한 불만을 이야기할 때

A 숨김없이 다 말할 거야. Mein Zimmernachbar ist ganz schlecht!
B Was meinst du? Wie ist er?
A Er stört immer, z. B. ist seine Musik nachts sehr laut, er spült nicht regelmäßig und er raucht in seinem Zimmer.
B Oh schade! Hast du schon mit ihm darüber geredet?

A Ich mache keinen Hehl daraus. 내 옆방에 사는 애는 최악이야!
B 무슨 말이야? 그가 어떤데?
A 항상 방해해, 예를 들어 밤에 음악을 너무 크게 틀고, 설거지를 규칙적으로 하지 않고, 그리고 자기 방에서 담배를 펴.
B 오 저런! 그 점에 대해서 그에게 말해봤어?

TIPP 문화 개념 없는 옆방 친구

처음 살았던 기숙사에 개념 없는 외국인들이 몇 있었습니다. 공동 부엌인데 깨끗이 정리하지 않아서 같이 벌금을 내야 했고, 10시 이후에 주택가에서 큰 소리 내는 걸 금지하고 있음에도 불구하고 밤 늦게까지 파티를 열어 시끄럽게 굴었고, 하루 종일 방 안에서 담배를 펴대서 복도까지 담배냄새가 진동하더군요. 개인적으로 문제가 안 된다면 상관없지만, 이런 경우는 어디에나 있다는 것을 염두에 두고 방을 구할 때 잘 알아보는 것이 매우 중요합니다.

단어장 Wortschatz

r. Sport(x) 스포츠
r. Umstand(¨e) 1) 사정, 상태, 상황 2) (복수) 번거로움
r. Unterschied(e) 차이
r. Schrank(¨e) 장, 책장, 옷장
aufbauen 설치하다, 조립하다
plötzlich 갑자기
s. Zimmer(-) 방
stören 방해하다
spülen 설거지하다, 헹구다

자신에게 어떤 영향(특히 감정적으로)을 끼칠 때

097.mp3

N macht mir + A.

N은 나에게 A해.

N macht mir + A를 통해 N이 자신에게 어떤 감정을 느끼게 한다고 표현할 수 있습니다.

SCHRITT 1

1. 넌 날 신경 쓰이게 만들어.	**Du machst mir zu schaffen.** (일상어)
2. 넌 날 조롱하는구나! (직역: 넌 내게 긴 코를 만드는구나!)	**Du machst mir eine lange Nase!**
3. 웃기시네! (반어적 의미) (직역: 너 나에게 재미를 주는구나!)	**Du machst mir (vielleicht) Spaß!**
4. 월드컵은 재밌어!	**Die WM macht mir Spaß!**
5. 그것은 나와 상관없어.	**Das macht mir nichts aus.**

SCHRITT 2

1. 숙제를 안 해서 꾸중 들을 때

A Hast du deine Hausaufgabe gemacht?	**A** 숙제 다했어?
B Nein, ich hatte keine Lust.	**B** 아니요, 하기가 싫었어요.
A 넌 날 신경 쓰이게 하는구나.	**A** Du machst mir zu schaffen.
B Entschuldige, aber ich werde es noch erledigen.	**B** 죄송해요, 하지만 곧 할 거예요.

2. 월드컵 노래에 대해서 대화할 때

A "Auf geht's! Deutschland schießt ein Tor!"	**A** "출발(자)! 독일이 골을 넣었어!"
B Was singst du?	**B** 무슨 노래 부르는 거야?
A Das ist ein beliebtes WM Lied!	**A** 인기 있는 월드컵송이야!
B 월드컵은 재밌어! Ich möchte das Lied lernen!	**B** Die WM macht mir Spaß! 나도 그 노래 배우고 싶어!

TIPP 문법 machen

N macht mir + A뿐만 아니라 N macht mich + adj로 같은 의미를 만들 수 있습니다.
Du machst mich glücklich! 넌 날 행복하게 해!

TIPP 문화 월드컵 노래 (WM Lied)

월드컵 시즌엔 월드컵 주제가나 응원가를 부릅니다. 가장 유명한 곡은 〈Auf geht's! Deutschland schießt ein Tor!〉입니다. '오래된 축구의 왕이 살고 있어 / 바로 우리 팀이지 / 측면이 비었어 앞으로 슛 ~' 이런 식의 가사입니다.

단어장 Wortschatz

schaffen 1) 일하다 2) 끝내다, 완수하다
e. Hausaufgabe(n) 숙제
erledigen 끝내다, 완수하다 (* ledig 미혼의)
schießen (총) 쏘다, (공) 차다 (schießen – schoss – geschossen)
s. Tor(e) 1) 문, 대문 2) 골, 득점
beliebt 평이 좋은, 인기 있는
s. Lied(er) 노래

무엇을 하라고 명령할 때

098.mp3

Mach A!

A(를) 해!

Mach A!를 통해 A를 하라고 명령할 수 있습니다. 특히 machen 동사는 다양한 분리동사를 가지고 있으며, 일상생활에서 자주 사용됩니다.

SCHRITT 1

1. 잘 해! (헤어질 때 인사) — **Mach's gut!**
2. 문 좀 닫아! — **Mach bitte die Tür zu!**
3. 창문 좀 열어! — **Mach bitte das Fenster auf!**
4. 불 좀 켜 / 꺼! — **Mach bitte das Licht an / aus!**
5. 서둘러! — **Mach schnell!**

SCHRITT 2

1. 창문을 열라고 말할 때

A 창문 좀 열어!
B Kippen oder ganz öffnen?
A Kippe es!
B In Ordnung, ich kippe es.

A Mach bitte das Fenster auf!
B 살짝 기울일까 아님 활짝 열까?
A 살짝 기울여!
B 좋아, 기울일게.

2. 늦어서 재촉할 때

A 서둘러! Wir sind schon spät!
B Wie spät ist es?
A Viertel vor Neun!
B Ich komme sofort!

A Mach schnell! 우린 이미 늦었어!
B 몇 시야?
A 8시 45분!
B 나 곧 가!

TIPP 문화 kippen 동사

독일의 창문은 대부분 활짝 열 수도 있고 살짝 기울여 윗부분만 조금 열 수 있습니다. 이렇게 창을 기울여 살짝 여는 행위를 kippen이라고 합니다.

TIPP 문법 시간 읽기 (괄호 안은 남부 지역)

9시 15분: viertel nach neun (viertel zehn)
9시 30분: halb zehn
9시 45분: viertel vor zehn (dreiviertel zehn)
(* viertel zehn은 직역하면 1/4과 10시입니다. 즉 1/4 × 1시간 + 9시간 → 15분 9시로 이해할 수 있습니다.)

단어장 Wortschatz

öffnen 열다 ↔ schließen 닫다 (schließen – schloss – geschlossen)
aufmachen 열다 ↔ zumachen 닫다
anmachen 켜다 ↔ ausmachen 끄다
e. Tür(en) 문
s. Fenster(-) 창문
s. Licht(er) 빛
schnell 빨리 ↔ langsam 천천히
kippen 기울이다
viertel 1/4
Wie spät ist es? (숙어) 몇 시입니까? (= Wie viel Uhr ist es?)

MUSTER 099

미안함, 유감, 아픔을 표현할 때

099.mp3

Es tut mir leid, ~. N tut mir weh.

~는 유감이야 / ~해서 미안해.

N이 아파.

Es tut mir leid를 통해 미안함 또는 유감을 표현할 수 있습니다. 미안하다는 표현은 Entschuldigung과 같습니다. 그리고 N tut mir weh를 통해 어디가 아픈지를 말할 수 있습니다. 이 표현은 Ich habe ~ schmerzen과 같습니다.

SCHRITT 1

1. 미안해. — **Es tut mir leid.**
2. 그것은 유감이야. — **Das tut mir leid.**
3. 그것(슬픈 소식 등)을 듣게 되어 유감이야. — **Es tut mir leid, das zu hören.**
4. 연락 못해서 미안해. — **Es tut mir leid, dass ich mich nicht gemeldet habe.**
5. 머리가 아파. — **Mein Kopf tut mir weh.**

SCHRITT 2

1. 친구가 아프다는 걸 알았을 때

A Wo warst du gestern?
B Ich war zuhause. Ich war krank.
A 이런, 유감이야. Und jetzt?
B Es geht mir besser. Danke!

A 어제 뭐 했어?
B 집에 있었어. 아팠거든.
A Oh, das tut mir leid. 지금은 어때?
B 나아지고 있어. 고마워!

2. 여자친구에게 용서를 빌 때

A Verzeih mir bitte!
B Ich weiß nicht, ob ich dir verzeihe! 너무 아파!
A Wahre Liebe verzeiht.
B Wahre Liebe betrügt nicht.

A 용서해줘!
B 내가 널 용서해야 할지 모르겠어! Es tut mir so weh!
A 진정한 사랑은 용서해.
B 진정한 사랑은 속이지 않아.

TIPP 문법 tut mir leid: 미안함과 유감

1. Es tut mir leid. 미안해.
2. Das tut mir leid. 그것은 유감이야.
3. Es tut mir leid, das zu hören. 그것을 듣게 되어 유감이야.

첫 번째 문장 Es tut mir leid는 그 자체로 '미안하다'란 뜻을 가진 숙어입니다. 두 번째 문장 Das tut mir leid에서 Das는 앞서 말한 것을 가리키는 지시대명사로 '그것이 유감이다'란 뜻을 가집니다. 세 번째 문장 Es tut mir leid, das zu hören에서 Es는 가주어이고, 의미상 주어는 das zu hören으로 '그것을 듣게 되어 유감이다'란 뜻이 됩니다.

단어장 Wortschatz

tun 하다 (tun – tat – getan) (* s. Tun(x) 행위)
leid 싫은
melden 알리다
sich melden (자신의 소식을) 알리다, 연락하다
verzeihen 용서하다
wahr 진실된
betrügen 속이다 (betrügen – betrog – betrogen)

EINHEIT 09

stehen und stellen

서다, 세우다

독일어에서 자주 사용되는 행위 동사들 중에 자세와 관련된 동사들이 있습니다. 대표적인 3개의 동사가 있는데, 이번 Einheit에서는 그 중 첫 번째인 '서다', '세우다' 동사를 배웁니다.

stehen 동사의 의미와 특징

1 어떤 장소(부사/전치사)에 서 있음을 표현
   Ich stehe an der Haltestelle. 나 정류장에 서 있어.
2 어떤 입장, 견해, 상황에 있음을 표현
   Ich stehe in deiner Schuld. 난 네게 신세를 지고 있어.
3 (가)주어 es와 함께 쓰여 자신 또는 대상의 상태 (Es steht gut um mich. 난 좋아.)를 나타냄
4 stehen 동사의 분리/비분리 동사
   이해하다 (verstehen), 일어나다 (aufstehen), 권한이다 (zustehen), 허용되다 (freistehen), 확실하다 (feststehen) 등

stellen 동사의 의미와 특징

1 어떤 장소에 실제 대상을 세우는 행위를 표현
   Ich habe das Buch in das Regal gestellt. 그 책을 책장에 꽂아두었어.
2 생각이나 주장을 내세우는 것을 표현
   Ich stelle die Idee zur Diskussion. 난 이 생각을 논의의 주제로 내세워.
3 stellen 동사의 분리/비분리 동사
   소개하다 (sich vorstellen), 상상하다 (sich³ vorstellen), 옆에 놓다/행동하다 (anstellen), 주문하다 (bestellen), 조절하다 (einstellen), 진열하다 (ausstellen), 전환하다 (umstellen), 의미하다 (darstellen) 등

★ stehen 동사의 불규칙 동사 변화표 ★

부정사	과거	과거분사	뜻
stehen	**stand**	**gestanden**	서다

어딘가에 서 있음을 말할 때

100.mp3

Ich stehe ~.

난 ~에 서 있다.

Ich stehe는 실제 장소뿐만 아니라 어떤 입장, 견해, 상황 등에 있다는 것을 나타낼 수 있습니다.

SCHRITT 1

1. 난 정류장에 서 있어. — **Ich stehe an der Haltestelle.**
2. 난 내 말(약속)을 지켜. — **Ich stehe zu meinem Wort.**
3. 난 네게 신세를 지고 있어. — **Ich stehe in deiner Schuld.**
4. 난 지금 내 인생의 전환점에 서 있어. — **Ich stehe gerade an einem Wendepunkt in meinem Leben.**
5. 난 언제든지 네 말에 따를 준비가 돼 있어. — **Ich stehe dir (Ihnen) zur Verfügung.**

SCHRITT 2

1. 버스를 기다리며 통화할 때

A Wo bist du gerade?
B 난 정류장에 서 있어 und warte auf den Bus. Aber er kommt noch nicht!
A Kann ich dich abholen?
B Nein, wenn er nicht kommt, dann rufe ich dich wieder an.

A 너 지금 어디야?
B Ich stehe an der Haltestelle 그리고 버스를 기다리고 있어. 하지만 아직 오지 않네.
A 내가 데리러 나갈까?
B 아니, 만약 버스가 오지 않으면 다시 연락할게.

2. 바비큐 파티에 오는지 확인할 때

A Kommst du morgen zum Grillen?
B Ja, 난 약속은 지켜!
A Komm bis um 18 Uhr! Vergiss nicht, dein Fleisch mitzubringen!
B Ja, ich werde mich daran erinnern!

A 내일 바비큐 파티에 올 거니?
B 응, ich stehe zu meinem Wort!
A 6시까지 와! 고기 갖고오는 거 잊지 말고!
B 그래, 기억할게!

TIPP 문화 바비큐 파티 (Grillen)

독일에서는 학기 말 파티 같이 여럿이 함께 준비하는 파티에는 자기가 먹을 고기는 보통 자기가 사들고 갑니다. 물론 생일파티는 초대한 사람이 다 준비합니다.

단어장 Wortschatz

stehen 서 있다 (stehen – stand – gestanden)
e. Schuld(en) (단수) 책임, (복수) 빚
r. Wendepunkt(e) 전환점
e. Verfügung(en) 1) 지시 2) 처리
abholen 마중 나가다
s. Fleisch(x) 살, 고기
sich an + A erinnern A를 기억하다

어떤 상황이나 입장에 있음을 말할 때

101.mp3

Ich stehe auf + D.

난 D한 상황(입장)에 있어.

Ich stehe auf + D는 특히 은유적 표현으로 어떤 상황이나 입장에 있음을 표현합니다.

SCHRITT 1

1. 어찌할 바를 모르겠어.
(직역: 난 호스 위에 서 있어.)
Ich stehe auf dem Schlauch.

2. 난 위험에 처해 있어.
(직역: 난 얇은 얼음 위에 서 있어.)
Ich stehe auf dünnem Eis.
= Ich stehe in einem Risiko.

3. 난 자립했어.
(직역: 난 내 발로 서 있어.)
Ich stehe auf eigenen Füßen.

4. 난 널 좋아해.
(직역: 난 네 위에 서 있어.)
Ich stehe auf dich. (일상어)
= Ich mag dich.

5. 난 너와 같은 입장이야.
(직역: 난 네 옆에 서 있어.)
Ich stehe auf deiner Seite.

SCHRITT 2

1. 생활비에 대해 이야기할 때

A Wie finanzierst du dich?
B 난 자립했어, ich übe einen Minijob aus.
A Ist es wirklich genug?
B Es geht gerade so.

A 넌 어떻게 생활비를 대니?
B Ich stehe auf eigenen Füßen, 아르바이트를 하지.
A 그걸로 정말 충분해?
B 지금은 괜찮아.

2. 상대방의 의견을 지지할 때

A Keiner mag mich.
B Warum denkst du so?
A Alle denken, dass meine Ideen verrückt sind.
B 난 너와 같은 입장이야.

A 아무도 날 좋아하지 않아.
B 왜 그렇게 생각해?
A 모두들 내 생각이 미쳤다고 생각해.
B Ich stehe auf deiner Seite.

TIPP 문화 아르바이트 (Minijob)

워킹홀리데이 비자나 학생 비자로 매달 450유로까지는 세금을 내지 않고 간단한 아르바이트를 할 수 있습니다. 어학 비자로는 안됩니다. 일자리 정보는 관련 관청이나 대리점, 벽보 등을 통해 얻을 수 있습니다.

단어장 Wortschatz

r. Schlauch(¨e) 호스, 튜브
dünn 얇은 ↔ dick 두꺼운
s. Eis(x) 얼음
s. Risiko(Risiken) 리스크, 위험
eigen 자신의
r. Fuß(¨e) 발
e. Seite(n) 1) 면 2) 옆, 측면, 곁
finanzieren 자금을 조달하다
ausüben 수행하다
einen/den Beruf ausüben 직업(직종)에 종사하다
r. Minijob(s) 아르바이트

무엇이 어떤 상태임을 표현할 때

102.mp3

Es steht ~.

그것은 ~인 상태로 있다.

Es steht를 통해 어떤 것이 자신 혹은 상대에게 어떤 상태로 있는지를 표현합니다. zustehen, freistehen, feststehen 등 stehen에서 의미가 확장된 다양한 분리동사가 있습니다.

SCHRITT 1

1. 난 좋아. (건강이나 공부 등)	**Es steht gut um mich.**
2. 그것은 여전히 불투명해. (직역: 그것은 여전히 별 가운데 있어.)	**Es steht noch in den Sternen.**
3. 그것은 내 권한이야.	**Es steht mir zu.**
4. 지금 가든 30분 더 있든 그건 네 자유야.	**Es steht dir frei, ob du jetzt gehst oder in eine halben Stunde.**
5. 그가 자기 자신에게 몰두하고 있는 것은 분명하다.	**Es steht fest, dass er mit sich selbst beschäftigt ist.**

TIPP 격언 Wir stehen uns manchmal selber im Weg. Vielleicht wäre ein Umweg ein Ausweg.
우리는 때때로 우리 스스로를 방해한다. 어쩌면 돌아가는 게 해결책일 수 있다.

SCHRITT 2

1. 건강한지 안부를 물을 때

A Wie geht es dir mit deiner Krankheit?
B 좋아.
A Das freut mich.
B Danke der Nachfrage!

A 아픈 건 어때?
B Es steht gut um mich.
A (건강하다니) 기뻐.
B 염려해줘서 고마워!

2. 퇴근하기 전 대화

A Wie lange muss ich noch arbeiten?
B 지금 가든 30분 더 있다 가든 그건 네 자유야.
A Ist noch viel zu tun?
B Nein, das schaffst du schon.

A 얼마나 더 일해야 해?
B Es steht dir frei, ob du jetzt gehst oder in eine halben Stunde.
A 할 일이 많아?
B 아니, 넌 이미 (할 만큼) 했어.

단어장 Wortschatz

r. Stern(e) 별
Jm zustehen Jm의 권한이다
Jm freistehen Jm에게 허용되다
feststehen 확정되다, 확실하다
sich mit + D beschäftigen D에 몰두(전념)하다
e. Krankheit(en) 병, 질병
Danke der Nachfrage (숙어) 염려해줘서 고마워
wie lange 얼마나 오래
Jm im Weg stehen Jm을 방해하다 (직역: Jm을 향해 막아서다)

무엇인가를 이해할 때

103.mp3

Ich verstehe A.

난 A를 이해해.

Ich verstehe A를 통해 A를 이해하고 있음을 뜻합니다. 또한 재귀대명사를 사용하여 Ich verstehe mich mit + Jm의 형태로 Jm과 사이좋게 지내고 있음을 의미할 수 있습니다. 사이가 좋다는 것은 Jm과 함께 자신을 이해한 것이기 때문입니다.

SCHRITT 1

1. 그걸 난 이해해. — **Das verstehe ich.**
2. 난 이해 못해. (직역: 난 단지 '역'만 이해해.) — **Ich verstehe nur Bahnhof. = Ich verstehe es nicht.**
3. 난 정치에 대해 어느 정도 알아 / 전혀 몰라. — **Ich verstehe etwas / nichts von Politik.**
4. 난 그와 잘 지내고 있어. — **Ich verstehe mich mit ihm.**
5. 난 그가 나한테 뭘 바라는지 모르겠어. — **Ich verstehe nicht, was er von mir will.**

SCHRITT 2

1. 사투리에 대해서

A (Schwäbisch) Dohoggeddiadiaemmerdohogged!
B Was? Wie bitte?
A Das ist Schwäbisch. Verstehst du Schwäbisch nicht?
B 응, 난 몰라.

A (슈바벤말) Dohoggeddiadiaemmerdohogged!
B 뭐라고? 다시 말해줄래?
A 이건 슈바벤말이야. 너 슈바벤말 모르니?
B Nein, ich verstehe nur Bahnhof.

2. 다른 친구에 대해 물어볼 때

A Wie findest du Karl?
B 난 그와 잘 지내고 있어.
A Ist er nicht eigensinnig?
B Teilweise schon, aber er ist auch nett.

A 칼에 대해 어떻게 생각해?
B Ich verstehe mich mit ihm.
A 고집이 세지는 않아?
B 부분적으로는, 하지만 그는 친절하기도 해.

단어장 Wortschatz

r. Bahnhof(¨e) 기차역 (* 기차역 중 중앙역은 Hauptbahnhof)
Schwäbisch 슈바벤말(독일 남서부 사투리)
e. Politik(en) 정치, 정책
Wie bitte? (숙어) (상대의 말을 이해하지 못했을 때) 다시 말해주실래요?
eigensinnig 고집 센
teilweise 일부는
nett 친절한

TIPP 문화 사투리 (Dialekt)

'Dohog-geddia-diaem-merdo-hog-ged'는 독일 남부지역 사투리(Schwäbisch)로 튀빙엔성에 올라가는 길목에 있는 어느 레스토랑 벽에 쓰여 있는 구절입니다. 벽 앞에 의자 하나가 놓여 있는 걸로 봐서 여기 이 의자에 앉아도 된다는 뜻으로 쓴 말입니다. 'Dohog-ged-diadiaem-merdohog-ged'를 독일어로 풀면 'Da sitzen die, die immer da sitzen'이고 해석하면 '항상 그곳에 앉은 이들이 그곳에 앉는다'는 뜻입니다.

TIPP 문장 이해하다 동사

verstehen 동사 외에 begreifen, auffassen 동사도 '이해하다'란 뜻을 가집니다. 이 세 동사는 dass절과 함께 자주 쓰입니다. Ich verstehe / begreife / fasse auf, dass ~. (~를 이해해.)

무엇인가를 세울 때

104.mp3

Ich stelle A.

난 A를 세워.

Ich stelle A는 물건뿐 아니라 의견을 세우는 것도 의미합니다.

SCHRITT 1

1. 그 책은 책장에 꽂아뒀어. — **Ich habe das Buch in das Regal gestellt.**
2. 난 항상 모든 것을 의심해. — **Ich stelle immer alles in Frage.**
3. 난 이 생각을 논의의 주제로 상정해. — **Ich stelle die Idee zur Diskussion.**
4. 그것이 얼마나 아름다울지, 난 상상해. — **Ich stelle mir vor, wie schön es wäre.**
5. 난 어리석게 행동해. — **Ich stelle mich dumm an.**

SCHRITT 2

1. 책을 찾을 때

A Weißt du, wo das Buch ist?
B 책장에 꽂아두었어.
A Wo genau?
B Im zweiten (Fach) von Oben.

A 그 책 어디 있는지 아니?
B Ich habe das Buch in das Regal gestellt.
A 정확히 어디?
B 위에서 두 번째 (칸).

2. 스스로 어리석음을 자책하는 친구에게

A Oh Mensch! Ich bin so dumm!
B Was ist los?
A Wenn ich aufgelöst bin, kann ich an nichts denken und 어리석게 행동해.
B Du musst üben, dich zu beruhigen.

A 오 이런! 난 정말 멍청해!
B 무슨 일이야?
A 내가 제정신이 아니면 아무것도 생각이 안 나 그리고 (ich) stelle mich dumm an!
B 넌 진정하도록 연습해야 해.

TIPP 문장 vorstellen 동사
Ich stelle mir vor 나는 상상해
Ich stelle mich vor 나를 소개해
재귀대명사의 격에 따라 그 의미가 달라집니다.

TIPP 표현 Du stellst dich dumm an!
상대방의 행동이 어리석다고 말하는 다소 무례한 표현입니다.

단어장 Wortschatz

s. Regal(e) 책장 (* e. Regel(n) 규칙)
e. Diskussion(en) 토론
A in Frage stellen A를 의심하다 (* eine Frage stellen 질문하다)
sich anstellen 1) 옆에 세우다 2) 다루다, 처신하다
s. Fach(¨er) 1) 칸, 서랍 2) 학과
oben 위에 ↔ unten 아래에
r. Mensch(en, en) 1) 사람 2) (놀람) 이런
dumm 어리석은
aufgelöst 제정신이 아닌 (* durcheinander 뒤섞인, 혼란스러운)
sich beruhigen 진정하다 (* ruhig 조용한)

무엇인가를 하기 원할 때

105.mp3

Ich möchte A stellen.

전 A하기를 원합니다.

Ich möchte A stellen은 A(질문, 신청 등)하기를 원하다고 말할 때 사용합니다.

SCHRITT 1

1. 질문이 있습니다.	Ich möchte **eine Frage** stellen.
2. 장학금을 신청하고 싶은데요.	Ich möchte **einen Antrag auf ein Stipendium** stellen.
3. 잠깐 제 소개를 하고 싶은데요.	Ich möchte **mich kurz vor**stellen.
4. 피자 주문하기 원하는데요.	Ich möchte **eine Pizza be**stellen.
5. 키보드 자판을 한국어에서 독일어로 바꾸기 원하는데요.	Ich möchte **die Tastatur von Koreanisch auf Deutsch um**stellen.

SCHRITT 2

1. 장학금 신청에 대해 문의할 때

A 저 질문이 있습니다.
B Ja, bitte.
A 장학금을 신청하고 싶은데요. An wen soll ich mich wenden?
B Gehen Sie zum nächsten Büro.

A Ich möchte eine Frage stellen.
B 네, 질문하세요.
A Ich möchte einen Antrag auf ein Stipendium stellen. 누구에게 문의해야 하죠?
B 옆 사무실로 가보세요.

2. 키보드 언어 전환에 대해 이야기할 때

A Kannst du mir helfen? 키보드 자판을 한국어에서 독일어로 바꾸고 싶은데. Aber ich weiß nicht wie.
B Du kannst es in den "erweiterten Tastatureinstellungen" einstellen. Danach kannst du es einfach dadurch umstellen, dass du "Linke Alt + Strg" drückst.
A Danke! Jetzt weiß ich, wie es schneller geht.
B Gern geschehen!

A 나 좀 도와줄 수 있어? Ich möchte die Tastatur von Koreanisch auf Deutsch umstellen. 하지만 어떻게 해야 할지 모르겠어.
B '확장 키보드설정' 메뉴에 들어가서 설정할 수 있어. 그러고 나서 '왼쪽 알트 키와 시프트 키'를 클릭하면 쉽게 전환할 수 있어.
A 고마워, 이제 어떻게 더 빨리 할 수 있는지 알겠어.
B 천만에!

TIPP 문화 장학금 (Stipendium)

DAAD(Deutscher Akademischer Austauschdienst, 독일 학술 교류처)나 Konrad Adenauer Stiftung(콘라트 아데나우어 재단)뿐만 아니라 다양한 단체에서 장학금을 제공합니다. 학과나 과정 등에 따라 제한이 있지만, 밑져야 본전! 독일어 공부한다 생각하고 무조건 신청해보세요!

단어장 Wortschatz

r. Antrag(¨e) 신청
s. Stipendium(Stipendien) 장학금
sich vorstellen 소개하다
e. Pizza(Pizzen) 피자
bestellen 주문하다
erweitern 확장하다
e. Tastatur(en) 1) 건반 2) 키보드
umstellen 전환하다
Gern geschehen! (숙어) 천만에!

sitzen und setzen

앉다, 앉히다

자세와 관련된 두 번째 동사는 '앉다', '앉히다'입니다. 앞에서 설명한 stehen 동사보다는 활용도가 낮지만, 이 두 동사 역시 다양하게 쓰입니다.

sitzen 동사의 의미와 특징

1. 어떤 장소에 앉아 있는 상태를 표현
   Ich sitze auf meinem Stuhl. 난 내 의자에 앉아 있어.
2. 어떤 상황에 처해 있음을 표현
   Ich sitze auf heißen Kohlen. 난 안절부절 못하고 있어.
3. sitzen 동사의 분리/비분리 동사
   소유하다 (besitzen)

setzen 동사의 의미와 특징

1. 어떤 장소에 앉는 행동을 표현
   Ich setze mich auf den Stuhl. 난 내 의자에 앉고 있어.
2. setzen 동사의 분리/비분리 동사
   노력하다 (sich einsetzen), 관철시키다 (durchsetzen), 전제하다 (voraussetzen), 번역하다 (übersetzen), 위치를 바꾸다 (umsetzen) 등

⋆ sitzen 동사의 불규칙 동사 변화표 ⋆

부정사	과거	과거분사	뜻
sitzen	**saß**	**gesessen**	앉다

MUSTER 106

어디에 앉아 있을 때

106.mp3

Ich sitze auf + D.

난 D에 앉아 있어.

Ich sitze 전치사(보통 auf) + 장소를 통해 어디에 앉아 있음을 표현합니다.

SCHRITT 1

1. 난 내 의자에 앉아 있어.	Ich sitze **auf meinem Stuhl.**
2. 난 발코니에 앉아서 햇볕을 즐기고 있어.	Ich sitze **auf dem Balkon und genieße die Sonne.**
3. 난 지금 기차 / 버스에 앉아 있어.	Ich sitze **gerade im Zug / Bus.**
4. 난 하루 종일 집에서 PC 앞에 앉아 있어.	Ich sitze **den ganzen Tag nur zuhause vor dem PC.**
5. 난 안절부절 못하고 있어. (직역: 난 뜨거운 석탄 위에 앉아 있어.)	Ich sitze **auf heißen Kohlen.** (숙어)

SCHRITT 2

1. 옆방 친구와 발코니에서의 대화

A Wo bist du?
B 난 발코니에 앉아서 햇볕을 즐기고 있어. Komm hierher!
A Ja, ich komme sofort. Soll ich Getränke mitbringen?
B Hast du etwas Kühles?

A 어디에 있니?
B Ich sitze auf dem Balkon und genieße die Sonne. 여기로 와!
A 그래, 곧 갈게. 음료수 갖고 갈까?
B 시원한 거 있어?

2. 할 일이 많은 것에 대해 이야기할 때

A Was machst du zurzeit?
B 난 하루 종일 집에서 PC 앞에 앉아 있어. Ich muss die Aufgabe bis am Ende dieser Woche beenden.
A Schade, ich drücke dir die Daumen.
B Ich finde es auch schade, danke!

A 요즘 뭐 해?
B Ich sitze den ganzen Tag nur zuhause vor dem PC. 이번 주 말까지 과제를 끝내야 하거든.
A 이런, 성공을 빌어!
B 나도 안됐다고 생각해, 고마워!

TIPP 문화 일광욕 (Sonnenbad)

독일은 대체로 날이 흐리고 비가 자주 오고 겨울이 길다 보니, 여름에 잔디밭에서 일광욕하는 사람들이 많습니다. 처음엔 이해하지 못했지만, 지금은 빛을 몸 속에 저장하는 마음으로 일광욕을 하곤 합니다.

단어장 Wortschatz

sitzen 앉아 있다 (sitzen – saß – gesessen)
r. Stuhl(¨e) 의자
r. Balkon(s) 발코니
genießen 누리다, 즐기다 (genießen – genoss – genossen)
s. Getränk(e) 음료
mitbringen 가지고 오다
zurzeit 지금, 요즘
s. Ende(n) 끝
Ich drücke dir die Daumen. (숙어) 나는 너의 성공을 빈다.
r. Daumen(-) 엄지손가락

어딘가에 앉을 때

107.mp3

Ich setze mich auf + A.

난 D에 앉고 있어.

Ich setze A는 A를 앉히는 것을 뜻합니다. 특히 재귀대명사와 함께 쓰이면 자신을 앉히는 것, 즉 앉는 동작을 표현하지요. 그리고 setzen에서 의미가 확장된 분리동사가 많고, 그 쓰임이 다양합니다.

SCHRITT 1

1. 난 의자에 앉고 있어.	**Ich setze mich auf den Stuhl.**
2. 난 이 건물에서 사람들이 담배를 피지 못하도록 전력을 다할 거야.	**Ich setze mich dafür ein, dass man in diesem Gebäude nicht rauchen darf.**
3. 난 내 의지를 관철시키고 말 거야.	**Ich setze meinen Willen durch.**
4. 난 이러한 사실이 유명한 것으로 간주해.	**Ich setze diese Tatsache als bekannt voraus.**
5. 독일이 이기는 것에 (내기를) 걸었어.	**Ich setze darauf, dass Deutschland gewinnt.**

SCHRITT 2

1. 금연구역으로 만들고자 할 때

A Ich kann meinen Zimmernachbar nicht mehr ertragen. Er raucht nicht nur in seinem Zimmer, sondern auch auf dem Flur!
난 이 건물에서 사람들이 담배를 피지 못하도록 전력을 다할 거야.

B Ich glaube nicht, dass du damit Erfolg haben wirst.

A 난 내 의지를 관철시키고 말 거야.

B Viel Glück!

A 난 내 옆방 애를 더 이상 참을 수 없어. 자기 방에서뿐만 아니라 복도에서도 담배를 피워대!
Ich setze mich dafür ein, dass man in diesem Gebäude nicht rauchen darf.

B 난 네가 성공할 것 같지 않아.

A Ich setze meinen Willen durch.

B 행운이 있길!

2. 축구 내기를 할 때

A 독일이 이기는 것에 걸었어.

B Echt? Ich setze auf Portugal. Lass uns wetten!

A Um was?

B Darum, wer von uns beiden morgen spült!

A Ich setze darauf, dass Deutschland gewinnt.

B 정말? 난 포르투갈에 걸었는데. 우리 내기하자!

A 뭘 걸 건데?

B 내일 누가 설거지할 건지!

TIPP 문장 sitzen과 setzen sich

sitzen은 앉아 있는 상태를, setzen sich는 앉는 동작을 나타냅니다.
Ich sitze auf dem Stuhl. 난 의자에 앉아 있어.
Ich setze mich auf den Stuhl. 난 의자에 앉고 있어.

단어장 Wortschatz

sich für + A einsetzen A에 전력을 다하다
r. Wille(ns, n) 의지
durchsetzen 관철시키다, 성취하다
e. Tatsache(n) 사실
bekannt 잘 알려진
voraussetzen 가정하다, 추측하다
gewinnen 이기다
ertragen 견디다
r. Flur(e) 복도
wetten 내기하다

MUSTER 108

앉거나 놓으라고 명령할 때

108.mp3

Setze ~!

앉혀 / 놓아!

Setze!를 통해 앉거나 놓으라는 명령을 표현할 수 있습니다.

SCHRITT 1

1. 앉아!	Setze **dich hin!**
2. 내 옆에 앉아!	Setze **dich zu mir!**
3. 네 계획을 실행해!	Setze **deinen Plan um!**
4. 모든 것을 걸지는 마! (직역: 모든 것을 지도 위에 펼치지 마!)	Setze **nicht alles auf eine Karte!**
5. 너 자신을 스스로 압박하지 마!	Setze **dich nicht unter Druck!**

SCHRITT 2

1. 대학 졸업 후 계획에 대해

A Was wirst du nach deinem Abschluss an der Universität machen?

B Ich habe vor, für ein Jahr nach England zu gehen, um dort zu arbeiten.

A 네 계획을 실행해!

B Das würde ich gerne, aber bis jetzt habe ich noch nicht genug Geld dafür.

A 대학 졸업 후에 뭘 할 생각이니?

B 1년 정도 영국에 가서 일하려고 계획 중이야.

A Setze deinen Plan um!

B 나도 기꺼이 하길 원해, 하지만 아직 필요한 돈을 모으지 못했어.

2. 스스로를 압박하는 친구와의 대화

A Ich setze alles daran, um mein Ziel zu erreichen.

B Ich denke, es ist gut, dein Bestes zu geben, 하지만 모든 것을 걸지는 마!

A Du hast recht, ich setze mich zu sehr unter Druck.

B Setze dich zu mir, ich gebe dir ein paar gute Tipps.

A 난 나의 목적을 이루기 위해 모든 것을 걸었어.

B 난 네가 최선을 다하는 것은 좋다고 생각해, aber setze nicht alles auf eine Karte!

A 네 말이 맞아, 난 나 자신을 압박해.

B 내 옆에 앉아봐, 몇 가지 괜찮은 조언을 해줄게.

TIPP 문법 würden

접속법 2식은 가정, 추측, 공손의 의미를 가집니다. 동사 würden은 아직 일어나지 않은 일에 대한 가정을 나타내지만, 결과적으로는 어떤 일이 일어나길 바라는 소망(möchten)을 표현합니다.
Das würde ich gerne. (만약 그렇게 된다면) 나는 기꺼이 그것을 할 텐데. → 난 그것을 하길 원해.

단어장 Wortschatz

e. Karte(n) 1) 카드 2) 지도
r. Druck(¨e) 압력
Jn unter Druck setzen Jn을 압박(강요)하다, 재촉하다
r. Abschluss(¨e) 종결, 졸업

EINHEIT
11

liegen und legen

눕다, 눕히다

자세와 관련된 세 번째 동사는 '눕다', '눕히다'입니다.

liegen 동사의 의미와 특징

1 어떤 장소에 누워 있는 상태를 표현

Ich liege im Bett. 난 침대에 누워 있어.

Ich liege auf dem Bauch. 난 엎드려 있어.

2 물건이 놓여 있는 상태를 표현하거나 놓여 있는 장소를 표현

Das Buch liegt auf dem Tisch. 그 책은 책상 위에 있어.

Köln liegt am Rhein. 쾰른은 라인 강변에 있어.

3 가주어 es와 함께 쓰여 중요성 (Es liegt mir an dir. 내게 넌 중요해.)이나 원인 (Liegt es an mir? 나 때문이니?)을 표현

legen 동사의 의미와 특징

1 어떤 장소에 눕히거나 놓는 행동을 표현

Ich legte das Buch auf den Tisch. 난 책을 책상 위에 뒀어.

2 명령어

Leg dich nicht mit mir an! 시비 걸지 마!

3 legen 동사의 분리/비분리 동사

갖다 대다 (anlegen), 제시하다 (vorlegen), 해석하다 (auslegen), 예약하다 (belegen), 덧붙이다 (beilegen) 등

★ liegen 동사의 불규칙 동사 변화표 ★

부정사	과거	과거분사	뜻
liegen	**lag**	**gelegen**	눕다, 놓여 있다

자신이 누워 있거나 무엇인가 놓여 있을 때

109.mp3

N liegt ~.

N이 ~에 놓여 있다.

N liegt + 장소를 통해 N이 어떤 장소에 놓여 있음을 표현할 수 있습니다. liegen 동사는 여러 장소 전치사와 함께 다양한 경우에 사용됩니다.

SCHRITT 1

1. 난 침대에 누워 있어.	**Ich liege im Bett.**
2. 난 바로 / 엎드려 / 옆으로 누워 있어.	**Ich liege auf dem Rücken / dem Bauch / der Seite.**
3. 그 호텔은 시 외곽에 있어.	**Das Hotel liegt am Rand(e) der Innenstadt.**
4. 쾰른은 라인 강변에 있어.	**Köln liegt am Rhein.**
5. 돈 벌기 쉬워. (직역: 돈이 길바닥에 널렸어.)	**Das Geld liegt auf der Straße.**

SCHRITT 2

1. 책을 찾을 때

A Hast du das Buch weggestellt?
B Nein, 그것(책)은 책상 위에 있어.
A Ich habe schon gesucht, aber es nicht gefunden.
B Dann weiß ich auch nicht.

A 그 책 치웠어?
B 아니, es liegt auf dem Tisch.
A 이미 찾아봤는데, 찾지 못했어.
B 그럼 나도 몰라.

2. 위치를 물을 때

A Entschuldigung, kann ich eine Frage stellen?
B Ja, bitte.
A Ich suche das Hotel. Wissen Sie, wo es liegt?
B 그 호텔은 시 외곽에 있어요. Sie können mit der U-Bahn 13 dorthin fahren.

A 실례합니다만, 질문 하나 해도 될까요?
B 네, 하세요.
A 호텔을 찾고 있습니다. 어디에 있는지 아시나요?
B Das Hotel liegt am Rande der Innenstadt. 지하철 13번을 타면 거기로 갈 수 있어요.

TIPP 문화 기차와 지하철

기차는 속도에 따라 ICE(Intercity Express, 고속철), IC(Intercity), EC(Eurocity), IRE(Interregio-Express), RE(Regional-Express), S-Bahn(Stadtschnellbahn)으로 나뉩니다. 또한 전철은 Straßenbahn(도로 위를 달리는 전철)과 U-Bahn(Untergrundbahn, 지하철)이 있습니다.

단어장 Wortschatz

liegen 누워 있다 (liegen – lag – gelegen)
s. Bett(en) 침대 (★ s. Bad(¨er) 목욕)
r. Rand(¨er) 가장자리, 외곽
e. U-Bahn(en) 지하철 (Untergrundbahn의 약칭)

어떤 것이 놓여 있을 때

110.mp3

Es liegt ~.

그것은 ~에 놓여 있다.

Es liegt를 통해 어떤 상태에 놓여 있음을 은유적으로 표현할 수 있습니다.

SCHRITT 1

1. 그것은 당연한 거야. (직역: 그것은 그 일의 본질 안에 있어.) — **Das liegt in der Natur der Sache.**
2. 그것은 나의 의도가 아니야. — **Es liegt nicht in meiner Absicht.**
3. 그것은 내게 중요해. (직역: 그것은 내 심장에 있어.) — **Es liegt mir am Herzen.**
4. 생각이 나지 않아. (직역: 그것은 내 혀 위에 있어.) — **Es liegt mir auf der Zunge.**
5. 그것을 의도하진 않았어. — **Das liegt mir fern.**

SCHRITT 2

1. 여자친구가 화내는 것에 대해

A Meine Freundin ist wütend auf mich!
B Warum dieses Mal?
A Ich habe nicht bemerkt, dass sie beim Friseur war.
B Und da wunderst du dich, dass sie wütend ist? 그건 당연한 거야.

A 여친이 내게 화가 났어!
B 이번엔 왜?
A 그녀가 미용실 다녀온 걸 몰랐거든.
B 그녀가 화내는 게 놀라워? Das liegt in der Natur der Sache.

2. 알고 있는데 바로 생각이 나지 않을 때

A Wer war der erste Bundeskanzler in Deutschland?
B 생각이 나지 않아.
A Konrad Adenauer.
B Genau, sage ich doch!

A 독일 1대 총리가 누구죠?
B Es liegt mir auf der Zunge.
A 콘라트 아데나우어.
B 맞아, 나도 말하려고 했어! (유머)

TIPP 문화 콘라트 아데나우어 (Konrad Adenauer)

콘라트 아데나우어는 2차 대전 이후 서독의 1대 총리를 역임했고, 그의 이름을 딴 장학재단(Konrad-Adenauer-Stiftung)이 있으며, 또한 그의 이름은 곳곳에 도로이름으로도 쓰입니다. 상식적으로 알아둘 만한 이름입니다.

단어장 Wortschatz

e. Natur(en) 자연
e. Sache(n) 사건, 사물
e. Absicht(en) 의도
e. Zunge(n) 혀
auf + A wütend sein A에 대해 몹시 화가 나다
bemerken 인지하다
r. Friseur(e) 이발소, 미용실
r. Bundeskanzler(-) 총리

MUSTER 111

무엇이 자신에게 중요하다고 말할 때

111.mp3

Es liegt mir an + D.

D는 내게 중요해.

Es liegt mir an + D를 통해 D가 자신에게 중요하다는 것을 말할 수 있습니다.

SCHRITT 1

1. 너는 내게 매우 중요해. — Es liegt mir **viel** an **dir.**
2. 그것은 내게 더 이상 중요하지 않아. — Es liegt mir **nichts mehr dar**an.
3. 난 네가 선생님 말에 귀 기울이는 것이 중요하다고 생각해. — Es liegt mir **dar**an**, dass du dem Lehrer zuhörst.**
4. 네가 건강해지는 것이 내겐 중요해. — Es liegt mir **dar**an**, dass du bald wieder gesund wirst.**
5. 약속을 지키는 것이 내겐 중요해. — Es liegt mir **dar**an**, dass ich zu meinem Wort stehe.**

SCHRITT 2

1. 수업시간에 집중하라고 충고할 때

A Was hat der Lehrer gesagt?

B Siehst du, das hast du davon, wenn du mit anderen redest. 난 네가 선생님 말에 귀 기울이는 게 중요하다고 생각해.

A Ich wurde gerade etwas gefragt.

B Trotzdem solltest du aufpassen, denn sonst wirst du Schwierigkeiten in der Prüfung bekommen.

A 선생님께서 무슨 말 하셨어?

B 이봐, 만약 네가 다른 사람과 말하고 있다면 (못 들은 것은) 네 탓이야. Es liegt mir daran, dass du dem Lehrer zuhörst.

A 누가 뭘 물어봐서.

B 그럼에도 불구하고 넌 집중해야 해, 그렇지 않으면 넌 시험에서 어려움에 처하게 될 거야.

2. 옆방 친구를 간호할 때

A Bis später! Ich gehe jetzt zur Arbeit.

B Du bist doch so krank! Bleib zu Hause! Ich mache dir Tee.

A Danke, aber warum kümmerst du dich so um mich?

B 네가 곧 건강을 찾는 게 내겐 중요하거든.

A 다음에 보자! 나 지금 일하러 가야 해.

B 하지만 넌 많이 아파! 집에 있어! 내가 차 끓여줄게.

A 고마워, 근데 왜 넌 날 이렇게 돌봐주니?

B Es liegt mir daran, dass du bald wieder gesund wirst.

TIPP 문화 감기와 차

독일에선 감기에 걸렸을 때 병원에 가면 웬만해서는 주사를 놓아주거나 약을 처방해주지 않습니다. 따뜻한 차를 마시라고 권합니다. 가능한 약물에 의존하지 않고 자연스럽게 낫도록 유도하지요. 약을 처방해준다고 해도 한국에서 먹던 약보단 약합니다. 비상약은 한국에서 준비해가는 것을 추천합니다.

단어장 Wortschatz

r. Lehrer(-) 선생님(남) ↔
e. Lehrerin(nen) 선생님(여)
Siehst du! (숙어) 그것 봐!
Das hast du davon. (숙어) 그것은 네 탓이야.
trotzdem 그럼에도 불구하고
auf + A aufpassen A에 주의하다
sonst 그렇지 않으면
r. Tee(s) 차
sich um + A kümmern A를 (위해) 신경 쓰다

MUSTER 112

원인을 물을 때

112.mp3

Liegt es an + D?

그건 D 때문이니?

Liegt es an + D?를 통해 D가 (사건의) 원인인지를 물을 수 있습니다.

SCHRITT 1

1. 나 때문이야? **Liegt es an mir?**
2. 네가 화난 게 나 때문이야? **Liegt es an mir, dass du sauer bist?**
3. 그가 오지 않은 것이 나 때문이야? **Liegt es an mir, dass er nicht kommt?**
4. 그녀가 화내는 건 누구 때문이니? **An wem liegt es, dass sie ärgerlich ist?**
5. 무엇 때문이니? **Woran liegt es?**

SCHRITT 2

1. 버스를 놓쳐 화난 것에 대해

A 그게 나 때문이야?
B Nein, es liegt nicht an dir, sondern an mir.
A Warum bist du dann sauer?
B Ich bin zu spät aufgestanden und habe den Bus verpasst!

A Liegt es an mir?
B 아니, 너 때문이 아니고 나 때문이야.
A 그럼 왜 그렇게 화내는데?
B 너무 늦게 일어나서 버스를 놓쳤거든!

2. 지갑을 도난당한 것에 대해

A 그녀가 화내는 건 누구 때문이니?
B Ihr wurde der Geldbeutel gestohlen.
A Hat sie die Polizei angerufen?
B Ja, aber die Diebe sind schon weg gerannt.

A An wem liegt es, dass sie ärgerlich ist?
B 지갑을 도난당했어.
A 경찰에 신고했대?
B 응, 하지만 도둑은 이미 도망갔어.

TIPP 문화 지갑 분실

지갑을 잃어버리면 제일 먼저 은행에 가서 카드를 정지하고, 경찰서나 담당 관청에 신고를 하시길 바랍니다. 간혹 돈은 없어져도 지갑을 찾는 경우는 있습니다.

단어장 Wortschatz

ärgerlich 화가 난
aufstehen 기상하다
verpassen 놓치다 (* passen 꼭 맞다)
stehlen 훔치다 (stehlen – stahl – gestohlen)
e. Polizei(x) 경찰 (거의 단수) (* r. Polizist(en, en) 경찰관)
r. Dieb(e) 도둑
rennen (빠르게) 달리다 (rennen – rannte – gerannt)
(* 달리는 속도 gehen < laufen < rennen)

MUSTER 113

무엇인가를 어딘가에 놓을 때

113.mp3

Ich lege A ~.

난 A를 ~에 놓고 있어.

Ich lege A를 통해 A를 놓고 있음을 표현할 수 있습니다.

SCHRITT 1

1. 난 책을 책상 위에 두었어. — Ich legte **das Buch auf den Tisch.**
2. 난 바나나를 냉장고에 넣었어. — Ich legte **die Bananen in den Kühlschrank.**
3. 난 진심을 밝힐 거야. (직역: 난 지도를 책상 위에 펼쳐.) — Ich lege **die Karten offen auf den Tisch.**
4. 난 새로운 메일주소를 개설했어. — Ich legte **mir eine neue Email-Adresse an.**
5. 난 귀가 얇아. (직역: 난 다른 사람의 의견에 너무 많은 가치를 둬.) — Ich lege **zu viel Wert auf die Meinung anderer.**

SCHRITT 2

1. 바나나를 냉장고에 보관하는 것에 대해

A Wo sind Bananen?
B 바나나 냉장고에 넣어뒀는데.
A Oh, Mann! Bananen dürfen nicht in den Kühlschrank gelegt werden! Sie werden schneller braun!
B Ach so, das wusste ich nicht.

A 바나나 어디 있어?
B Ich legte die Bananen in den Kühlschrank.
A 오, 이런! 바나나는 냉장고에 두면 안 돼! 빨리 갈변해버려!
B 아 그래, 그걸 몰랐어.

2. 새 메일주소 개설에 관해

A Hast du meine Email bekommen?
B 아니, 난 메일주소를 새로 만들었어. Es tut mir leid, dass ich es dir nicht mitgeteilt habe.
A Kein Problem! Was ist deine neue Adresse?
B XXX@gmail.com.

A 내 메일 받았어?
B Nein, ich legte mir eine neue Email-Adresse an. 말해주지 않아서 미안해.
A 괜찮아! 새 메일주소는 뭐야?
B XXX@gmail.com.

TIPP 문화 이메일

구글이나 야후 등 외국에서 사용하는 이메일 계정이 하나 정도 있으면 좋습니다. 한국 계정으로는 가끔씩 안 올 때가 있더군요. 외국 계정으로 이메일을 만들 때는 한국과는 달리 주민등록번호가 필요하지 않습니다. 이메일 계정을 '만들다'는 표현은 anlegen뿐만 아니라 zulegen, erstellen, einrichten이라고도 합니다. 또한 Email은 여성, 중성 다 사용하지만, 요즘 여성으로 더 많이 사용합니다.

단어장 Wortschatz

e. Banane(n) 바나나
r. Kühlschrank(¨e) 냉장고
e. Adresse(n) 주소
anlegen 1) 갖다 대다 2) 건설하다
r. Wert(e) 가치
e. Meinung(en) 의견, 생각
braun 갈색의
mitteilen 알리다

무엇을 어디에 두라고 명령할 때

114.mp3

Leg A ~!

A를 ~에 놓아둬!

Leg A + 장소를 통해 A를 그 장소에 놓으라고 명령할 수 있습니다. 상황에 따라 다양한 은유적 표현이 가능합니다.

SCHRITT 1

1. 엎드려!	**Leg dich hin!**
2. 안락의자에 발 올리지 마!	**Leg die Füße nicht auf den Sessel!**
3. 시비 걸지 마!	**Leg dich nicht mit mir an!**
4. 날 곤란하게 만들지 마! (직역: 내가 가는 길에 돌을 놓아두지 마!)	**Leg mir keine Steine in den Weg!**
5. 상처를 건드리지 마! (직역: 상처에 손가락을 대지 마!)	**Leg nicht den Finger auf die Wunde!**

TIPP 격언 Auch aus Steinen, die einem in den Weg gelegt werden, kann man Schönes bauen. – Johann Wolfgang von Goethe
또한 누군가를 곤란하게 만드는 것으로부터도 아름다운 것을 만들 수 있다. – 요한 볼프강 폰 괴테

SCHRITT 2

1. 시비가 붙었을 때

A 시비 걸지 마!	A Leg dich nicht mit mir an!
B Ich mache nur Spaß!	B 그냥 장난이야!
A Das macht mir aber keinen Spaß!	A 하지만 그건 내겐 장난이 아냐!
B Schon gut, alles cool.	B 알겠어. 다 괜찮아.

2. 여자친구와 헤어진 것에 대해 이야기할 때

A Hast du dich von ihr getrennt?	A 그녀랑 헤어졌어?
B 상처를 건드리지 마!	B Leg nicht den Finger auf die Wunde!
A Entschuldigung, das lag mir fern!	A 미안. 의도한 건 아니야!
B Ist okay. Wir haben uns gestern getrennt.	B 괜찮아. 어제 헤어졌어.

단어장 Wortschatz

r. Sessel(e) 안락의자
sich mit + Jm anlegen Jm에게 시비를 걸다
Ich mache nur Spaß! (숙어) 그저 장난이야!
r. Stein(e) 돌
Jm Steine in den Weg legen (숙어) 어려움을 주다, 방해하다
r. Finger(-) 손가락
e. Wunde(n) 상처 (* s. Wunder(-) 기적)
Das lag mir fern. (숙어) 의도는 아니었어.
von + Jm trennen Jm과 헤어지다

EINHEIT
12

geben und nehmen

주다, 잡다

행동과 관련된 동사 중 빈번히 사용되는 동사로 '주다'와 '잡다'가 있습니다. 이번 Einheit에서는 이 두 동사의 쓰임에 대해 배워봅니다.

gehen 동사의 의미와 특징

1 목적어를 대상에게 주는 행위를 표현

2 추상 목적어 가능
Ich gebe mein Bestes. 난 최선을 다해.

3 가주어 es와 함께 쓰여 존재 (Es gibt + A. A가 있다.)를 표현

4 geben 동사의 분리/비분리 동사
제출하다 (abgeben), 포기하다 (aufgeben), 돈을 쓰다 (ausgeben), 진술하다 (angeben), 결과가 생기다 (sich ergeben), 인정하다 (zugeben) 등

nehmen 동사의 의미와 특징

1 잡다뿐만 아니라 취하다는 의미도 지님 (무엇인가를 잡아서 자기의 것으로 하는 뉘앙스)

2 기능 동사로 쓰임: 특정 전치사와 결합하여 본래 의미와는 전혀 다른 의미를 나타냄
Ich nehme das in Kauf. 난 그것을 감수해.

3 nehmen 동사의 분리/비분리 동사
빼다 (abnehmen), 찌다 (zunehmen), 받아들이다 (annehmen), 제외하다 (ausnehmen), 넘겨받다 (übernehmen), 참석하다 (teilnehmen), 복용하다 (einnehmen), 인지하다 (wahrnehmen), 제거하다 (wegnehmen), 착수하다 (unternehmen) 등

⋆ geben 동사와 nehmen 동사의 불규칙 동사 변화표 ⋆

부정사	과거	과거분사	뜻
geben	**gab**	**gegeben**	주다
nehmen	**nahm**	**genommen**	잡다/취하다

무엇인가를 줄 때

115.mp3

Ich gebe A.

난 A를 줘.

Ich gebe A를 통해 A를 상대에게 주는 행동을 표현합니다. geben에서 의미가 확장된 다양한 분리동사들이 일상생활 표현에 자주 쓰입니다.

SCHRITT 1

1. 네가 옳아.	Ich gebe **dir Recht.** **= Du hast recht.**
2. 네게 소식을 알려줄게.	Ich gebe **dir Bescheid.**
3. 난 최선을 다해.	Ich gebe **mein Bestes.**
4. 난 먹는 데 돈을 많이 써.	Ich gebe **viel Geld für Essen aus.**
5. 난 숙제를 제출해.	Ich gebe **die Aufgabe ab.**

SCHRITT 2

1. 친구를 찾을 때

A Weißt du, wann Mia nach Stuttgart kommt?	**A** 미아가 언제 슈투트가르트에 가는지 아니?
B Schwer zu sagen, sie ist immer viel unterwegs.	**B** 뭐라 말하기 어려워, 그녀는 항상 많이 돌아다니거든.
A 네 말이 맞아, aber wenn du etwas von ihr hörst, sag es mir!	**A** Ich gebe dir Recht, 하지만 그녀에 대해 뭔가 듣게 되면 말해줘!
B Okay, 그러면 네게 소식을 알려줄게.	**B** 그래, dann gebe ich dir Bescheid.

2. 먹는 데 돈을 많이 쓰는 것에 대해

A Für was gibst du am meisten Geld aus?	**A** 넌 돈을 어디에 가장 많이 쓰니?
B 난 먹는 데 돈을 많이 써.	**B** Ich gebe viel Geld für Essen aus.
A Ist es nicht teuer?	**A** 비싸진 않아?
B Im Vergleich zu Korea ist es hier billiger!	**B** 한국이랑 비교했을 때 여기가 더 싸!

TIPP 문화 물가

지역마다 물가가 다르고 정확하게 수치로 비교할 수 없어서 한국과 물가를 비교할 수는 없습니다. 하지만 지극히 개인적인 느낌으로 보자면 집값, 교통비, 공산품 등 거의 대부분이 더 비싼 반면에 다행히 식비는 비슷하거나 더 쌉니다.

단어장 Wortschatz

geben 주다 (geben – gab – gegeben)
für + A ausgeben A에 돈을 쓰다
abgeben 제출하다 (* aufgeben 1) 숙제를 내다 2) 중단하다)
am meisten 주로
r. Vergleich(e) 비교 (* gleich 같은)
Im Vergleich zu + D D와 비교하면

무엇을 달라고 명령하거나 부탁할 때

116.mp3

Gib A!

A를 줘!

Gib A!를 통해 A를 달라고 명령하거나 부탁할 수 있습니다. 정중한 표현은 Können Sie bitte A geben?입니다.

SCHRITT 1

1. 거기 그거 줘!	**Gib mir das Ding da!**
2. 조언 좀 해줘!	**Gib mir einen Rat!**
3. 차 조심해!	**Gib acht auf den Verkehr!**
4. 언제든 희망을 잃지 마!	**Gib die Hoffnung niemals auf!**
5. 참견하지 마! (직역: 너의 겨자를 더하지 마!)	**Gib nicht deinen Senf dazu!**

SCHRITT 2

1. 물건을 가져다 달라고 부탁할 때

A 거기 그것 좀 줘!	A Gib mir das Ding da!
B Was genau?	B 정확히 뭐?
A Das da!	A 거기 그거!
B Du meinst den Schraubenzieher?	B 드라이버 말하는 거니?

2. 물 좀 달라고 부탁할 때

A 물 좀 줘!	A Gib mir bitte Wasser!
B Mit Kohlensäure oder ohne?	B 탄산수 아니면 그냥 물?
A Bitte mit!	A 탄산수!
B Hier bitte!	B 여기!

TIPP 문화 탄산수 (Wasser mit Kohlensäure)

독일에선 그냥 물보단 탄산수를 더 많이 마십니다. Sprudel 또는 Mineralwasser라고도 합니다.

단어장 Wortschatz

s. Ding(e) 물건, 사건
da 1) 거기 2) 때문에
s. Wasser(¨) 물
r. Rat(¨e) 1) (단수) 충고 2) (복수) 모임, 협회
auf + A achtgeben A를 주의하다 (= auf + A achten)
r. Verkehr(x) 교통 (* s. Verkehrsmittel(-) 교통수단)
aufgeben 1) 숙제를 내다 2) 중단하다
e. Hoffnung(en) 희망
r. Senf(e) 겨자
dazugeben 1) (추가로) 더 주다 2) 기여하다, 공헌하다
äußern 진술하다 (* außer + D D를 제외하고)
r. Schraubenzieher(-) 드라이버 (e. Schraube(n) 나사)

무엇인가가 있음을 말할 때

117.mp3

Es gibt A.

A가 있다.

Es gibt A를 통해 A가 존재함을 표현합니다.

SCHRITT 1

1. 사무실에 할 일이 많아.	**Im Büro gibt es viel zu tun.**
2. 한 가지 길만 있는 건 아냐.	**Es gibt nicht nur den einen Weg.**
3. 삶에는 좋은 날도 궂은 날도 있어.	**Es gibt gute und schlechte Tage im Leben.**
4. 말로 표현될 수 없는 것들도 있어.	**Es gibt Dinge, die man nicht erzählen kann.**
5. 모든 일에는 장점과 단점이 있어.	**Es gibt bei jeder Sache Vorteile und Nachteile.**

TIPP
문장 '있다' 동사
기본적인 sein 동사 외에도 es gibt, sich befinden, vorhanden sein 등이 '있다'는 뜻으로 쓰입니다.

SCHRITT 2

1. 직장생활이 어떤지 물을 때

A Wie geht es dir bei der Arbeit?
B 사무실에 일이 많아.
A Ist es stressig?
B Es ist noch in Ordnung.

A 너 직장생활 어때?
B Im Büro gibt es viel zu tun.
A 스트레스 받아?
B 아직까진 잘 되고 있어.

2. 시험에 떨어진 친구와 이야기할 때

A Studierst du nicht Medizin?
B Ich habe die Prüfung leider nicht bestanden. Ich kann kein Arzt werden.
A 한 가지 길만 있는 건 아냐.
B Naja, aber jetzt weiß ich nicht, welcher Beruf zu mir passt.

A 의학을 공부하지 않았어?
B 유감스럽게도 시험에 붙지 못했어. 의사가 될 수 없어.
A Es gibt nicht nur den einen Weg.
B 맞아. 하지만 지금으로선 어떤 직업이 내게 어울리는지 모르겠어.

단어장 Wortschatz

r. Tag(e) 낮, 날
erzählen 이야기하다
s. Büro(s) 사무실
e. Medizin(en) 의학
r. Arzt(¨e) 의사(남) ↔ e. Ärztin(nen) 의사(여)
zu + Jm passen Jm에게 어울리다

MUSTER 118

무엇인가를 잡거나 취할 때

118.mp3

Ich nehme A.

난 A를 잡아 / 취해.

Ich nehme A를 통해 A를 잡거나 취하는 것을 표현할 수 있습니다.

SCHRITT 1

1. 난 손으로 잔을 쥐고 있어.	Ich nehme **mein Glas in die Hand.**
2. 자동차로 가.	Ich nehme **das Auto.**
3. 그것에 대해 입장을 취해.	Ich nehme **Stellung dazu.**
4. 약속 지켜! (직역: 난 (너의) 말에 너를 붙잡고 있어.)	Ich nehme **dich beim Wort.**
5. 난 솔직하게 말해. (직역: 난 입 앞에 잎을 두지 않아.)	Ich nehme **kein Blatt vor den Mund.**

TIPP 격언 Überlege einmal, bevor du gibst, zweimal, bevor du annimmst und tausendmal, bevor du verlangst. – Marie von Ebner-Eschenbach
주기 전에 한 번 숙고하고, 받기 전에 두 번 숙고하고, 요구하기 전에 천 번 숙고하라. – 마리 폰 에브너-에셴바흐

SCHRITT 2

1. 장 보라고 심부름을 시킬 때

A Ich gehe einkaufen.	**A** 나 장 보러 가.
B Nimmst du das Auto oder gehst du mit dem Einkaufsroller?	**B** 차로 가니 아니면 쇼핑카트 가져가니?
A 자동차로 가.	**A** Ich nehme das Auto.
B Dann bringe noch zwei Kästen Sprudel mit.	**B** 그럼 탄산수 두 상자 같이 사와.

2. 보고서 제출이 늦어질 때

A Meyer, haben Sie den Bericht schon fertig?	**A** 마이어 씨, 이미 보고서를 끝냈나요?
B Noch nicht, aber er liegt morgen früh auf Ihrem Schreibtisch.	**B** 아니요 아직, 내일 일찍 책상에 올려두겠습니다.
A 약속 지키세요!	**A** Ich nehme Sie beim Wort!
B Jawohl, Chef!	**B** 네, 사장님!

단어장 Wortschatz

nehmen 취하다 (nehmen – nahm – genommen)
s. Glas(¨er) 컵
e. Stellung(en) 위치, 입장
s. Blatt(¨er) 잎
r. Mund(¨er) 입
r. Einkaufsroller(-) 쇼핑카트
r. Kasten(¨) 상자, 궤
r. Bericht(e) 보고서
A fertig haben A를 끝내다
r. Schreibtisch(e) (사무) 책상
Jawohl (강조) 예!

무엇인가를 할 때

119.mp3

Ich nehme A1 in / auf + A2.

난 A2에서 A1를 취해.

동사 nehmen은 전치사 in 또는 auf와 함께 쓰여 본래의 의미와는 전혀 다른 의미를 가집니다. 이처럼 쓰이는 동사를 기능동사라고 합니다.

SCHRITT 1

1. 난 그것을 감수해. — Ich nehme **das in Kauf.**
2. 난 그것을 시작해. — Ich nehme **das in Angriff.**
3. 난 그것을 사용해. — Ich nehme **das in Anspruch.**
4. 내가 그것을 책임져.
(직역: 난 내 자신의 모자 위로 그것을 취해.) — Ich nehme **das auf meine eigene Kappe.**
5. 난 너를 놀리고 있어.
(직역: 난 너를 내 팔로 안고 있어.) — Ich nehme **dich auf den Arm.**

SCHRITT 2

1. 외국어로 (전공) 공부하는 이유에 대해

A Ist es nicht schwer, in einer fremden Sprache zu studieren?
B Doch, 하지만 꿈을 실현하기 위해 난 그것을 감수해.
A Was ist dein Traum?
B Ich möchte bei einer internationalen Organisation arbeiten.

A 외국어로 공부하는 거 어렵지 않니?
B 어렵지, aber ich nehme das in Kauf, damit ich meinen Traum wahr mache.
A 꿈이 뭔데?
B 국제기구에서 일하고 싶어.

2. 회사에서 프로젝트를 책임질 때

A Der Chef ist wütend, weil unser Projekt noch nicht fertig ist.
B 내가 책임질게.
A Wirklich, du nimmst die Verantwortung auf dich?
B Ja, das mache ich.

A 우리 프로젝트가 아직 끝나지 않아서 사장님이 화났어.
B Ich nehme das auf meine eigene Kappe.
A 정말, 네가 책임질 거야?
B 그래, 내가 할게.

TIPP 문법 기능동사 (Funktionsverb)

nehmen, kommen, stellen, bringen 등의 동사들은 특정 전치사구와 함께 쓰여 본래의 의미와는 완전히 다른 의미를 가집니다. 이와 같은 동사를 기능동사라고 합니다. SCHRITT 1의 1, 2, 3번 문장에 쓰인 nehmen 동사가 기능동사입니다.

단어장 Wortschatz

r. Kauf(¨e) 구입
r. Angriff(e) 공격)
r. Anspruch(¨e) 요구
e. Kappe(n) (테두리 없는) 모자
r. Arm(e) 팔
e. Verantwortung(en) 책임

nehmen 동사의 분리/비분리 동사

120.mp3

Ich habe abgenommen.

난 살이 빠졌어.

동사 nehmen은 특히나 분리/비분리 동사가 많습니다. 여기서는 이에 해당하는 몇 가지 경우를 배웁니다.

SCHRITT 1

1. 난 살이 빠졌어 / 쪘어.	Ich habe **abgenommen / zugenommen.**
2. 난 서랍장을 루카스로부터 넘겨 받았어.	Ich habe **eine Kommode von Lukas übernommen.**
3. 난 그 모임에 참석해.	Ich nehme **an dem Treffen teil.**
4. 난 널 받아들일 거야.	Ich nehme **dich an.**
5. 난 널 신경 써.	Ich nehme **mich deiner an.** (일상어)

SCHRITT 2

1. 운동 다녀왔을 때

A Woher kommst du?
B Ich komme vom Fitness-Center zurück!
A Du siehst gesund aus!
B 응, 살이 빠졌어.

A 어디서 오니?
B 피트니스 센터 다녀와.
A 너 건강해 보이는구나!
B Ja, ich habe abgenommen.

2. 서랍장을 받은 것에 대해 이야기할 때

A Du hast eine schöne Kommode! Wo hast du sie gekauft?
B 아니, 사지 않았어. 루카스가 이사 갈 때 그것을 넘겨 받았어.
A Du Glückspilz!
B Jedem das, was er verdient!

A 너 예쁜 서랍장을 가지고 있구나! 어디서 샀니?
B Nein, nicht gekauft, sondern ich habe sie von Lukas übernommen als er umgezogen ist!
A 너 행운아구나!
B 받을 만하니 받는 거야! (유머)

TIPP 문화 넘겨 받기 (übernehmen)

현재 독일에 체류하는 한국인들 중 유학생들이 많은 비중을 차지합니다. 그러다 보니 유학생들은 학업을 마치고 돌아갈 때 자신이 쓰던 물건들을 넘겨 주고 갑니다. 아버지가 유학할 때 썼던 물건을 자신이 유학와서 찾은 사람도 있습니다.

단어장 Wortschatz

abnehmen 살이 빠지다 ↔ zunehmen 살이 찌다
an + D teilnehmen D에 참석하다
e. Kommode(n) 서랍장
übernehmen 넘겨 받다
annehmen 받아들이다
umziehen 이사하다
r. Glückspilz(e) 행운아
Jedem das, was er verdient! (숙어) 받을 만하니 받는 거야!

무엇을 잡으라고 명령할 때

121.mp3

Nimm A!

A를 잡아!

Nimm A!를 통해 A를 잡거나 취하라고 명령할 수 있습니다.

SCHRITT 1

1. 대기실에 앉아 있으세요!	Nehmen Sie **bitte im Wartezimmer Platz!**
2. 손 치워!	Nimm **die Hände weg!**
3. 이 약을 먹어!	Nimm **die Tabletten ein!**
4. 너무 어렵게 / 비관적으로 / 진지하게 여기지 마!	Nimm **es nicht so schwer / tragisch / ernst!**
5. 확신하지 마! (직역: 입을 가득 채우지 마!)	Nimm **den Mund nicht zu voll!**

SCHRITT 2

1. 등이 아파 병원에 갔을 때

A Ich habe Rückenschmerzen.
B Wie heißen Sie?
A Ich heiße Schiele Simon.
B Ok. 대기실에 앉아 있으세요!

A 등이 아파요.
B 이름이 뭔가요?
A 쉴레 지몬입니다.
B 좋아요. Nehmen Sie bitte im Wartezimmer Platz!

2. 약 복용에 관한 설명을 들을 때

A 이 약을 드세요!
B Wie oft soll ich sie einnehmen?
A 30 Minuten nach dem Essen, jeden Tag eine Woche lang.
B So lange?

A Nehmen Sie die Tabletten ein!
B 얼마나 자주 먹어야 하죠?
A 식후 30분에, 일주일간 드세요.
B 그렇게나 오래요?

TIPP 문화 가정의 (Hausarzt/in)

독일은 가정의 의료시스템이 잘 되어 있습니다. 비상시가 아닌 이상 먼저 가정의를 방문하여 진료를 받습니다. 간단한 것은 치료해 주기도 하고 아닌 것은 해당 병원과 연결시켜주기도 합니다. 예전에는 석 달에 한 번씩 10유로를 내야 했는데 이젠 그것도 없습니다. 가까이에 가정의를 정해두고 규칙적으로 방문하여 검사를 받을 수 있어서 건강을 유지하는 데 도움이 됩니다.

단어장 Wortschatz

s. Wartezimmer(-) 대기실
r. Platz(¨e) 장소, 자리
wegnehmen 제거하다
e. Tablette(n) 알약
einnehmen (약) 복용하다
tragisch 비극적인 (* e. Tragik(x) 비극)

EINHEIT 13

halten, handeln und hängen

붙잡다, 다루다, 걸려 있다

이번 Einheit에서 배울 행위 동사는 '붙잡다', '다루다' 그리고 '걸려 있다'입니다. 앞에서 배웠던 동사들에 비해서 활용도는 낮지만 이 동사들과 관련하여 자주 사용되는 표현들이 몇 가지 있습니다.

halten 동사의 의미와 특징

1 붙잡다는 의미 외에도 (자세를) 유지하다는 의미도 있음
Halt! 멈춰!

2 Ich halte A1 für + A2/adj. A1을 A2/adj라고 여기다.
Ich halte es für gut. 나는 그것을 좋게 여겨.

3 halten 동사의 분리/비분리 동사
담소를 나누다 (sich unterhalten), 확인하다 (festhalten), 참다 (aushalten), 포기하지 않다 (durchhalten), 태도를 취하다 (sich verhalten) 등

handeln 동사의 의미와 특징

1 다루다는 뜻 외에도 거래하다, 행동하다란 의미도 있음

2 N handelt von D. N은 D에 대해 다루고 있다.
Das Buch handelt von der Natur. 그 책은 자연에 대해 다루고 있어.

3 Es handelt sich um + A. 그것은 A이다.
Es handelt sich um ein schönes Bild. 그것은 아름다운 그림이야.

hängen 동사의 의미와 특징

1 기본적인 의미인 걸려 있다는 뜻보다 2, 3의 분리동사 표현이 자주 사용됨

2 N hängt von + D ab. N은 D에 달렸다.
Es hängt vom Wetter ab. 그것은 날씨에 달렸어.

3 N hängt mit + D zusammen. N은 D와 관련이 있다.
Es hängt damit zusammen. 그건 그것과 관련이 있어.

★ halten 동사와 hängen 동사의 불규칙 동사 변화표 ★

부정사	과거	과거분사	뜻
halten (ä)	**hielt**	**gehalten**	붙잡다
hängen	**hing**	**gehangen**	걸려 있다

무엇을 붙잡고 있을 때

122.mp3

Ich halte A.

난 A를 붙잡고 있어.

Ich halte A를 통해 A를 붙잡고 있음을 표현할 수 있습니다.

SCHRITT 1

1. 난 젓가락을 바르게 못잡아.	**Ich kann das Stäbchen nicht richtig halten.**
2. 난 약속은 지켜.	**Ich halte mein Versprechen.**
3. 내가 널 계속 귀찮게 할게.	**Ich halte dich auf Trab.**
4. 난 더 이상 그를 참을 수 없어.	**Ich halte ihn nicht mehr aus.**
5. 난 친절한 사람들과 기꺼이 담소를 나눠.	**Ich unterhalte mich gerne mit netten Leuten.**

SCHRITT 2

1. 젓가락질을 잘하는지 물어볼 때

A Kannst du das Stäbchen richtig halten?	**A** 젓가락 바르게 잡을 수 있어?
B 아니, 젓가락을 바르게 잡을 수 없어.	**B** Nein, ich kann sie nicht richtig halten.
A Brauchst du dann die Gabel?	**A** 그럼 포크 필요해?
B Ja, bitte.	**B** 응, 줘.

2. 너무 직설적인 남자친구에 대해

A 난 더 이상 그를 참을 수 없어.	**A** Ich halte ihn nicht mehr aus.
B Was? Was ist los?	**B** 왜? 무슨 일이야?
A Er ist extrem direkt, er nimmt kein Blatt vor den Mund!	**A** 극단적으로 직설적이야. 너무 솔직하게 말해.
B Er schert sich nicht um die Meinung der Anderen.	**B** 그는 다른 사람을 신경 쓰지 않는구나.

TIPP 문화 식기구 (Besteck)

독일인의 식사에 주로 쓰이는 식기로는 포크(Gabel), 숟가락(Löffel), 나이프(Messer)가 있습니다. 젓가락(Stäbchen)을 사용할 수 있는 독일 친구를 아직 만나보지 못했습니다. 그래서 독일 친구에게 젓가락질 하는 법을 가르치며 논 적도 있습니다.

단어장 Wortschatz

s. Stäbchen(-) 젓가락
e. Gabel(n) 포크
s. Versprechen(-) 약속
r. Trab(x) 총총 걸음
Jn auf Trab halten
Jn을 귀찮게 하다
aushalten 견디다
sich unterhalten
담소를 나누다
extrem 극단적인
kein Blatt vor den Mund nehmen (숙어) 솔직하게 말하다
sich nicht um + A scheren
A를 신경 쓰지 않다
(* 항상 nicht와 함께 쓰임)

무엇에 대한 의견을 말할 때

123.mp3

Ich halte A1 für + A2/adj. 난 A1를 A2/adj라고 여겨.

Ich halte A1 für + A2/adj를 통해 A1에 대한 자신의 생각을 표현할 수 있습니다.

SCHRITT 1

1. 난 그것을 좋다고 / 슬기롭다고 / 옳다고 여겨.	Ich halte **es** für **gut / sinnvoll / richtig.**
2. 난 둘 다 매우 중요하게 여겨.	Ich halte **beides** für **sehr wichtig.**
3. 난 그것을 최고로 여겨.	Ich halte **es** für **das Beste.**
4. 난 그것을 좋은 생각이라 여겨.	Ich halte **es** für **eine gute Idee.**
5. 난 네가 정말 부지런하다고 여겨.	Ich halte **dich** für **sehr fleißig.**

SCHRITT 2

1. 고민하는 친구에게 충고하기

A Ich kann mich nicht entscheiden, was ich in den Ferien mache: reisen oder studieren.
B Tue das, was du für wichtig hältst.
A 난 둘 다 매우 중요하게 여겨.
B Dann studiere im Zug!

A 난 방학 때 여행이나 공부 중에 뭘 할지 결정할 수가 없어.
B 네가 중요하다고 여기는 것을 해.
A Ich halte beides für sehr wichtig.
B 그럼 기차에서 공부해!

2. 도서관에서 친구와의 대화

A Wann kommst du in die Bibliothek?
B Um 8 Uhr, sobald sie öffnet.
A 난 네가 정말 부지런하다고 생각해!
B Ich habe keine andere Möglichkeit, ich muss so sein.

A 넌 언제 도서관에 오니?
B 8시에, 문 열자마자.
A Ich halte dich für sehr fleißig!
B 다른 가능성이 없거든, 난 그래야만 해.

TIPP 문화 여행과 공부

만약 여러분이 독일에 짧은 기간 체류하거나 단기 교환학생으로 가게 되어서 여행을 할지 공부를 할지 고민이 된다면 무조건 여행을 하라고 말해주고 싶습니다. 현지를 여행하고, 보고 느끼고, 대화하고, 살아보면서 배우는 것이 더 많기 때문입니다. 특히 독일은 유럽의 중심에 위치해 있어 주변국가로 여행 가기가 용이합니다.

단어장 Wortschatz

sinnvoll 슬기로운
fleißig 부지런한
sobald 하자마자
e. Möglichkeit(en) 가능성
sich für / gegen + A entscheiden A에 찬성 / 반대하여 결정하다 (* scheiden 1) 분리하다 2) 헤어지다 'scheiden – schied – geschieden')

잡으라고 명령할 때

124.mp3

Halt A!

A를 잡아!

Halt A!를 통해 A를 잡으라는 명령을 표현할 수 있습니다.

SCHRITT 1

1. (잠시) 멈춰! **Halt!**
2. 도둑 잡아라! **Haltet den Dieb!**
3. 조용히 해! (직역: 입 다물어!) **Halt den Mund!**
4. 포기하지 마! **Halt durch!**
5. 주의해서 봐! (직역: 눈을 열고 있어!) **Halt die Augen offen!**

TIPP 격언 Wenn du den Regenbogen sehen willst, dann musst du den Regen aushalten.
무지개를 보고자 한다면, 비가 오는 것은 참아야 한다.

SCHRITT 2

1. 바지를 고를 때

A Ich habe noch keine passende Hose für die Arbeit gefunden.	**A** 일할 때 입을 바지를 아직 못 찾았어.
B Warst du schon im C&A?	**B** C&A는 가봤어?
A Ja, aber sie hatten dort nur hässliche Hosen!	**A** 응, 하지만 거긴 별로인 바지밖에 없어.
B 주의해서 봐, und probiere es einfach weiterhin!	**B** Halt die Augen offen, 그리고 계속 입어 봐.

2. 아이에게 벌로 핸드폰 사용을 금지할 때

A Es tut mir Leid, Papa, dass ich Mama geärgert habe!	**A** 죄송해요, 아빠, 엄마를 화나게 했어요!
B Zu spät! Du bekommst eine Woche lang Handy-Verbot.	**B** 너무 늦었어! 넌 일주일 동안 핸드폰 금지야!
A Aber Mama hat mich zuerst geärgert!	**A** 하지만 엄마가 먼저 날 화나게 했어요!
B 조용히 해!	**B** Halt den Mund!

단어장 Wortschatz

durchhalten 끝까지 버티다
e. Hose(n) 바지
probieren 1) 시험하다, 시도해보다 2) 시식하다 3) (옷 따위를) 입어보다
weiterhin 아직도, 더 나아가서
hässlich 추한, 더러운
ärgern 화나게 하다
s. Verbot(e) 금지 ↔ e. Erlaubnis(se) 허락
zuerst 맨 처음 ↔ zuletzt 마지막에

무슨 내용을 다루고 있다는 것을 표현할 때

125.mp3

N handelt von D.

N은 D를 다루고 있어.

N handelt von D를 통해 N이 무슨 내용(D)을 다루고 있다는 것을 표현할 수 있습니다.

SCHRITT 1

1. 그 책은 자연을 다루고 있어.	**Das Buch handelt von der Natur.**
2. 그 안내지는 학기 일정에 대해 다루고 있어.	**Das Informationsblatt handelt von Semesterterminen.**
3. 그 사설은 필립 뢰슬러에 대해 다루고 있어.	**Der Artikel handelt von Philipp Rösler.**
4. 그 연구논문은 세계경제의 의존성에 대해 다루고 있어.	**Die Studie handelt von der Abhängigkeit der Weltwirtschaft.**
5. 그 영화는 유괴를 다루고 있어.	**Der Film handelt von einer Entführung.**

SCHRITT 2

1. 학기 일정에 대해 이야기할 때

A Was hast du da?
B Ich habe das Informationsblatt, 학기 일정에 대해 다루고 있어.
A Wie findest du die Semestertermine?
B Gut, weil es in diesem Semester viele Feiertage gibt.

A 뭘 가지고 있니?
B 안내지, es handelt von Semesterterminen.
A 학기 일정을 보니 어때?
B 좋아, 왜냐하면 이번 학기엔 휴일이 많거든.

2. 신문기사에 대해 이야기 나눌 때

A Gib mir bitte die Zeitung, sobald du fertig damit bist.
B Ok, aber heute gibt es nur einen guten Artikel.
A Worum geht es darin?
B 그 사설은 필립 뢰슬러에 대해 다루고 있어.

A 신문 다 읽으면 나 좀 줘.
B 그래, 그런데 오늘 좋은 기사는 사설 하나뿐이야.
A 무엇에 관한 사설인데?
B Der Artikel handelt von Philipp Rösler.

TIPP 문화 필립 뢰슬러 (Philipp Rösler)

필립 뢰슬러는 독일 전 보사부장관으로, FDP 정당의 대표입니다. 그가 특별한 것은 베트남전쟁 고아로, 생후 9개월에 네덜란드인 부부에게 입양되어 독일인으로 자랐다는 점이죠.

단어장 Wortschatz

s. Informationsblatt(¨er) 정보 안내지
r. Artikel(-) 1) (신문) 논설 2) 관사 3) 상품
e. Studie(n) 연구논문
e. Abhängigkeit(en) 종속
e. Weltwirtschaft(en) 세계경제
e. Entführung(en) 유괴

무엇임을 말할 때

126.mp3

Es handelt sich um + A.

그건 A야.

Es handelt sich um + A를 통해, 질문에 대한 대답으로 A가 있음을 또는 내용이 A임을 말할 수 있습니다.

SCHRITT 1

1. 그건 아름다운 그림이야.	Es handelt sich um **ein schönes Bild.**
2. 그건 흥미로운 책이야.	Es handelt sich um **ein spannendes Buch.**
3. 그건 자연에 관한 영화야.	Es handelt sich um **einen Film über die Natur.**
4. 그건 커다란 식물이야.	Es handelt sich um **eine große Pflanze.**
5. 그건 오타야.	Es handelt sich um **einen Schreibfehler.**

SCHRITT 2

1. 이해하지 못하는 단어를 물어볼 때

A Ich kann das Wort in diesem Bericht nicht verstehen.
B Okay, zeige es mir!
A Es steht hier unten.
B Ich sehe es, 그건 오타야.

A 이 보고서에 그 단어를 이해 못하겠어.
B 좋아, 가리켜봐!
A 여기 아래.
B 내가 보니, es handelt sich um einen Schreibfehler.

2. 이름 모를 커다란 식물을 봤을 때

A Was ist das dort drüben?
B Es ist ein Rhododendron.
A Was ist das?
B 커다란 식물이에요.

A 저기 저쪽에 있는 것이 뭐죠?
B 저건 석남속이에요.
A 그건 뭔가요?
B Es handelt sich dabei um eine große Pflanze.

TIPP 문법 **Es geht um + A와 Es handelt sich um + A**

Es geht um + A에서 A는 어떤 목적, 의미 또는 대화의 주제 등을 가리킵니다. 그래서 1차적으로 '(주제는) A에 대한 것이다'라고 해석됩니다. 하지만 Es handelt sich um + A에서 A는 내용이나 특징을 가리킵니다. 그래서 (제한적으로) Es ist N과 동일하며, '(내용이) A다'라고 해석됩니다.

단어장 Wortschatz

s. Bild(er) 그림
spannend 흥미진진한
e. Pflanze(n) 식물
r. Schreibfehler(-) 오타
r. Bericht(e) 보고서 (* berichten 보고하다)
zeigen 가리키다 (* zeichnen 그리다)
drüben 저쪽에

MUSTER 127

무엇에 달려 있음을 말할 때

127.mp3

N hängt von + D ab.

N은 D에 달려 있어.

N hängt von + D ab을 통해 N이 D에 달려 있음을 표현합니다.

SCHRITT 1

1. 그것에 달렸어. — Es hängt **davon** ab.
2. 너 자신에게 달렸어. — Es hängt von **dir selbst** ab.
3. 그것은 날씨에 달렸어. — Es hängt **vom Wetter** ab.
4. 내 태도는 너한테 달렸어. — **Mein Verhalten** hängt von **dir** ab.
5. 미래는 우리가 오늘 무엇을 하는지에 달렸다. (마하트마 간디의 명언) — **Die Zukunft** hängt **davon** ab, **was wir heute tun.**

SCHRITT 2

1. 도보여행과 날씨에 대해

A Was machen wir heute?
B Ich möchte gerne raus gehen.
A Wir könnten doch wandern gehen.
B 하지만 그것은 날씨에 달렸어.

A 오늘 우리 뭐하죠?
B 밖으로 나가고 싶어.
A 우린 도보여행하러 갈 수 있어요.
B Es hängt aber vom Wetter ab.

2. 격언에 대해 이야기할 때

A Woran denkst du?
B Ich denke an einen Spruch von Gandhi, von dem ich begeistert bin.
A Was sagt er?
B 미래는 우리가 오늘 무엇을 하는지에 달렸다.

A 무슨 생각하니?
B 감동받았던 간디의 격언을 생각하고 있어.
A 뭐라고 말했는데?
B Die Zukunft hängt davon ab, was wir heute tun.

TIPP 격언 Der Wert eines Menschen hängt ab von der Zahl der Dinge, für die er sich schämt.
– George Bernard Shaw
한 사람의 가치는 그가 부끄러워하는 것들의 수에 달려 있다.
– 조지 버나드 쇼
(* 일상어에서 문장 맨 끝에 와야 할 ab의 위치를 위와 같이 두곤 합니다.)

단어장 Wortschatz

s. Verhalten(x) 행동, 태도 (* s. Verhältnis(se) 관계, e. Verhaltung(en) 억제)
raus gehen (밖으로) 나가다
an + A denken A를 생각하다
r. Spruch(¨e) 격언 (* sprechen 말하다)
Ich bin von + D begeistert D에 감동받았다
e. Zukunft(¨e) 미래 (* e. Ankunft(¨e) 도착)

서로 관련이 있음을 말할 때

128.mp3

Es hängt mit + D zusammen.

그것은 D와 관련이 있어.

Es(N) hängt mit + D zusammen을 통해 N과 D가 서로 관련이 있음을 말할 수 있습니다.

SCHRITT 1

1. 그건 그것과 관련 있어.	**Es hängt damit zusammen.**
2. 이 두 개념은 관련이 있어.	**Die beiden Begriffe hängen zusammen.**
3. 사람은 자연과 관련이 있어.	**Der Mensch hängt mit der Natur zusammen.**
4. 두통은 날씨와 관련이 있어.	**Die Kopfschmerzen hängen mit dem Wetter zusammen.**
5. 모든 것은 모든 것에 관련돼 있어.	**Alles hängt mit allem zusammen.**

TIPP 문화 두통과 날씨

독일에 와서 두통이 생겼다는 이들을 자주 봅니다. 어떤 근거가 있는지는 모르겠지만, 많은 사람들이 독일의 흐린 날씨와 기압과 연관이 있다고 생각합니다.

SCHRITT 2

1. 두통과 날씨와의 관계에 대해 이야기할 때

A Nachdem ich in Deutschland angekommen bin, habe ich oft diese Kopfschmerzen!
B 내 생각엔, 두통은 날씨와 관련이 있어.
A Es stimmt! Was soll man dagegen tun?
B Kaffee hilft mir.

A 독일에 온 후로 머리가 자주 아파!
B Ich glaube, sie hängen mit dem Wetter zusammen.
A 맞아! 어떻게 해야 할까?
B 커피가 도움이 될 거야.

2. 책 내용에 대해 이야기할 때

A Ich lese ein Buch, in dem es um die Umweltfreundlichkeit geht.
B Was steht darin?
A "인간은 자연과 관련이 있다."
B Ich finde die Einsicht sehr wichtig!

A 난 자연친화에 관한 책을 읽었어.
B 뭐라고 쓰여 있어?
A "Der Mensch hängt mit der Natur zusammen."
B 난 그 인식이 매우 중요하다고 생각해!

단어장 Wortschatz

r. Begriff(e) 개념 (* begreifen 이해하다 'begreifen – begriff – begriffen')
r. Mensch(en, en) 사람
stimmen 맞다 (* e. Stimme(n) 목소리)
Jm helfen Jm에게 도움을 주다
e. Umweltfreundlichkeit(en) 자연친화
e. Einsicht(en) 인식 (* einsehen 1) (속을) 들여다보다 2) 이해하다)

EINHEIT 14

그 밖의 행동에 관한 동사들

이번 Einheit에서는 앞서 다루지 않은 다양한 핵심동사들을 소개합니다. 일상생활에서 자주 쓰이는 표현들이니 함께 쓰이는 전치사와 문장 형태를 숙어처럼 달달 외워서 필요한 상황에 바로 적용할 수 있도록 합니다.

1 Was fehlt dir? 무엇이 부족하세요?
2 Was gefällt dir an + D? D의 무엇이 마음에 드니?
3 Mir fällt N ein. N이 떠올라.
4 Ich treffe mich mit Jm. 난 Jm을 만나고 있어.
5 Es trifft sich gut, ~. ~는 잘됐어.
6 Passt N zu mir? N이 제게 어울리나요?
7 Ich brauche A. 난 A가 필요해.
8 Ich trage A. 난 A를 운반해.
9 Ich melde mich ~ an. 난 ~에 접수해.
10 Ich informiere mich über + A. 난 A에 대해 알아보고 있어.
11 Ich beschäftige mich mit + D. 난 D에 몰두(전념)하고 있어.
12 Ich kümmere mich um + A. 난 A를 신경 쓰고 있어.
13 Ich bemühe mich um + A. 난 A를 하려고 애쓰고 있어.
14 Ich möchte mich um + A bewerben. A에 지원하고 싶습니다.
15 Ich bitte Sie um + A. A를 부탁드립니다.
16 Ich entscheide mich für + A. 난 A에 찬성하여 결정해.
17 N scheint (mir) ~. N은 (내게) ~처럼 보여.

부족한 것이 있을 때

129.mp3

Was fehlt dir? Mir fehlt N.

무엇이 부족하세요?

N이 부족합니다.

Was fehlt Jm?을 통해 무엇이 부족한지 물을 수 있고, Mir fehlt N을 통해 N이 부족함을 표현할 수 있습니다.

SCHRITT 1

1. 어디 아파?	Was fehlt **dir?**
2. 항상 피로한데 뭐가 부족한 거죠?	Was fehlt **mir, wenn ich immer müde bin?**
3. 탈모엔 뭐가 부족한 거죠?	Was fehlt **bei Haarausfall?**
4. 내겐 동기가 부족해.	Mir fehlt **die Motivation.**
5. 나는 자신감이 부족해.	Mir fehlt **Selbstvertrauen.**

SCHRITT 2

1. 병원에서 의사선생님과 상담할 때

A 어디가 아프세요?	**A** Was fehlt dir?
B Mein ganzer Körper tut mir weh. Morgens hatte ich einen starken Muskelkater am ganzen Körper.	**B** 온몸이 아파요. 아침에 온몸에 심한 근육통이 있었어요.
A Hast du gestern Sport gemacht?	**A** 어제 운동했나요?
B Nein, ich machte keinen Sport.	**B** 아뇨. 안 했어요.

2. 자신감이 부족한 친구에게 조언하기

A 나는 자신감이 부족해. Kann ich trotzdem mein Studium in Deutschland weiterführen?	**A** Mir fehlt Selbstvertrauen. 그럼에도 불구하고 독일에서 공부를 계속해도 될까?
B Ich hatte das gleiche Problem. Als ich mich so fühlte, dachte ich: "Das ist meine letzte Chance, ich will es versuchen, obwohl ich scheitern kann, weil ich es nicht bereuen möchte, diese Gelegenheit nicht genutzt zu haben."	**B** 나도 같은 문제가 있었어. 그렇게 느낄 때 난 생각했어. '이것이 내 마지막 기회야. 좌절할 수도 있겠지만 난 해볼 거야. 이 기회를 놓치고 후회하고 싶지 않으니까'라고.
A Danke für deinen Rat! Ich will es versuchen!	**A** 조언 고마워! 나도 해볼게!
B Keine Ursache, ich helfe gerne!	**B** 천만에! 나도 기꺼이 도울게!

TIPP 문화 유학생활

외국에서 유학생활을 하면 어학이나 학업뿐만 아니라 생활하는 데 있어 거의 모든 걸 직접 부딪히며 새롭게 배워나가야 합니다. 당연히 이런저런 어려움을 겪게 되지요. 그리고 유학생이라면 누구나 한번쯤은 다 접고 돌아가야 하는 게 아닌지 고민할 때가 옵니다. 유학이란 분명히 좋은 기회이긴 하지만 결코 쉬운 일이 아니라는 걸 제대로 알고 온다면 유학생활에 도움이 되지 않을까 싶습니다.

단어장 Wortschatz

r. Haarausfall(¨e) 탈모
e. Motivation(en) 동기
r. Körper(-) 몸, 신체
r. Muskelkater(x) 근육통
weiterführen 계속하다
versuchen 해보다, 시도하다
scheitern 좌절하다
bereuen 후회하다
e. Gelegenheit(en) 기회
nutzen 1) 도움이 되다 2) 이용하다
Keine Ursache. (숙어) 천만에.

마음에 드는지 물을 때

130.mp3

Was gefällt dir an + D? Gefällt N dir?

D의 무엇이 마음에 드니?

N이 마음에 드니?

Was gefällt dir an + D?는 D의 무엇이 마음에 드는지 묻는 것이고, Gefällt N dir?는 직접적으로 N이 마음에 드는지 묻는 표현입니다.

SCHRITT 1

1. 나의 무엇이 마음에 드니? — Was gefällt dir an **mir?**
2. 네 학업 과정에서 뭐가 맘에 드니? — Was gefällt dir an **deinem Studiengang?**
3. 독일의 무엇이 마음에 드니? — Was gefällt dir an **Deutschland?**
4. 일은 맘에 드니? — Gefällt dir **deine Arbeit?**
5. 집은 마음에 드니? — Gefällt dir **deine Wohnung?**

SCHRITT 2

1. 집에 대해 이야기할 때

A 집은 마음에 드니?

B **Ja, sie gefällt mir gut! Sie ist hell, sauber, leise und angenehm! Aber ich habe ein Problem damit.**

A **Welches?**

B **Die Heizung! Das deutsche Heizungssystem ist noch ungewohnt.**

A Gefällt dir deine Wohnung?

B 응, 마음에 들어. 밝고, 깨끗하고, 조용하고, 쾌적해. 하지만 한 가지 문제가 있어.

A 어떤?

B 난방시설! 독일 난방시설은 여전히 적응이 안 돼.

2. 독일에 대해 마음에 드는 것

A 독일의 무엇이 마음에 드니?

B **Mir gefällt es gut, dass Menschen mit Behinderung gerne und frei draußen sind.**

A **Was meinst du damit?**

B **Ich glaube, die Deutschen bemühen sich darum, dass sie nicht schlecht behandelt werden! Ich halte das Verhalten für ehrenvoll.**

A Was gefällt dir an Deutschland?

B 장애가 있는 사람들이 거리낌 없이, 자유롭게 외부 활동하는 것이 마음에 들어.

A 무슨 의미야?

B 내 생각에 독일인들은 그들이 차별대우를 받지 않도록 노력하는 것 같아! 난 그런 자세가 존경할 만하다고 여겨.

TIPP 문화 독일의 난방시설

한국과 다르게 독일은 벽 옆에 나란히 세우는 스팀 난방입니다. 더욱이 중앙통제식은 시간대에 따라 조절되는데, 보통 초저녁에 데워지고 밤중에는 끕니다. 이것도 적응되니 문제는 없지만, 가끔씩 따뜻한 온돌목에 등을 지지는 것이 그립긴 합니다.

TIPP 문화 장애가 있는 사람

예전에는 장애인(behinderte Menschen)이라고 했지만, 이젠 장애가 있는 사람(Menschen mit Behinderung)이라는 표현을 씁니다. 종종 거리에서 손이 없는 사람을 만납니다. 그들은 손이 없는 부분을 가리지 않으며, 또한 아무도 이상하게 여기지 않습니다. 이런 것을 보면서 선진국이구나 싶었습니다.

단어장 Wortschatz

r. Studiengang(¨e) 학업 과정
hell 밝은 ↔ dunkel 어두운
sauber 깨끗한 ↔ schmutzig 더러운
e. Heizung(en) 난방시설
e. Behinderung(en) 방해, 장애 (* behindert 장애가 있는)
behandeln 다루다, 대하다
s. Verhalten(x) 자세
ehrenvoll 존경할 만한

어떤 생각이 떠오를 때

131.mp3

Mir fällt N ein.

N이 떠올라.

Mir fällt N ein은 N이 떠오른다는 표현입니다. einfallen은 ein과 fallen이 결합한 분리동사이고, ein은 '안으로'란 뜻이고 fallen은 '떨어지다'를 의미합니다. 어떤 생각이 안으로 떨어지는 것 자체가 무엇인가 머릿속에 떠오르는 것과 일맥상통하기 때문에 '떠오르다'는 뜻으로 쓰이는 것입니다.

SCHRITT 1

1. 지금 떠올랐어. **Mir fällt gerade ein.**
2. 약속이 떠올라. **Mir fällt ein Termin ein.**
3. 네 이름이 안 떠올라. **Mir fällt dein Name nicht ein.**
4. 비밀번호가 생각이 안 나. **Mir fällt mein Passwort nicht ein.**
5. 아무것도 떠오르지 않아. **Mir fällt nichts ein.**

SCHRITT 2

1. 이름 묻기

A Entschuldigung, 네 이름이 생각이 안 나.
B Mein Name ist Josua.
A Jetzt erinnere ich mich daran! Ich werde mir deinen Namen merken.
B Aber wie heißt du?

A 미안하지만, mir fällt dein Name nicht ein.
B 내 이름은 조슈아야.
A 지금 생각났어! 네 이름 기억하도록 할게.
B 근데 네 이름은 뭐니?

2. 계좌 비밀번호를 잊어버린 것에 대해

A 비밀번호가 생각이 안 나. Wie kann ich es finden?
B Hast du es irgendwo aufgeschrieben?
A Nein, leider nicht.
B Dann musst du dir ein neues Passwort besorgen.

A Mir fällt mein Passwort nicht ein. 어떻게 찾을 수 있을까?
B 어딘가에 적어놨어?
A 아니, 유감이지만 적어놓지 않았어.
B 그럼 새 비밀번호를 받아야 해.

TIPP 문화 은행 비밀번호

독일은 은행 비밀번호를 예금주가 변경할 수 있는 은행도 있고, 그렇지 않은 곳도 있습니다. 예금주가 비밀번호를 변경할 수 없는 은행(예 Postbank)은 통장을 개설하면 며칠 뒤에 은행에서 비밀번호가 담긴 편지를 보내줍니다. 그리고 비밀번호 입력을 세 번 이상 틀리면 새로운 비밀번호를 발급받아야 합니다.

단어장 Wortschatz

fallen 떨어지다 (fallen – fiel – gefallen)
s. Passwort(¨er) 패스워드, 비밀번호
sich an + A erinnern A를 기억하다
aufschreiben 기록하다 (* schreiben 쓰다 'schreiben - schrieb – geschrieben')
besorgen 마련하다 (* sich um + A sorgen A를 걱정하다)

MUSTER 132

누군가를 만나거나 어떤 상황에 닥쳤을 때

132.mp3

Ich treffe mich mit Jm.

난 Jm을 만나고 있어.

Ich treffe mich mit Jm을 통해 Jm을 만나고 있음을 나타낼 수 있습니다. 하지만 간단하게 Ich treffe Jn이라고도 할 수 있습니다. 같은 의미로 begegnen이라는 단어가 있습니다. 또한 사람뿐만 아니라 상황을 만나는 것, 즉 어떤 상황에 맞닥뜨리게 된 것도 treffen 동사로 표현합니다.

SCHRITT 1

1. 난 조슈아를 만났어. — **Ich habe mich mit Josua getroffen.**
   = Ich habe Josua getroffen.
2. 어려움에 봉착했어. — **Ich treffe auf Schwierigkeiten.**
3. 넌 정곡을 찌르는구나! (직역: 넌 머리 위에 못을 맞히는구나!) — **Du triffst den Nagel auf den Kopf!**
4. 너 오늘 잘 왔어. (직역: 넌 오늘 그것을 잘 맞췄어.) — **Du triffst es heute gut.**
5. 네가 그것을 정확히 맞췄어! (무엇을 던져 맞추는 게임 등에서) — **Du hast es genau getroffen!**

SCHRITT 2

1. 남자친구를 만난 것에 대해

A Gestern habe ich dich mit jemandem gesehen. Mit wem hast du dich getroffen?
B 조슈아를 만났어. Er ist mein Freund.
A Oh, gut! Wer hat dich mit ihm bekannt gemacht?
B Es war Laura.

A 어제 나 너가 누군가를 만나는 것을 봤어. 누구를 만나고 있었던 거야?
B Ich habe mich mit Josua getroffen. 그는 내 남자친구야.
A 오, 좋겠다! 누가 소개시켜줬어?
B 라우라가.

2. 소개팅을 거절할 때

A Hast du noch keinen Freund?
B 넌 정곡을 찌르는구나!
A Möchtest du jemanden treffen?
B Nein, Ich habe schon tausende von Leuten getroffen, aber keiner hat mir gefallen.
A Du hast aber hohe Ansprüche!

A 너 아직 남자친구 없어?
B Du triffst den Nagel auf den Kopf!
A 누군가 만나고 싶어?
B 아니, 많이 만나봤는데 맘에 드는 사람이 없어.
A 넌 눈이 높아!

TIPP 격언 Treffe keine Entscheidungen, wenn du wütend bist und mache keine Versprechen, wenn du glücklich bist.
만약 네가 화가 나 있다면 결정하지 말고, 만약 네가 행복하다면 약속하지 마라.

단어장 Wortschatz

r. Nagel(¨) 못
tausend 천(1000)
hoch 높은 (hoch – höher – am höchsten) ↔ niedrig 낮은
r. Anspruch(¨e) 요구

무엇인가 잘되고 있는 상황을 표현할 때

133.mp3

Es trifft sich gut, ~ .

~는 잘됐어.

Es trifft sich gut을 통해 상황이 잘되고 있음을 표현할 수 있습니다.

SCHRITT 1

1. 잘됐어!	**Es trifft sich gut!**
2. 네가 지금 쉬는 것은 잘하는 거야!	**Das trifft sich gut, dass du gerade Pause hast!**
3. 그가 오다니 잘됐군!	**Das trifft sich gut, dass er kommt!**
4. 그가 그것을 하다니 잘됐군!	**Das trifft sich gut, dass er das tut!**
5. 날씨가 좋다니 잘됐군!	**Das trifft sich gut, dass die Sonne scheint!**

SCHRITT 2

1. 친구의 책을 찾을 때

A Hast du das Buch von Lukas?
B Ja, ich habe es.
A 잘됐네! Kannst du es mir geben?
B Da muss ich erst Lukas fragen.

A 루카스 책 갖고 있어?
B 응, 내가 갖고 있어.
A Es trifft sich gut! 내게 줄 수 있어?
B 그건 루카스에게 먼저 물어봐야 해.

2. 친구가 언제 오는지 물어볼 때

A Weißt du, wo er ist? Ich brauche seine Hilfe.
B Er kommt in 10 Minuten.
A 그가 온다니 잘됐네!
B Er kann dir sicher helfen.

A 그가 어디 있는지 알아? 그의 도움이 필요한데.
B 10분 안에 와.
A Das trifft sich gut, dass er kommt!
B 그는 분명히 널 도와줄 수 있을 거야.

TIPP

격언 Treffe Entscheidungen, blicke nicht zurück! Das Leben ist zu kurz, um etwas zu bereuen.
결정한 후엔 뒤돌아보지 마라! 삶은 어떤 것을 후회하기엔 너무 짧다.

단어장 Wortschatz

e. Pause(n) 휴식
e. Sonne(n) 태양
scheinen 빛나다 (scheinen – schien – geschienen)
e. Minute(n) 분

무엇이 자신에게 어울리는지 물어볼 때

134.mp3

Welch N passt zu mir? Passt N zu mir?

어떤 N이 제게 어울릴까요?

N이 제게 어울리나요?

Welch N passt zu mir?를 통해 어떤 N이 자신에게 잘 어울리는지, 적합한지를 물을 수 있습니다. 또한 Passt N zu mir?를 통해 직접적으로 물을 수도 있습니다.

SCHRITT 1

1. 그가 제게 어울리나요? **Passt er zu mir?**
2. 이 셔츠가 제게 어울리나요? **Passt dieses Hemd zu mir?**
3. 어떤 직업이 제게 어울릴까요? **Welcher Beruf passt zu mir?**
4. 어떤 머리색이 제게 어울릴까요? **Welche Haarfarbe passt zu mir?**
5. 어떤 선글라스가 제게 어울릴까요? **Welche Sonnenbrille passt zu mir?**

SCHRITT 2

1. 미용실에서의 대화

A Hallo, ich möchte gerne eine neue Frisur.
B Kein Problem. Soll ich Ihre Haare auch färben?
A Gute Idee! 어떤 머리색이 제게 어울릴까요?
B Blond würde gut bei Ihnen aussehen.

A 안녕하세요, 전 새로운 헤어스타일을 원해요.
B 문제없죠! 염색도 할까요?
A 좋은 생각이네요! Welche Haarfarbe passt zu mir?
B 금발이 당신에게 잘 어울릴 거예요.

2. 안경점에서의 대화

A Ich möchte eine neue Sonnenbrille kaufen. 어떤 선글라스가 제게 어울릴까요?
B Ich empfehle diese sportliche Sonnenbrille.
A Sieht gut aus!
B Ich finde auch, dass sie Ihnen gut steht.

A 새로운 선글라스를 사기 원해요. Welche Sonnenbrille passt zu mir?
B 이 스포티한 선글라스를 추천합니다.
A 좋군요!
B 당신께 잘 어울립니다.

단어장 Wortschatz

s. Hemd(en) 셔츠
s. Haar(e) 머리카락
e. Farbe(n) 색깔
e. Brille(n) 안경
e. Sonnenbrille(n) 선글라스
e. Frisur(en) 헤어스타일 (* r. Friseur(e) 이발사)
blond 금발
aussehen ~처럼 보이다
empfehlen 추천하다
sportlich 스포티한

TIPP 문화 미용실과 안경점

항간에 떠도는 소문에 의하면, 독일에 오기 전 한국에서 꼭 해야 할 것 두 가지는 머리 깎기와 안경 맞추기라고 합니다. 서비스료가 비싼 독일에선 머리 깎거나 안경 맞추는 데 큰 돈이 들 거든요.

TIPP 문법 옷을 살 때

zu없이 Passtmir das Hemd?라고하면 사이즈(크기)가 맞는지 묻는 표현이고, Passen N zu + 3격은 어울리는지 묻는 표현이 됩니다. 하지만 실제 현지에서는'passenzu + 3격'보다 '(옷이) 어울리다, 알맞다'라는 뜻의 stehen을 사용해 'stehen + 3격'을 많이 쓴다는 것도 함께 알아두세요.

MUSTER 135

무엇인가 필요할 때

135.mp3

Ich brauche A.

난 A가 필요해.

Ich brauche A를 통해 A가 필요함을 표현할 수 있습니다. 좀 더 강한 표현으로 Ich bin auf + A angewiesen이 있습니다.

SCHRITT 1

1. 난 도움이 / 돈이 필요해.	Ich brauche **Hilfe / Geld.**
2. 난 더 많은 연습이 필요해.	Ich brauche **noch mehr Übung.**
3. 난 숙고할 시간이 필요해.	Ich brauche **noch Zeit zum Nachdenken.**
4. 넌 내게 감사할 필요가 없어.	Du brauchst **mir nicht zu danken.**
5. 난 전기를 너무 많이 사용해.	Ich **ver**brauche **zu viel Strom.**

SCHRITT 2

1. 반카드를 살지 고민하는 친구에게

A Willst du die Bahncard 25 kaufen?
B 난 숙고할 시간이 필요해.
A Komm schon, es ist nicht so teuer!
B Trotzdem weiß ich noch nicht, ob ich sie überhaupt brauchen werde.

A 반카드 25 살 거야?
B Ich brauche Zeit zum Nachdenken.
A 어서 해, 그렇게 비싸지 않아!
B 하지만 꼭 필요하게 될지 모르겠어.

2. 전기세가 많이 나와 고민하는 친구에게

A 난 전기를 너무 많이 사용해. Aber ich weiß nicht warum.
B Vielleicht liegt es daran, dass du den ganzen Tag vor dem PC sitzest.
A Was soll ich sonst machen?
B Wenn du Bücher lesen würdest, wäre es billiger für dich!

A Ich verbrauche zu viel Strom. 근데 왜그런지 모르겠어.
B 아마도 네가 하루 종일 PC 앞에 앉아 있기 때문일 거야.
A 그 밖에 내가 뭘 할 수 있을까?
B 책을 읽으면 그게 더 싸게 먹힐 거야!

TIPP 문화 반카드 (Bahncard)

기차표 가격을 할인받을 수 있는 반카드라는 것이 있습니다. 종류는 반카드 25, 반카드 50, 반카드 100이 있는데, 숫자는 할인율을 뜻합니다. 기차표는 미리 사면 미리 살수록 (3일 전까지) 더 할인되는데, 반카드 25는 그 할인된 값에 25%를 더 할인해줍니다. 그래서 독일에서는 미리 계획해서 다니는 게 좋습니다. 반면 반카드 50은 언제 사든지 항상 정가의 50%가 할인됩니다. 급하게 기차표를 살 경우에 유용합니다. 반카드 100은 100% 할인입니다. 단 반카드 100은 1년에 4,000유로 정도로 가격이 매우 높습니다.

단어장 Wortschatz

e. Übung(en) 연습
nachdenken 숙고하다
r. Strom(¨e) 1) 강 2) 흐름 3) 전기, 전류
Komm schon! (숙어) 어서!
überhaupt 전적으로

무엇인가를 운반할 때

136.mp3

Ich trage A. Ich bringe A.

난 A를 운반해.
난 A를 가져와.

Ich trage A를 통해 A를 운반하거나, 옷 따위를 입고 있음을 표현할 수 있습니다. 또한 비슷한 의미로 Ich bringe A도 역시 운반하는 행위를 표현합니다. 하지만 bringen은 항상 운반의 방향(장소, 목적)이 있습니다.

SCHRITT 1

1. 여행용 가방을 끌고 있어. **Ich trage einen Koffer.**
2. 양복을 / 티셔츠를 입고 있어. **Ich trage einen Anzug / T-Shirts.**
3. 난 걱정이 많아. **Ich trage viele Sorgen mit mir herum.**
4. 난 너에게 차와 케이크를 가져가. **Ich bringe dir Tee und Kuchen.**
5. 넌 내게 걱정만 끼치는구나! **Du bringst mir nur Kummer!**

SCHRITT 2

1. 낙담해 있을 때

A Wieso siehst du so niedergeschlagen aus?
B 걱정이 많아.
A Welche z. B.?
B Mein Kopf schmerzt, ich habe Streit mit meinem Freund.

A 왜 그렇게 의기소침해 보이니?
B Ich trage viele Sorgen mit mir herum.
A 예를 들어 어떤?
B 머리 아프고, 남자친구랑도 싸웠고.

2. 실수가 잦을 때

A Heute habe ich Milch verschüttet!
B Das ist doch nicht schlimm!
A Ich habe aber auch aus Versehen die Vase umgeworfen.
B 넌 걱정만 끼치는구나!

A 오늘 우유를 쏟았어!
B 그리 심한 건 아냐!
A 근데 실수로 꽃병도 넘어뜨렸어.
B Du bringst mir nur Kummer!

TIPP 문장 streiten

Ich habe Streit mit ihm. 난 그와 (계속) 싸우는 중이다.
Ich streite mit ihm. 난 그와 (지금) 싸우고 있다.
첫 번째 문장은 싸우고 있는 상태를, 두 번째 문장은 현재 싸우고 있는 중임을 나타냅니다.

단어장 Wortschatz

bringen 운반하다, 가져오다 (bringen – brachte – gebracht)
r. Anzug(¨e) 양복
s. T-Shirt(s) 티셔츠
niedergeschlagen 의기소침한
(* niederschlagen 넘어뜨리다)
Streit mit + Jm haben Jm과 싸우다
e. Milch(x) 우유
verschütten 흘리다
s. Versehen(-) 실수
e. Vase(n) 꽃병
umwerfen 넘어뜨리다

MUSTER 137

무엇을 알리거나 접수할 때

137.mp3

Ich melde A.
Ich melde mich ~ an.

난 A를 알려.
난 ~에 접수해.

Ich melde A를 통해 무엇을 알리는 행위를 표현할 수 있습니다. 그리고 melden의 분리동사 anmelden은 재귀동사와 함께 쓰여 어딘가에 접수하는 행위를 나타냅니다.

SCHRITT 1

1. 내가 그 사건을 알렸어. **Ich habe den Vorfall gemeldet.**
2. 난 핸드폰 분실신고를 하고 있어. **Ich melde mein Handy als gestohlen.**
3. 내가 자발적으로 (지원)할게! **Ich melde mich freiwillig!**
4. 난 호텔에 체크인 해. **Ich melde mich im Hotel an.**
5. 난 전입신고를 / 전출신고를 해. **Ich melde mich bei der Stadt an / ab.**

SCHRITT 2

1. 접시 닦는 것을 부탁할 때

A Wer von euch möchte die Teller abtrocknen?	A 너희 중 누가 접시 닦아줄 수 있어?
B 내가 할게!	B Ich melde mich freiwillig!
A Danke schön! Ein Geschirrtuch ist dort da.	A 고마워! 행주는 저기 있어.
B Gibt es anderes? Er ist schon nass.	B 다른 것 없어? 이건 젖었어.

2. 여행준비에 대해 물어볼 때

A Hast du den Flug nach Spanien schon gebucht?	A 스페인행 비행기 티켓은 예약했어?
B Ja, das habe ich.	B 응, 했어.
A Und hast du schon ein Haus in Barcelona gemietet?	A 그럼 바르셀로나에 집은 빌렸어?
B 아니, 난 호텔에 체크인 할 거야.	B Nein, ich melde mich im Hotel an.

TIPP 문화 건조 (abtrocknen)

설거지할 때 거품이 남아 있는 것을 대수롭지 않게 여기는 독일 친구가 정작 설거지거리를 마른 행주로 닦는 과정은 매우 중요하게 여기더군요. 왜냐하면 물에 석회 성분이 많기 때문에 닦아내지 않으면 그릇이나 기계에 석회가 끼기 때문입니다. 게다가 독일은 대체로 날씨가 흐려 자연 건조가 힘들기 때문에 설거지 마무리로 꼭 행주질을 합니다.

단어장 Wortschatz

melden 보도하다, 알리다
sich anmelden 1) 신고하다, 등록하다 2) 신청하다, 예약하다
r. Vorfall(¨e) 사건 = r. Unfall(¨e)
stehlen 훔치다 (stehlen – stahl – gestohlen)
freiwillig 자발적인
r. Teller(-) 접시
abtrocknen (문질러) 말리다
s. Geschirrtuch(¨er) (접시 닦는) 행주
nass 젖은
buchen 예약하다
mieten 임차하다, 빌리다

MUSTER 138

무엇을 알아볼 때

138.mp3

Ich informiere mich über + A.

난 A에 대해 알아보고 있어.

Ich informiere mich über + A를 통해 A에 대한 정보를 알아보고 있음을 표현할 수 있습니다.

SCHRITT 1

1. 지금 막 다음 학기 수업에 대해 알아보고 있어. — Ich informiere mich **gerade erst** über **die Veranstaltungen nächstes Semester.**
2. 여행상품을 알아보고 있어. — Ich informiere mich über **Reiseangebote.**
3. 교환학생 프로그램에 대해 조사하고 있어. — Ich informiere mich über **Austauschprogramme.**
4. 새로운 직장에 대해 조사하고 있어. — Ich informiere mich über **die neue Arbeitsstelle.**
5. 학과를 바꿀 수 있는지 알아보고 있어. — Ich informiere mich **dar**über**, wie ich das Studienfach wechseln kann.**

SCHRITT 2

1. 여행상품을 알아볼 때

A Was machst du am Computer?
B 여행상품을 알아보고 있어.
A Aber wir haben doch erst in drei Monaten Urlaub. Warum willst du jetzt schon einen Flug buchen?
B Weil es einen Frühbucherrabatt gibt.

A 컴퓨터 앞에서 뭐하니?
B Ich informiere mich über Reiseangebote.
A 하지만 휴가는 무려 3개월 후인데. 왜 벌써 비행기 티켓을 예약하려고 해?
B 왜냐하면 미리 예약 할인이 있거든.

2. 다음 학기 등록에 관해

A Was möchtest du im Wintersemester belegen?
B Weiß ich noch nicht. 지금 막 다음 학기 수업에 대해 알아보고 있어.
A Hast du dich überhaupt schon zurückgemeldet?
B Ja, schon vor einer Woche.

A 겨울학기에 무엇(수업)을 신청할 거야?
B 아직 나도 몰라. Ich informiere mich gerade erst über die Veranstaltungen nächstes Semester.
A 너 정말 이미 학기 등록했어?
B 응, 일주일 전에.

TIPP 문화 학기 등록

매 학기 말에 다음 학기 등록을 해야 합니다. 보통 인터넷에서 학생회비를 자동이체하면서 동시에 하게 됩니다. 등록을 하면 방학 중에 확인증명서와 관련 서류가 편지로 날아옵니다. 물론 다음 학기 중에 등록할 수도 있지만 수수료가 있습니다.

단어장 Wortschatz

gerade erst 지금 막
e. Veranstaltung(en) 1) 행사 2) 수업
s. Semester(-) 학기
s. Reiseangebot(e) 여행상품
s. Austauschprogramm(e) 교환학생 프로그램
s. Studienfach(¨er) 학과
wechseln 바꾸다
r. Frühbucher(-) 미리 예약하기
r. Rabatt(e) 할인
überhaupt 전적으로
zurückmelden (다음 학기) 등록하다

무엇인가에 몰두할 때

139.mp3

Ich beschäftige mich mit + D.

난 D에 몰두(전념)하고 있어.

Ich beschäftige mich mit + D를 통해 D에 시간과 열정을 들여 몰두하고 있음을 표현할 수 있습니다. 단, 몰두의 대상은 사람이 아닌 사건이나 상황입니다.

SCHRITT 1

1. 난 그 주제에 몰두하고 있어.	Ich beschäftige mich mit **dem Thema.**
2. 난 독일어에 몰두하고 있어.	Ich beschäftige mich mit **der deutschen Sprache.**
3. 난 그런 사람에게 관심 두지 않아.	Ich beschäftige mich **nicht** mit **solchen Leuten.**
4. 난 네 문제에 관심 없어.	Ich beschäftige mich **nicht** mit **deinem Problem.**
5. 나 바빠!	Ich **bin** beschäftigt!

SCHRITT 2

1. 독일어에 몰두하고 있는 것에 대해

A Seit wann bist du in Deutschland?
B Erst seit einem halben Jahr.
A Womit beschäftigst du dich im Moment?
B 난 독일어에 몰두하고 있어.

A 독일에 온 지 얼마나 됐어?
B 아직 6개월밖에 안 됐어.
A 요즘 무엇에 몰두하고 있어?
B Ich beschäftige mich mit der deutschen Sprache.

2. 도움 요청을 거절할 때

A Kann mir einer von euch helfen?
B 난 네 문제에 관심 없어.
C Ich kann mich im Moment auch nicht mit deinem Problem beschäftigen.
A Wann könntest du Zeit haben?

A 너희들 중 한 명이 나 좀 도와줄 수 있어?
B Ich beschäftige mich nicht mit deinem Problem.
C 나도 지금 네 문제에 관심 둘 수 없어.
A 언제 시간이 되는데?

단어장 Wortschatz

s. Thema(Themen) 주제
e. Sprache(n) 말, 언어
seit wann 언제 이후로
erst 1) 맨 처음 2) 겨우
halb 절반의
r. Moment(e) 순간

TIPP 격언 beschäftigen

Ich beschäftige mich nicht mit dem, was getan worden ist. Mich interessiert, was getan werden muss.
– Marie Curie
나는 행해졌던 것에 몰두하지 않는다. 행해져야 하는 것이 나에게 흥미를 준다. – 마리 퀴리

무엇인가 신경이 쓰일 때

140.mp3

Ich kümmere mich um + A. N bekümmert mich.

난 A를 신경 쓰고 있어.
N이 걱정돼.

Ich kümmere mich um + A를 통해 A를 신경 쓰고 있음을 표현할 수 있습니다. 또한 N bekümmert mich를 통해 N을 걱정하고 있음을 나타낼 수 있습니다.

SCHRITT 1

1. 난 여자친구에게 신경 쓰고 있어. Ich kümmere mich um **meine Freundin.**
2. 난 공부에 신경 쓰고 있어. Ich kümmere mich um **mein Studium.**
3. 난 내 삶에 신경 쓰고 있어. Ich kümmere mich um **mein Leben.**
4. 이라크에서 벌어진 테러 음모가 걱정돼. **Die Terroranschläge im Irak** bekümmern mich.
5. 율리아의 병이 걱정돼. **Julias Krankheit** bekümmert mich.

SCHRITT 2

1. 요즘 몰두하는 것에 대해

A Womit beschäftigst du dich zurzeit?
B 공부에 신경 쓰고 있어.
A Hast du viel zu tun?
B Ja, aber es geht gut.

A 요즘 무엇에 몰두하고 있어?
B Ich kümmere mich um mein Studium.
A 해야 할 게 많아?
B 응, 하지만 잘되고 있어.

2. 테러에 대한 뉴스

A Hast du die Nachrichten gesehen?
B Ja, warum denn?
A 이라크에서 벌어진 테러 음모가 걱정돼.
B Sie erschüttern mich auch.

A 그 뉴스 봤어?
B 응, 근데 왜?
A Die Terroranschläge im Irak bekümmern mich.
B 내게도 역시 충격이야.

TIPP 문장 '몰두하다'와 '신경 쓰다'의 뉘앙스 차이

Ich beschäftige mich mit meinem Studium. 내 공부에 몰두해. (사람이 아닌 사건만)
Ich kümmere mich um meine Freundin. 내 여자친구를 신경 써. (여친은 매우 소중해. 그래서 나는 그녀와 많은 시간을 보내고 있고, 적극적으로 무엇인가를 하고 있어 → 능동적 행동)
Ich schere mich nicht mehr um meine Freundin. 여자친구를 더 이상 신경 쓰지 않아. (kümmern과 의미가 같음. 단 항상 nicht와 함께 쓰임)
Ich sorge mich um meine Freundin 여친에게 무슨 일이 일어나는 건 아닌지 걱정이야. (수동적 생각)
Ich sorge für meine Freundin. 난 여친을 보살펴. (돈을 버는 등 보살피는 행위)

단어장 Wortschatz

r. Kummer(x) 근심
r. Terror(x) 테러
r. Anschlag(¨e) 1) 벽보 2) 음모
e. Nachricht(en) 1) 뉴스 2) 소식 (* r. Bericht(e) 보고서)
erschüttern 1) 진동시키다 2) 충격을 주다 (* verschütten 엎지르다, 흘리다)
sich um + A nicht scheren A를 신경 쓰지 않다

무엇인가를 하려고 애쓸 때

141.mp3

Ich bemühe mich um + A.

난 A를 하려고 애쓰고 있어.

Ich bemühe mich um + A를 통해 A를 하려고 애쓰고 있음을 표현할 수 있습니다.

SCHRITT 1

1. 난 그것을 하려고 애쓰고 있어.	Ich bemühe mich **darum.**
2. 나도 역시 너와 좋은 관계로 지내려고 애쓰고 있어.	Ich bemühe mich **auch** um **eine gute Beziehung mit dir.**
3. 다른 사람의 말에 귀 기울이기 위해 애쓰고 있어.	Ich bemühe mich**, anderen zuzuhören.**
4. 그것에 적응하기 위해 애쓰고 있어.	Ich bemühe mich**, mich daran zu gewöhnen.**
5. 선입관을 갖지 않기 위해 애쓰고 있어.	Ich bemühe mich**, keine Vorurteile zu haben.**

SCHRITT 2

1. 관계의 중요성에 대해 이야기할 때

A Ich habe heute im Sprachkurs von "Vitamin B" gehört.	**A** 나 오늘 (독일어)수업에서 "비타민 B"에 대해 배웠어.
B Was meinst du damit?	**B** 무슨 말이야?
A Damit wir gesund und gut leben können, brauchen wir Vitamin B. Das heißt, wir brauchen Beziehungen zu anderen Menschen.	**A** 우리가 건강히 그리고 잘살기 위해서는 비타민 B가 필요하단 말이야. 그건 곧 다른 사람과의 관계를 의미해.
B Das stimmt. Deshalb 나도 역시 너와 좋은 관계로 지내려고 애쓰고 있어!	**B** 맞아. 그래서 bemühe ich mich auch um eine gute Beziehung mit dir!

2. 선입관을 갖지 않는 것의 중요성에 대해서

A Was, denkst du, ist wichtig in der Beziehung?	**A** 관계에서 무엇이 중요하다고 생각하니?
B Ich halte es für wichtig, keine Vorurteile zu haben. 그래서 그러려고 애쓰고 있어.	**B** 나는 선입관을 갖지 않는 것이 중요하다고 생각해. Deshalb bemühe ich mich darum.
A Was kann man gegen Vorurteile tun?	**A** 선입관을 없애려면 뭘 해야 할까?
B Vor einem Urteil sollte man sich bemühen, miteinander offen und ehrlich zu sprechen.	**B** 판단하기 전에 먼저 서로가 열린 마음으로 솔직하게 대화할 수 있도록 노력해야 해.

TIPP 문장 몰두하다 동사의 뉘앙스 차이

Ich beschäftige mich mit + D: D를 하기 위해 시간을 들이고 있음

Ich bemühe mich um + A: A를 애쓰고 있는 그 자체를 강조

Ich bewerbe mich um + A: A를 지원함 (지원하는 행위를 애쓰는 것의 한 형태로 볼 수 있음)

단어장 Wortschatz

e. Beziehung(en) 관계
sich an + A gewöhnen A에 익숙하다
s. Vorurteil(e) 선입관, 편견
r. Kurs(e) 강좌
s. Vitamin(e) 비타민
ehrlich 솔직한

지원하고 싶다고 말할 때

142.mp3

Ich möchte mich um + A bewerben.

A에 지원하고 싶습니다.

Ich möchte mich um + A bewerben을 통해 A에 지원(지망)하고 싶다고 말할 수 있습니다. 전치사 um이 문법적으로 맞지만, 일상생활에서는 für를 쓰기도 합니다.

SCHRITT 1

1. 독일어 어학과정에 지원하고 싶습니다. — Ich möchte mich um **einen Deutsch-Sprachkurs** bewerben.
2. 유학생을 위한 마스터과정에 지원하고 싶습니다. — Ich möchte mich um **ein Masterstudium für internationale Studenten** bewerben.
3. 장학금을 신청하고 싶습니다. — Ich möchte mich um **ein Stipendium** bewerben.
4. 직장을 구하고 싶습니다. — Ich möchte mich um **eine Arbeitsstelle** bewerben.
5. 방을 구하고 싶습니다. — Ich möchte mich um **ein Zimmer** bewerben.

SCHRITT 2

1. 독일어 학원에 등록하고자 할 때

A 독일어 어학과정에 지원하고 싶습니다. Kann ich mich darüber informieren?
B Haben Sie schon Deutsch in Ihrem Heimatland gelernt?
A Nein, ich bin ganz Anfänger.
B Dann können Sie sich um Stufe A1 bewerben.

A Ich möchte mich um einen Deutsch-Sprachkurs bewerben. 정보를 얻을 수 있을까요?
B 모국에서 독일어를 공부했나요?
A 아뇨, 완전히 초보입니다.
B 그럼 A1반에 지원할 수 있어요.

2. 대학교 등록하고자 할 때

A 난 유학생을 위한 마스터과정에 지원하고 싶어. Weißt du, wo ich die Bewerbungsunterlagen finden kann?
B Es gibt ein Referat für internationale Studenten. Du kannst dich daran wenden.
A Ach so? Dann gehe ich dorthin.

A Ich möchte mich um ein Masterstudium für internationale Studenten bewerben. 어디 가면 지원서류를 구할 수 있는지 알고 있니?
B 유학생 담당부서가 있어. 거기에 문의해봐.
A 아 그래? 그럼 거기 가봐야겠다.

TIPP 문화 ▶ 어학원

독일에서 어학과정을 처음부터 시작하면 시험까지 보통 1년 정도 걸립니다. 하지만 한국에 있는 어학원에서 공부를 해서 중간단계 시험(ZD)을 보면, 독일에서도 인정받을 수 있습니다. 그만큼 시간을 줄일 수 있겠지요.

단어장 Wortschatz

s. Heimatland(¨er) 모국
lernen 배우다 ↔ lehren 가르치다 (* r. Lehrer 선생님)
r. Anfänger(-) 초보자
e. Stufe(n) 단계
e. Bewerbung(en) 지원
e. Unterlage(n) 서류
s. Referat(e) 1) 연구발표 2) (관청) 과, 부서

무엇을 부탁할 때

143.mp3

Ich bitte Sie um + A.

A를 부탁드립니다.

Ich bitte Sie(dich) um + A를 통해 상대에게 A를 부탁하는 행위를 표현할 수 있습니다.

SCHRITT 1

1. 그것을 이해해주시기 바랍니다. Ich bitte Sie um **Verständnis dafür.**
2. 계산서 주세요. Ich bitte Sie um **die Rechnung.**
3. 대답해주세요. Ich bitte dich um **Antwort / Rückmeldung.**
4. 네가 날 도와주길 바라. Ich bitte dich**, dass du mir hilfst.**
5. 내게 정보를 주길 바라. Ich bitte dich**, mir Bescheid zu geben.**

SCHRITT 2

1. 생일파티 초대를 거절할 때

A Möchtest du morgen zu meiner Geburtstagsparty kommen?
B Leider muss ich arbeiten gehen. 내가 못 가는 걸 이해해주길 바라.
A Schade, aber dann vielleicht nächstes Jahr!
B Ich werde es in meinen Terminkalender schreiben.

A 내일 내 생일파티에 올래?
B 아쉽지만 일하러 가야 해. Ich bitte dich um Verständnis dafür, dass ich nicht kommen kann.
A 이런, 그럼 내년에는 (와)!
B 다이어리에 적어놓을게.

2. 식당에서 계산할 때

A 계산서 주세요.
B Bitte schön, hier ist die Rechnung. Zahlen Sie getrennt oder zusammen?
A Ich zahle für alle zusammen.
B Das macht dann 100 Euro, bitte!

A Ich bitte Sie um die Rechnung.
B 네, 여기 계산서입니다. 따로 계산하실 거예요, 같이 계산하실 거예요?
A 같이 계산할 것입니다.
B 그럼 100유로입니다.

TIPP 문화 식대 계산

한국과 달리 독일에서는 특별한 초대이거나 미리 말하지 않은 이상 각자 돈을 냅니다.

단어장 Wortschatz

s. Verständnis(se) 이해
e. Rechnung(en) 계산서
r. Bescheid(e) 정보
r. Terminkalender(-) 일정달력(다이어리)
getrennt 따로 ↔ zusammen 같이

무엇인가를 결정할 때

144.mp3

Ich entscheide mich für + A. 난 A에 찬성하여 결정해.
Ich entscheide mich gegen + A. 난 A에 반대하여 결정해.

Ich entscheide mich für + A를 통해 A를 찬성하는 결정을, Ich entscheide mich gegen + A를 통해 A를 반대하는 결정을 표현할 수 있습니다.

SCHRITT 1

1. 난 빠른 길로 가기로 결정했어. — Ich entscheide mich für **den kurzen Weg.**
2. 난 아이스크림으로 결정했어. — Ich entscheide mich für **ein Eis.**
3. 난 공부를 포기하기로 결정했어. — Ich entscheide mich **da**für**, mein Studium aufzugeben.**
4. 난 독일 사회 민주당에 반대하기로 결정했어. — Ich entscheide mich gegen **die SPD.**
5. 난 폭력을 반대하기로 결정했어. — Ich entscheide mich gegen **Gewalt.**

TIPP 문화 폭력 반대

모든 폭력적인 행위를 반대하는 이들이 있습니다. 아울러 군대도 반대하지요. 참고로 몇 년 전까지만 해도 독일인들은 군대(Wehrdienst)를 가거나 사회봉사(Zivildienst)를 해야 하는 의무가 있었지만, 이제는 그 의무마저도 없어졌습니다.

SCHRITT 2

1. 후식을 권할 때

A Was möchtet ihr zum Nachtisch?
B Was gibt es denn?
A Kuchen, Pudding oder Eis.
B 난 아이스크림으로 결정했어.

A 후식으로 뭐 먹을래?
B 뭐가 있어?
A 케이크, 푸딩 그리고 아이스크림.
B Ich entscheide mich für ein Eis.

2. 운동을 권할 때

A Peter und ich möchten Kickboxen lernen. Willst du das auch?
B 난 폭력에 반대하기로 결정했어.
A Schade, aber du solltest irgendeinen Sport machen.
B Ich weiß. Ich glaube, ich werde Felsklettern gehen.

A 페터와 난 킥복싱을 배우길 원해. 너도 같이 할래?
B Ich entscheide mich gegen Gewalt.
A 이런, 하지만 뭐든 운동은 하는 게 좋아.
B 나도 알아. 암벽등반을 하려고 생각해.

단어장 Wortschatz

scheiden 1) 분리하다 2) 헤어지다 (scheiden – schied – geschieden)
r. Kuchen(-) 케이크
r. Pudding(s) 푸딩
s. Eis(x) 1) 얼음 2) 아이스크림
SPD 독일 사회 민주당(Sozialdemokratische Partei Deutschlands)
e. Gewalt(en) 폭력 (* r. Wald(¨er) 숲)
r. Fels(x) 바위
klettern 기어오르다

무엇이 어떻게 여겨질 때

145.mp3

N scheint (mir) ~.

N은 (내게) ~처럼 보여.

N scheint (mir) + 형용사 또는 zu 부정사를 통해 N이 어떻게 보이는지를 표현할 수 있습니다.

SCHRITT 1

1. 내겐 좋아 보여.	Es scheint mir **gut.**
2. 내겐 부가 균등하게 분배된 것이 좋아 보여.	Es scheint mir **gut, dass der Reichtum so gut verteilt ist.**
3. 작동하는 것처럼 보여.	Es scheint zu **funktionieren.**
4. 너는 정말 친절해 보여.	Du scheinst **sehr nett** zu **sein.**
5. 겉보기에는.	**Wie** es scheint.

SCHRITT 2

1. 새로 산 노트북이 제대로 작동하는지 묻기

A Ich habe einen neuen Laptop gekauft!
B Funktioniert es?
A 응, 제대로 작동하는 것처럼 보여.
B Sehr schön, ich möchte auch ein Neues kaufen.

A 새 노트북 샀어!
B 제대로 작동돼?
A Ja, es scheint zu funktionieren.
B 멋지네, 나도 새것 하나 사고 싶다.

2. 독일경제에 대하여

A Warum ist die deutsche Wirtschaft so stark?
B Weil es nicht nur den großen Firmen, sondern auch den kleinen Unternehmen gut geht.
A 부가 균등하게 분배된 것이 좋아 보여. Ich beneide die Deutschen um ihre Wirtschaft.
B Du hast recht, aber man muss dafür hart arbeiten.

A 독일경제는 왜 그렇게 튼튼하지?
B 대기업뿐 아니라 중소기업이 잘 되어 있기 때문이지.
A Es scheint mir gut, dass der Reichtum so gut verteilt ist. 난 경제적인 면에서 독일인이 부러워.
B 맞아, 하지만 그러기 위해 열심히 일해야 해.

TIPP 문화 독일경제

독일은 역사적으로 (특히 비스마르크 이전) 강력한 중앙권력이 없고 지방 제후들이 강했습니다. 그래서 지역 경제가 활성화되어 있지요. 현대에 와서도 여전히 지역 경제와 중소기업이 독일경제에 있어 큰 부분을 차지하고 있습니다. '작지만 강한' 1,600여 개의 중소기업 수출제품들이 독일 총 수출량의 25%를 차지한다고 합니다.

단어장 Wortschatz

scheinen 1) 빛나다, 번쩍이다 2) ~처럼 보이다, 여겨지다
funktionieren 작동하다
Wie es scheint 겉보기에, 외관상으로는

가주어 Es

이미 앞부분에서 여러 핵심동사를 다루면서 가주어 Es와 함께 사용하는 표현법을 배웠습니다. 하지만 가주어 Es와 함께 자주 사용되지만, 아직 다루지 않은 동사가 몇 개 더 있습니다. 이번 Einheit에서는 가주어 Es와 함께 쓰이는 동사에 대해서 배웁니다.

Es empfiehlt sich + A.	A를 추천하다.
Es schmeckt nach + D.	D의 맛이 나다.
Es riecht nach + D.	D의 냄새가 난다.
Es + 기상현상.	날씨가 ~하다.

뿐만 아니라 지금까지 배웠던 가주어 Es와 함께 오는 문장은 다음과 같습니다. 정말 자주 사용되고 중요합니다. 다시 복습합니다.

Es geht mir ~.	난 ~하게 지내.
Es geht um + A.	A에 대한 것이야.
Es handelt sich um + A.	그건 A야.
Es gibt + A.	A가 있다.
Es kommt auf + A an.	그것은 A에 달렸다.
Es hängt von + D ab.	그것은 D에 달려 있다.
Es hängt mit + D zusammen.	그것은 D와 관련이 있다.
Es trifft sich gut, ~.	~는 잘됐어.
Es liegt ~.	그것은 ~에 놓여 있다.
Es liegt mir an + D.	D는 내게 중요해.
Es tut mir leid, ~.	~는 유감이야.
Es scheint mir ~.	~해 보여.

MUSTER 146

무엇을 추천할 때

146.mp3

Es empfiehlt sich + A.

A를 추천하다.

Es empfiehlt sich + A를 통해 A를 추천한다고 말할 수 있습니다. 특히 zu 부정사 형태로 많이 씁니다.

SCHRITT 1

1. 이 책 읽는 걸 추천해. **Es empfiehlt sich, das Buch zu lesen.**
2. 스포츠 클럽에 가입하는 것을 추천해. **Es empfiehlt sich, an einem Sportprogramm teilzunehmen.**
3. 탄뎀파트너 찾는 것을 추천해. **Es empfiehlt sich, einen Tandempartner zu finden.**
4. 병원에 가볼 것을 추천해. **Es empfiehlt sich, zum Arzt zu gehen.**
5. 가능한 많은 사람들을 만나볼 것을 추천합니다. **Es empfiehlt sich, möglichst viele Leute zu treffen.**

TIPP 문화 탐뎀파트너 (Tandempartner)

베를린, 보훔, 튀빙엔 대학에는 한국어학과가 있습니다. 아직 많지는 않지만 조금씩 한국에 관심을 가지고 한국어를 배우고자 하는 이들이 늘고 있습니다. 한국어에 관심이 있는 친구들과 함께 서로의 모국어를 가르쳐주는 관계를 탄뎀파트너라고 합니다.

SCHRITT 2

1. 독일어 실력을 향상시키기

A Wie kann ich mein Deutsch verbessern?
B 탄뎀파트너 찾는 것을 추천해.
A Gibt es in Deutschland viele Leute, die Koreanisch lernen möchten?
B Nicht viele, aber immer mehr.

A 어떻게 독일어 실력을 향상시킬 수 있을까?
B Es empfiehlt sich, einen Tandempartner zu finden.
A 독일에 한국어를 배우는 사람들이 많나요?
B 많지 않아, 하지만 점점 많아지고 있지.

2. 독일인 친구 사귀기

A Wie kann ich deutsche Freunde haben?
B Es ist nützlich, den Leuten, die ein gleiches Hobby haben, zu begegnen. Z. B. wenn du Sport magst, 스포츠 클럽에 가입하는 것을 추천해.
A Du hast recht. Ich mag Fußball!
B Fußball! Du kannst leicht Freunde haben!

A 어떻게 하면 독일인 친구를 사귈 수 있을까?
B 같은 취미를 가진 사람들을 만나는 것이 유용해. 예를 들어 네가 운동을 좋아한다면, empfiehlt es sich, an einem Sportprogramm teilzunehmen.
A 맞아. 난 축구를 좋아해!
B 축구라고! 넌 쉽게 친구들을 사귈 수 있을 거야.

TIPP 문화 클럽 (Verein)

한국의 조기축구회처럼 독일에도 다양한 스포츠 클럽이 있습니다. 다른 클럽도 많지만 처음엔 말을 많이 하지 않고도 잘 어울릴 수 있는 운동을 택해 스포츠 클럽에 들면 보다 쉽게 독일 친구들과 어울릴 수 있을 것입니다.

단어장 Wortschatz

s. Programm(e) 프로그램
s. Tandem(s) 2인승
r. Partner(-) 파트너
verbessern 향상시키다
nützlich 유용한
s. Hobby(s) 취미

맛 또는 냄새를 표현할 때

147.mp3

Es schmeckt gut. Es riecht sehr gut.

맛이 좋아.

냄새가 정말 좋아.

Es schmeckt ~는 맛을, Es riecht ~는 냄새를 표현할 수 있습니다. 무슨 맛이 나거나 냄새가 난다는 표현은 nach 전치사를 사용해 Es schmeckt nach + D, Es riecht nach + D로 표현할 수 있습니다.

SCHRITT 1

1. 맛이 정말 좋아요 / 맛있어요! — Es schmeckt **sehr gut / lecker!**
2. 짠맛이 나네요. — Es schmeckt nach **Salz.**
3. 냄새가 좋아요! — Es riecht **gut!**
4. 생선 냄새가 나네요. — Es riecht nach **Fisch.**
5. 가스 냄새가 나네요. — Es riecht nach **Gas.**

SCHRITT 2

1. 식당에서 종업원이 물어보는 말

A Wie schmeckt es?
B 맛있습니다, **감사해요.**
A Brauchen Sie noch etwas?
B Nein, alles in Ordnung.

A 맛이 어떠세요?
B Es schmeckt gut, **danke.**
A 필요한 거 있으세요?
B 아뇨, 모든 게 좋아요.

2. 식사초대에 갔는데 맛있는 냄새가 날 때

A 맛있는 냄새가 나!
B Heute koche ich Käsespätzle.
A Gut, es riecht nach Käse!
B Bitte, nimm Platz!

A Es riecht gut!
B 오늘은 치즈 슈페츨러를 만들었어.
A 좋아, 그래서 치즈 냄새가 나는구나!
B 자리에 앉아!

TIPP 문화 집에 초대받아서 갈 때 준비할 선물

독일인 친구에게 식사초대를 받았을 때엔 간단한 선물을 가져가도 좋습니다. 무난하게는 케이크나 과일, 초콜렛 같은 후식도 좋고 (독일에는 매우 다양한 초콜렛이 있습니다), 한국적인 것도 좋습니다.

단어장 Wortschatz

schmecken 맛이 나다 (* r. Geschmack(¨e/¨er) 맛, 취향)
riechen 냄새 맡다 (riechen – roch – gerochen)
lecker 맛있는
s. Salz(e) 소금
r. Fisch(e) 생선 (* s. Fleisch(x) 고기)
s. Gas(e) 가스
Alles in Ordnung! (숙어) 모든 것이 좋아!
r. Käse(-) 치즈
e. Spätzle(복수) (독일 남서부 지역의 전통 면 음식) 슈페츨러
(* r. Spatz(en, en) 참새)

MUSTER 148

날씨를 표현할 때

148.mp3

Es regnet.

비가 와.

가주어 Es + 날씨 형태로 비, 번개, 천둥 등 날씨를 표현할 수 있습니다.

SCHRITT 1

1. 비 와. **Es regnet.**
2. 번개랑 천둥도 쳐. **Es blitzt und donnert auch.**
3. 우박이 내려. **Es hagelt.**
4. 바람이 불어. **Es windet.**
5. 해가 나. **Die Sonne scheint.**

SCHRITT 2

1. 비가 갑자기 내릴 때

A Nein! 비 와! Ich habe keinen Regenschirm dabei.
B Kein Wunder! Es ist normal in Deutschland. Über kurz oder lang scheint die Sonne wieder.
A 하지만 번개랑 천둥도 쳐!
B Trotzdem wird es besser werden.

A 안 돼! Es regnet! 나 우산 안 가져 왔어.
B 놀라지 마! 독일에선 보통 이래. 곧 해가 다시 날 거야.
A Aber es blitzt und donnert auch!
B 그럼에도 불구하고 좋아질 거야.

2. 우박이 내릴 때

A Oh mein Gott! 우박이 내려!
B Mach die Fenster zu!
A Mein Auto ist vielleicht kaputt!
B Die Versicherung wird es aber bezahlen!

A 오 이런! Es hagelt!
B 창문 닫아!
A 내 자동차 아마도 부서졌겠는걸!
B 보험처리 될 거야!

단어장 Wortschatz

regnen 비 내리다 (* r. Regen(x) 비)
blitzen 번개 치다 (* r. Blitz(e) 번개)
donnern 천둥 치다 (* r. Donner(-) 천둥, r. Donnerstag(e) 목요일)
hageln 우박이 내리다 (* r. Hagel(x) 우박)
winden 바람이 불다 (* r. Wind(e) 바람, e. Wand(¨e) 벽)
e. Sonne(n) 해 (* r. Sonnenschein(x) 일광)
r. Regenschirm(e) 우산
dabeihaben 지참하다
kaputt 부서진, 고장난
e. Versicherung(en) 보험

TIPP 문화 자연재해 보험

2013년 독일 남부에 우박이 심하게 떨어진 적이 있습니다. 자동차, 창문, 블라인드, 벽 등 피해를 많이 입었습니다. 하지만 보험에 들어 있어서 모두 보험처리할 수 있었습니다. 하지만 우박으로 인한 피해는 한 번에 너무 많은 피해를 입으니까, 이것저것 하다보니 블라인드 가는 데만 1년이 걸리더군요.

KAPITEL 4

일상 대화를 생생하게 만드는 조동사 패턴

können und dürfen

할 수 있다, 해도 된다

화법조동사는 특정한 의미를 갖고 있어 문장에 그 의미를 부여하는 조동사입니다. 이러한 화법조동사로는 können, dürfen, mögen, wollen, müssen, sollen, 이렇게 6가지가 있습니다. 화법조동사는 일상 대화에서 정말 자주 쓰입니다. 그렇기 때문에 각각의 화법조동사의 의미와 쓰임새를 잘 익혀서 자유롭게 활용할 수 있어야 합니다. 이번 Einheit에서는 '할 수 있다'와 '해도 된다'는 뜻을 가진 화법조동사 können과 dürfen에 대해 배웁니다.

können 동사의 의미와 특징

1 능력과 가능성

Du kannst es schaffen. 넌 그것을 할 수 있어.

Das kann sein. 그럴 수 있어.

2 허락

Kann ich? 내가 할 수 있을까? → 내가 해도 될까? (결국 Darf ich?와 의미가 같음)

3 정중한 요청

Kannst du bitte leise sein? 조용히 좀 해줄 수 있어?

★ können 동사의 동사 변화표 ★

시제	können – konnte – gekonnt 현재 – 과거 – 과거분사		직설 현재	직설 과거	접속2 현재	접속1 현재
인칭	나는	ich	kann	konnte	könnte	könne
	너는	du	kannst	konntest	könntest	könnenest
	그/그녀/그것은	er/sie/es	kann	konnte	könnte	könne
	우리는	wir	können	konnten	könnten	können
	너희들은	ihr	könnt	konntet	könntet	könnet
	그들/그것들은	sie	können	konnten	könnten	können

dürfen 동사의 의미와 특징

1 허락

Sie dürfen Platz nehmen. 자리에 앉아도 됩니다.

2 허락을 구하는 의문문

Darf ich kurz stören? 잠깐 방해해도 될까요?

★ dürfen 동사의 동사 변화표 ★

시제	**dürfen – durfte – gedurft** 현재 – 과거 – 과거분사		직설 현재	직설 과거	접속2 현재	접속1 현재
인칭	나는	**ich**	**darf**	**durfte**	**dürfte**	**dürfe**
	너는	**du**	**darfst**	**durftest**	**dürftest**	**dürfest**
	그/그녀/그것은	**er/sie/es**	**darf**	**durfte**	**dürfte**	**dürfe**
	우리는	**wir**	**dürfen**	**durften**	**dürften**	**dürfen**
	너희들은	**ihr**	**dürft**	**durftet**	**dürftet**	**dürfet**
	그들/그것들은	**sie**	**dürfen**	**durften**	**dürften**	**dürfen**

무엇인가를 할 수 있다고 말할 때

149.mp3

Ich kann … + inf.

난 ~를 할 수 있어.

독일어는 조동사의 활용이 매우 많습니다. Ich kann … + inf를 통해 자신이 무엇을 할 수 있는 능력이 있음을 말할 수 있습니다.

SCHRITT 1

1. 나는 당장 일을 시작할 수 있어. **Ich kann sofort anfangen, zu arbeiten.**
2. 그녀를 용서할 수는 있지만 그녀가 했던 짓을 잊을 순 없어. **Ich kann ihr vergeben, doch nicht vergessen, was sie getan hat.**
3. 유감스럽게도 난 (더 이상) 할 수 없어. **Leider kann ich nicht (mehr).**
4. 난 그것을 (스스로) 할 수 있어. **Das kann ich (selbst).**
5. 그대로 돌려드립니다. (칭찬에 대한 대답) **Das kann ich nur zurückgeben.**

SCHRITT 2

1. 전 여친에 대해

A Bist du noch auf deine Ex-Freundin sauer?
B Nein, ich bin über die Trennung hinweg.
A Seid ihr denn gut befreundet?
B 아니, 그녀를 용서할 수는 있지만 그녀가 한 짓을 잊을 수는 없거든.

A 여전히 전 여친에게 화가 나?
B 아니, 극복했어.
A 그럼 친하게 지내니?
B Nein, denn ich kann ihr vergeben, doch nicht vergessen, was sie getan hat.

2. 약속을 취소할 때

A Kommst du morgen zum Treffen?
B 아쉽지만 그럴 수 없어, ich habe plötzlich einen anderen wichtigen Termin bekommen.
A Schade, kannst du dann das nächste Mal kommen?
B Ja, ich kann es schaffen.

A 내일 모임에 올 거야?
B Leider kann ich nicht, 갑자기 다른 중요한 약속이 잡혔거든.
A 이런, 그럼 다음엔 올 수 있어?
B 응, 그럴 수 있어.

TIPP 문장 욕설

가장 많이 쓰이는 욕은 Scheiße (똥)입니다. 가볍게는 '이런 제길'이란 뜻이지만 경우에 따라 심한 욕도 됩니다. 상대가 내게 욕을 하는지 아닌지 정도는 알아야 하니까 욕도 배워둘 필요가 있습니다.

단어장 Wortschatz

sofort 즉시
vergeben 용서하다
zurückgeben 돌려주다
auf + A sauer sein A에 대해 화나다
befreundet 친한, 가까운
s. Treffen(-) 모임
plötzlich 갑자기

상대가 무엇인가를 할 수 있다고 말할 때

150.mp3

Du kannst … + inf.

넌 ~할 수 있어.

Du kannst … + inf를 통해 상대가 무엇을 할 수 있는 능력이 있음을 표현할 수 있습니다. 문맥상 격려나 충고, 허락의 경우에 사용합니다.

SCHRITT 1

1. 넌 그것을 할 수 있어. — Du kannst **es schaffen.**
2. 넌 제일 잘할 수 있어! — Du kannst **das am besten (tun)!**
3. 네가 흥미 있다면, 기꺼이 같이 해도 돼. — Du kannst **gerne mitmachen, wenn du Lust hast.**
4. 사람을 너무 믿으면 속을 수 있어. — Du kannst **betrogen werden, wenn du jemandem zu sehr vertraust.**
5. 너 자신을 제외하고는 다른 사람을 바꿀 순 없어. — Du kannst **den Anderen nicht ändern, nur dich selbst.**

TIPP 격언 Wenn du glaubst, du kannst, kannst du auch. – Maxwell Maltz
네가 할 수 있다고 믿는다면, 역시 넌 할 수 있다. – 맥스웰 몰츠

SCHRITT 2

1. 시험결과를 걱정하는 친구에게

A Ich habe Angst vor dem morgigen Tag.	**A** 내일이 두려워.
B Warum?	**B** 왜?
A Ich weiß nicht, ob ich die Prüfung bestehen werde.	**A** 시험에 붙었는지 어떤지 몰라서.
B Keine Sorge, 넌 할 수 있어.	**B** 걱정하지 마, du kannst es schaffen.

2. 친구와 저녁에 영화보기

A Was machst du heute Abend?	**A** 오늘 저녁에 뭐해?
B Ich schaue mir einen neuen Film zuhause an.	**B** 집에서 새로 나온 영화 하나 보려고.
A Darf ich mitmachen?	**A** 나도 함께해도 될까?
B 그러고 싶으면 기꺼이 함께해도 돼.	**B** Du kannst gerne mitmachen, wenn du Lust hast.

단어장 Wortschatz

mitmachen 함께하다
betrügen 속이다 (betrügen – betrog – betrogen)
auf + A vertrauen A를 믿다
ändern 바꾸다
Der morgige Tag 내일 (= morgen)
anschauen (영화) 보다

상황이나 상대의 말의 가능성 여부를 평가할 때

151.mp3

Das kann … + inf.

그것은 ~일 수 있어.

Das kann … + inf를 통해 상황이나 상대의 말 등의 가능성 여부를 평가할 수 있습니다.

SCHRITT 1

1. 그럴 수 있어. **Das kann sein.**
2. 잘 진행될 수 있어. **Das kann gut gehen.**
3. 야단나겠는걸. (반어) **Das kann ja heiter werden.**
4. 진실이 아닐 수 있어. **Das kann ja wohl nicht wahr sein.**
5. 우연이 아닐 수 있어. **Das kann kein Zufall sein.**

SCHRITT 2

1. 우산 챙기기

A Wird es heute regnen?
B 그럴 수 있어.
A Dann hole ich einen Regenschirm.
B Kannst du mir bitte einen mitbringen?

A 오늘 비가 올까?
B Das kann sein.
A 그럼 우산 가져와야겠네.
B 내게도 하나 가져다줄 수 있어?

2. 파티를 여는데 방이 좁을 때

A Morgen veranstalte ich eine Party.
B Das ist schön. Wie viele Gäste kommen?
A Leider sind es zu viele Leute für mein kleines Zimmer.
B 야단나겠는걸.

A 내일 파티를 열어.
B 좋은데, 손님은 얼마나 와?
A 유감스럽게도 내 작은 방에 너무 많은 사람들이 와.
B Das kann ja heiter werden.

TIPP 문화 우산

비가 갑자기 자주 오는 독일에선 항상 우산을 들고 다니든지 바람막이 옷을 입고 다닙니다. 비가 너무 자주 오니까 웬만한 비는 그냥 맞고 다닙니다.

단어장 Wortschatz

gutgehen 잘 진행되다 (* gehen 가다 'gehen – ging – gegangen')
heiter 맑은, 쾌활한
r. Zufall(¨e) 우연
r. Regenschirm(e) 우산
holen 가져오다 (* abholen 마중 나가다)
mitbringen 가지고 오다 (* bringen 가져오다 'bringen – brachte – gebracht')

일반적인 상황에 대한 평가

152.mp3

Man kann ··· + inf.

~할 수 있어.

Man kann ··· + inf를 통해 누구나 그럴 수 있는 일반적인 상황에 대한 가능성을 표현합니다.

SCHRITT 1

1. 그렇게 말할 수 있지. — **Das kann man so sagen.**
2. 시간을 멈출 순 없어. — **Man kann die Zeit nicht anhalten.**
3. 모든 것을 가질 순 없어. — **Man kann nicht alles haben.**
4. 할 수 있는 것을 하는 거야. (칭찬에 대한 대답) — **Man tut, was man kann.**
5. 모두를 만족시킬 순 없어. — **Man kann es nicht allen recht machen.**

SCHRITT 2

1. 일이 잘 진행되지 않을 때

A Kommst du mit der Arbeit voran?
B Es läuft eher schleppend.
A Dann hast du viel zu tun?
B 그렇다고 말할 수 있지.

A 일은 잘되고 있어?
B 오히려 질질 끌리고 있어.
A 할 일이 많아?
B Das kann man so sagen.

2. 시간 참 빠르다고 생각될 때

A Welcher Tag ist heute?
B Der 17. Juni 2014.
A Oh, wie schnell die Zeit vergeht!
B 응, 시간을 멈출 순 없어.

A 오늘이 몇 일이지?
B 2014년 6월 17일.
A 이런, 시간이 얼마나 빠르게 가는지!
B Ja, man kann die Zeit nicht anhalten.

TIPP 격언 Man kann den Wind nicht ändern, aber die Segel richtig setzen.
– Aristoteles
바람을 바꿀 수는 없다, 하지만 돛을 바로 세울 수는 있다.
– 아리스토텔레스

단어장 Wortschatz

anhalten 정지시키다 (* halten 붙잡다, 유지하다 'halten – hielt – gehalten')
Jm recht machen Jm을 만족시키다
vorankommen 나아가다, 진척되다
schleppen (질질) 끌다 (* abschleppen (차) 견인하다)
vergehen (시간이) 지나가다
Ich habe viel zu tun. (숙어) 할 일이 많다.

MUSTER 153

허락을 받을 때

153.mp3

Kann ich … + inf?

~해도 될까요?

Kann ich … + inf?는 표면적으로는 자신의 능력을 묻는 것이지만, 문맥상 결국 자신이 해도 되는지 허락을 받는 표현입니다. 비슷한 표현으로 Darf ich … + inf?가 있습니다.

SCHRITT 1

1. 내가 해도 될까요?	Kann ich?
2. 짧게 제 소개를 해도 될까요?	Kann ich **mich kurz vorstellen?**
3. 내가 도와줘도 될까?	Kann ich **dir helfen?**
4. 영수증 없이도 교환할 수 있나요?	Kann ich **sie ohne Kassenbon umtauschen?**
5. 카드로 계산해도 될까요?	Kann ich **mit der Karte bezahlen?**

TIPP 문화 영수증

보통 영수증이 있어야 물건을 교환할 수 있습니다. 특히 전자제품 영수증은 꼭 보관하세요. 보증기간 내에 고장이 나면 대부분 새것으로 교환해줍니다.

SCHRITT 2

1. 영수증 없이 바지를 교환할 때

A Diese Hose passt mir nicht.
B Brauchen Sie eine größere Hose?
A 네, 영수증 없이도 교환할 수 있나요?
B Natürlich, ich weiß noch, dass Sie sie gestern hier gekauft haben.

A 이 바지가 내게 맞지 않아요.
B 더 큰 것을 원하시나요?
A Ja, kann ich sie ohne Kassenbon umtauschen?
B 물론이죠, 어제 여기서 구입하신 걸 알아요.

2. 카드로 계산되지 않을 때

A 카드로 계산해도 되나요?
B Entschuldigung, das geht nur bei einem Betrag über 10 Euro.
A Dann muss ich zur Bank gehen. Könnten Sie es bitte zurücklegen?
B Das kann ich machen.

A Kann ich mit der Karte bezahlen?
B 죄송합니다만, 10유로 이상만 가능합니다.
A 그럼 은행에 다녀와야겠군요. 그것 좀 보관해주실 수 있나요?
B 그렇게 할 수 있습니다.

단어장 Wortschatz

sich vorstellen 소개하다
Jm helfen Jm에게 도움을 주다
r. Kassenbon(s) 영수증
umtauschen 교환하다
r. Betrag(¨e) 총액
zurücklegen 남겨두다

함께 무엇인가를 할 수 있는지를 물을 때

154.mp3

Können wir … + inf?

우리 ~할까요?

Können wir … + inf?를 통해 함께 무엇인가를 할 수 있는지 그 가능성을 물을 수 있습니다. 보통 의견을 묻거나 약속을 잡을 때 사용됩니다.

SCHRITT 1

1. 우리가 해낼 수 있을까? — Können wir **das schaffen?**
2. 우리 내일 2시에 만날까? — Können wir **uns morgen um 14 Uhr treffen?**
3. 약속을 미룰 수 있을까? — Können wir **den Termin verschieben?**
4. 우리가 그것을 확신할 수 있을까? — Können wir **davon ausgehen?**
5. 좀 더 기다릴까? — Können wir **noch warten?**

SCHRITT 2

1. 도움을 청하고 약속을 잡을 때

A Könntest du mir bei der Gartenarbeit helfen?
B Ja, das kann ich.
A 내일 2시에 만날까?
B Sehr gern, ich werde pünktlich sein.

A 정원일 좀 도와줄 수 있어?
B 응, 할 수 있어.
A Können wir uns morgen um 14 Uhr treffen?
B 그래, 시간 맞춰 갈게.

2. 약속을 미룰 때

A 약속 미룰 수 있을까?
B Ja klar, wann wäre es dir lieber?
A Nächste Woche Montag?
B Das sollte klappen.

A Können wir den Termin verschieben?
B 그래, 언제가 좋아?
A 다음 주 월요일은 어때?
B 그것(월요일 만남)은 잘될 거야.

TIPP 문장 **Das sollte klappen**과 **Das wird klappen**의 의미 차이

Das sollte klappen. 맞을 거야. – 99% 확신할 때

Das wird klappen. 맞을 거야. – 100% 확신할 때

단어장 Wortschatz

schaffen 1) 일하다 2) 끝내다, 완수하다
verschieben 1) 밀어 옮기다 2) 연기하다 (* schieben 밀다 'schieben – schob – geschoben')
e. Gartenarbeit(en) 정원일
r. Garten(¨) 정원
pünktlich 정시의
klappen 1)접혀지다 2) 쾅 소리를 내며 닫히다 3) (일이) 잘 진행되다, 맞다, 일치하다

MUSTER 155

정중히 부탁할 때

155.mp3

Kannst du bitte … + inf? ~해주실 수 있을까요?

Kannst du bitte … + inf?는 정중히 요청하거나 도움을 구할 때 쓰는 표현입니다. Sie를 주어로 하면 Könnten Sie … + inf?의 형태로, 격식을 갖추어야 할 상황이나 잘 알지 못하는 사람을 대할 때 쓰는 가장 정중한 표현입니다.

SCHRITT 1

1. 좀 천천히, 분명하게 그리고 표준독일어로 말해줄 수 있어? — Kannst du bitte **langsam, deutlich und hochdeutsch sprechen?**
2. 조용히 좀 해줄 수 있어? — Kannst du bitte **leise sein?**
3. 창문 좀 열어줄 수 있어? — Kannst du bitte **das Fenster öffnen?**
4. 소개 좀 해줄 수 있어? — Kannst du **dich** bitte **vorstellen?**
5. 비밀번호를 입력해주실 수 있을까요? — Könnten Sie **bitte Ihre Geheimnummer eingeben?**

SCHRITT 2

1. 가게에서 카드로 계산할 때

A Bar oder Karte?
B Karte bitte!
A 비밀번호를 입력하시고, 확인버튼을 눌러주실 수 있을까요?

A 현금인가요, 카드인가요?
B 카드요!
A Könnten Sie bitte Ihre Geheimnummer eingeben und die Bestätigungstaste drücken?

2. 독일어를 이해하지 못했을 때

A Hast du mich verstanden?
B Leider nicht ganz. 좀 천천히, 분명하게 그리고 표준독일어로 말해줄 수 있겠니?
A Ja, ich versuche es.
B Danke!

A 내 말 이해했어?
B 아쉽게도 다는 못했어. Kannst du bitte langsam, deutlich und hochdeutsch sprechen?
A 응, 해볼게.
B 고마워!

TIPP 문화 계산

보통 카드로 계산하면 비밀번호를 누르거나 사인을 합니다. 하지만 카드가 안 되는 곳도 종종 있습니다.

단어장 Wortschatz

langsam 천천히 ↔ schnell 빨리
deutlich 분명하게
hochdeutsch 표준독일어의
e. Geheimnummer(n) 비밀번호
eingeben 입력하다
e. Taste(n) 버튼, 건반
bestätigen 확인하다
drücken 누르다
bar 현금의

상대방에게 무언가를 부탁할 때

156.mp3

Kannst du mir … + inf?

~해줄 수 있어?

Kannst du mir … + inf?도 역시 무엇인가를 부탁할 때 사용하는 표현입니다. 문맥상 '나에게' 주는 도움을 요청하는 것이기 때문에 mir가 함께 옵니다.

SCHRITT 1

1. 도와줄 수 있어?	Kannst du mir **helfen?**
2. 대답해줄 수 있어?	Kannst du mir **antworten?**
3. 돈 좀 빌려줄 수 있어?	Kannst du mir **Geld leihen?**
4. 그거 설명해줄 수 있어?	Kannst du mir **das erklären?**
5. 소금 좀 줄 수 있어?	Kannst du mir **das Salz geben?**

SCHRITT 2

1. 도움을 구할 때

A Entschuldigung!
B Ja, bitte?
A 저 좀 도와주실 수 있나요?
B Ja, gern! Bei was denn?

A 실례합니다.
B 네, 말씀하세요.
A Kannst du mir helfen?
B 그럼요! 무슨 일인가요?

2. 돈을 빌릴 때

A Ich habe meinen Geldbeutel verloren!
B Oh, schade!
A Ich bauche dringend Geld. 좀 빌려줄 수 있어?
B Wie viel Geld brauchst du denn?

A 지갑을 잃어버렸어
B 오, 저런!
A 급하게 돈이 필요해. Kannst du mir etwas leihen?
B 그러면 얼마나 필요해?

TIPP 문법 3격 목적어를 가지는 동사

동사 helfen과 vergeben은 우리말 식으로 생각하면 '~를 돕다'와 '~를 용서하다'는 뜻이기 때문에 4격 목적어를 가질 것 같지만 3격 목적어를 가집니다. 왜냐하면 helfen의 경우 '~에게 도움을 주다'로 vergeben의 경우에는 '~에게 용서를 주다'로 여겨지기 때문에 4격 목적어가 아니라 3격 목적어를 가집니다. helfen과 vergeben 외에도 begegnen (~를 만나다), glauben (~를 믿다), folgen (~를 따르다) 등 3격 목적어를 가지는 동사들이 꽤 있으니 주의해야 합니다.

단어장 Wortschatz

Jm bei + D helfen Jm에게 D로 도움을 주다
Jm vergeben Jm을 용서하다 (* Jn verzeihen Jn을 용서하다)
geben 주다 (geben – gab – gegeben)
leihen 빌려주다 (leihen – lieh – geliehen)
erklären 설명하다
s. Salz(x) 소금 (* r. Zucker(x) 설탕)
r. Geldbeutel(-) 지갑
verlieren 잃어버리다 (verlieren – verlor – verloren)
dringend 긴급한

상대방에게 무언가를 부탁할 때

157.mp3

Kannst du mich … + inf? ~해줄 수 있겠니?

Kannst du mich … + inf?도 역시 무엇인가를 부탁할 때 사용하는 표현입니다. 다만 4격 인칭대명사 mich를 목적어로 가지는 동사들과 함께 쓰입니다.

SCHRITT 1

1. 내 말 들리니? — Kannst du mich **hören?**
2. 마중 나올 수 있니? — Kannst du mich **abholen?**
3. 나중에 다시 한 번 더 전화해줄 수 있니? — Kannst du mich **später noch einmal anrufen?**
4. 그것을 내게 보여주겠니? — Kannst du mich **das sehen lassen?**
5. 내 말을 이해할 수 있니? — Kannst du mich **verstehen?**

TIPP 문화 독일 국제공항

주요 국제공항은 베를린, 뒤셀도르프, 쾰른(본), 프랑크푸르트, 함부르크, 슈투트가르트, 뮌헨 등에 있습니다.

SCHRITT 2

1. 공항 픽업 부탁하기

A Wann kommst du am Flughafen in Düsseldorf an?
B Am 21. Juli, etwa um 18 Uhr. 마중 나올 수 있니?
A Ja, gerne. Ich werde dort auf dich warten.
B Danke, bis dann!

A 언제 뒤셀도르프 공항에 도착해?
B 7월 21일, 오후 6시경에. Kannst du mich dort abholen?
A 응, 기꺼이. 거기서 널 기다릴게.
B 고마워, 그럼 그때 봐!

2. 나중에 다시 전화 달라고 할 때

A Hallo, hier spricht Lukas.
B Hi Lukas, ich bin gerade in einer Besprechung. 나중에 다시 전화해줄 수 있니?
A Entschuldigung, dann rufe ich heute Abend wieder an.
B Danke!

A 안녕, 나 루카스야.
B 안녕 루카스, 나 지금 회의 중이야. Kannst du mich später noch einmal anrufen?
A 미안해, 그럼 오늘 저녁에 다시 연락할게.
B 고마워!

단어장 Wortschatz

abholen 마중 나가다 (* holen 가져오다)
früher 과거의, 전의 ⟷ später 미래의, 나중의
noch einmal 다시 한 번 더
r. Flughafen(¨) 공항
auf + A warten A를 기다리다
e. Besprechung(en) 회의, 미팅

허락할 때

158.mp3

Du darfst … + inf.

~해도 돼.

Du darfst (Sie dürfen) … + inf를 통해 상대방이 무엇을 하도록 허락하는 것을 표현할 수 있습니다.

SCHRITT 1

1. 말을 놓아도 됩니다. **Sie dürfen mich duzen.**
2. 자리에 앉아도 됩니다. **Sie dürfen Platz nehmen.**
3. 그에게 병문안 가도 좋습니다. **Sie dürfen ihn im Krankenhaus besuchen.**
4. 기꺼이 내게 전화해도 돼. **Du darfst mich gerne anrufen.**
5. 먹는 것을 잊지 마라. **Du darfst nicht vergessen, zu essen.**

SCHRITT 2

1. 기차에서 말 걸기

A Ist der Platz frei?
B 네, 앉으셔도 됩니다.
A Danke. Darf ich mit Ihnen sprechen? Ich bin Tourist und heiße Thomas Müller. 말은 놓으셔도 됩니다.
B Ja gern, mein Name ist Julia.

A 여기 자리 비어 있나요?
B Ja, Sie dürfen Platz nehmen.
A 고맙습니다. 이야기 좀 나눌 수 있을까요? 전 여행객이고, 토마스 뮐러라고 합니다. Sie dürfen mich gerne duzen.
A 네 기꺼이, 전 율리아라고 해요.

2. 도움에 감사를 표할 때

A Vielen Dank, dass du mir geholfen hast.
B Sehr gerne. 궁금한 게 있으면 물론 전화해도 돼.
A Das ist sehr freundlich! Das werde ich tun.
B Ich bin immer für Fragen offen.

A 도와줘서 정말 고마워.
B 기꺼이. Du darfst mich gerne anrufen, wenn du noch weitere Fragen hast.
A 참으로 친절하구나! 그렇게 할게.
B 난 항상 질문에 열려 있어.

TIPP 문장 이야기 좀 나눌까요?

1) Darf ich mit Ihnen sprechen?
2) Kann ich kurz mit Ihnen sprechen?

둘 다 이야기를 나누는 것을 권하는 표현입니다. 하지만 두 번째 문장은 보통 회사에서 상사가 부하직원에게 말하듯 격식화된 표현입니다. 친구 사이에서 이렇게 말하면 어색할 수 있습니다.

단어장 Wortschatz

duzen 편하게 부르다 ↔ siezen 존칭을 쓰다
r. Platz(¨e) 자리, 장소
s. Krankenhaus(¨er) 병원
anrufen 전화하다 (* rufen 부르다 'rufen – rief – gerufen')
vergessen 잊다 (* essen 먹다 'essen – aß – gegessen')
r. Tourist(en, en) 여행객 (* 자신을 소개할 때 관사 없이 사용합니다. Ich bin Tourist.)

MUSTER 159

허락을 받을 때

159.mp3

Darf ich … + inf?

~해도 될까요?

Darf ich … + inf?는 kann ich와 같이 허락을 받을 때 쓰는 표현입니다. 단, kann ich가 능력이나 가능성을 묻는 표현이라면, darf ich는 허락을 구하는 표현입니다.

SCHRITT 1

1. 해도 될까요?	Darf ich?
2. 잠깐 방해해도 될까요?	Darf ich **kurz stören?**
3. 질문해도 될까요?	Darf ich **dich etwas fragen?**
4. 앉아도 될까요?	Darf ich **mich setzen?** **=Ist der Platz frei?**
5. 동석해도 될까요?	Darf ich **mich dazusetzen?**

TIPP 문장 Darf ich?

기차나 버스에서 안쪽 자리에 앉아 있다 내릴 때, 옆자리 사람에게 좀 비켜달라고 해야 할 때는 간단하게 "Darf ich?"라고 하면 됩니다.

SCHRITT 2

1. 버스 노선을 물어볼 때

A 잠깐 방해해도 될까요?
B Ja, meinetwegen.
A Ich habe eine Frage. Fährt der Bus zur Neuffenstraße?
B Nein, Linie16 fährt dorthin.

A Darf ich kurz stören?
B 네, 괜찮습니다.
A 질문이 있습니다. 이 버스 노이펜슈트라세로 가나요?
B 아니요, 16번 버스가 갑니다.

2. 기차에서 빈 자리를 찾을 때

A 여기 앉아도 될까요?
B Nein, dieser Platz ist schon belegt.
A Kein Problem, ich suche mir einen anderen Platz.
B Viel Glück damit! (유머)

A Darf ich mich setzen?
B 아니요, 이 자린 이미 주인이 있어요.
A 문제없어요. 다른 자리를 찾아보죠.
B 그러길 바래요!

단어장 Wortschatz

stören 방해하다
meinetwegen (약간 부정적) 괜찮습니다
Jn fragen Jn에게 묻다
sich dazusetzen 함께 자리에 앉다.
fahren (차) 가다 (fahren – fuhr – gefahren)
e. Linie(n) 1) 선 2) (버스) 노선 (* 버스 번호와 같이 쓰일 땐 관사가 없습니다)
Dieser Platz ist schon belegt. (숙어) 이 자리는 이미 주인이 있습니다.

MUSTER 160

모든 사람에게 적용되는 금지사항을 표현할 때

160.mp3

Niemand darf … + inf.

아무도 ~해서는 안 돼.

Niemand darf(Man darf nicht) … + inf를 통해, 어느 누구도 허락되지 않음을 표현할 수 있습니다.

SCHRITT 1

1. 어느 누구도 나를 아프게 해선 안 돼. — **Niemand darf mir weh tun.**
2. 아무도 내 노트북을 만져선 안 돼. — **Niemand darf meinen Laptop anfassen.**
3. 여긴 흡연금지야. — **Hier darf man nicht rauchen.**
4. 어느 누구도 장애가 있다고 해서 피해를 입어선 안 돼. — **Niemand darf wegen seiner Behinderung benachteiligt werden.**
5. 아무도 자신의 의지에 반해서 무언가를 강요당해선 안 돼. — **Niemand darf gegen seinen Willen gezwungen werden, etwas zu tun.**

SCHRITT 2

1. 누가 자기 노트북을 만졌을 때

A 아무도 내 노트북을 만져선 안 돼. Kapiert?
B Wieso?
A Muss ich das begründen?
B Nein, ich respektiere, was du sagst.

A Niemand darf meinen Laptop anfassen. 알겠어?
B 왜?
A 내가 꼭 이유를 말해야 해?
B 아니, 네가 말한 것을 인정해.

2. 억지로 시키는 것을 거부할 때

A Du musst das tun!
B 아무도 자신의 의지에 반해서 무언가를 강요당해선 안 돼.
A Aber ich möchte, dass du das tust.
B Das ist mir egal! Ich möchte es nicht tun.

A 넌 그것을 해야 해!
B Niemand darf gegen seinen Willen gezwungen werden, etwas zu tun.
A 하지만, 난 네가 그것을 했으면 좋겠어.
B 상관없어! 난 그것을 하기 싫어.

단어장 Wortschatz

Es tut mir weh (숙어) 아프다
anfassen 건드리다 (* fassen 붙잡다)
wegen + G G 때문에 (* 구어에서는 wegen +D)
e. Behinderung(en) 방해, 장애
benachteiligen 손해를 입다 (* r. Nachteil(e) 단점)
begründen 이유를 들다. (* r. Grund(¨e) 1) 땅 2) 바닥 3) 이유)
respektieren 경의를 표하다, 인정하다
Jn zu + D zwingen D하도록 Jn을 강요하다
(* r. Zwang(¨e) 강요)
Das ist mir egal! (숙어) 상관없어!

TIPP 문화 독일 기본법(헌법) 3조 (Grundgesetz Artikel 3) 1항과 3항

(1) Alle Menschen sind vor dem Gesetz gleich.
모든 사람은 법 앞에서 평등하다.
(3) Niemand darf wegen seines Geschlechtes, seiner Abstammung, seiner Rasse, seiner Sprache, seiner Heimat und Herkunft, seines Glaubens, seiner religiösen oder politischen Anschauungen benachteiligt oder bevorzugt werden.
어느 누구도 자신의 성, 자신의 혈통, 자신의 인종, 자신의 언어, 자신의 고향과 출신, 자신의 신념, 자신의 종교적, 정치적 견해로 인해 손해를 보거나 우대되도록 허락되지 않는다.

EINHEIT 17

mögen und wollen

좋아하다, 할 것이다

이번 Einheit에서 배울 화법조동사는 '좋아하다'와 '할 것이다'의 의미를 나타내는 mögen 동사와 wollen 동사입니다.

mögen 동사의 의미와 특징

1. 선호도
   Ich mag es sehr! 난 그것을 매우 좋아해!
2. 소원 (möchte, 접속법 2식)
   Ich möchte dich einladen. 널 초대하고 싶어.

★ mögen 동사의 동사 변화표 ★

시제	mögen – mochte – gemocht 현재 – 과거 – 과거분사		직설 현재	직설 과거	접속2 현재	접속1 현재
인칭	나는	ich	mag	mochte	möchte	möge
	너는	du	magst	mochtest	möchtest	mögest
	그/그녀/그것은	er/sie/es	mag	mochte	möchte	möge
	우리는	wir	mögen	mochten	möchten	mögen
	너희들은	ihr	mögt	mochtet	möchtet	möget
	그들/그것들은	sie	mögen	mochten	möchten	mögen

wollen 동사의 의미와 특징

1 의지

Ich will durch ganz Deutschland reisen. 난 독일 전국을 여행할 거야.

2 현재의 소망을 완곡하게 표현

Ich wollte sagen. 말하려고 했어. → 말하고 싶어.

★ **wollen 동사의 동사 변화표** ★

시제	**wollen – wollte – gewollt** 현재 – 과거 – 과거분사		직설 현재	직설 과거	접속2 현재	접속1 현재
인칭	나는	ich	will	wollte	wollte	wolle
	너는	du	willst	wolltest	wolltest	wollest
	그/그녀/그것은	er/sie/es	will	wollte	wollte	wolle
	우리는	wir	wollen	wollten	wollten	wollen
	너희들은	ihr	wollt	wolltet	wolltet	wollet
	그들/그것들은	sie	wollen	wollten	wollten	wollen

좋아하는 것 또는 싫어하는 것을 말할 때

161.mp3

Ich mag + (kein) A.

난 A를 좋아해 (싫어해).

Ich mag + (kein) A는 좋아함 또는 싫어함을 표현할 수 있는 가장 간단하면서 자주 쓰이는 표현입니다.

SCHRITT 1

1. 난 그것을 매우 좋아해! — Ich mag **es sehr!**
2. 난 통밀빵을 제일 좋아해. — Ich mag **Vollkornbrot am liebsten.**
3. 난 내 직장동료를 좋아하지 않아. — Ich mag **meinen neuen Kollegen** nicht.
4. 난 그런 비겁하고 억지스런 행동을 좋아하지 않아. — Ich mag **so ein feiges Gehabe** nicht.
5. 난 클래식 음악을 좋아하지 않아, 하지만 그 곡은 마음에 들어. — Ich mag keine **klassische Musik, aber das gefällt mir.**

TIPP 문화 통밀빵 (Vollkornbrot)

독일에서 빵은 주식입니다. 독일 빵은 한국의 밥처럼 달지 않습니다. 그 중 딱딱하고 진하게 생긴 통밀빵이라는 것이 있습니다. 먹는 것을 가리지 않는 저이지만 아직도 잘 먹지 않는 빵입니다. 하지만 독일 친구들은 정말 좋아하더군요.

SCHRITT 2

1. 말이 많은 직장동료

A Wie geht es dir bei der Arbeit?
B 좋아, 하지만 직장동료가 좋지 않아.
A Warum? Wie ist er?
B Er redet sehr viel!

A 직장에서 어때?
B Gut, aber ich mag meinen neuen Kollegen nicht.
A 왜? 그가 어떤데?
B 말이 너무 많아!

2. 좋아하는 독일 빵

A Wofür ist Deutschland bekannt?
B Es gibt viele Brotsorten.
A Welche Brotsorte magst du am liebsten?
B 난 통밀빵을 제일 좋아해.

A 독일은 뭐가 유명하지?
B 빵 종류가 많아.
A 어떤 빵을 가장 좋아하니?
B Ich mag Vollkornbrot am liebsten.

단어장 Wortschatz

s. Brot(e) 빵
s. Korn(¨er) 1) 씨 2) (빵의 원료) 밀 (* r. Kern(e) 1) 씨 2) 중심)
s. Vollkornbrot(e) 통밀빵
feig 비겁한 ↔ mutig 용감한 (* e. Feige(n) 무화과)
s. Gehabe(x) 거드름 피우는 행동, 억지스런 행동
klassisch 클래식한
Jm gefallen Jm의 마음에 들다
r. Kollege(n, n) 동료(남) ↔ e. Kollegin(nen) 동료(여)
e. Sorte(n) 종류

MUSTER 162

좋아하는 것 또는 싫어하는 것을 말할 때

162.mp3

Ich mag es, ··· zu inf.

난 ~하는 것을 좋아해.

MUSTER 161에서 살펴보았듯이 Ich mag은 명사를 목적어로 받습니다. 그렇기 때문에 대명사 es를 가목적어로 두고, zu + inf를 목적어로 받을 수 있습니다. 그리고 목적어 자리에 wenn 문장이 올 수도 있습니다.

SCHRITT 1

1. 난 사람들과 담소 나누는 것을 좋아해. — **Ich mag es, mich mit Menschen zu unterhalten.**
2. 난 사람들과 어울리는 걸 좋아해. — **Ich mag es, unter Menschen zu sein.**
3. 네가 웃으면 난 기꺼이 좋아. — **Ich mag es gern, wenn du lachst.**
4. 난 팁 주는 걸 좋아하지 않아. — **Ich mag es nicht, Trinkgeld zu geben.**
5. 너희들이 다투는 걸 좋아하지 않아. — **Ich mag es nicht, wenn ihr euch streitet.**

SCHRITT 2

1. 사람들과 대화하기가 싫은 친구

A Findest du es schön, viele Menschen zu treffen?
B Es kommt darauf an, wie viel. 난 사람들을 만나서 담소 나누는 것은 좋아해, aber ich mag es nicht, so viele Menschen auf einmal zu treffen.
A Warum denn?
B Ich kann mich so besser auf die Unterhaltung konzentrieren.

A 많은 사람들을 만나는 것을 좋게 생각하니?
B 얼마나 많은 사람인지에 달렸어. Ich mag es, mich mit Menschen zu unterhalten, 하지만 너무 많은 사람들을 만나는 건 좋아하지 않아.
A 왜 그런데?
B 그래야 대화에 더 집중할 수 있거든.

2. 식당에서 팁 주는 것이 싫은 이유

A 난 팁 주는 걸 좋아하지 않아.
B Du musst es ja nicht machen.
A Aber ich fühle mich dazu gezwungen Trinkgeld zu geben.
B Quatsch! Es ist immer freiwillig.

A Ich mag es nicht, Trinkgeld zu geben.
B 그럼 줄 필요 없어.
A 하지만 난 강요당하는 것처럼 느껴져.
B 허튼 소리! 그건 항상 마음대로야!

단어장 Wortschatz

sich mit Jm unterhalten Jm과 담소를 나누다
unter Menschen sein 사람들과 어울리다
s. Trinkgeld(er) 팁
Es kommt darauf an. (숙어) 그것에 달렸어.
auf einmal 동시에 (* einmal 한 번)

TIPP 문화 팁(Trinkgeld)

식당에서 밥을 먹고 난 다음 서빙을 담당한 종업원에게 팁을 줍니다. 서빙을 해준 것에 대한 감사의 표현입니다. 정도는 정해져 있지 않고 안 줘도 상관은 없지만 보통 식대에서 올림해서 주곤 합니다. (14.2유로가 나왔으면 15유로 정도)

MUSTER 163

하고 싶은 것을 표현할 때

163.mp3

Ich möchte … + inf.

난 ~하고 싶어.

Ich möchte는 Ich mag의 접속법 2식 형태입니다. '좋아한다'는 것을 완곡히 표현하여 '하고 싶다'는 의미를 지닙니다. Ich möchte … + inf 문장에서 목적어가 명사일 때는 명사 뒤에 본동사(inf)가 '…를 ~하고 싶다'는 의미를 띠게 됩니다.

SCHRITT 1

1. 카네이션을 사고 싶습니다. Ich möchte **Nelken kaufen.**
2. 핸드폰을 충전하고 싶습니다. Ich möchte **mein Handy aufladen.**
3. 그것에 대해선 말하고 싶지 않아. Ich möchte **nicht darüber reden.**
4. 일하러 가고 싶지 않아. Ich möchte **nicht arbeiten gehen.**
5. 그것에 대해서 조사하고 싶어. Ich möchte **mich darüber informieren.**

SCHRITT 2

1. 카네이션을 사러 갔을 때

A 카네이션을 사고 싶습니다.	A Ich möchte Nelken kaufen.
B Wie viele möchten Sie?	B 몇 송이 원하세요?
A 10 Stück. Aber 5 rote, 5 weiß.	A 열 송이요. 다섯 송이는 빨간색, 다섯 송이는 하얀색이요.
B Außerdem?	B 그 밖에는요(더 필요한 것은 없나요)?

2. 핸드폰을 충전하러 갔을 때

A Ich möchte das einladen!	A 그것을 초대하고 싶습니다!
B Was? Wie bitte?	B 네? 뭐라구요?
A (Ich lege mein Handy auf die Kasse) Einladen, bitte!	A (계산대에 핸드폰을 올려놓으며) 초대요!
B Haha, 핸드폰을 충전하고 싶다는 말씀이시군요!	B 하하, du meinst, ich möchte mein Handy aufladen!

TIPP 문화 핸드폰 충전

여기서 핸드폰 충전은 배터리 충전(Akku)이 아니라 핸드폰 요금 충전을 뜻합니다. 카드폰(Karte Phone)이라고 해서 가입 없이 충전해서 쓰는 핸드폰이 있습니다. 독일어를 배운 지 얼마 되지 않았을 때 핸드폰을 충전하러 갔다가 실수로 'aufladen'을 'einladen'이라고 한 적이 있네요. 물론 덕분에 이 두 단어는 절대 혼동하지 않습니다.

단어장 Wortschatz

e. Nelke(n) 카네이션
aufladen 충전하다 (* laden 싣다 'laden – lud – geladen')
Jn zu + D einladen Jn을 D에 초대하다
gehen + inf inf하러 가다
sich über + A informieren A를 조사하다
s. Stück(e) 1) 조각 2) 송이
rot 빨간
weiß 하얀

상대를 초대하고 싶을 때

164.mp3

Ich möchte dich zu + D einladen.

난 너를 D에 초대하고 싶어.

Ich möchte dich zu + D einladen을 통해 상대를 D에 초대하고 싶다는 의사를 표현할 수 있습니다.

SCHRITT 1

1. 널 초대하고 싶어. — Ich möchte dich einladen.
2. 저녁식사에 널 초대하고 싶어. — Ich möchte dich zum **Abendessen** einladen.
3. 다음번엔 내가 널 커피 마시는 데 초대하고 싶어. — **Beim nächsten Mal** möchte ich dich zu **einem Kaffee (zum Kaffee)** einladen.
4. 생일파티에 널 초대하고 싶어. — Ich möchte dich zum **Geburtstag** einladen.
5. 졸업축하연에 널 초대하고 싶어. — Ich möchte dich zur **Abschlussfeier** einladen.

SCHRITT 2

1. 커피 살 때

A Ich bezahle!	**A** 내가 계산할게!
B Nein, nein, die Rechnung geht auf mich. Heute lade ich dich ein.	**B** 아냐, 아냐, 내가 계산할게. 오늘은 내가 널 초대한 거야.
A 다음번엔 내가 널 초대하고 싶어.	**A** Beim nächsten Mal möchte ich dich aber zum Kaffee einladen.
B In Ordnung, wann treffen wir uns wieder?	**B** 좋아. 언제 다시 만날까?

2. 식사 초대하기

A Hast du am Wochenende Zeit?	**A** 주말에 시간 있어?
B Ja, habe ich. Warum?	**B** 응, 있어. 왜?
A 저녁식사에 초대하고 싶어.	**A** Ich möchte dich zum Abendessen einladen.
B Danke schön!	**B** 매우 감사해!

단어장 Wortschatz

Jn zu + D einladen Jn을 D에 초대하다
Beim nächsten Mal 다음번에
e. Abschlussfeier(n) 졸업축하연
Die Rechnung geht auf mich. (숙어) 내가 계산할게.
sich mit + Jm treffen Jm을 만나다 (treffen – traf – getroffen)
wieder 다시 (* e. Wiederholung 반복)

TIPP 문화 식사초대

식사초대를 했을 때 싫어하는 독일 친구는 한 명도 못 봤습니다. 식사초대를 통해 독일 친구들과 더 친해질 수 있지요. 달짝지근하고 짭쪼름한 한국음식을 다들 좋아합니다. 요리를 두세 가지쯤 할 수 있어도 좋을 것 같습니다. "Darf ich dich einladen?"이란 표현도 가능합니다.

무엇을 취소하고 싶을 때

165.mp3

Ich möchte A kündigen. 난 A를 취소하고 싶어.

Ich möchte (Jm) A kündigen은 계약한 것(A)을 취소하고 싶을 때 사용하는 표현입니다.

SCHRITT 1

1. 핸드폰 계약을 취소하고 싶어. **Ich möchte meinen Handyvertrag kündigen.**
2. 집 임대해약을 알리고 싶어. **Ich möchte meine Wohnung kündigen.**
3. 내 은행계좌를 취소하고 싶어. **Ich möchte mein Bankkonto kündigen.**
4. 직장에 사표를 내고 싶어. **Ich möchte meine Arbeitsstelle kündigen.**
5. 그와 친교를 끊고 싶어. **Ich möchte ihm die Freundschaft kündigen.**

SCHRITT 2

1. 핸드폰 분실과 의무사용기간

A Ich habe mein Handy verloren! 핸드폰 계약을 취소하고 싶어.
B Gibt es keine Mindestlaufzeit?
A Doch, ich glaube 2 Jahre.
B Dann kannst du den Vertrag nicht sofort kündigen.

A 핸드폰을 잃어버렸어! Ich möchte meinen Handyvertrag kündigen.
B 의무사용기간이 있지 않아?
A 응, 2년간.
B 그럼 계약을 당장 끊을 수 없어.

2. 집 임대계약 취소하기

A 집 임대해약을 알리고 싶습니다, weil ich in eine andere Stadt umziehen muss.
B Aber ich glaube, du musst drei Monate kündigen, bevor du umziehen möchtest.
A Oh, das habe ich nicht gewusst. Was soll ich machen?
B Bezahl das Doppelte oder such einen Zwischenmieter oder einen Nachmieter.

A Ich möchte meine Wohnung kündigen, 왜냐하면 다른 도시로 이사해야 해서요.
B 하지만 이사 가기 3개월 전에 해약의지를 알려야 합니다.
A 이런, 몰랐네요. 제가 뭘 해야 하죠?
B 이중으로 지불하든지 아니면 잠시 살 사람이나 다음 세입자를 찾아보세요.

TIPP 문화 이사

유학생활을 하다 보면 이사해야 할 때가 있지요. 이사를 계획할 때 가장 중요한 것은 이사하기 3개월 전에는 임대계약 해지의사를 반드시 임대인에게 알려줘야 한다는 것입니다. 이 3개월을 해약고지기간(Kündigungsfrist)이라고 합니다. 이사 가는 때가 맞지 않으면 그 사이에 임대료를 살던 집과 새로 얻은 집 양쪽 다 내야 하는 일이 생길 수도 있습니다. 그런데 집을 구하기 힘들어 종종 그렇게 하곤 하지요. 이럴 경우엔 잠시 겹치는 기간 동안 살 사람(Zwischenmieter)이나 바로 다음 세입자(Nachmieter)를 찾을 수 있으면 좋습니다.

단어장 Wortschatz

r. Vertrag(¨e) 계약
s. Bankkonto(ten) 은행계좌
e. Freundschaft(en) 우정, 친교 ↔ e. Feindschaft(en) 적대, 불화
e. Mindestlaufzeit(en) 의무사용기간
umziehen 이사하다
r. Mieter(-) 세입자

무엇을 원하는지 물어볼 때

166.mp3

Möchtest du ··· + inf?

넌 ~하길 원해?

Möchtest du ··· + inf?를 통해 상대가 무엇을 원하는지 직접적으로 물어볼 수 있습니다.

SCHRITT 1

1. 뭔가 더 원해(원하세요)?	Möchtest du (Möchten Sie) **noch etwas dazu?**
2. 뭔가 마시길 원해?	Möchtest du **was trinken?**
3. 커피나 차 중 뭘 마시고 싶어?	Möchtest du **Kaffee oder Tee (trinken)?**
4. 케이크 먹고 싶어?	Möchtest du **ein Stück Kuchen?**
5. 같이 놀길 원해?	Möchtest du **mit uns zusammen (spielen)?**

SCHRITT 2

1. 커피나 차를 권할 때

A 커피나 차 중 뭘 원해?	**A** Möchtest du Kaffee oder Tee?
B Kaffee, bitte.	**B** 커피요.
A Mit Milch und Zucker?	**A** 우유랑 설탕은?
B Nein, bitte schwarz.	**B** 아뇨, 커피만요. (* 아무것도 타지 않고 마시는 것을 schwarz라고 합니다.)

2. 빵집에서 버터브레첼을 살 때

A Ich hätte gerne zwei Butterbrezeln.	**A** 버터브레첼 2개 주세요.
B 더 필요한 것 있으세요?	**B** Möchten Sie noch etwas dazu?
A Nein, das ist alles.	**A** 아니요, 그게 다예요.
B (Das macht dann) 1,98 Euro bitte.	**B** 그럼 1,98유로입니다.

TIPP 문화 브레첼

한국에서 미국식으로 프레첼이라고 불리는 있는 이 빵은 원래 독일 전통 빵입니다. (물론 여러 설이 있지만 적어도 유럽 빵인 건 확실합니다.)

TIPP 문법 숫자 읽기: 현금

1,98 Euro: ein Euro achtundneunzig.

단어장 Wortschatz

r. Zucker(-) 설탕
schwarz 검은색의
e. Brezel(n) 브레첼
e. Butter(-) 버터

무엇을 하고자 하는 의지를 말할 때

167.mp3

Ich will ··· + inf.

난 ~할 거야.

Ich will ··· + inf를 통해 자신의 의지를 표현할 수 있습니다.

SCHRITT 1

1. 난 이곳을 떠날 거야.	Ich will **weg von hier.**
2. 난 독일 전국을 여행할 거야.	Ich will **durch ganz Deutschland reisen.**
3. 프랑크푸르트에서 일자리를 찾아볼 거야.	Ich will **mich in Frankfurt um einen Arbeitsplatz bewerben.**
4. 그게 바로 내가 정말 바라는 거야.	**Das** will ich **doch stark hoffen.**
5. 그저 장난이야.	Ich will **doch nur spielen.**

SCHRITT 2

1. 일자리를 구하기 위해 프랑크푸르트로 가기

A 난 이곳을 떠날 거야!
B Warum, findest du es hier nicht schön?
A **좋아,** 하지만 난 프랑크푸르트에서 일자리를 찾아볼 거야.
B Viel Glück!

A Ich will weg von hier!
B 왜? 여기가 좋지 않아?
A **Doch,** aber ich will mich in Frankfurt um einen Arbeitsplatz bewerben.
B 행운을 빌어!

2. 독일 전국여행

A 난 독일 전국을 여행할 거야.
B Aber kostet das nicht viel?
A Doch, aber im DB gibt es ein günstiges Angebot. Damit kann man einen Monat lang mit allen Zügen fahren! Es kostet 400 Euro für zwei Personen.
B Ja, das ist relativ günstig!

A Ich will durch ganz Deutschland reisen.
B 근데 비싸지 않아?
A 비싸지, 하지만 독일 철도에 저렴한 상품이 있어. 그것으로 한 달간 모든 기차를 탈 수 있어. 두 사람당 400유로야.
B 그러게, 상대적으로 저렴하네!

TIPP 문화 독일 철도 DB(Deutsche Bahn)

독일은 기차 티켓이 비쌉니다. 하지만 종종 싼 티켓이 나옵니다. 일전에 여름방학 즈음에 한달 동안 독일의 모든 기차를 탈 수 있는 상품이 나왔길래 학교도 지원할 겸, 독일 구경도 할 겸 구입했습니다. 두 명에 400유로였는데, 탔던 기차 티켓의 원래 가격을 정산해보니 3000유로 정도 되더군요. 엄청나게 절약할 수 있는 상품이었습니다.

단어장 Wortschatz

weg von + D D에서 벗어난
sich um + A bewerben A에 지원하다
stark 강한 ↔ schwach 약한
auf + A hoffen A를 소망하다

상대의 의지를 물어볼 때

168.mp3

Willst du … + inf?

넌 ~하려고 하니?

Willst du … + inf?를 통해 상대방이 무엇을 하고자 하는 의지가 있는지 물어볼 수 있습니다.

SCHRITT 1

1. 그것에 대해 말하려는 거니? **Willst du darüber reden?**
2. 정말 그것을 알고자 하는 거니? **Willst du das wirklich wissen?**
3. 나와 데이트할래요? **Willst du mit mir ausgehen?**
4. 시비 거는 거니? **Willst du dich mit mir anlegen?**
5. 너 계속 (주제에서) 벗어날 거니? **Willst du noch weiter abschweifen?**

SCHRITT 2

1. 데이트 신청을 거절당한 것에 대해 말하기

A Ich habe Anna gefragt, ob sie mit mir ausgehen möchte. Sie hat nein gesagt.	**A** 안나에게 나랑 데이트하는 것을 원하는지 물었어. 그녀는 아니라고 대답했어.
B 그것에 대해 말하려는 거니?	**B** Willst du darüber reden?
A Ja, das wäre schön.	**A** 응, 그게 좋을 것 같아.
B Ich mache uns Tee.	**B** 차 가져올게.

2. 계속 딴말을 하는 친구

A 너 계속 (주제에서) 벗어날 거니?	**A** Willst du noch weiter abschweifen?
B Ich will nicht über die Gründe des Problems, sondern über die Lösung des Problems reden.	**B** 난 문제의 원인이 아니라 문제의 해결에 대해서 이야기하고자 해.
A Ich halte es für wichtig, die Gründe genau zu kennen.	**A** 난 원인을 정확하게 아는 것이 중요하다고 생각해.
B Ach so, ich dachte, wir sprächen über die Lösungen.	**B** 아 그래? 난 우리가 해결에 대해서 이야기한다고 생각했어.

단어장 Wortschatz

mit + Jm ausgehen Jm과 데이트하다 (* von + D ausgehen D에서 시작(추측)하다)
sich mit + Jm anlegen Jm에게 시비를 걸다
abschweifen (길, 주제) 벗어나다
Das wäre schön. (숙어) 그것이 좋을 것 같아.
e. Lösung(en) 해결, 해답
Ich halte es für wichtig. (숙어) 난 그것이 중요하다고 생각해.

TIPP 문화 〈로미오와 줄리엣〉에서 줄리엣의 대사

"Romeo, oh Romeo, warum bist du nur Romeo? Verleugne deinen Vater, leg deinen Namen ab, willst du's nicht, so schwör dass du mich liebst, und ich will keine Capulet mehr sein!"
"로미오, 오 로미오, 왜 당신은 로미오이죠? 당신의 아버지를 부인하세요, 당신의 이름을 버리세요, 당신이 그것을 하지 않으려 한다면, 절 사랑한다고 맹세하세요, 그러면 저는 더 이상 캐퓰릿이 아니려 해요."

상대의 의지에 대해

169.mp3

was / wie du willst.

네가 원하는 대로.

was / wie du willst를 통해 상대가 하고자 하는 의지를 표현할 수 있습니다.

SCHRITT 1

1. 네 마음대로.	**Wie du willst.**
2. 네가 하고자 하는 것을 해.	**Mach, was du willst.**
3. 난 네가 무엇을 하고자 하는지 모르겠어.	**Ich weiß nicht, was du willst.**
4. 난 네가 시키는 모든 걸 할 거야.	**Ich mache alles, was du von mir willst.**
5. 원하는 만큼 가져.	**Nimm dir, so viel du willst.**

SCHRITT 2

1. 과자를 먹어도 되냐고 물어볼 때

A Kann ich von den Haribos essen?
B Ja, gern.
A Wie viel?
B 원하는 만큼 집어.

A 저 하리보 먹어도 돼?
B 응, 그럼.
A 얼마나 많이 (먹어도 될까)?
B Nimm dir, so viel du willst.

2. 무엇을 먹고 싶은지 물을 때

A Was soll ich heute kochen? Was möchtest du essen?
B 네가 하고자 하는 것을 해.
A Dann mache ich koreanische gebratene Nudeln.
B Gut, aber nicht zu scharf.

A 오늘은 뭘 요리할까? 뭐 먹고 싶어?
B Mach, was du willst.
A 그럼 한국식 볶음면 할래.
B 좋아. 하지만 너무 맵진 않게.

TIPP 문화 기숙사 공동식사

기숙사에 살 때 기숙사 사람들과 매일 점심을 함께 먹은 적이 있습니다. 돌아가면서 요리를 하곤 했지요. 덕분에 주방기구를 독일어로 뭐라고 하는지를 빨리 배울 수 있었습니다. 이렇게 정기적으로 함께 식사하는 시간을 가질 수 있다면 독일어를 배우고 독일 친구를 사귀는 데 큰 도움이 될 수 있습니다.

단어장 Wortschatz

Was willst du von mir? (숙어) 나한테 원하는 게 뭐야?
s. Haribo(s) 하리보 (독일 과자, 한국의 꼬마곰)
nehmen 취하다 (nehmen – nahm – genommen)
kochen 요리하다
braten 굽다
e. Nudel(n) 면
scharf 1) 날카로운 2) 매운 (* s. Schaf(e) 양)

자신의 의지를 완곡하게 표현할 때

170.mp3

Ich wollte … + inf.

난 ~하고자 해.

Ich wollte는 Ich will의 과거형입니다. '무엇인가를 하고자 했었다'는 과거 의지의 표현인데, 문맥상 (하고자 했었다. 그래서) 지금 '~한다' 또는 '~하고 싶다'는 현재 소망의 의미로 쓰입니다. 예를 들어 Ich wollte sagen을 직역하면 '내가 말하고자 했어'이지만 문맥상 뜻하는 바는 '내가 무엇인가를 말하고자 했었고, 그래서 지금 말해'입니다. 그래서 Ich wollte는 하고자 하는 의지를 나타냅니다.

SCHRITT 1

1. (네게) 말하려 해. — Ich wollte **(dir) sagen.**
2. 네게 더 말하고자 하는 것이 있어. — Ich wollte **dir noch sagen.**
3. 난 단지 너에게 알려주고자 해. — Ich wollte **dich nur wissen lassen.**
4. 네게 물어보려 해. — Ich wollte **dich fragen.**
5. 예전부터 너랑 영화관에 가려고 했어. — Ich wollte **schon immer mal mit dir ins Kino gehen.**

(* 1~3번의 경우 종종 부문장 dass와, 4번은 ob과 함께 쓰입니다.)

SCHRITT 2

1. 영화 보러 가는 것을 거절할 때

A Hallo, Miriam, ich wollte dich fragen, ob du heute Abend mit mir ins Kino gehen möchtest.
B Heute Abend kann ich leider nicht.
A 이런, 전부터 너랑 영화관에 가려고 했는데.
B Vielleicht klappt es ja wann anders.

A 안녕, 미리암, 너 오늘 저녁에 나랑 같이 영화 보러갈 수 있는지 아닌지 물어보고 싶은데.
B 유감이지만 오늘 저녁은 안 돼.
A Schade, ich wollte schon immer mal mit dir ins Kino gehen.
B 아마 다른 날에는 가능할 거야.

2. 연구발표를 칭찬할 때

A Tschüß, Klaus!
B Einen Moment. 네게 더 말하고 싶은 게 있는데, 너 오늘 연구발표 잘했어!
A Sicher? Vielen Dank!
B Bis morgen dann!

A 안녕, 클라우스!
B 잠깐만. Ich wollte dir noch sagen, dass du heute ein gutes Referat gehalten hast!
A 정말? 고마워!
B 그럼 안녕!

단어장 Wortschatz

schon immer 예전부터
s. Kino(s) 영화관
Tschüß (헤어질 때 인사) 안녕!
einen Moment! (숙어) 잠깐만!
ein Referat halten 연구보고를 하다.

TIPP 문장 헤어질 때 인사
Tschüß!
Tschau!
Schönen Tag noch!
Bis Morgen / später / bald / dann / gleich / Bis nachher!
Auf Wiedersehen! (격식을 갖춘 작별인사)

EINHEIT 18

müssen und sollen

해야 한다

이번 Einheit에서는 '해야 한다'는 뜻을 지닌 화법조동사 müssen 동사와 sollen 동사에 대해서 배웁니다.

müssen 동사의 의미와 특징

1. (법적) 강제성 또는 필연성
   Ich muss jetzt gehen. 난 지금 가야만 해.
2. nicht와 함께 쓰여 '~할 필요가 없음'을 나타냄 (강제성 없음)
   Das musst du nicht tun. 넌 그것을 할 필요가 없어.

★ müssen 동사의 동사 변화표 ★

시제	müssen – musste – gemusst 현재 – 과거 – 과거분사		직설 현재	직설 과거	접속2 현재	접속1 현재
인칭	나는	ich	muss	musste	müsste	müsse
	너는	du	musst	musstest	müsstest	müssest
	그/그녀/그것은	er/sie/es	muss	musste	müsste	müsse
	우리는	wir	müssen	mussten	müssten	müssen
	너희들은	ihr	müsst	musstet	müsstet	müsset
	그들/그것들은	sie	müssen	mussten	müssten	müssen

sollen 동사의 의미와 특징

1 (도덕적) 당연성

Ich soll das bis morgen erledigen. 난 내일까지 그것을 완수해야 해.

2 nicht와 함께 쓰여 '~해선 안 된다'는 뜻을 나타냄 (강제성 있음)

Ich soll das nicht tun. 난 그것을 하지 말아야 해.

3 상대방의 의사를 물음

Soll ich dich hinbringen? 내가 널 데려다줄까?

4 상대방에 대한 소망과 일반적인 추측 (접속법 2식 형태)

Du solltest dich schämen. 부끄러운 줄 알아.

Das sollte nicht passieren. 그것은 일어나지 않을 거야.

⋆ sollen 동사의 동사 변화표 ⋆

시제	sollen – sollte – gesollt 현재 – 과거 – 과거분사		직설 현재	직설 과거	접속2 현재	접속1 현재
인칭	나는	ich	soll	sollte	sollte	solle
	너는	du	sollst	solltest	solltest	sollest
	그/그녀/그것은	er/sie/es	soll	sollte	sollte	solle
	우리는	wir	sollen	sollten	sollten	sollen
	너희들은	ihr	sollt	solltet	solltet	sollet
	그들/그것들은	sie	sollen	sollten	sollten	sollen

무엇을 반드시 해야 한다고 말할 때

171.mp3

Ich muss … + inf.

난 ~해야 해.

Ich muss … + inf를 통해 자신이 무엇인가를 반드시 해야 한다는 것을 표현할 수 있습니다.

SCHRITT 1

1. 난 지금 가야 해. — Ich muss **jetzt gehen.**
2. 난 화장실에 가야만 해! — Ich muss **mal auf Toilette gehen!**
3. 유감스럽지만 취소해야 해. — Ich muss **leider absagen.**
4. 내가 한 말을 정정해야 해. — Ich muss **mich korrigieren.**
5. 난 그것에 적응해야 해. — Ich muss **mich daran gewöhnen.**

TIPP

문화 2격과 함께 오는 전치사

문법적으로 2격을 가지는 전치사가 일상어에서는 거의 3격과 함께 쓰입니다.

wegen meines Termins (2격)

wegen meinem Termin (3격)

SCHRITT 2

1. 전화로 약속을 취소할 때

A Ich rufe an wegen meinem Termin.

B Der 10 Uhr Termin?

A 네, 유감스럽지만 취소해야 합니다.

B Schade!

A 약속 때문에 전화드렸습니다.

B 10시 약속 말인가요?

A Ja, ich muss leider absagen.

B 유감이네요!

2. 독일 생활에 대한 안부

A Wie läuft es in Deutschland?

B Abgesehen vom Wetter ist es gut.

A Ich habe oft gehört, dass es sehr wechselhaft sein soll.

B Das stimmt, 난 거기 적응해야만 해.

A 독일에서 지내는 건 어때?

B 날씨 빼곤 다 좋아.

A 날씨가 너무 자주 바뀐다고 들었어.

B 맞아, ich muss mich daran noch gewöhnen.

단어장 Wortschatz

e. Toilette(n) 화장실

absagen 취소하다

korrigieren 교정하다, 정정하다

Abgesehen von + D D를 제외하고

sich an + D gewöhnen D에 적응하다

anrufen 전화하다 (* rufen 부르다 'rufen – rief – gerufen')

wechselhaft 자주 변하는

상대방이 반드시 해야 함을 말할 때

172.mp3

Du musst … + inf.

넌 ~해야 해.

Du musst … + inf를 통해 상대방이 반드시 무엇인가를 (강요적으로) 해야 한다고 말할 수 있습니다. 하지만 müssen nicht는 '하지 말아야 돼'가 아니라 '하지 않아도 돼'입니다.

SCHRITT 1

1. 넌 주의해야만 해! — **Du musst aufpassen.**
2. 넌 너 스스로를 (특히 건강을) 지켜야 해. — **Du musst dich schonen.**
3. 넌 서둘러야 해. — **Du musst dich beeilen.**
4. 당신은 5유로를 추가로 지불해야 합니다. — **Sie müssen die 5 Euro nachzahlen.**
   (* 보통 유로 앞에 관사를 쓰지 않지만, 분명히 정해진 가격이라면 강조의 의미로 쓸 수 있습니다.)
5. 넌 그것을 할 필요 없어. — **Das musst du nicht machen.**

SCHRITT 2

1. 학생용 티켓을 가져오지 않았을 때

A Ist hier noch jemand zugestiegen?
B Ich, aber ich habe mein Semesterticket nicht dabei.
A 그럼 당신은 나중에 센터에서 그 티켓을 제시하고 5유로를 추가로 지불해야 합니다.
B Das werde ich machen.

A 여기 그 밖에 누가 승차했나요?
B 저요. 그런데 제가 학생용 티켓을 가져오지 않았어요.
A Dann müssen Sie später im Zentrum das Ticket vorzeigen und die 5 Euro nachzahlen.
B 그렇게 할게요.

2. 설거지를 할 필요가 없다고 말할 때

A Ich spüle dein Geschirr und dein Besteck.
B 그럴 필요 없어.
A Nein, aber ich mache es gerne.
B Du bist die Beste!

A 내가 네 그릇이랑 식기를 설거지하고 있어.
B Das musst du nicht tun.
A 아니, 내가 좋아서 하는 거야.
B 네가 최고야!

TIPP 문화 기차 안내방송

기차를 탔을 때 들을 수 있는 안내방송입니다.
In wenigen Minuten erreichen wir Frankfurt am Mainz Hauptbahnhof. Ausstieg in Fahrtrichtung links. 몇 분 후에 우리는 프랑크푸르트 암 마인츠역에 도착합니다. 내리는 곳은 진행방향의 왼쪽입니다.

TIPP 문법 nicht müssen

nicht는 문장 전체가 아니라 müssen 동사를 부정합니다. 그래서 해야 할 필요가 없다는 의미를 지닙니다.
Du musst aufpassen. 넌 주의해야 해.
Du musst nicht aufpassen. 넌 주의하지 않아도 돼.

단어장 Wortschatz

auf + A aufpassen A에 주의하다
schonen 보호하다
sich beeilen 서두르다 (* e. Eile(x) 급함)
s. Geschirr(e) 그릇
s. Besteck(e) 식기 (대개 단수)

무엇인가가 반드시 되어야 함을 말할 때

173.mp3

Das muss … + inf.

~해야만 해.

Das muss … + inf를 통해 그것(Das)이 반드시 되어져야 함을 표현할 수 있습니다.

SCHRITT 1

1. 그래야만 해! **Das muss sein!**
2. 당장 끝내야 해! **Das muss sofort aufhören!**
3. 그것으로 충분해! **Das muss reichen!**
4. 그것을 꼭 말해야 했어! **Das musste gesagt werden!**
5. 축하해야 해! **Das muss gefeiert werden!**

SCHRITT 2

1. 이웃집 라디오 소리가 너무 클 때

A (klopf) Ich bin dein Nachbar. Komm raus!
B Was ist los?
A Dein Radio ist immer zu laut! 꼭 말을 해야 하겠는데요! 당장 꺼주세요!
B Entschuldigung, ich stelle es leiser. (= Ich drehe es leiser.)

A (똑똑똑) 전 당신 이웃입니다. 나와보세요!
B 무슨 일이시죠?
A 라디오 소리가 너무 시끄러워요! Das musste gesagt werden! Das muss sofort aufhören!
B 미안합니다, 소리를 줄일게요.

2. 시험에 합격해서 파티를 할 때

A Ich habe meine DSH bestanden!
B Klasse! 축하해야겠구나.
A Ja, wir gehen nachher alle in eine Kneipe!
B Ich bin dabei.

A 나 대학입학 언어시험에 합격했어!
B 멋져! Das muss gefeiert werden.
A 그래, 우리 나중에 모두 펍에 가자!
B 참석할게.

단어장 Wortschatz

reichen 다다르다, 도달하다 (* reich 부유한)
feiern 축제를 벌이다
r. Nachbar(n, n) 이웃
stellen 세우다, 조절하다 (* einstellen 조절하다)
drehen 돌리다, 회전시키다
e. Kneipe(n) 술집, 펍
dabei sein 참석하다

무엇을 반드시 해야만 한다고 말할 때

174.mp3

Ich soll ··· + inf.

난 ~해야 해.

Ich soll ··· + inf를 통해 자신이 반드시 무엇인가를 해야 함을 표현할 수 있습니다. Ich muss가 법적인 강요라면 Ich soll은 도덕적 강요입니다.

SCHRITT 1

1. 난 내일까지 그것을 끝내야 해. **Ich soll das bis morgen erledigen.**
2. 난 아무에게도 말하지 말아야 해. **Ich soll es keinem weitersagen.**
3. 난 그것을 하지 말아야 해. **Ich soll das nicht tun.**
4. 난 너에게 그녀의 안부를 전해야 해. **Ich soll dich von ihr grüßen.**
5. 난 첫발을 내딛어야 해. **Ich soll den ersten Schritt machen.**

SCHRITT 2

1. 무단횡단 하지 않기

A Lass uns über die Straße gehen.
B 아냐, 그러면 안 돼.
A Warum? Es fährt kein Auto.
B Nein, trotzdem will ich die Regel befolgen.

A 길을 건너자.
B Nein, ich soll das nicht tun.
A 왜? 차가 안 오잖아.
B 맞아. 그렇지만 난 규칙을 지킬 거야.

2. 친구의 안부를 전할 때

A Hallo, Hans, ich komme gerade von Lisa.
B Cool, wie geht es ihr?
A Ganz gut, 난 네게 그녀의 안부를 전해야 해.
B Danke!

A 안녕 한스, 방금 리자네에서 왔어.
B 좋은데. 그녀는 어때?
A 완전 좋아. ich soll dich von ihr grüßen.
B 고마워!

TIPP 문법 nicht sollen과 nicht müssen

앞서 언급했듯 nicht müssen이 할 필요가 없음을 나타낸다면 nicht sollen은 하지 말아야 함(허락되지 않음 또는 강요)을 나타냅니다.
Ich soll das nicht tun. 난 그것을 하지 말아야 해.
Ich muss das nicht tun. 난 그것을 할 필요가 없어.

단어장 Wortschatz

erledigen 끝내다, 완수하다, 처리하다
weitersagen (말을) 옮기다
grüßen 인사하다 (* Grüße dich! (인사) 안녕!)
r. Schritt(e) 걸음, 단계 (* schreiten 걷다 'schreiten – schritt – geschritten')
e. Regel(n) 규칙 (* r. Regen(x) 비)
befolgen (규칙 따위를) 지키다, (명령에) 따르다

MUSTER 175

자신이 무엇인가를 해야 하는지를 물을 때

175.mp3

Soll ich ··· + inf?

내가 ~할까?

Soll ich ··· + inf?를 통해 자신이 어떤 행동을 해야 할지 물을 수 있습니다. 주의할 점은 이 표현에는 강요의 뉘앙스가 없습니다.

SCHRITT 1

1. 방을 예약할까? — Soll ich **das Zimmer buchen?**
2. (차로) 데려다줄까? / 픽업해줄까? — Soll ich **dich hinbringen / abholen?**
3. 어떤 것을 가져갈까? — Soll ich **etwas mitbringen?**
4. 내가 널 기다릴까? — Soll ich **auf dich warten?**
5. 내가 그걸 신경 써야 해? — Soll ich **mich darum kümmern?**

SCHRITT 2

1. 기차 출발시간이 촉박할 때

A Weshalb beeilst du dich denn so?
B Die Zeit ist knapp! Ich muss in 15 Minuten am Hbf sein.
A 데려다줄까?
B Wirklich? Oh, danke!

A 어째서 그렇게 서둘러?
B 시간이 부족해! 15분 안에 중앙역에 가야 해.
A Soll ich dich hinbringen?
B 정말? 오, 고마워!

2. 친구랑 병원 같이 가기

A Ich habe morgen einen Arzttermin.
B Beim Zahnarzt?
A Genau, der in der Stadt.
B Ich würde morgen auch gerne in die Stadt gehen. 치과에서 널 기다릴까?

A 나 내일 병원 약속 있어.
B 치과?
A 맞아, 시내에 있는.
B 나도 내일 시내에 가고 싶어. Soll ich beim Zahnarzt auf dich warten?

TIPP 문법 müssen과 sollen

müssen이 오직 강요를 의미하는 것에 비해 sollen의 의미는 문맥에 따라 다양합니다. 더욱이 같은 말일지라도 문맥에 따라 뉘앙스가 다를 수 있습니다. 일반적으로 다음과 같습니다.

Ich muss ~. : 난 ~해야 해. (일반적, 법적 강요)
Ich soll ~. : 난 ~해야 해. (도덕적 강요)
Ich muss ~ nicht. : 난 ~할 필요가 없어. (필요)
Ich soll ~ nicht. : 난 ~하지 말아야 해. (허락되지 않음/강요)
Soll ich ~? : 내가 ~할까? (네가 하라고 하면 할 수는 있다는 뉘앙스, 일반적인 의문)
Muss ich ~? : 내가 ~해야 해? (강요)

단어장 Wortschatz

buchen 예약하다 (= reservieren) (* s. Buch(¨er) 책)
hinbringen 데리고 가다 ↔ abholen 데리고 오다
mitbringen 가지고 오다, (같이) 사오다
sich um + A kümmern A를 신경 쓰다 (* r. Kummer(x) 근심)
weshalb 무엇 때문에, 어째서 (* deshalb 따라서)
sich beeilen 서두르다
knapp 모자란
Ich würde gerne + inf. ~하고 싶어. (= Ich möchte + inf)
auf A warten A를 기다리다

상대방에게 무언가를 소망하거나 충고할 때

176.mp3

Du soll(te)st ··· + inf.

네가 ~하길 바라.

Du soll(te)st ··· + inf를 통해 상대방이 무언가를 해주길 소망하거나 충고하는 것을 표현할 수 있습니다. sollen은 해야 하는데 하지 않으면 처벌이 따를 때, sollten은 처벌은 없지만 하면 좋을 때(특히 du solltest로 상대에 대한 소망이나 충고를 표현) 사용합니다. 그리고 nicht sollen은 허락되지 않음(nicht dürfen)을 뜻합니다.

SCHRITT 1

1. 실수를 해선 안 돼. — Du sollst **keine Fehler machen.**
2. 부끄러운 줄 알아. — Du solltest **dich schämen.**
3. 물은 정수하는 것이 좋아. — Du solltest **das Wasser aufbereiten.**
4. 오늘 강의는 주의를 더 기울이는 게 좋을 거야. — Du solltest **heute in der Vorlesung besser aufpassen.**
5. 정치에 더 관심 갖는 게 좋을 거야. — Du solltest **dich mehr mit Politik beschäftigen.**

SCHRITT 2

1. 정수기

A Ist es ein Problem, Leitungswasser zu trinken?
B Ich glaube, es ist nicht so gut, weil Kalk im Wasser ist. 정수하는 게 좋아.
A Wie heißt das Gerät?
B Man nennt es den Entkalker. Brita ist bekannt für die Herstellung von Entkalkern.

A 수돗물 마시는 건 문제 없어?
B 내 생각에 그건 그리 좋지 않아, 왜냐하면 물에 석회성분이 있거든. Du solltest das Wasser aufbereiten.
A 그 기계를 뭐라고 해?
B 정수기(석회제거기)라고 해. 브리타가 정수기 생산으로 유명해.

2. 강의실에서의 대화

A Nächste Woche ist doch die Prüfung, oder?
B Genau, das hier ist die letzte Vorlesung.
A Oh, Gott, ich habe noch nichts gelernt.
B 오늘 강의는 더 주의를 기울이는 게 좋을 거야.

A 다음 주가 시험이지, 그렇지?
B 맞아, 오늘이 마지막 강의야.
A 오 이런, 나 아직 하나도 못배웠는데.
B Du solltest heute in der Vorlesung besser aufpassen.

TIPP
문법 정수기 (Entkalker, 석회제거기)
독일에선 수돗물을 바로 마시지 않습니다. 괜찮다고 하는 지역도 있지만 보통 정수해서 먹습니다. 대형마트에서 정수기를 파는데, 가장 유명한 제품은 브리타(Brita)입니다.

단어장 Wortschatz

r. Fehler(-) 잘못, 실수
sich schämen 부끄러워하다
aufbereiten (물) 정수하다
e. Vorlesung(en) 강의
sich mit + D beschäftigen D에 몰두(전념)하다
s. Leitungswasser(x) 수돗물
r. Entkalker(-) 정수기
e. Herstellung(en) 생산, 제조
r. Kalk(x) 석회

무엇인가를 추측할 때

177.mp3

Das sollte … + inf.

그것은 ~일 거야.

Das sollte … + inf를 통해 확신할 수는 없지만 그렇다고 생각되는 것, 즉 추측을 표현할 수 있습니다.

SCHRITT 1

1. 그것은 일어나지 않을 거야. Das sollte **nicht passieren.**
2. 그것은 꼭 맞을 거야. Das sollte **passen.**
3. 그것은 가능할 거야. Das sollte **möglich sein.**
4. 그것이 (제대로) 작동될 거야. Das sollte **(eigentlich) klappen.**
5. 그것은 문제가 아닐 거야. Das sollte **kein Problem sein.**

SCHRITT 2

1. 바비큐 파티 준비

A Wie viele Leute kommen morgen zum Grillfest?
B Ich habe 20 Leute eingeladen.
A Mist, ich habe nur 18 Würste gekauft.
B 그걸로 될 거야. Ich habe nämlich noch Kartoffelsalat gemacht.

A 오늘 바비큐 파티에 몇 명이나 와?
B 스무 명 초대했어.
A 이런, 소시지를 18개밖에 안샀는데.
B Das sollte passen. 왜냐면 내가 감자샐러드를 더 만들었거든.

2. 컴퓨터 고장

A Mein PC funktioniert nicht richtig.
B Hast du schon ein Update gemacht?
A Nein, noch nicht.
B **(업데이트를 하면)** 제대로 작동할 거야.

A 내 PC가 제대로 작동하지 않아.
B 업데이트했어?
A 아니, 아직 안 했어.
B Das sollte eigentlich klappen.

단어장 Wortschatz

passieren 1) 일어나다, 발생하다 2) 통과하다 (* geschehen 발생하다)
passen 꼭 맞다
klappen 1) 접혀지다 2) 쾅 소리를 내며 닫히다 3) (일이) 잘 진행되다, 잘 돌아가다
r. Grill(s) 바비큐
Jn zu + D einladen Jn을 D에 초대하다 (* laden 싣다 'laden – lud – geladen')
e. Wurst(¨e) 소시지
nämlich 즉, 왜냐하면
e. Kartoffel(n) 감자
r. Salat(e) 샐러드

TIPP 문화 감자샐러드

빵, 면, 고기와 함께 독일인이 가장 많이 먹는 식재료가 감자입니다. 감자로 만드는 요리가 많지만 가장 특이했던 것은 감자샐러드라고 불리는 것이었습니다. 그 종류와 레시피가 다양하지만 보통 식초가 들어갑니다.

EINHEIT 19

lassen

하게 하다

이번 Einheit에서는 준화법조동사에 대해서 배웁니다. 준화법조동사란 원래 본동사로 쓰이는 동사인데 부정사와 함께 쓰이면 화법조동사의 역할을 하는 동사를 뜻합니다. 대표적인 준화법조동사로 '하게 하다'를 의미하는 lassen 동사가 있습니다.

lassen 동사의 의미와 특징

1 본동사 (그대로 두다)

Lass mich in Ruhe! 날 내버려둬!

2 조동사 (하게 하다, 일어나게 하다)

Lass mal sehen! 보여줘!

3 함께 하자는 권유

Lass uns einen Kaffee trinken gehen! 커피 마시러 가자!

4 그 외의 준화법조동사

bleiben (~한 채로 머무르다), gehen (~하러 가다) 등

★ lassen 동사의 동사 변화표 ★

시제	lassen – ließ - gelassen 현재 – 과거 – 과거분사		직설 현재	직설 과거	접속2 현재	접속1 현재
인칭	나는	ich	lass(e)	ließ	ließe	lasse
	너는	du	lässt	ließ(es)t	ließest	lassest
	그/그녀/그것은	er/sie/es	lässt	ließ	ließe	lasse
	우리는	wir	lassen	ließen	ließen	lassen
	너희들은	ihr	lasst	ließ(e)t	ließet	lasset
	그들/그것들은	sie	lassen	ließen	ließen	lassen

MUSTER 178

상대로 하여금 어떤 행동을 하도록 권유할 때

178.mp3

Lass … + inf.

~하게 해.

Lass … + inf를 통해 상대가 무엇인가를 하도록 권할 수 있습니다.

SCHRITT 1

1. 그것을 나오게 해! (말, 노래 등) — **Lass es raus!**
2. 날 내버려둬! — **Lass mich in Ruhe!**
3. 고개를 떨구지 마! — **Lass den Kopf nicht hängen!**
4. 보여줘 / 말해봐(듣게 해줘)! — **Lass mal sehen / hören!**
5. 그것에서 손 떼! — **Lass die Finger davon!**

TIPP 문화 〈Lass jetzt los!〉

〈겨울왕국〉의 OST로 유명한〈렛잇고 Let it go!〉의 독일어 버전이 〈Lass jetzt los!〉입니다. 한국에서만큼 많이 불려지는 것 같진 않지만, 독일에서도 다양한 버전으로 불렸습니다.

SCHRITT 2

1. 계속 어떤 노래가 머릿속에 떠오를 때

A Was ist los? Du siehst so angestrengt aus.

B Ich habe ein Lied im Kopf und muss mich beherrschen, es nicht laut zu singen.

A 아, 그냥 불러!

B Der Schnee glänzt weiß auf den Bergen heute Nacht~.
(〈렛잇고〉의 독일어 버전 가사)

A 무슨 일이야? 긴장돼 보여.

B 머릿속에 어떤 노래가 떠올라서 소리 내 부르지 않으려고 애쓰고 있어.

A Ach, lass es raus!

B 오늘 밤 눈은 산 위에서 하얗게 빛나고~.

2. 아이가 아빠에게 도착했냐고 계속 물을 때

A Sind wir schon da?

B (Zum zehnten Mal) Nein!

A Sind wir schon da?

B 날 내버려둬!

A 우리 도착했어요?

B (10번째) 아니!

A 우리 도착했어요?

B Lass mich in Ruhe!

단어장 Wortschatz

lassen ~하게 하다 (lassen – ließ – gelassen)
loslassen 놓아주다, 풀어주다
r. Finger(-) 손가락
angestrengt 긴장한, 애쓰는 (* anstrengend 아주 힘든)
beherrschen 지배하다, 통치하다
sich beherrschen 억제하다, 자제하다
r. Schnee(x) 눈
glänzen 빛나다
r. Berg(e) 산

MUSTER 179

상대가 어떤 행동을 하도록 권할 때

179.mp3

Lass es … + inf.

~하게 해.

Lass es를 통해 상대가 그것(es)을 허용하도록 권할 수 있습니다. 당연히 es를 목적어로 가지는 본동사가 따라옵니다.

SCHRITT 1

1. 맛있게 먹어.	**Lass es dir schmecken.**
2. 잘되길 바라.	**Lass es dir gut gehen.**
3. 더 나빠지지 않도록 해. (직역: 그것이 너무 멀리 가지 않게 해.)	**Lass es nicht so weit kommen.**
4. 그냥 오면 오는 대로 둬. (직역: 그냥 그것이 네게 접근하게 해.)	**Lass es einfach auf dich zukommen.**
5. 놓치지 않도록 해. (= 그 기회를 놓치지 않도록 해.)	**Lass es dir nicht entgehen.** **= Lass dir die Gelegenheit nicht entgehen.**

SCHRITT 2

1. 여행에 대한 걱정

A Ich habe ein bisschen Bammel.
B Wegen deiner Reise nach Deutschland?
A Ja, ich weiß nicht, ob ich nette Leute treffen werde, und ob ich mich gut verständigen werde.
B Mach(e) dir keine Sorgen, 그냥 오면 오는 대로 둬.

A 약간 걱정이야.
B 독일 여행하는 것 때문에?
A 응, 친절한 사람들을 만날지 어떨지, 말을 잘할 수 있을지 어떨지 모르겠어.
B 걱정하지 마, lass es einfach auf dich zukommen.

2. 케이크를 만들어 나눠 먹을 때

A Was hast du da in der Hand?
B Ich habe für dich einen Kuchen gemacht. 맛있게 먹어.
A Danke, der sieht lecker aus!
B Das freut mich!

A 너 손에 뭐야?
B 널 위해 케이크를 만들었어. Lass ihn dir schmecken. (Kuchen이 남성이기 때문에 ihn이 쓰임)
A 고마워, 맛있어 보여!
B 기쁘군!

TIPP 문화 요리

다들 오랜 타지생활에 느는 것은 요리밖에 없다는 말을 종종 하곤 합니다. 사 먹는 것보다 직접 해 먹는 것이 훨씬 저렴하기 때문이죠. 특히 오븐을 사용하는 게 일상적이라 케이크를 직접 만들어 먹기도 합니다.

단어장 Wortschatz

schmecken 맛을 보다
auf + Jn zukommen Jn에게 접근하다
entgehen 놓치다
r. Bammel(s) (일상어) 두려움
sich verständigen 의사전달을 하다

MUSTER 180

함께 무엇을 하자고 권할 때

180.mp3

Lass(t) uns … + inf!

(우리) ~하자!

Lass(t) uns … + inf를 통해 말하는 자가 말을 듣는 자에게 함께 무엇인가를 하자고 권할 때 사용됩니다.
여기서 Lass uns … 는 듣는 자가 단수일 때, Lasst uns … 는 듣는 자가 복수일 때 쓴다는 차이가 있습니다.

SCHRITT 1

1. 산행하러 가자! — Lass uns **in den Bergen wandern!**
2. 커피 마시러 가자! — Lass uns **einen Kaffee trinken gehen!**
3. 놀자! — Lass uns **spielen!**
4. 축제를 벌이자! — Lasst uns **feiern!**
5. 디스코장에 가자! — Lasst uns **in die Disco gehen!**

SCHRITT 2

1. 주말 산행계획에 대하여

A Was hast du am Wochenende vor?
B Keinen Plan, wieso?
A Wenn du Zeit und Lust hast, 산행하러 가자!
B Gerne, wann genau?

A 주말에 뭐해?
B 계획 없어, 왜?
A 시간 되고 맘이 있으면, lass uns in den Bergen wandern!
B 기꺼이, 정확히 언제?

2. 금요일에 놀기

A Hey Leute! Was sitzen wir hier rum? Heute ist Freitag! 축제를 벌이자!
B Du hast recht. Was sollen wir machen?
A 디스코장에 가자.
B Gute Idee! Ich ziehe noch mein Partyhemd an.

A 이봐! 우리 왜 여기 앉아 있지? 오늘은 금요일이야! Lasst uns feiern!
B 맞아! 우리 뭘 할까?
A Lasst uns in die Disco gehen.
B 좋은 생각이야! 파티용 셔츠로 갈아입을래.

TIPP 문화 요일

독일어 요일 명칭을 보면, 요일의 의미를 알 수 있습니다. 금요일은 자유의 날이죠!
Sonntag 일요일 (해), Montag 월요일 (달), Dienstag 화요일 (일), Mittwoch 수요일 (한 주의 중간), Donnerstag 목요일 (천둥), Freitag 금요일 (자유), Samstag 토요일 (안식 또는 토성).

단어장 Wortschatz

in den Bergen wandern 산행하다
e. Disco/Disko(s) 디스코
s. Hemd(en) 셔츠

일상 대화의 반인 질문!

의문사 패턴

EINHEIT 20

was und wer 무엇, 누구

독일어에는 두 가지 종류의 의문문이 있습니다. 하나는 Ja/Nein 의문문이고 다른 하나는 의문사를 이용한 의문문입니다. 의문사를 이용한 의문문은 의문사를 문장 맨 앞에 두고, 동사는 그 다음에 두고, 문장 끝에 물음표를 붙여서 만듭니다. 의문사의 종류는 대표적으로 6가지가 있는데, 육하원칙의 종류(누가, 언제, 어디서, 무엇을, 어떻게, 왜)와 같습니다. 모두 알파벳 W로 시작하기 때문에 W-Fragen이라고도 합니다. 이번 Einheit에서는 의문사를 이용한 의문문 중 was와 wer에 관련된 문장을 배웁니다.

was, wer 의문문의 의미와 특징

1 was는 사물을 물으며, 1격(무엇이)과 4격(무엇을)이 있습니다. 1격과 4격의 형태는 같습니다.

1격: Was macht dich glücklich? (무엇이 널 행복하게 해?)

4격: Was machen Sie? (무엇을 하세요?)

2 wer는 '누구'란 뜻으로 사람을 의미하며, 1~4격의 형태가 각각 다릅니다.

- **wer** (1격, 누가)
  Wer kann mir helfen? (누가 날 도와줄 수 있죠?)
- **wessen** (2격, 누구의)
  Wessen Buch ist das? (이것은 누구의 책이죠?)
- **wem** (3격, 누구에게)
  Wem gehört das Auto? (이 자동차는 누구 것이죠?)
- **wen** (4격, 누구를)
  Wen liebst du? (넌 누굴 사랑해?)

의문사 welcher와 was für ein

종류를 묻는 의문사로 welcher와 was für ein이 있습니다. 하지만 자주 쓰이지는 않기 때문에 여기서만 간단히 다룹니다. welcher와 was für ein은 형용사처럼 명사 앞에서 명사를 수식하고 있기 때문에 형용사처럼 어미변화를 합니다. welcher는 정관사 변화를 따르며, was für ein은 ein이 들어가 있기 때문에 부정관사 변화를 따릅니다.

- **welcher** + 명사 (어떤)
  Welcher Beruf passt zu mir? (어떤 직업이 내게 맞을까요?)
- **was für ein** + 명사 (어떤)
  Was für ein Mensch bin ich? (전 어떤 사람일까요?)

무엇인지 물을 때

181.mp3

Was ist + N?

N은 무엇이죠?

Was ist + N?은 N이 무엇인지를 묻는 표현입니다. 의문사 Was를 포함하는 의문문의 가장 기본적인 질문 형태입니다.

SCHRITT 1

1. (그런데) 그것은 무엇이죠? — **Was ist das (denn)?**
2. 'Denglisch', 이 이상한 단어는 무엇이죠? — **Was ist das denn für ein komisches Wort "Denglisch"?**
3. 'enjoy your meal'은 독일어로 뭔가요? — **Was ist "enjoy your meal" auf Deutsch?**
4. 안에 뭐가 있죠? — **Was ist drin?**
5. 이 문장에서 무엇이 잘못 되었나요? — **Was ist falsch an diesem Satz?**

TIPP 문화 덴글리쉬

콩글리쉬가 있듯이 독일어도 영어와 결합된 덴글리쉬가 있습니다. 특히 IT 분야는 영어가 많이 사용되며, 영어에 독일어 문법을 적용시켜 말합니다. 예를 들어 googeln이라는 단어가 있습니다. '구글로 무엇인가를 찾아보다'란 뜻이지요. (* Ich google, Ich habe gegoogelt.)

SCHRITT 2

1. 선물을 줄 때

A Schau mal! Das hier habe ich für dich!
B Danke! 그게 뭔데?
A Ein Pullover, probiere ihn mal an!
B Oh! Sehr schön!

A 이것 봐! 이거 내가 널 위해 준비했어!
B 고마워! Was ist das?
A 스웨터, 입어봐!
B 오, 정말 예뻐!

2. 덴글리쉬

A 'Denglisch', 이 이상한 단어는 무엇이죠?
B Denglisch ist ein Kofferwort, das sich aus Deutsch und Englisch zusammensetzt.
A Gibt es noch andere Kofferworte?
B Ja, z. B. das Wort "download" statt herunterladen! "Hast du das Programm gedownloadet?"

A Was ist das denn für ein komisches Wort "Denglisch"?
B 덴글리쉬는 독일어와 영어가 결합해 만들어진 융합어야.
A 다른 융합어가 또 있나요?
B 있지, 예를 들어 herunterladen 대신에 '다운로드(download)'라는 단어를 써! "너 그 프로그램 다운로드했어?"

단어장 Wortschatz

schauen 보다
r. Pullover(-) 스웨터
anprobieren 입어보다
s. Kofferwort(e/¨er) (콩글리쉬와 같이 두 언어가 결합된) 융합어
sich zusammensetzen 구성되다
zum Beispiel (숙어) 예를 들어 (약어 z. B.)

MUSTER 182

상대방에 대해 물어볼 때

182.mp3

Was ist dein + N?

너의 N은 뭐야?

Was ist dein + N?을 통해 상대방의 이름, 연락처 등의 정보를 물어볼 수 있습니다.

SCHRITT 1

1. 네 이름이 뭐야? — Was ist dein **Name?**
2. 너 핸드폰 번호가 뭐야? — Was ist deine **Handynummer?**
3. 네 집 주소가 뭐야? — Was ist deine **Adresse?**
4. 너의 관심사는 뭐야? — Was sind deine **interessen?**
5. 너의 꿈은 뭐야? — Was ist dein **Traum?**

TIPP 문장 Was와 Wie

SCHRITT 1의 1~3번 예문은 일상어에서 Wie로 바꿀 수 있습니다.
Was ist dein Name?
= Wie ist dein Name?

SCHRITT 2

1. 병원 약속을 잡았을 때

A Guten Tag, Ich habe einen Arzttermin bei Herrn Doktor Schiele.
B 존함이 어떻게 되세요?
A Ich heiße Min-su Jung.
B Nehmen Sie bitte Platz im Wartezimmer.

A 안녕하세요. 쉴레 의사선생님께 진료예약을 했습니다.
B Was ist Ihr Name?
A 제 이름은 정민수입니다.
B 대기실에서 앉아서 (기다리고) 계세요.

2. 케이크를 예약 주문할 때

A Ich möchte eine Schwarzwälder Kirschtorte vorbestellen.
B Ja, gerne. 이름과 핸드폰 번호가 어떻게 되시죠?
A Mein Name ist Josua, und meine Nummer ist 0176-XXXX-XXXX.
B Für wann?

A 슈바르츠벨더 체리케이크를 예약 주문하고 싶은데요.
B 네. Was ist Ihr Name und Ihre Handynummer?
A 제 이름은 조슈아이고, 제 번호는 0176-XXXX-XXXX입니다.
B 언제인가요? (직역: 언제를 위해서인가요?)

단어장 Wortschatz

e. Nummer(n) 번호
e. Schwarzwälder Kirschtorte(n) 슈바르츠벨더 체리케이크
e. Kirsche(n) 체리
e. Torte(n) (쇼트) 케이크
vorbestellen 미리 주문하다, 예약하다

어떤 종류인지 물어볼 때

183.mp3

Welcher / Was für ein ~ ?

어떤 ~ ?

Welcher / Was für ein ~ ?을 통해 종류에 대해 물어볼 수 있습니다.

SCHRITT 1

1. 오늘 무슨 요일이야?	**Welcher Tag ist heute?**
2. 넌 어떤 취미를 갖고 있니?	**Welche Hobbys hast du?**
3. 어떤 전공이 나와 맞을까요?	**Welches Studium passt zu mir?**
4. 넌 어떤 모델을 추천하니?	**Was für Modelle empfiehlst du?**
5. 독일어를 배우는 것에 어떤 장점들이 있을까?	**Was für Vorteile gibt es, Deutsch zu lernen?**

TIPP 문장 '어떤 ~ ?' 질문형

Was ist dein Hobby? 너의 취미는 무엇이니?
= Welches Hobby hast du? 넌 어떤 취미를 가지고 있니?
= Was für ein Hobby hast du? 넌 어떤 종류의 취미를 가지고 있니?
= Was hast du für ein Hobby? 넌 무엇을 취미로 가지고 있니?

SCHRITT 2

1. 전공에 대한 고민상담 중

A 어떤 전공이 내게 맞을지 난 모르겠어.
B Was ist denn dein Traum?
A Ich weiß auch nicht.
B Wenn du es nicht weißt, ist es auch gut, möglichst viel zu versuchen!

A Ich weiß nicht, welches Studium zu mir passt.
B 너의 꿈은 뭐야?
A 그것도 모르겠어.
B 네가 모른다면 가능한 많은 것을 시도해보는 것도 좋아!

2. 독일어를 배우는 것의 장점에 대해

A 독일어를 배우는 것에 어떤 장점들이 있을까?
B So viele, vor allem kannst du dann mit Deutschen sprechen, sie kennenlernen, verstehen und endlich lieben. Außerdem kannst du eine Arbeitsstelle in Deutschland bekommen.
A Das stimmt! Ich will deutsch lernen.

A Was für Vorteile gibt es, Deutsch zu lernen?
B 매우 많아. 특히 네가 독일인과 이야기하고, 그들을 알아가고, 이해하고 결국 사랑할 수 있지. 뿐만 아니라 너는 독일에서 일자리를 얻을 수도 있어.
A 맞아! 난 독일어를 공부할래.

단어장 Wortschatz

s. Hobby(s) 취미
vor allem 특히
außerdem 게다가
aufgeben 1) (과제) 내다 2) 포기하다

MUSTER 184

무슨 일이 있는지 물을 때

184.mp3

Was ~?

무슨 일이야?

Was ~?를 통해 무슨 일이 있는지를 물을 수 있습니다.

SCHRITT 1

1. 뭐라고?	**Was?**
2. (네게) 무슨 일이야?	**Was ist los (mit dir)?**
3. 무슨 일이 일어났어?	**Was ist geschehen?**
4. 무슨 일이야? (직역: 무엇이 있어?)	**Was gibt es?**
5. 무엇에 관한 거야?	**Worum geht es?**

SCHRITT 2

1. 남자친구와 헤어졌을 때

A Ich bin heute sehr traurig.	**A** 나 오늘 너무 슬퍼.
B Warum? 무슨 일이야?	**B** 왜? Was ist geschehen?
A Ich habe mich von meinem Freund getrennt.	**A** 남자친구랑 헤어졌어.
B Das tut mir leid.	**B** 유감이네.

2. 화가 나 핸드폰을 망가뜨렸을 때

A Ich habe mein Handy kaputt gemacht.	**A** 핸드폰을 망가뜨렸어.
B Wieso hast du das getan? 무슨 일이야?	**B** 왜 그랬어? Was ist mit dir los?
A Ich bin wütend, weil ich eine schlechte Note in der Prüfung bekommen habe.	**A** 시험점수가 나빠서 화가 났거든.
B Das ist noch lange kein Grund, etwas kaputt zu machen.	**B** 그게 뭔가를 망가뜨릴 만한 이유가 되진 않아.

TIPP 문화 독일의 시험점수

독일의 시험점수는 보통 다음의 6등급으로 나뉩니다.

1) sehr gut (매우 좋음)
2) gut (좋음)
3) befriedigend (만족스러운)
4) ausreichend (충분한)
5) mangelhaft (부족한)
6) ungenügend (불충분한)

최소한 ausreichend는 받아야 통과입니다.

단어장 Wortschatz

Es gibt + A A가 있다
Es geht um + A. A에 대한 것이다.
sich von + Jm trennen Jm과 헤어지다
wütend 화가 난
Das ist noch lange kein Grund. (숙어) 그것은 전혀 이유가 되지 않아.

둘의 차이를 물을 때

185.mp3

Was ist der Unterschied zwischen D1 und D2?

D1와 D2의 차이가 뭔가요?

Was ist der Unterschied zwischen D1 und D2?를 통해 비교되는 두 가지의 차이를 물을 수 있습니다.

SCHRITT 1

1. 대학과 종합대학의 차이가 뭔가요? — Was ist der Unterschied zwischen **Hochschule und Universität?**

2. 공보험(법적 보험)과 사보험의 차이가 뭔가요? — Was ist der Unterschied zwischen **einer gesetzlichen und einer privaten Krankenversicherung?**

3. 반카드 25와 반카드 50의 차이가 뭔가요? — Was ist der Unterschied zwischen **Bahncard 25 und Bahncard 50?**

4. 알디 쥐트와 알디 노르트의 차이가 뭔가요? — Was ist der Unterschied zwischen **Aldi Süd und Aldi Nord?**

5. 차가운 집세와 따뜻한 집세의 차이가 뭐죠? — Was ist der Unterschied zwischen **Kaltmiete und Warmmiete?**

SCHRITT 2

1. 대학과 종합대학의 차이에 대해서

A 대학과 종합대학의 차이가 뭔가요?
B **Hochschule ist ein Oberbegriff, der sowohl Universitäten als auch andere Hochschulen einschließt.**
A **Welche Hochschulen gibt es in Deutschland?**
B **Es gibt z. B. die Fachhochschule, die technische Hochschule usw.**

A Was ist der Unterschied zwischen Hochschule und Universität?
B 대학은 종합대학과 다른 대학들을 포함하는 상위개념이야.
A 독일에는 어떤 대학들이 있나요?
B 예를 들어 전문대학, 기술대학 등이 있어.

2. 집세의 개념에 대해 이야기할 때

A 차가운 집세와 따뜻한 집세의 차이가 뭐죠?
B **Warmmiete bedeutet, dass du Strom und Wasser nicht extra bezahlen musst.**
A **Und was ist dann Kaltmiete?**
B **Kaltmiete ist Grundmiete.**

A Was ist der Unterschied zwischen Kaltmiete und Warmmiete?
B 따뜻한 집세는 전기세와 수도세를 따로 지불하지 않아도 되는 것을 의미해.
A 그럼 차가운 집세는 뭐죠?
B 차가운 집세는 기본 집세야.

TIPP 문화 집세 (Miete)

차가운 집세(Kaltmiete)는 기본 집세이며, 이 기본 집세에 부대비용(Nebenkosten), 즉 수도세와 전기료를 포함해 매달 일정하게 내고, 1년 후에 정산합니다. 이에 따라 돈을 돌려받기도 하고 더 내기도 합니다. 반면 따뜻한 집세(Warmmiete)는 따로 부대비용을 책정하지 않고, 매달 일정 금액을 내는 것으로 계산이 끝나는 것을 말합니다. 보통 학생 기숙사가 그렇습니다.

단어장 Wortschatz

e. Hochschule(n) 대학교
gesetzlich 법적인
e. Miete(n) 세, 임대료
einschließen 포함하다
s. Fach(¨er) 1) 칸 2) 전문분야
technisch 기술적인
extra 별도로
verbrauchen 소비하다

MUSTER 186

전형적인 특징을 물을 때

186.mp3

Was ist typisch ~?

무엇이 ~다운 것이죠?

Was ist typisch ~?를 통해 대상의 특징을 물을 수 있습니다.

SCHRITT 1

1. 무엇이 독일다운 것이죠? — Was ist typisch **deutsch?**
2. 무엇이 한국다운 것이죠? — Was ist typisch **für Korea?**
3. 나다운 것이 뭐죠? — Was ist typisch **für mich?**
4. 무엇이 독일음식다운 것이죠? — Was ist typisch **für deutsches Essen?**
5. 무엇이 미국다운 것이죠? — Was ist typisch **amerikanisch?**

SCHRITT 2

1. 독일의 전형적인 특징에 대해 이야기할 때

A 도대체 무엇이 독일다운 것이죠?
B Exakt diese Frage ist typisch deutsch.
A Witzig! 그런데 전형적으로 독일스러운 것이 있을까?
B Die meisten Deutschen denken jedenfalls über sich selbst, dass sie zuverlässig und fleißig sind, und keinen Humor haben. Das ist typisch deutsch.

A Was ist eigentlich typisch deutsch?
B 정확히 그 질문이 독일스럽군.
A 재밌네! Aber was ist noch typisch deutsch?
B 대부분의 독일인은 어쨌든 자기 자신에 대해 믿음직스럽고, 성실하고, 유머가 없다고 생각해. 이런 것이 독일스러운 것이지.

2. 한국의 전형적인 특징에 대해 이야기할 때

A 무엇이 한국다운 것이죠?
B Das Wort "Bbali bbali".
A Was bedeutet das?
B Schnell schnell!

A Was ist typisch für Korea?
B '빨리 빨리'라는 말.
A 무슨 뜻이야?
B 빨리 빨리!

단어장 Wortschatz

typisch 전형적인, 대표적인, 특징적인
exakt 정확한, 엄밀한 (* s. Examen(-) 졸업시험)
jedenfalls 어쨌든
sich selbst 자기 스스로
zuverlässig 신뢰할 수 있는
fleißig 부지런히, 열심히 (* s. Fleisch(x) 고기)
r. Humor(e) 유머 (* komisch 이상한)
bedeuten 의미하다
schnell 빨리

TIPP 문화 독일의 전형적인 특징

사실 독일답다는 것의 정의를 내리기는 애매합니다. 독일도 지역에 따라 사람에 따라 다르기 때문이죠. 다만 한국과 비교하면 조금 더 부각되어 보이는 것은 있습니다. (물론 제 주관적인 견해입니다.)

1) 개인 의견과 서로의 사생활을 존중하지만, 그만큼 서로에게 관심이 없어 보이고 그래서 친해지기 힘들다(먼저 말을 잘 걸지 않지만, 또 말을 걸면 말을 잘 합니다).
2) 감정이 아닌 오직 근거를 바탕으로 토론하고, 토론뿐만 아니라 삶의 전반에서 감정을 배제하려고 노력하는 것 같다. (물론 축구는 제외)
3) 거절의사를 분명히 표현하지만 빈말을 남발하지 않고 약속한 것은 반드시 지키려고 한다.

무엇을 할 수 있을지를 물어볼 때

187.mp3

Was kann ich ··· + inf? 내가 무엇을 할 수 있을까요?
Was können wir ··· + inf? 우리가 무엇을 할 수 있을까요?

Was kann ich + inf?를 통해 자신이 무엇을 할 수 있을지를 물어볼 수 있습니다.

SCHRITT 1

1. 내가 그것에 찬성하여 / 반대하여 무엇을 할 수 있을까요? — Was kann ich **dafür / dagegen tun?**
2. 핸드폰을 잃어버리면, 무엇을 할 수 있을까요? — Was kann ich **machen, wenn ich mein Handy verloren habe?**
3. 나는 가족에게 무엇을 선물할 수 있을까요? — Was kann ich **meiner Familie schenken?**
4. 나는 무엇에 대해 (연구)발표를 할 수 있을까요? — Worüber (Über was) kann ich **ein Referat halten?**
5. 오늘 저녁에 우린 무엇을 먹을 수 있을까요? — Was können wir **heute Abend essen?**

SCHRITT 2

1. 연구발표 주제 정하기

A 나는 무엇에 대해 (연구)발표를 할 수 있을까?
B Was hältst du von einem politischen oder wirtschaftlichen Thema?
A Das ist gut. Wie wäre es dann mit der Industrie in Deutschland? Vor allem interessiere ich mich für deutsche Kleinbetriebe.
B Das wäre ein ausgezeichnetes Thema.

A Worüber kann ich ein Referat halten?
B 정치나 경제에 관련된 주제는 어떻게 생각해?
A 그거 좋은데. 그럼 독일의 산업은 어떨까? 특히 난 독일의 중소기업에 관심이 많아.
B 그건 탁월한 주제일 거야.

2. 저녁식사로 무엇을 먹을지에 대해

A 오늘 저녁에 뭘 먹을 수 있을까?
B Alles, was du möchtest.
A Lass uns zum asiatischen Buffet gehen.
B Gerne, das mag ich auch.

A Was können wir heute Abend essen?
B 네가 원하는 것은 모두.
A 아시안 뷔페에 가자.
B 기꺼이, 나도 좋아.

TIPP 문화 아시안 뷔페

아시아 마트, 인터넷몰, 아시안 뷔페와 같이 아시아의 음식을 사거나 먹을 수 있는 곳이 독일에도 점점 많아지고 있습니다. 아직 한국식당이 많지는 않지만 한국음식이 그리울 때 아시안 뷔페에 가면 한국음식 비슷하게 먹을 수 있습니다.

단어장 Wortschatz

verlieren 잃다, 잃어버리다
schenken 선물하다
s. Referat(e) 1) (연구) 발표, 보고 2) (관청) 과, 부서
politisch 정치적인
wirtschaftlich 경제적인
e. Industrie(n) 산업
vor allem 특히
r. Betrieb(e) 기업
ausgezeichnet 탁월한
s. Buffet(s) 뷔페
mögen 좋아하다

할 수 있는 것이 무엇인지 물을 때

188.mp3

Was kann man ~ machen?

~이면 무엇을 할 수 있을까요?

Was kann man ~ machen?을 통해 어떤 특정한 상황에 사람들이 보통 할 수 있는 것이 무엇인지 물을 수 있습니다. 맥락상 ~하면 어떻게 해야 하는지 묻는 표현입니다.

SCHRITT 1

1. 비가 오면 뭘 할 수 있을까요? Was kann man machen, **wenn es regnet?**
2. 돈 없이 뭘 할 수 있을까요? Was kann man **ohne Geld** machen?
3. 친구들과 무엇을 할 수 있을까요? Was kann man **mit Freunden** machen?
4. 기침감기가 나으려면 뭘 해야 할까요? Was kann man **gegen Husten** machen?
5. 휴가 중 그곳에서 뭘 할 수 있을까요? Was kann man **dort im Urlaub** machen?

TIPP 문화 여름방학과 여행

독일 대학은 여름방학이 약 3개월입니다. 독일 친구들을 보면 방학 중 많은 것을 하지만 특히 짧게라도 여행을 다녀옵니다. 옆에서 보면 여행 가기 위해 돈을 모으는 것처럼 보일 정도입니다.

SCHRITT 2

1. 휴가 계획에 대해 이야기할 때

A In Sommerferien habe ich den Plan, in die Schweiz zu gehen.

B 휴가 중에 그곳에서 뭘 할 수 있을까?

A Man kann z. B. wandern, fischen gehen oder den Berg Jungfrau besteigen. Aber ich will radwandern.

B Das klingt spannend!

A 난 여름방학 때 스위스에 갈 계획이야.

B Was kann man dort im Urlaub machen?

A 예를 들어 도보여행을 하거나 낚시하거나 융프라우를 등반할 수도 있지. 하지만 난 자전거 하이킹을 할 거야.

B 흥미로운데!

2. 기침감기에 걸렸을 때

A 기침감기 나으려면 뭘 해야 할까?

B Du könntest einen Zitronentee trinken.

A Igitt, ich mag keine Zitronen.

B Dann lutsch einfach ein Hustenbonbon.

A Was kann man gegen Husten machen?

B 레몬차를 마시면 돼.

A 이런, 난 레몬을 좋아하지 않아.

B 그럼 기침사탕을 빨아 먹어.

단어장 Wortschatz

die Schweiz(x) 스위스
wandern 도보여행하다
fischen 낚시하다 (* r. Fisch(e) 생선)
radwandern 자전거 하이킹하다
klingen 소리 나다
r. Husten(-) 기침
igitt 이런, 쳇
e. Zitrone(n) 레몬
lutschen 빨아 먹다
s. Bonbon(s) 사탕

MUSTER 189

자신이 무엇을 해야 하는지 혹은 해야만 하는지를 물을 때

189.mp3

Was soll / muss ich … + inf?

난 무엇을 해야 하나요?

Was soll / muss ich … + inf?를 통해 어떤 상황에서 자신이 무엇을 해야 하는지 또는 해야만 하는지를 물을 수 있습니다. 특히 sollen은 문맥에 따라 일반적인 의문문일 수도 있고, 약간의 강요를 나타낼 수 있습니다.

SCHRITT 1

1. 난 무엇을 해야 하나요? Was soll ich **machen?**
2. 무엇을 주의해야 하나요? Auf was (Worauf) soll ich **achten?**
3. 그것을 위해 무엇을 해야 하나요? Was muss ich **dafür tun?**
4. 그것을 위해 뭘 가져와야 하나요? Was muss ich **dafür mitbringen?**
5. 무엇을 준비해야 하나요? Worauf muss ich **mich vorbereiten?**

TIPP 문화 자동차 면허증

한국에서 딴 운전면허증을 독일 면허증으로 바꿀 수 있습니다. 단 한국 운전면허증의 종류가 독일 면허증의 어떤 것에 해당하는지를 증명하는 서류가 필요한데, 대사관에서 발급받을 수 있습니다.

SCHRITT 2

1. 대학등록 시 증명서 공증받기

A Entschuldigung, ich habe eine Frage. Ich möchte mich einschreiben. 무엇을 해야 할까요?

B Haben Sie die beglaubigte Kopie Ihres DSH-Zeugnisses dabei?

A Nein. Ich habe nur das Original.

B Dann sollten Sie es beglaubigen lassen.

A 실례합니다만 질문이 있습니다. 등록하기를 원하는데요. Was muss ich dafür tun?

B 공증된 대학입학언어시험 증명서 사본은 갖고 오셨어요?

A 아니요, 원본만 있습니다.

B 그러면 그것을 공증받으세요.

2. 자동차 면허증 바꾸기

A Ich möchte meinen Führerschein in einen deutschen Führerschein umtauschen. 무엇을 가져와야 하나요?

B Sie müssen Ihren Führerschein und die Beglaubigung dafür dabeihaben.

A Wie kann ich die Beglaubigung bekommen?

B Erkundigen Sie sich bei Ihrer Botschaft.

A 제 운전면허증을 독일운전면허증으로 바꾸고 싶습니다. Was muss ich dafür mitbringen?

B 당신은 당신의 운전면허증과 그것에 대한 공증서를 지참해야 합니다.

A 어디서 공증서를 받을 수 있을까요?

B 대사관에 문의해보세요.

단어장 Wortschatz

auf + A achten A를 주의하다
sich auf + A vorbereiten A를 준비하다
sich einschreiben (대학) 등록하다 (= immatrikulieren)
beglaubigen 공증하다
(* e. Beglaubigung 공증서)
e. Kopie(n) 사본
r. Führerschein(e) 운전면허증
dabeihaben 지참하다
sich bei + D erkundigen D에 문의하다
e. Botschaft(en) 1) 소식 2) 대사관

다양한 의문사와 함께 자신이 해야 하는 것을 물을 때

190.mp3

의문사 + soll ich ··· + inf?

난 ~해야 할까요?

의문사 + soll ich ··· + inf?를 통해 자신이 해야 하는 것을 물을 수 있습니다. 문맥에 따라 일반적인 의문문이 될 수 있고, 약간의 강요를 나타낼 수도 있습니다.

SCHRITT 1

1. 누구에게 문의해야 하나요? An wen soll ich **mich wenden?**
2. 누구에게 접수해야 하나요? Bei wem soll ich **mich anmelden?**
3. 언제 와야 할까요? Wann soll ich **kommen?**
4. 어떻게 계속 진행해야 할까요? Wie soll ich **weiter vorgehen?**
5. 어디로 가야 할까요? Wohin soll ich **gehen ?**

SCHRITT 2

1. 전입신고를 할 때

A Ich möchte mich bei der Stadt anmelden. 누구에게 접수해야 하나요?

B Bei mir! Haben Sie Ihren Pass und Ihren Mietvertrag dabei?

A Ja, ich habe sie dabei. Bitte!

B Cool!

A 이 도시에 전입신고하기를 원하는데요. Bei wem soll ich mich melden?

B 제게 하시면 됩니다. 여권과 집 계약서 가지고 오셨나요?

A 네, 갖고 왔습니다. 여기요!

B 좋아요!

2. 저녁식사 약속을 할 때

A Lass uns heute Abend zusammen essen! Ich koche.

B Sehr gerne, 언제 가야 해?

A Um viertel nach 6!

B Schön, dann bringe ich einen Nachtisch mit.

A 오늘 저녁 같이 먹자! 내가 요리할게.

B 좋아, wann soll ich kommen?

A 6시 15분에 (와)!

B 좋아, 그럼 후식은 내가 들고 갈게.

TIPP 문화 전입신고

독일에 와서 집을 구한 후 가장 먼저 해야 할 일이 전입신고입니다. 비자를 신청할 때 필요하기 때문이지요. 담당부서는 도시마다 다른데 비자를 신청하는 곳에 있기도 하고 따로 있기도 합니다.

단어장 Wortschatz

sich wenden 1) 방향을 돌리다 2) 문의하다 (* werden 되다)
sich anmelden (공적으로) 접수하다, 로그인하다
vorgehen 앞으로 가다
r. Nachtisch(e) 디저트, 후식 (거의 단수)

상대에게 좋아하는 것이나 원하는 것이나 하고자 하는 것을 물을 때

191.mp3

Was magst / möchtest / willst du … + inf?

넌 무엇을 좋아하니 / 하길 원하니 / 하고자 하니?

Was magst / möchtest / willst du … + inf?를 통해 상대방이 좋아하는 것이나 원하는 것이나 하고자 하는 것을 물을 수 있습니다.

SCHRITT 1

1. 무엇을 더 좋아하니?	Was magst du **lieber?**
2. 넌 독일에서 무엇을 경험하길 원하니?	Was möchtest du **in Deutschland erleben?**
3. 공부를 끝낸 다음 뭘 하길 원하니?	Was möchtest du **machen, nachdem du dein Studium abgeschlossen hast?**
4. 넌 무엇이 되려고 하니?	Was willst du **werden?**
5. 내게 원하는 것이 뭐야? (부정적) (직역: 넌 내게 무엇을 하려고 하니?)	Was willst du **von mir?**

SCHRITT 2

1. 후식으로 더 좋아하는 것을 물을 때

A 무엇을 더 좋아하니, Heidelbeeren oder Erdbeeren?
B Ich mag Heidelbeeren lieber, aber eigentlich mag ich beide.
A Dann mache ich einen Nachtisch aus Heidelbeeren und Erdbeeren, ok?
B Das gefällt mir!

A Was magst du lieber, 월귤과 딸기 중에?
B 난 월귤을 더 좋아해, 하지만 실제로 둘 다 좋아해.
A 그럼 후식을 월귤과 딸기로 만들게, 좋아?
B 맘에 들어!

2. 졸업 후 계획에 대해 이야기할 때

A 공부를 끝낸 다음 뭘 하길 원하니?
B Das weiß ich noch nicht genau, ich möchte irgendeinen Arbeitsplatz suchen.
A Möchtest du hier in Deutschland arbeiten?
B Ja, das möchte ich.

A Was möchtest du machen, nachdem du dein Studium abgeschlossen hast?
B 정확하게 몰라, 어떤 직장이든 찾길 원해.
A 여기 독일에서 일하고 싶어?
B 응, 그러고 싶어.

TIPP 문화 후식

물론 개인마다 다르겠지만 보통 과일과 요거트로 만든 후식을 즐겨 먹습니다. 독일 친구들을 초대했다면 후식을 챙기는 것이 좋습니다.

단어장 Wortschatz

gern 기꺼이 (gern – lieber – am liebsten)
erleben 경험하다
abschließen 1) 잠그다 2) 끝내다 3) 계약을 체결하다
e. Heidelbeere(n) 월귤
e. Erdbeere(n) 딸기

MUSTER 192

상대방이 무엇을 하는지를 물을 때

192.mp3

Was ~ du?

넌 무엇을 ~하니?

Was ~ du?를 통해 상대방이 무엇을 하는지를 물을 수 있습니다.

SCHRITT 1

1. 너 그런데 여기서 뭐하니? **Was machst du denn hier?**
2. 무엇을 공부하니? **Was studierst du?**
3. 너 그런데 무엇을 찾고 있니? **Was suchst du denn?**
4. 그림에서 뭐가 보이니? **Was siehst du auf dem Bild?**
5. 무엇을 듣니? **Was hörst du?**

SCHRITT 2

1. 기차 정보 조회하기

A 너 그런데 여기서 뭐하니?
B Ich informiere mich über den Fahrplan und die Kosten.
A Wann und wohin fährst du?
B In zwei Monaten fahre ich nach Berlin.

A Was machst du denn hier?
B 기차 시간표랑 가격을 조회하고 있어.
A 언제 그리고 어디로 가는데?
B 2개월 후에 베를린에 가.

2. 전공과 학기에 대해 물을 때

A 무엇을 전공하니?
B Ich studiere Maschinenbau.
A In welchem Semester bist du?
B Im fünften Semester!

A Was studierst du?
B 난 기계공학을 공부해.
A 몇 학기째야?
B 5학기!

TIPP 문화 기차표 예약

독일에서는 기차표를 3개월 전부터 3일 전까지는 할인된 가격으로 살 수 있습니다. 일찍 살수록 더 할인이 됩니다. 잘만 하면 100유로 넘는 표를 29유로에 살 수도 있습니다. 여기에 반카드 25가 있으면 20유로 정도에 살 수도 있지요.

단어장 Wortschatz

s. Bild(er) 그림 (* bilden 만들다, malen 그리다)
sich über + A informieren A에 대해 조사하다
r. Fahrplan(¨e) 운행 시간표
e. Kosten(x) 비용, 경비
r. Maschinenbau(x) 기계공학 (* e. Maschine(n) 기계)

MUSTER 193

상대가 무엇을 했는지 물을 때

193.mp3

Was hast du … + p. p.?

넌 무엇을 ~했니?

Was hast du … + p. p.?를 통해 상대가 무엇을 했는지 물어볼 수 있습니다.

SCHRITT 1

1. 지금 뭐라고 했어? **Was hast du gerade gesagt?**
2. 오늘 뭐 했니? **Was hast du heute gemacht?**
3. 마지막에 뭐 먹었어? **Was hast du zuletzt gegessen?**
4. 여기서 뭘 잃어버렸니? **Was hast du hier verloren?**
5. 무엇을 이해하지 못했니? **Was hast du nicht verstanden?**

SCHRITT 2

1. 잘 못 들어서 되물을 때

A 지금 뭐라고 했어? Ich konnte dich nicht hören.
B Ich habe gesagt: ich habe es nicht verstanden.
A Ach so, 무엇을 이해하지 못했는데?
B Deine Erklärung!

A Was hast du gerade gesagt? 들을 수 없었어.
B 난 내가 이해하지 못했다고 말했어.
A 아 그래, was hast du nicht verstanden?
B 너의 설명!

2. 배가 아플 때

A Der Bauch tut mir weh!
B 마지막에 뭐 먹었어?
A Ich habe viel Eis mit Sahne gegessen!
B Davon können die Bauchschmerzen kommen. Nimm eine Tablette ein!

A 배가 아파!
B Was hast du zuletzt gegessen?
A 생크림 아이스크림을 많이 먹었어!
B 그럼 복통이 올 수도 있어. 약 먹어!

TIPP 문화 아이스커피

얼음과 아이스크림을 둘 다 Eis라고 하지요. 그럼 Eiskaffee는 무엇일까요? 시원한 얼음이 들어간 커피를 기대했지만 아이스크림 커피가 나오더군요. 얼음이 들어간 음료는 프라페(Frappé)라고 합니다.

단어장 Wortschatz

zuletzt 최후의, 마지막의 ↔ zuerst 최초의
e. Erklärung(en) 설명 (* klar 분명한)
s. Eis(x) 1) 얼음 2) 아이스크림
e. Sahne(x) 생크림

MUSTER 194

상대가 무엇을 가지고 있는지 물을 때

194.mp3

Was hast du ~?

넌 무엇을 가지고 있니?

Was hast du ~?를 통해 상대가 무엇을 가지고 있는지를 물을 수 있습니다.

SCHRITT 1

1. 뭘 가지고 있니? — Was hast du **da?**
2. 주말에 무슨 계획 있니? — Was hast du **am Wochenende vor?**
3. 무엇을 입고 있니? — Was hast du **an?**
4. 무엇을 원하니(소원)? — Was hast du **auf dem Herzen?**
5. 오늘 넌 뭘 해야 하니? — Was hast du **heute zu tun?**

SCHRITT 2

1. 옥토버페스트에 참석할 때

A 주말에 무슨 계획 있어?
B Ich gehe zum Oktoberfest nach München.
A Ach so, kann ich auch mitkommen?
B Natürlich, um 9 Uhr treffen wir uns am Hbf.

A Was hast du am Wochenende vor?
B 옥토버페스트 참가하러 뮌헨에 가려고.
A 아 정말, 나도 같이 가도 돼?
B 물론이지, 9시에 중앙역에서 만나.

2. 독일 전통의상에 대해서

A 무엇을 입고 있니? Das sieht schön aus!
B Ich habe eine Lederhose angezogen. Das ist traditionelle Kleidung aus Bayern zum Oktoberfest.
A Tragen die Frauen auch besondere Kleidung?
B Ja, sie tragen Dirndl.

A Was hast du an? 멋져 보인다!
B 난 가죽바지를 입었어. 이건 옥토버페스트 때 입는 바이에른의 전통의상이야.
A 여자들도 특별한 옷을 입어?
B 응, 디른들을 입지.

단어장 Wortschatz

s. Fest(e) 축제
e. Lederhose(n) 가죽바지
traditionell 전통의
e. Kleidung(en) 의상
Bayern 바이에른 주
tragen 1) 나르다 2) (옷) 입다 (tragen – trug – getragen)
s. Dirndl(n) 디른들 (전통의상)

TIPP 문화 옥토버페스트 (Oktoberfest)

옥토버페스트는 10월 초에 독일 뮌헨 테레지엔비제 광장에서 열리는 민속축제로, 매년 600만 명 이상 참가한다고 합니다. 독일인들은 봄엔 카니발 축제에 참가하고, 여름엔 (주로 따뜻한 나라로) 휴가를 가고, 가을에는 옥토버페스트에 참가하고, 겨울에는 성탄 시장에 가는 걸 즐깁니다.

이름을 묻거나 의미를 물을 때

Wie heißt + N? Was bedeutet + N?

195.mp3

N은 뭐라고 불려?

N은 무엇을 의미해?

Wie heißt + N?을 통해 N의 이름이나 의미를 물을 수 있습니다. 또한 Was bedeutet + N?을 통해 의미를 물어볼 수 있습니다.

SCHRITT 1

1. 이 축약형은 무엇을 의미해?	Was heißt **die Abkürzung?**
2. 네 이름은 뭐야?	Wie heißt **du?**
3. 네 이름은 무슨 뜻이니?	Was bedeutet **dein Name?**
4. 그것은 무슨 의미야?	Was bedeutet **das?**
5. '바보'가 무슨 뜻이니?	Was bedeutet **Babo?**

SCHRITT 2

1. 이름을 물을 때

A 네 이름은 뭐야?	**A** Wie heißt du?
B Ich heiße Julia. Du kannst mich Juli nennen.	**B** 난 율리아야. 율리라고 불러도 돼.
A 네 이름은 무슨 뜻이니?	**A** Was bedeutet dein Name?
B Er bedeutet "aus dem Geschlecht der Julier" oder "die Glänzende".	**B** '율리어의 가문으로부터' 혹은 '훌륭한 (여자)'라는 뜻을 가지고 있어.

2. 단어의 의미를 물을 때

A '바보'가 무슨 뜻이니?	**A** Was bedeutet Babo?
B Das ist ein Jugendwort. Es bedeutet Boss oder Chef.	**B** 청소년 용어야. 대장이나 우두머리를 뜻하지.
A Weißt du, was das auf koreanisch bedeutet?	**A** 이 말이 한국어로 무슨 뜻인지 알아?
B Nein. 그것은 무슨 의미인데?	**B** 아니. Was bedeutet das?
A Dummkopf!	**A** 바보!

단어장 Wortschatz

heißen 불리다
e. Abkürzung(en) 약어 (* kurz 짧게)
s. Geschlecht(er) 성별, 가문
glänzen 빛나다, 번쩍거리다 (* r. Glanz(x) 광채)
r. Boss(e) 보스
e. Jugend(x) 청소년
r. Dummkopf(¨e) 바보 (* dumm 어리석은)

TIPP 문화 별명(Spitzname)

Spitzname는 사실 우리말에서의 별명이라는 의미보다는 이름을 간단하게 부르는 것을 말합니다. 엘리자베스(Elizabeth)를 엘리(Eli), 안드레아스(Andreas)를 안디(Andi)라고 부르는 것으로 애칭에 가깝습니다. 한국어 이름이 어려우면 자신만의 Spitzname를 만드는 것도 좋습니다.

TIPP 문화 청소년 용어 (Jugendwort)

당연하겠지만 청소년들이 사용하는 용어는 보통 청소년들만 압니다. 청소년들 사이에서 유행하는 말을 Jugendwort라고 합니다. 일종의 은어이지요. 독일에서는 매년 한 해를 마무리하는 의미에서 다양한 이벤트를 여는데, 그 중에는 '올해의 청소년 용어'를 선정하는 이벤트도 있습니다. 보스를 의미하는 Babo라는 단어는 2013년 독일 청소년 단어로 선정되었습니다.

가격을 물을 때

196.mp3

Was / Wie viel kostet ~? ~는 얼마야?

Was kostet das?와 Wie viel kostet das? 이 두 표현 다 의미는 같습니다. 문법적으로는 Wie viel이 맞지만, 일상생활에서는 Was를 더 자주 사용합니다. Wie teuer ist + N? 또는 Wie hoch ist + N?으로도 가격을 물을 수 있습니다.

SCHRITT 1

1. 이거 얼마야? — Was kostet **das?**
2. 이 핸드폰 얼마야? — Was kostet **das Handy?**
3. 독일에서 집은 얼마 정도해? — Wie viel kostet **eine Wohnung in Deutschland?**
4. 독일에서 자동차는 얼마나 비싸? — Wie teuer **ist ein Auto in Deutschland?**
5. 학비는 얼마나 비싸? — Wie hoch sind **die Studiengebühren?**

SCHRITT 2

1. 독일의 집세에 대해

A 독일에서 집세는 얼마 정도야?
B Das ist von Fall zu Fall unterschiedlich. Aber normalerweise kostet die Miete für ein Einzelzimmer 200 bis 300 Euro.
A Das ist teuer.
B Ja, das denke ich auch.

A Wie viel kostet eine Wohnung in Deutschland?
B 경우에 따라 달라. 하지만 일반적으로 1인실에 200~300유로 하지.
A 비싸구나.
B 응, 나도 그렇게 생각해.

2. 독일의 학비에 대해

A 학비는 얼마나 비싸?
B Es gibt keine Studiengebühren, aber als Verwaltungsgebühr usw. muss man pro Semester etwa 120 Euro bezahlen.
A Einschließlich des Semestertickets?
B Nein, das kostet etwa 70 Euro zusätzlich.

A Wie hoch sind die Studiengebühren?
B 학비는 없어. 다만 행정비 조로 매 학기 120유로를 내야 해.
A 교통비도 포함돼 있어?
B 아니, 그건 70유로가 더 들어.

TIPP 문화 독일의 집세

'동부 〈 중부 〈 남부 = 대도시'라고 생각하면 대충 맞을 것입니다. 인구를 유치하기 위해서 동부 지역 도시에서는 학생에게 주어지는 혜택이 많다고 합니다.

단어장 Wortschatz

e. Gebühr(en) 수수료
Das ist von Fall zu Fall unterschiedlich. (숙어) 경우에 따라 달라.
r. Fall(¨e) 1) 떨어짐 2) 경우
r. Unterschied(e) 차이
normalerweise 보통은
s. Einzelzimmer(-) 1인실
teuer 비싼
e. Verwaltung(en) 관리, 행정
einschließlich + G G를 포함하여 ↔ außer + D D를 제외하고
zusätzlich 첨가하여

병에 대한 처방을 물어볼 때

197.mp3

Was hilft gegen ~?

~엔 뭐가 낫는 데 도움이 되죠?

Was hilft gegen + A(병)?를 통해 A엔 뭐가 낫는 데 도움이 되는지 물어볼 수 있습니다.

SCHRITT 1

1. 감기와 열 나는 덴 뭐가 도움이 되죠? **Was hilft gegen Erkältung und Fieber?**
2. 알레르기엔 뭐가 도움이 되죠? **Was hilft gegen Allergie?**
3. 복통엔 뭐가 낫는 데 도움이 되죠? **Was hilft gegen Bauchschmerzen?**
4. 여드름엔 뭐가 좋죠? **Was hilft gegen Pickel?**
5. 설사엔 뭐가 도움이 되죠? **Was hilft gegen Durchfall?**

SCHRITT 2

1. 알레르기가 생겼을 때

A Hatschi!
B Hast du eine Allergie oder bekommst du eine Erkältung?
A Ich habe eine Allergie. Seit ich in Deutschland bin, habe ich eine Allergie. 알레르기엔 뭐가 도움이 될까?
B Wenn es eine Pollenallergie ist, solltest du dich in Gebäuden aufhalten.

A 에취!
B 알레르기야 아니면 감기 걸린 거야?
A 알레르기야. 독일에 있는 동안 알레르기가 생겼어. Was hilft denn gegen Allergie?
B 만일 꽃가루 알레르기면, 건물 안에 있는 게 좋아.

2. 여드름이 날 때

A Ich habe Hautprobleme. 여드름엔 뭐가 좋을까?
B Als ich diese Biotabletten etwas länger eingenommen habe, hat es ganz gut gewirkt.
A Ich habe sie schon gegessen, aber sie haben nicht gewirkt.
B Dann wasche dein Gesicht morgens und abends!

A 피부에 트러블이 생겼어. Was hilft gegen Pickel?
B 나는 이 식물성분의 알약을 오랜 기간 복용했는데, 효과가 좋았어.
A 그 약 이미 먹었는데 효과가 없었어.
B 그럼 아침 저녁으로 세수해!

TIPP 문화 알레르기

독일에 와서 없던 알레르기 특히 꽃가루 알레르기에 걸리는 경우가 많습니다. 처음에는 감기라고 생각할 수 있는데 감기와 알레르기 처방은 다르기 때문에 꼭 병원에 가서 검사를 받고 약을 드시기 바랍니다.

TIPP 문화 병

알레르기 외에 자주 걸리는 질병은 Husten(기침감기), Grippe(독감), Juckreiz(가려움), Muskelkrampf(근육경련) 등이 있습니다.

단어장 Wortschatz

e. Erkältung(en) 감기
(* kalt 추운, sich erkälten 감기에 걸리다)
s. Fieber(x) 열
e. Allergie(n) 알레르기
r. Pickel(-) 여드름
r. Durchfall(¨e) 설사
r. Pollen(-) 꽃가루
s. Gebäude(-) 건물
sich aufhalten 체류하다, 머무르다
e. Haut(¨e) 피부
wirken 1) 활동하다 2) 영향을 끼치다
s. Gesicht(er) 얼굴
waschen 씻다 (waschen – wusch – gewaschen)

누구인지 물을 때

198.mp3

Wer ist ~?

~는 누구죠?

Wer ist + N/장소부사?를 통해 N이 누구인지를 묻거나 어떤 장소에 누가 있는지 물을 수 있습니다.

SCHRITT 1

1. 누구니? — Wer bist **du?**
2. 누구세요? — Wer sind **Sie?**
3. 거기 누구니? — Wer ist **da?**
4. 누가 함께 있니? — Wer ist **dabei?**
5. 누가 안드레아스니? — Wer ist **Andreas?**
6. 누구 말하는 거니? — Wer ist **gemeint?**

SCHRITT 2

1. 택배 왔을 때

A (Es klingelt)	A (초인종 소리)
B 누구세요?	B Wer sind Sie?
A Ich bin von der Post. Ich bringe ein Paket zu Ihnen.	A 우체국에서 왔습니다. 택배(소포) 배달이요.
B Ich komme sofort!	B 곧 나가요!

2. 공동주택의 새 룸메이트에 대해

A 누구 말하는 거니?	A Wer ist gemeint?
B Andreas.	B 안드레아스.
A 안드레아스가 누군데?	A Wer ist Andreas?
B Er ist der neue Mitbewohner der WG.	B 그는 공동주택의 새 룸메이트야.

TIPP 문화 택배

독일에는 DHL(우체국 택배), UPS, Hermes(헤르메스, 그리스 신화에 나오는 전령 이름) 등의 택배 회사가 있습니다. 짐이 너무 많아 차로 이사해야 하는 경우가 아니면, 택배회사를 이용하는 것이 더 저렴할 수 있습니다.

단어장 Wortschatz

s. Paket(e) 택배, 소포

r. Mitbewohner(-) 룸메이트

누가 했는지 물을 때

199.mp3

Wer hat A + p. p.?

누가 A를 했니?

Wer hat A + p. p.(과거분사)?를 통해 누가 A를 했는지 물을 수 있습니다.

SCHRITT 1

1. 누가 그것을 했니? — **Wer hat es gemacht?**
2. 누가 내게 전화했어? — **Wer hat mich angerufen?**
3. 누가 이겼니? — **Wer hat gewonnen?**
4. 누가 그것을 제안했니? — **Wer hat das vorgeschlagen?**
5. 누가 그것을 생각했겠니? — **Wer hätte das gedacht?**

SCHRITT 2

1. 누가 전화했는지 물어볼 때

A 누가 내게 전화했어?	**A** Wer hat mich angerufen?
B Mia. Sie sagte, sie ruft später noch einmal an.	**B** 미아. 나중에 다시 전화한다고 했어.
A Hat sie sonst noch etwas gesagt?	**A** 또 다른 말은 없었니?
B Nein, gar nichts.	**B** 응, 전혀.

2. 시험지 뒷면에 문제가 있는지 몰랐을 때

A Ich habe nicht bemerkt, dass auch noch Fragen auf der Rückseite des Blattes stehen. Ich habe gar nichts dazu geschrieben. Wahrscheinlich werde ich nicht bestehen.	**A** 나 시험지 뒷면에도 문제가 있는지 몰랐어. 그래서 아무것도 못썼어. 아마도 나 합격 못할 거야.
B Ja, dann musst du den Kurs wiederholen.	**B** 그래, 그럼 수업을 다시 들어야 해.
(später)	(며칠 후)
A Ich habe doch bestanden!	**A** 그럼에도 불구하고 붙었어!
B Super! 누가 그걸 알았겠니?	**B** 멋져! Wer hätte das gedacht?

TIPP 문화 시험지 뒷면 확인하기!

일전에 시험지 뒷면에도 문제가 있는 걸 몰라서 뒷면을 백지로 낸 적이 있습니다. 다행히 가까스로 통과는 했었지요. 뒷면에도 문제가 있다는 것을 꼭 기억하세요!!

단어장 Wortschatz

anrufen 전화하다
gewinnen 이기다, 획득하다 (gewinnen – gewann – gewonnen)
vorschlagen 제안하다
bemerken 인지하다
e. Rückseite(n) 뒷면 ↔ e. Vorderseite(n) 앞면
s. Blatt(¨er) 1) 잎 2) 종이
wahrscheinlich 아마, 다분히
r. Kurs(e) 수업
wiederholen 반복하다

EINHEIT
21

wo, wann, warum und wie

어디, 언제, 왜, 어떻게

was와 wer가 명사로서 문장의 주어 또는 목적어 역할을 한다면, 이번 Einheit에서 배울 wo, wann, warum, wie는 형용사 또는 부사로서 문장의 보어나 수식어 역할을 합니다.

wo, wann, warum, wie 의문문의 의미와 특징

1 wo는 장소나 방향을 묻습니다.

- **wo** (어디에)
  Wo liegt denn das? (그것은 대체 어디에 놓여 있나요?)
- **woher** (어디로부터)
  Woher kommst du? (어디 출신인가요?)
- **wohin** (어디로)
  Wohin gehst du? (어디 가니?)

2 wann은 시간, 즉 정확한 시각 또는 시간의 흐름을 묻습니다.

- **wann** (언제)
  Wann kommt der Zug an? (기차는 언제 도착하죠?)
- **von wann** (언제부터)
  Von wann sind Sommerferien? (언제부터 여름방학인가요?)
- **seit wann** (언제 이후로)
  Seit wann wohnst du hier? (언제부터 넌 여기 살았니?)

3 warum은 이유나 목적을 묻습니다.

- **warum** (왜, 이유)
  Warum gehst du in die Schule? (넌 왜 학교에 가니?)
- **wozu** (왜, 목적)
  Wozu gehst du in die Schule? (넌 왜 학교를 가니?)
- **wieso** (왜)
  Wieso machst du das? (넌 왜 그것을 하니?)

4 wie는 정도나 방법을 묻습니다. 형용사와 함께 쓰이는 경우가 많습니다.

- **wie** (어떻게)
  Wie geht's dir? (어떻게 지내?)
- **wie groß** (크기)
  Wie groß ist die Wohnung? (이 집은 얼마나 큰가요?)
- **wie viel** (양)
  Wie viel kostet das? (얼마인가요?)
- **wie oft** (빈도)
  Wie oft trefft ihr euch? (너희는 얼마나 자주 만나니?)

위치를 물을 때

200.mp3

Wo ist / liegt / wohnt N?

N은 어디에 있어 / 놓여 있어 / 살아?

Wo ist / liegt / wohnt + N?을 통해 N이 어디에 있는지, 어디에 놓여 있는지, 어디에 사는지를 물을 수 있습니다.

SCHRITT 1

1. 너 도대체 어디 있니? — **Wo bist du eigentlich?**
2. 근처에 약국이 어디에 있니? — **Wo ist eine Apotheke in der Nähe?**
3. 주차금지 구역이 어디야? — **Wo ist das Parken verboten?**
4. 그럼 그것은 정확히 어디에 놓여 있어? — **Wo liegt denn das genau?**
5. 넌 어디 살아? — **Wo wohnst du?**

SCHRITT 2

1. 약국의 위치를 묻기

A 근처에 약국이 어디에 있니?
B Weißt du, wo das Restaurant "Onkel Otto" ist?
A Ja, weiß ich.
B Gegenüber davon liegt die Apotheke.

A Wo ist eine Apotheke in der Nähe?
B '오토 삼촌' 식당이 어디 있는지 알아?
A 응, 알아.
B 그 맞은편에 약국이 있어.

2. 사는 곳 묻기

A 넌 어디 살아?
B Ich wohne im Studentenwohnheim.
A 그것은 정확히 어디에 있어?
B Es liegt an der Bushaltestelle "Fichtenweg".

A Wo wohnst du?
B 학생기숙사에 살아.
A Wo liegt denn das genau?
B '소나무길' 버스정류장 옆에 있어.

TIPP 문법 의문문에서 eigentlich의 쓰임

언젠가 기차에서 한 아이가 아빠와 통화를 하는데 약간 짜증이 난 목소리로 이렇게 말하더군요. "Wo bist du eigentlich?" Wo bist du?가 말 그대로 어디에 있는지 정보를 알기 위함이라면, Wo bist du eigentlich?는 도대체 어디 있길래 아직 안 온 거냐는 뉘앙스로 짜증이 조금 난 상황을 나타냅니다.

TIPP 문화 오토 삼촌과 엠마 이모

오토와 엠마는 철수와 영희처럼 예전에는 독일의 흔한 이름이었습니다. 오토 삼촌(Onkel Otto)은 돈가스 식당이고 여전히 있습니다. 하지만 작은 만물상점이었던 엠마 이모(Tante Emma)는 대형마트가 들어서면서 지금은 거의 사라졌다고 합니다.

단어장 Wortschatz

e. Apotheke(n) 약국
in der Nähe 근처에
parken 주차하다
verbieten 금하다
gegenüber + D D를 마주보고
gegenüber von + D D의 건너편에

자신이 어디서 무엇을 할 수 있는지를 물어볼 때

201.mp3

Wo kann ich … + inf ?

나는 어디서 ~할 수 있죠?

Wo kann ich … + inf?를 통해 자신이 어디서 무엇을 할 수 있는지 물을 수 있습니다.

SCHRITT 1

1. 어디서 장판을 살 수 있죠? — Wo kann ich **Laminat kaufen?**
2. 어디서 기차표를 싸게 살 수 있죠? — Wo kann ich **ein Zugticket günstig kaufen?**
3. 어디서 널 만날 수 있니? — Wo kann ich **dich treffen?**
4. 어디서 지폐를 동전으로 바꿀 수 있죠? — Wo kann ich **Geldscheine in Münzen wechseln?**
5. 어디서 자녀수당을 신청할 수 있죠? — Wo kann ich **Kindergeld beantragen?**

TIPP 문화 기차표 사는 방법

보통 기차역에 있는 자판기에서 기차표를 직접 살 수 있습니다. 여행센터(Reisezentrum)에서도 살 수 있는데 더 비쌀 수도 있습니다. 또한 인터넷에서 예매해 프린트한 것을 갖고 있다 기차에서 승무원을 만났을 때 카드로 계산하거나 스마트폰에 해당 앱을 받아 구입할 수도 있습니다.

SCHRITT 2

1. 장판 구입하기

A Ich mag keinen Teppich!
B Wieso?
A Wegen dem vielen Staub. Ich möchte auf dem Boden Laminat verlegen. 어디서 장판을 살 수 있지?
B Du kannst es im Baumarkt kaufen.

A 난 양탄자가 싫어!
B 왜?
A 먼지가 많아서. 난 장판을 바닥에 깔고 싶어. Wo kann ich Laminat kaufen?
B 건축자재마트에서 살 수 있어.

2. 기차표 구입하기

A 어디서 기차표를 싸게 살 수 있죠?
B Du kannst es im Reisezentrum oder am Automaten im Bahnhof selbst kaufen. Aber hast du einen Studentenausweis?
A Ja.
B Dann kannst du in dieser Region damit fahren.

A Wo kann ich ein Zugticket günstig kaufen?
B 여행센터에서 살 수 있고, 기차역에 있는 자판기에서도 살 수 있어. 그런데 너 학생증 있지?
A 응.
B 그럼 넌 이 지역에선 그것(학생증)으로 탈 수 있어.

단어장 Wortschatz

s. Laminat(e) (바닥) 장판
r. Teppich(e) 양탄자
verlegen (장판 따위를) 깔다
r. Boden(¨) 바닥
r. Geldschein(e) 지폐
e. Münze(n) 동전
s. Kindergeld(er) 자녀수당
beantragen 신청하다
r. Staub(¨e) 먼지
r. Baumarkt(¨e) 건축자재마트
s. Zentrum(Zentren) 1) 중심 2) 센터
r. Automat(en, en) 자판기
e. Region(en) 지역

MUSTER 202

이동방향을 물어볼 때

202.mp3

Wohin / Woher … N?

N은 어디로 / 어디로부터 … ?

Wohin / Woher … N?을 통해 N이 어디를 향해 가는지 또는 어디로부터 왔는지 등의 이동방향을 물어볼 수 있습니다.

SCHRITT 1

1. 어디 가니? — **Wohin gehst du?**
2. 이 기차는 어디로 가죠? — **Wohin fährt der Zug?**
3. 너희는 어디로 여행 가? — **Wohin werdet ihr reisen?**
4. 어디서 왔니? — **Woher kommst du?**
5. 그 모든 것을 어디서 알았니? — **Woher weißt du das alles?**

SCHRITT 2

1. 이번 학기 수업에 대해 물을 때

A 어디 가니?	A Wohin gehst du?
B Ich gehe zur Uni.	B 학교에 가.
A Hast du viel Unterricht in diesem Semester?	A 이번 학기에 수업 많아?
B Ja, drei Vorlesungen und zwei Seminare.	B 응, 강의 3개랑 세미나 2개.

2. 출신을 물을 때

A 어디 출신이야?	A Woher kommst du?
B Ich komme aus Seoul in Südkorea. Kennst du es?	B 대한민국 서울에서 왔어. 알아?
A Ja, ich kenne es. Im Jahre 2002 hat Deutschland dort bei der Fußball-Weltmeisterschaft gegen Südkorea gewonnen.	A 응, 알아. 2002년 월드컵 때 그곳에서 독일이 한국을 이겼지.
B Vergiss es!	B 잊어버려!

TIPP 문화 대학의 강의

대학의 강의는 과마다 조금씩 다르지만 일반 강의(Vorlesung), 세미나(Seminar), 초급 세미나(Proseminar), 연습(Übung), 보충 수업(Tutorium, 정규 수업은 아님) 등이 있습니다. 또한 정규 수업이 아닌 학회(Tagung)나 강연(Vortag) 등이 종종 열립니다.

단어장 Wortschatz

r. Unterricht(e) 수업
e. Vorlesung(en) 강의
s. Seminar(e) 세미나
gewinnen 이기다, 획득하다 (gewinnen – gewann – gewonnen)
vergessen 잊다 (* essen 먹다 'essen – aß – gegessen')

시간을 물어볼 때

203.mp3

MUSTER 203 Wann ~ N?

N은 언제 ~하죠?

Wann ~ N?을 통해 N이 언제인지를 물을 수 있습니다.

SCHRITT 1

1. 버스는 언제 도착하나요? — **Wann kommt der Bus an?**
2. 수업은 언제 시작하나요? — **Wann fängt der Unterricht an?**
3. 언제부터 언제까지 부활절 방학 / 성탄절 방학인가요? — **Von wann bis wann sind Osterferien / Weihnachtsferien?**
4. 언제까지 핸드폰 계약해지를 알려야 하나요? — **Bis wann muss ich den Handyvertrag kündigen?**
5. 언제부터 여기에 살았어? — **Seit wann wohnst du hier?**

TIPP 문화 성탄 시장과 성탄 방학

각 도시마다 (특히 대도시 위주로) 성탄절 한 달 전부터 성탄 시장이 열립니다. 다양한 먹거리와 볼거리가 있지요. 독일에서 가장 화려한(?) 기간 중 하나입니다. 성탄 시장이 끝나면 성탄 방학이 시작됩니다. 이때 거의 모든 독일인들이 집으로 갑니다. 그래서 기숙사는 텅텅 비고, 상점이 문을 안 열 때도 있습니다.

SCHRITT 2

1. 성탄 시장 개최시기에 대해서

A 언제부터 언제까지 성탄절 방학인가요?

B Von der letzten Woche vor Silvester bis eine Woche nach Neujahr. Wieso denn?

A Ich möchte auf den Dortmunder Weihnachtsmarkt gehen.

B Oh Mann! In den Ferien werden alle Läden geschlossen! Der Weihnachtsmarkt findet etwa ein Monat vor den Weihnachtsferien statt!

A Von wann bis wann sind Weihnachtsferien?

B 12월 31일 전 마지막 일주일부터 새해 후 다음 일주일 동안. 근데 왜?

A 도르트문트 성탄 시장에 가고 싶어서.

B 오 이런! 방학 중엔 모든 가게가 문을 닫아! 성탄 시장은 성탄 방학 한 달 전쯤에 열려!

TIPP 문화 핸드폰 계약 해지

핸드폰은 보통 2년 약정으로 계약을 맺습니다. 그런데 미리 계약해지를 하지 않으면 자동연장이 되어서 1년 더 사용해야 합니다.

2. 핸드폰 계약해지 하기

A 언제까지 핸드폰 계약해지를 해야 하는지 알고 있어?

B Bis spätestens 3 Monaten vor Ablauf der Frist.

A Wenn ich ihn nicht kündige?

B Dann wird er automatisch verlängert.

A Weißt du, bis wann ich den Handyvertrag kündigen muss?

B 최소한 기한만료 3개월 전까지.

A 만약 계약해지를 안 하면?

B 그럼 자동적으로 연장돼.

단어장 Wortschatz

r. Silvester(-) 12월 31일 (★ 교황 실베스터 1세에서 유래)
r. Weihnachtsmarkt(¨e) 성탄 시장
stattfinden 개최하다
kündigen 1) 취소하다 2) 사표 내다 3) 해지 고지를 하다
r. Ablauf(¨e) 경과
e. Frist(en) 기한
automatisch 자동적으로
verlängern 연장하다

이유를 물을 때

204.mp3

Warum ~ N?

N은 왜 ~하죠?

Warum ~ N?을 통해 N이 왜 ~했는지, 그 이유를 물을 수 있습니다.

SCHRITT 1

1. 당신은 왜 우리 회사에 지원하셨나요? — **Warum bewerben Sie sich bei uns?**
2. 넌 왜 독일어를 공부하니? — **Warum lernst du Deutsch?**
3. 바나나는 왜 구부러져 있을까? (너무나 당연한 질문을 받았을 때 대답으로 쓰임) — **Warum ist die Banane krumm?**
4. 넌 왜 그것에 대해 일찍 말하지 않았어? — **Warum hast du nicht schon früher was davon gesagt?**
5. 넌 내게 왜 그랬니? — **Warum hast du mir das angetan?**

SCHRITT 2

1. 회사 면접을 볼 때

A 당신은 왜 우리 회사에 지원하셨나요?
B Ich glaube, Ihre Firma ist überall bekannt und hat einen guten Ruf. Außerdem möchte ich meine Fähigkeiten weiterbilden.
A Haben Sie auch praktische Gründe?
B Meine Familie und ich sind erst vor kurzem hierher gezogen.

A Warum bewerben Sie sich bei uns?
B 전 이 회사가 아주 유명하고, 좋은 평판을 갖고 있다고 생각합니다. 뿐만 아니라 저의 자질을 계속 발전시켜나가고 싶습니다.
A 또 다른 실질적인 이유가 있나요?
B 제 가족과 전 며칠 전 이곳으로 이사를 왔습니다.

2. 너무나 당연한 질문을 받았을 때

A Warum kann ich Frauen nicht verstehen?
B 바나나는 왜 구부러져 있는데?
A Was meinst du damit?
B Diese Frage ist genauso unmöglich zu beantworten. Männer können Frauen einfach nicht verstehen.

A 왜 나는 여자들을 이해할 수 없을까?
B Warum ist die Banane krumm?
A 무슨 말이야?
B 이처럼 그 질문은 대답하기 불가능해. 남자들은 여자들을 전혀 이해할 수 없어.

TIPP 문법 Warum 외 이유를 묻는 의문사

Warum을 제외하고도 이유를 묻는 의문사가 꽤 있습니다. wieso(왜), wegen was(무엇 때문에), wofür(무엇을 위해), wozu(무엇 때문에) 등이 있습니다.

단어장 Wortschatz

sich um + A bewerben A에 지원하다
krumm 구부러진
schon früher 훨씬 일찍
antun 행하다, 가하다
e. Firma(Firmen) 회사
überall 도처에
r. Ruf(e) 외침
e. Fähigkeit(en) 능력, 자질
weiterbilden (계속) 교육하다
praktisch 실제적인, 실질적인
vor kurzem 며칠 전
hierher 여기 이곳으로

MUSTER 205

상태에 대해서 물을 때

205.mp3

Wie ist N?

N은 어때?

Wie ist N?을 통해 N의 상태에 대해 물을 수 있습니다.

SCHRITT 1

1. 오늘 날씨 어때? Wie ist **das Wetter heute?**
2. 그의 성격은 어때? Wie ist **sein Charakter?**
3. 그곳 음식은 어때? Wie ist **das Essen dort?**
4. 그게 어떻게 이해가 돼? Wie ist **das zu verstehen?**
5. 프랑스는 어때? Wie ist **Frankreich so?**

SCHRITT 2

1. 인도 음식점에 대해

A Ich war gestern in der Stadt indisch essen.
B 그곳 음식은 어때?
A Es war würzig und scharf.
B Leider mag ich solches Essen nicht.

A 난 어제 시내에서 인도음식을 먹었어.
B Wie ist das Essen dort?
A 향과 맛이 강하고, 매웠어.
B 유감이지만 난 그런 음식 싫어.

2. 프랑스 여행을 다녀오고 나서

A Hallo! Bist du endlich aus dem Urlaub zurück?
B Genau, ich bin vorgestern aus Frankreich zurückgekommen.
A 프랑스는 어때?
B Die Landschaft ist sehr schön, das Essen sehr gut und die Leute meistens sehr freundlich. Aber zuhause ist es immer noch am besten.

A 안녕! 마침내 휴가에서 돌아온 거야?
B 맞아, 그제 프랑스에서 돌아왔어.
A Wie ist Frankreich so?
B 풍경이 매우 아름답고 음식도 정말 좋았어. 그리고 사람들을 대체로 친절했고. 하지만 언제나 집이 최고야.

TIPP 문화 식당

독일은 다른 분야에 비해 음식문화가 많이 발달하진 못한 것 같습니다. 그렇지만 이탈리아, 프랑스, 터키, 인도, 중국, 일본, 베트남 등 세계 각지의 다양한 음식점이 들어와 있습니다. 대도시에는 한국 음식점도 있지만 아직은 매우 적습니다.

단어장 Wortschatz

s. Frankreich(x) 프랑스
(* französisch 프랑스의)
würzig 향과 맛이 강한
solcher 그런, 그와 같은
endlich 마침내, 결국
vorgestern 그제
e. Landschaft(en) 풍경
immer noch 여전히

상대방에게 안부나 하는 일의 경과를 물을 때

206.mp3

Wie ~ N?

N은 어떻게 ~하니?

Wie ~ N?을 통해 N이 어떤지에 대해서 특히 안부나 일이 진행되는 경과를 물을 수 있습니다.

SCHRITT 1

1. 어떻게 지내? (어때?)	**Wie geht es dir?**
2. 데이트는 어땠어?	**Wie ist es dir bei dem Date ergangen?**
3. 세미나 리포트는 어떻게 진행되고 있어?	**Wie läuft es mit der Seminararbeit?**
4. 건강은 어때?	**Wie steht es um deine Gesundheit?**
5. 오늘 느낌이 어때?	**Wie fühlst du dich heute?**

SCHRITT 2

1. 데이트가 어땠는지 물어보기

A 어떻게 지내?
B Danke, mir geht es sehr gut. Ich hatte ein Date mit Julia!
A 데이트는 어땠어?
B Es war sehr schön! Ich fragte sie, ob sie meine Freundin werden möchte, sie antwortete mit Ja!

A Wie geht es dir?
B 고마워, 매우 잘 지내고 있어. 율리아랑 데이트 했거든!
A Wie ist es dir bei dem Date ergangen?
B 정말 좋았지! 난 그녀에게 내 여자친구가 돼달라고 했고, 그녀는 '그래'라고 대답했어!

2. 세미나 리포트가 어떻게 되어가는지 물을 때

A Was machst du zurzeit?
B Ich schreibe eine Seminararbeit.
A 세미나 리포트는 어떻게 진행되고 있어?
B Das Schreiben klappt ganz gut.

A 요즘 뭐해?
B 세미나 리포트를 쓰고 있어.
A Wie läuft es mit der Seminararbeit?
B 매우 잘 쓰고 있어.

TIPP 문장 Wie geht's dir?
Hallo와 함께 가장 기본적인 인사입니다. Hallo는 지나가며 할 수 있는 가벼운 인사라면, Wie geht's dir?는 대화를 시작하고자 말을 거는 것입니다. 상대의 안부를 물으면서, 또한 당연히 상대방이 물어보면 어떻게 대답할지 준비하면서 독일어 회화를 시작해보시기 바랍니다.

단어장 Wortschatz

ergehen 발표되다, 공포(반포)되다
es ergeht 지내다
es läuft 진행되다 (laufen – lief – gelaufen)
Ich habe ein Date mit Jm. (숙어) Jm과 데이트하다.
zurzeit 요즘
e. Seminararbeit(en) 세미나 리포트
klappen 1) 접혀지다 2) 쾅 소리를 내며 닫히다 3) (일이) 잘 진행되다, 맞다, 일치하다

상대방의 생각이나 느낌을 물을 때

207.mp3

Was / Wie ~ du?

넌 어떻게 ~하니?

Was / Wie ~ du?를 통해 상대방의 생각이나 느낌을 묻는 표현은 실생활에서 아주 많이 쓰입니다.

SCHRITT 1

1. 어떻게 생각하니? — Was **denkst** du?
2. 어떻게 생각하니? — Was **sagst du dazu?**
3. 무슨 의미야? — Was **meinst** du?
4. 넌 그것을 어떻게 생각하니? — Wie **findest** du **das?**
5. 어떻게 그렇게 생각하니? — Wie **kommst** du **darauf?**

TIPP 문장 Was meinst du?

이 표현은 문맥에 따라 다음 두 가지 의미를 지닙니다.

1) Was ist deine Meinung?
 네 의견이 무엇이니?

2) Was willst du damit sagen?
 넌 무엇을 말하고자 하는 거니?

SCHRITT 2

1. 친구랑 옷을 사러 갔을 때

A Ich habe hier ein schönes Hemd gefunden! 어떻게 생각해?

B Sieht gut aus, aber es wäre nichts für mich!

A Was trägst du gerne?

B Ich trage gerne T-Shirts.

A 멋진 셔츠를 발견했어! Wie findest du das?

B 좋아 보여, 하지만 내게는 안 어울릴 거야!

A 넌 뭘 즐겨 입니?

B 난 티셔츠를 즐겨 입어.

2. 공부 동기가 부족한 친구에게 조언할 때

A Wie läuft dein Studium?

B Nicht so gut, ich habe ein großes Problem. Mir fehlt die Motivation.

A 너와 같은 문제를 갖고 있는 사람들을 만나는 것은 어떠니? Sie können dir einen guten Rat geben.

B Ja, ich werde solche Leute aufsuchen, vielen Dank.

A 너 공부는 어때?

B 좋지 않아. 내겐 큰 문제가 있어. 내겐 동기가 없어.

A Was hältst du davon, Leute zu treffen, die das gleiche Problem hatten? 그들은 네게 좋은 충고를 해줄 수 있어.

B 맞아. 그런 사람들을 찾아봐야겠어, 고마워.

단어장 Wortschatz

s. Hemd(en) 셔츠
Es wäre nichts für mich. (숙어) 그것은 내게 어울리지 않을 것 같아. (추측)
e. Motivation(en) 동기
Jm fehlen Jm에게 없다
r. Rat(¨e) 1) 충고 2) (복수) 회의 (* s. Rathaus(¨er) 시청)
r. Ratschlag(¨e) 충고

방법을 물을 때

208.mp3

Wie kann ich … + inf? 어떻게 나는 ~할 수 있죠?

Wie kann ich … + inf?를 통해 자신이 (무엇인가를) 어떻게 할 수 있는지 물을 수 있습니다.

SCHRITT 1

1. 제가 어떻게 당신을 도울 수 있죠? — Wie kann ich **Ihnen helfen?**
2. 어떻게 독일어 실력을 향상시킬 수 있을까요? — Wie kann ich **mein Deutsch verbessern?**
3. 어떻게 차감을 막을 수 있을까요? — Wie kann ich **die Abbuchung sperren lassen?**
4. 어떻게 데이트하도록 그녀를 설득할 수 있을까요? — Wie kann ich **sie zu einem Date überreden?**
5. 어떻게 데이트를 취소할 수 있을까요? — Wie kann ich **ein Date absagen?**

SCHRITT 2

1. 핸드폰을 잃어버려서 정지시킬 때

A 어떻게 도와드릴까요?
B Ich habe mein Handy verloren. Ich möchte sofort meine Sim-Karte sperren lassen.
A Einen Moment! Ich erledige es sofort.

A Wie kann ich Ihnen helfen?
B 핸드폰을 잃어버렸어요. 당장 내 심카드를 정지하고 싶어요.
A 잠시만요! 당장 처리하겠습니다.

2. 통장에서 잘못 차감된 돈을 막을 때

A 어떻게 차감을 막을 수가 있죠?
B Diese Abbuchung ist falsch?
A Ja, ich habe sie nicht veranlasst.
B Ok, dann buchen wir das Geld zurück.

A Wie kann ich die Abbuchung sperren lassen?
B 이 차감이 잘못된 건가요?
A 네, 제가 한 게 아니에요.
B 좋아요. 그럼 돈을 상환시킬게요.

단어장 Wortschatz

e. Abbuchung(en) 차감, 지출 (통장에서 돈이 빠져나가는 것)
sperren 차단하다
erledigen 끝내다, 완수하다, 처리하다
Jn zu + D überreden Jn을 D하도록 설득하다
absagen 취소하다
veranlassen 야기하다, 유발하다

TIPP 문화 통장
가끔 통장에서 잘못 빠져나가는 돈이 있을 수 있습니다. 그럴 땐 은행에 가서 막으면 됩니다. 물론 본인의 실수라면 수수료를 내야 될 수도 있습니다.

정도를 물을 때

209.mp3

Wie + adj … ?

얼마나 ~해?

Wie + adj … ?를 통해 대상의 수나 양 등의 정도를 물을 수 있습니다.

SCHRITT 1

1. 몇 시인가요?	**Wie spät ist es? = Wie viel Uhr ist es?**
2. 이 집은 얼마나 큰가요?	**Wie groß ist die Wohnung?**
3. 중앙역은 여기서 얼마나 먼가요?	**Wie weit ist der Hauptbahnhof von hier entfernt?**
4. 몇 살이야?	**Wie alt bist du?**
5. 당신의 공부는 얼마나 더 남았나요?	**Wie lange dauert Ihr Studium noch?**

TIPP 문화 평수

독일에서는 집 크기 단위를 m^2를 쓰고 Quadratmeter라고 읽습니다. 한국인들끼리는 줄여서 Qua라고 하는데, 독일인들은 줄여 읽지 않습니다. 참고로 예전에 한국에서 사용된 집 크기 단위인 1평은 $3.3m^2$(약 1.8m X 1.8m)입니다.

SCHRITT 2

1. 집 크기를 물을 때

A 이 집은 얼마나 큰가요?
B $20m^2$.
A Ist in den $20m^2$ auch ein Keller enthalten?
B Nein, das sind zusätzlich $3m^2$.

A Wie groß ist die Wohnung?
B $20m^2$입니다.
A $20m^2$에 지하실도 포함된 건가요?
B 아뇨, 그러면 $3m^2$ 더 추가되죠.

2. 비자를 신청하거나 연장할 때 물어보는 것들

A Wie finanzieren Sie Ihr Studium?
B Gerade werde ich von meinen Eltern unterstützt.
A 당신의 공부는 얼마나 더 걸리죠?
B Es dauert noch etwa 5 Semester.

A 학비는 어떻게 충당하고 있습니까?
B 지금은 부모님께 보조를 받고 있습니다.
A Wie lange dauert Ihr Studium noch?
B 5학기 정도 더 남았습니다.

단어장 Wortschatz

e. Stück(e) 1) 부분 2) 송이
entfernt 멀리
finanzieren 자금을 대다
unterstützen 보조하다 (* stürzen 추락하다)
r. Keller(-) 지하실 (* r. Teller(-) 접시)
r. Quadratmeter(-) 평방미터
enthalten 포함하다

6

일상 대화의 레벨-업!

EINHEIT 22 가정문과 접속법

EINHEIT 23 접속사

EINHEIT 24 비교급

EINHEIT 25 명령어

가정문과 접속법

이번 Einheit에서는 가정문과 접속법 2식에 대해서 배웁니다. 실생활에서 자주 사용되니까 문장의 형태와 의미를 제대로 알고 반복해서 연습해 익혀두도록 합시다.

가정문의 의미와 특징

1 사실이 아니거나 아직 사실인지 아닌지 확실하지 않은 것을 가정한 문장

2 '…하면(wenn 부문장), ~한다(dann 주문장)'라고 해석 (dann은 보통 생략)

3 현실 가정문 (직설법)

Wenn du ein Problem mit mir hast, (dann) sag es mir und nicht Anderen.
(만약 네가 나와 문제가 있다면, 다른 사람에게 말하지 말고 나에게 말해.)

4 비현실 가정문 (접속법 2식)

Wenn ich du wäre, (dann) würde ich ihr meine Liebe gestehen.
(내가 만약 너라면, 그녀에게 내 사랑을 고백할 텐데.)

접속법 2식의 의미와 특징

1 접속법 2식은 비현실적이거나 불가능한 것에 대한 간접적인 표현입니다.

2 sein, haben, 조동사는 접속법 2식을, 그 외 동사는 würde + 부정사 형태를 가집니다.

3 불가능한 것에 대한 가정

Wenn ich Zeit hätte, würde ich dir helfen! (만약 내가 시간이 있다면, 너를 도와줄 텐데!)
* 직설법 (현실적인 계획 가정) Wenn ich Zeit habe, helfe ich dir.
(만약 내가 시간이 있다면, 너를 도와줄 것이다.)

4 추측

Er hätte keine Zeit, dir zu helfen! (그는 너를 도와줄 시간이 없을 거야!)
* 직설법 (객관적 판단) Er hat keine Zeit, dir zu helfen! (그는 너를 도와줄 시간이 없어!)

5 공손한 요청

Könnten Sie mir helfen? (절 도와주실 수 있으실까요?)
* 직설법 (일반적 요청) Kannst du mir helfen? (날 도와줄 수 있니?)

가정문을 만들 때

210.mp3

Wenn du …, (dann) ~. 만약 네가 …한다면, ~할 거야.

Wenn du …, (dann) ~를 통해 가정문을 만들 수 있습니다. Wenn 문장은 부문장이고, dann 문장은 주문장입니다. dann은 보통 생략됩니다.

SCHRITT 1

1. 만약 관심이 있으면, 알려줘!	**Wenn du Interesse hast, (dann) melde dich!**
2. 만약 네가 가면, 나도 따라갈 거야.	**Wenn du gehst, (dann) gehe ich mit.**
3. 만약 네가 옳다면, 난 침묵할 거야. (보통 상대의 말이 옳지 않다고 주장할 때 사용)	**Wenn du recht hast, (dann) will ich schweigen.**
4. 만약 네가 스스로 확신한다면, 한번 시도해봐!	**Wenn du selbst überzeugt bist, (dann) probiere es einfach mal!**
5. 만약 질문이 있다면, 다시 와!	**Wenn du noch Fragen hast, (dann) komm wieder!**

SCHRITT 2

1. 내일 있을 강의에 초대할 때

A Was hast du morgen vor?	**A** 내일 뭐해?
B Nichts Besonderes. Wieso?	**B** 특별한 것은 없어. 왜?
A Morgen findet ein Vortrag statt. 만약 관심 있으면, 알려줘!	**A** 내일 강의가 있어. Wenn du Interesse hast, (dann) melde dich!
B Okay, ich überlege es mir!	**B** 좋아, 생각해볼게!

2. 갈 건지 안 갈 것인지 물어볼 때

A Möchtest du noch hier bleiben?	**A** 여기 더 있을 거야?
B Egal, was meinst du?	**B** (더 있든 없든) 상관없어, 무슨 의미야?
A 네가 가면, 나도 따라가려고.	**A** Wenn du gehst, (dann) gehe ich mit.
B Ok, dann gehe ich.	**B** 좋아, 그럼 갈래.

TIPP 문법 Falls

가정문을 만들 때 wenn 외에 falls를 사용하기도 합니다. 다만 wenn은 가정문뿐만 아니라 때를 나타내기도 하지만 falls는 오직 가정문에만 사용됩니다.

단어장 Wortschatz

s. Interesse(n) 흥미
schweigen 침묵하다 (schweigen – schwieg – geschwiegen)
überzeugt sein 확신하다, 설득당하다
r. Vortrag(¨e) (한 번 열리는) 강연 (* e. Vorlesung(en) (반복적으로 열리는) 수업)
stattfinden 개최하다

안타까움을 표현할 때

211.mp3

Wäre ich doch ~ !

내가 ~라면 좋을 텐데!

Wäre ich doch ~ !의 비현실 가정문을 통해 실제 그렇지 않은 상황에 대한 안타까움을 표현할 수 있습니다. Wäre ich는 Wenn ich wäre 문장에서 wenn이 생략되어 동사가 문장 앞으로 나온 형태입니다.

SCHRITT 1

1. 내가 십 년만 젊었어도!	Wäre ich doch **zehn Jahre jünger!**
2. 내가 부자라면!	Wäre ich doch **nur reich!**
3. 내가 집에 머문다면 (좋을 텐데)!	Wäre ich doch **nur zuhause geblieben!**
4. 남자로 태어났더라면!	Wäre ich doch **nur als Junge auf die Welt gekommen!**
5. 내가 일찍 일어났더라면 (좋았을 텐데)!	Wäre ich doch **früher aufgestanden!**

SCHRITT 2

1. 짐이 무거울 때

A Kannst du mir helfen, die Koffer zu tragen?	A 트렁크 옮기는 것 좀 도와줄 수 있어?
B Kein Problem! (Er trägt die Koffer) Sie sind doch schwerer als ich dachte.	B 문제없어! (트렁크를 옮긴다) 내가 생각한 것보다 더 무겁네.
A Ich habe sehr viele Bücher eingepackt.	A 책을 아주 많이 넣었거든.
B 내가 십 년만 젊었어도!	B Wäre ich doch zehn Jahre jünger!

2. 노트북을 사고 싶은데 돈이 없을 때

A Mein altes Laptop gibt langsam den Geist auf. Deshalb sollte ich uns bald ein neues kaufen. Kannst du mir ein Laptop empfehlen?	A 내 오래된 노트북이 점점 죽어가고 있어. 그래서 난 곧 새로운 것을 사야 해. 추천해줄 수 있어?
B Ja, wie wäre es mit einem Apple Macbook Pro.	B 응, 애플사의 맥북 프로는 어때?
A Wie viel kostet das?	A 얼마나 하는데?
B Mindestens 1000 Euro.	B 적어도 1000유로.
A 내가 부자라면 (좋을 텐데)!	A Wäre ich doch nur reich!

TIPP
문법 접속법 2식

접속법 2식은 문법시간에 가볍게 배우는 것 치고는 일상생활에서 정말 자주 사용됩니다. 기본적인 의미는 비현실적인 가정이며, 문맥에 따라 추측이나 공손 등의 의미로 확장될 수 있습니다.

단어장 Wortschatz

s. Jahr(e) 해, 년
reich 부유한 ↔ arm 가난한
zuhause 집에
r. Junge(n, n) 소년, 사내
↔ s. Mädchen(-) 소녀
r. Koffer(-) 트렁크
einpacken 포장하다, (가방 따위에) 넣다
den Geist aufgeben 숨을 거두다
mindestens 적어도, 최소한
↔ höchstens 기껏해야

상대에게 충고, 위로 등을 할 때

212.mp3

Wäre ich du, würde ich … + inf.

만약 내가 너라면, 난 ~할 텐데.

Wäre ich du, würde ich … + inf의 비현실 가정문을 통해 상대방에게 충고 또는 위로를 할 수 있습니다. 내가 너가 아니기 때문에 그러지 못한다는 것을 전제로 하지요.

SCHRITT 1

1. 내가 너라면, 난 찬성할 텐데.	Wäre ich du, würde ich **dafür sein.**
2. 내가 너라면, 난 시도해볼 거야.	Wäre ich du, würde ich **es versuchen.**
3. 내가 너라면, 난 완수할 텐데.	Wäre ich du, würde ich **mich durchsetzen.**
4. 내가 너라면, 난 그 약속을 취소할 텐데.	Wäre ich du, würde ich **den Termin absagen.**
5. 내가 너라면, 난 매우 실망했을 거야.	Wäre ich du, wäre ich **sehr enttäuscht.**

SCHRITT 2

1. 쉬는 날 아파서 병원 가는 것에 대해

A Morgen Nachmittag hätte ich endlich mal Zeit für mich, aber ich habe leider einen Termin beim Arzt.
B 내가 너라면, 난 그 약속을 취소할 거야.
A Das geht nicht, weil der Arzt für die nächsten Wochen im Urlaub ist und ich große Schmerzen habe.
B Das ist schade!

A 내일 오후는 결국 내 시간을 가질 수 없을 거야, 유감스럽게도 병원 약속이 있어.
B Wäre ich du, würde ich den Termin absagen.
A 그렇겐 안 돼, 왜냐하면 의사가 다음 주에 휴가 가거든. 그리고 난 너무 아파.
B 안됐다!

2. 시험에 떨어진 친구에게

A Was ist los mit dir?
B Ich habe meine Prüfung nicht bestanden, aber das ist mir egal.
A 내가 너라면, 난 매우 실망했을 거야.
B Ist schon gut, ich habe sowieso nichts dafür gelernt.

A 무슨 일 있어?
B 시험에 합격하지 못했어, 하지만 상관없어.
A Wäre ich du, wäre ich sehr enttäuscht.
B 괜찮아, 어차피 아무것도 배우지 않았으니까.

TIPP 문화 병원 예약하기

비상시가 아닌 경우 모든 병원은 약속을 잡고 간다고 보면 됩니다. 그래서 예약을 해야 합니다. 보험에 따라 예약이 늦춰질 수도 있습니다.

단어장 Wortschatz

von + D enttäuscht sein D에 실망하다
sich durchsetzen 완수하다
r. Termin(e) 약속, 예정일
absagen 취소하다
bestehen (시험) 합격하다
↔ durchfallen 떨어지다
sowieso 어차피

후회할 때

213.mp3

Hätte ich ~ + p. p..

내가 만약 ~했었더라면.

Hätte ich ~ + p. p.라는 비현실 가정문을 통해 자신이 과거에 하지 않았던 행동에 대한 아쉬움이나 후회를 표현할 수 있습니다.

SCHRITT 1

1. 내가 알았더라면! — Hätte ich **das gewusst!**
2. 내가 오늘 너를 기다렸다면, …. — Hätte ich **heute auf dich gewartet, ….**
3. 내게 더 많은 시간이 있었다면, …. — Hätte ich **mehr Zeit gehabt, ….**
4. 내가 너를 믿었더라면, …. — Hätte ich **mich auf dich verlassen, ….**
5. 내가 단지 클릭하지 않았더라면! — Hätte ich **das bloß nicht geklickt!**

SCHRITT 2

1. 기차 벌금에 대해

A Ich habe heute eine Geldstrafe bekommen.
B Wieso?
A Ich bin mit dem zweite-Klasse-Ticket in der ersten Klasse im Zug gefahren. Aber ich habe nicht gewusst, dass ich in der ersten Klasse war.
B Dort steht die Zahl 1.
A 내가 그걸 알았더라면!

A 난 오늘 벌금형을 받았어.
B 왜?
A 2등석 기차표로 1등석을 타고 갔거든. 하지만 난 내가 1등석에 있는지 몰랐어.
B 거기에 숫자 1이 쓰여 있는데.
A Hätte ich das gewusst!

2. 시간이 없어 여행을 못한 것에 대해

A Wie lange bleibst du in Bochum?
B Etwa sechs Monate.
A Hast du auch Düsseldorf besichtigt?
B Nein, 시간이 더 있었다면, 그것 역시 해봤을 텐데.

A 보훔에서 얼마나 오래 머무르고 있어?
B 약 6개월.
A 뒤셀도르프에 가봤어?
B 아니, hätte ich mehr Zeit gehabt, hätte ich das noch getan!

단어장 Wortschatz

auf + A warten A를 기다리다
sich auf + A verlassen A를 믿다, 의지하다
bloß 단지
e. Strafe(n) 벌, 형
e. Klasse(n) 학급, 등급
besichtigen 관람하다

TIPP 문화 기차 벌금

기차표를 안 끊었거나 2등석 표인데 1등석에 앉았을 때 걸리게 되면, 최소 40유로의 벌금을 내야 합니다. 늘 주의하세요!

제안할 때

214.mp3

Wie wäre es mit + D?

D는 어때?

Wie wäre es mit + D?를 통해 D를 제안할 수 있습니다. 또한 Wie wäre es ohne + A를 통해 A가 없으면 어떨지에 대한 비현실적 의문을 표현할 수 있습니다.

SCHRITT 1

1. 월요일은 어때요? — Wie wäre es mit **Montag?**
2. 스파게티는 어때요? — Wie wäre es mit **Spagetti?**
3. 오늘 저녁밥 먹으러 가는 건 어때요? — Wie wäre es mit **heute Abend essen gehen?** (일상어)
4. 우리 영화 한 편 보는 것은 어때요? — Wie wäre es**, wenn wir einen Film anschauen?**
5. 인터넷이 없으면 어떨까? — Wie wäre es **ohne Internet?**

SCHRITT 2

1. 약속을 잡을 때

A Wann, denkst du, können wir uns nächste Woche treffen?
B 월요일은 어때?
A Montag kann ich nicht.
B Dann Dienstag?

A 네 생각엔, 다음 주 언제 우리가 만날 수 있을 것 같아?
B Wie wäre es mit Montag?
A 월요일은 안 돼.
B 그럼 화요일?

2. 주말에 등산하기

A Ich möchte mal Pause machen vom Alltag.
B Wie wäre es mit einem Wochenende in den Bergen?
A Gute Idee, 그런데 인터넷이 없으면 어떨까?
B Das wäre etwas übertrieben.

A 난 일상으로부터 벗어나 휴식을 갖길 원해.
B 주말에 산에 가는 건 어때?
A 좋은 생각이야, und wie wäre es ohne Internet?
B 그건 너무 오버하는 거야.

단어장 Wortschatz

e. Spagetti (복수) 스파게티
r. Alltag(x) 일상
übertrieben 지나친 (* übertreiben 과장하다)
treiben 몰다, 쫓다 (treiben – trieb – getrieben)

TIPP 문화 〈반지의 제왕〉에서 레골라스와 김리의 대화

Gimli: Ich hätte nie gedacht, dass ich mal Seite an Seite mit einem Elb sterben würde.
김리: 엘프와 나란히 죽게 되는 건 생각도 못했지.

Legolas: Wie wäre es Seite an Seite mit einem Freund?
레골라스: 친구와 나란히 죽는 거라면 어때?

Gimli: Ja… da hätte ich nichts gegen.
김리: 응… 그건 나쁘지 않아.

소망을 말할 때

215.mp3

Es wäre schön, wenn ~. 만약 ~라면 좋을 텐데.

Es wäre schön, wenn ~의 비현실 가정문을 통해 자신의 소망을 완곡하게 표현할 수 있습니다.

SCHRITT 1

1. 그렇게 되면 좋을 텐데.	Es wäre schön. = Schön wär's.
2. 네가 오면 좋을 텐데.	Es wäre schön, wenn **du kommen würdest.**
3. 네가 지금 여기에 있다면 좋을 텐데.	Es wäre schön, wenn **du jetzt hier wärst.**
4. 만약 그것이 이루어지면 좋을 텐데.	Es wäre schön, wenn **es klappen würde.**
5. 너를 다시 볼 수 있다면 좋을 텐데.	Es wäre schön, **dich wieder zu sehen.**

SCHRITT 2

1. 공부를 끝낸 후 계획에 대해

A Was planst du nach dem Studium zu machen?

B Ich würde gerne bei Daimler als Ingenieur arbeiten.

A Oha, die nehmen nicht jeden.

B Stimmt, 하지만 만약 그것이 이루어지면 좋을 텐데.

A 공부를 끝낸 후에 무엇을 할지 계획했어?

B 난 다임러에서 엔지니어로 일하고 싶어.

A 오! 거긴 모두를 뽑지 않잖아. (거기 들어가긴 힘들잖아.)

B 맞아, aber es wäre schön, wenn es klappen würde.

2. 결혼 시기에 대해

A Wann heiraten du und Julia?

B Nächsten Sommer voraussichtlich.

A Ich werde nächsten Sommer irgendwann ins Ausland gehen.

B Dann gib uns vorher Bescheid. 네가 오면 좋을 텐데.

A 너랑 율리아랑 언제 결혼한다고?

B 아마도 내년 여름에.

A 나 내년 여름에 외국으로 갈 거야.

B 그럼 떠나기 전에 연락 줘. Es wäre schön, wenn du kommen würdest.

TIPP 문화 결혼

독일 결혼식은 보통 3일에 걸쳐 진행됩니다. 첫날은 가족과 친구들이 모여 접시를 깨며 파티(Polter Abend)를 하고, 둘째 날은 혼인청에 신고(standesamtliche Trauung)를 하고, 셋째 날은 교회나 성당에서 결혼식(kirchliche Trauung)을 하고 피로연을 엽니다.

단어장 Wortschatz

schön 예쁜, 좋은, 멋진
klappen 접혀지다, (일이) 잘 진행되다 (* knapp 불충분한)
r. Ingenieur(e) 엔지니어
heiraten 결혼하다
voraussichtlich 예측할 수 있는, 가망이 있는
Bescheid geben (정보) 알려 주다

EINHEIT

23 접속사

접속사는 문장과 문장을 이어주는 역할을 합니다. 접속사에는 등위접속사와 종속접속사가 있습니다.

등위접속사의 의미와 특징

1. 대등한 관계의 문장들을 연결 (주문장 + 등위접속사 + 주문장)
2. 대표적인 5가지 접속사 : aber (그러나), denn (왜냐하면), und (그리고), sondern (그렇지 않고), oder (또는)
3. 위의 5가지 접속사들은 문장에서 자리를 차지하지 않아, 동사의 자리(문장 2번째)에 영향을 끼치지 않음

   Ich lerne Deutsch, denn ich möchte nach Deutschland reisen.
   (나는 독일어를 배운다, 왜냐하면 나는 독일로 여행 가고 싶기 때문이다.)
4. 그 밖의 등위접속사

   sowohl … als auch ~ (…는 물론이고 ~도 역시)
   nicht nur … sondern auch ~ (…뿐만 아니라 ~도 역시)
   entweder … oder ~ (… 아니면 ~이다)
   weder … noch ~ (…도 아니고 ~도 아니다)
   zwar … aber ~ (…이긴 하지만 ~이다)

종속접속사의 의미와 특징

1. 대등하지 않은 문장들을 연결 (주문장 + 종속접속사 + 부문장)
2. 주문장에서 동사의 위치는 2번째, 부문장에서 동사의 위치는 문장의 끝
3. 종속접속사의 종류

   indem (~함으로써), je + 비교급, desto + 비교급 (…하면 할수록 ~하다),
   als (~했을 때 '과거, 일회적 행위'), wenn (~할 때에 '과거, 반복된 행위'), bevor (~ 전에),
   nachdem (~ 후에), während (~ 동안), sobald (~ 하자마자), bis (~까지),
   weil (~ 때문에), da (~ 때문에), so dass (~ 그 결과), obwohl (~에도 불구하고),
   damit (~하기 위해서)

둘 중 하나만 관련이 있을 때

216.mp3

nicht …, sondern ~.

…이 아니고 ~이다

nicht …, sondern ~를 통해 두 단어 혹은 두 문장을 비교하여 하나는 맞고, 다른 하나는 틀렸음을 말할 수 있습니다.

SCHRITT 1

1. 나말고 너! — **Nicht ich, sondern du!**
2. 양보단 질! — **Nicht vieles, sondern gutes!**
3. 그건 너 때문이 아니라 나 때문이야. — **Es liegt nicht an dir, sondern an mir.**
4. 돈이 아니라 원칙에 관한 거야. — **Es geht nicht um Geld, sondern um das Prinzip.**
5. 네가 누군지가 아니라 어떤 사람이 되고자 하는가가 중요해. — **Es kommt nicht darauf an, wer du bist, sondern wer du sein willst.**

SCHRITT 2

1. 요리에서 중요한 것

A Welches Gericht magst du am liebsten?

B Ich esse alles. Hauptsache es gibt viel davon. Und was bevorzugst du?

A 양보단 질이야!

B Ich denke, viel ist gut. Je mehr, desto besser.

A 어떤 요리를 가장 좋아해?

B 다 잘 먹어. 중요한 것은 양이지. 넌 무엇을 더 좋아하니?

A Nicht vieles, sondern gutes!

B 내 생각엔 많은 것이 좋은 거야. 많으면 많을수록 좋지.

2. 형이 과자를 다 먹었을 때

A Ich habe die Süßigkeiten gekauft, aber mein Bruder hat sie gegessen. Ich möchte sie zurückbekommen.

B Denke doch nicht immer ans Geld!

A 돈이 아니라 원칙에 관한 거야.

B Das kann ich verstehen.

A 단 과자를 샀는데 형이 먹었어. 난 그걸 돌려받을 거야.

B 항상 돈만 생각하지 마!

A Es geht nicht um Geld, sondern um das Prinzip.

B 이해할 수 있어.

단어장 Wortschatz

Es liegt an + D D 때문이다
Es geht um + A A에 관한 것이다
Es kommt auf + A an A가 중요하다(A에 달려 있다)
s. Gericht(e) 1) 요리 2) 법원
e. Hauptsache(n) 중요한 것
bevorzugen 더 좋아하다
r. Bruder(¨) 남자형제
e. Süßigkeit(en) 단 것
s. Prinzip(ien) 원칙

MUSTER 217

둘 다 관련이 있을 때

217.mp3

nicht nur …, sondern auch ~.

…뿐만 아니라 ~이다.

nicht nur …, sondern auch ~를 통해 두 단어 혹은 두 문장을 비교하여 둘 다 관련이 있음을 말할 수 있습니다. 같은 표현으로 sowohl …, als auch ~도 종종 사용됩니다.

SCHRITT 1

1. 말하는 것뿐만 아니라, 행동하는 것. — **Nicht nur reden, sondern auch handeln.**
2. 취하는 것뿐만 아니라, 주는 것. — **Nicht nur nehmen, sondern auch geben.**
3. 커피는 날 깨어 있게 해줄 뿐만 아니라, 똑똑하게 해줘. — **Kaffee macht mich nicht nur wach, sondern auch schlau.**
4. 모든 위기는 위험뿐만 아니라 기회도 지니고 있어. — **Jede Krise hat nicht nur ihre Gefahren, sondern auch ihre Möglichkeiten.**
5. 그는 자신의 행동에 대해서 책임질 뿐만 아니라 그가 하지 않은 것에 대해서도 책임져. — **Er ist nicht nur verantwortlich für das, was er tut, sondern auch für das, was er nicht tut.**

TIPP

문화 영화 〈300〉에서 고르고 여왕의 대사

“Wir müssen das gesamte Heer Spartas zu unserem König schicken. Nicht nur um uns selbst zu erhalten, sondern auch unsere Kinder!”

“우리는 스파르타 전 군대를 우리의 왕에게 보내야만 합니다. 우리 자신뿐만 아니라 우리의 후세를 보존하기 위해서!”

SCHRITT 2

1. 독일에서 마음에 드는 것

A Was gefällt dir besonders in Deutschland?
B Abgesehen von dem Wetter alles, aber besonders der Kaffee!
A Warum denn?
B 커피는 날 깨어 있게 해줄 뿐만 아니라, 똑똑하게 해주거든.

A 독일에서 특히 무엇이 마음에 들어?
B 날씨 빼고 모든 것, 특히 커피가 맘에 들어!
A 그건 왜?
B Kaffee macht mich nicht nur wach, sondern auch schlau.

2. 화난 친구를 위로할 때

A Was ist los? Du siehst ärgerlich aus.
B Hannes hat sich so unfair verhalten und mir die Treue gebrochen! Deswegen zerschlägt sich mein Plan, auf den ich mich seit 3 Jahren vorbereitet habe.
A Schade, aber kein Stress! 모든 위기는 위험뿐만 아니라 기회도 가져와.

A 무슨 일이야? 화나 보여.
B 한네스가 매우 불공평한 태도를 보였고 신뢰를 무너뜨렸어! 그 때문에 지난 3년간 준비한 내 계획이 물거품이 됐어.
A 이런, 하지만 걱정 마! Jede Krise hat nicht nur ihre Gefahren, sondern auch ihre Möglichkeiten.

단어장 Wortschatz

handeln 1) 판매하다 2) 행동하다 3) 다루다
wach 깨어 있는
schlau 꾀가 많은, 똑똑한
e. Krise(n) 위기
e. Gefahr(en) 위험
(* gefährlich 위험한)
für + A verantwortlich sein A에게 책임이 있다
abgesehen von + D D를 제외하고
sich verhalten 태도를 취하다
unfair 불공평한 ↔ fair 공평한
brechen 부수다 (brechen – brach – gebrochen)
sich zerschlagen 실패하다, 물거품이 되다
e. Treue(x) 신뢰

둘 다 관련이 없을 때

218.mp3

weder …, noch ~.

…도 아니고 ~도 아니다.

weder …, noch ~를 통해 두 단어 혹은 두 문장을 비교하여 둘 다 관련이 없음을 말할 수 있습니다. 결국 nicht …, nicht ~입니다.

SCHRITT 1

1. 나도 너도 아냐. **Weder ich, noch du.**
2. 생선도 고기도 아냐. **Weder Fisch, noch Fleisch.**
3. 그리 쉽지도, 그리 어렵지도 않아. **Weder zu leicht, noch zu schwer.**
4. 어제도 오늘도 아니고, 오히려 영원한 오늘! **Weder gestern, noch morgen, sondern ewig heute!**
5. 그것도 다른 것도 옳지 않아. **Weder das eine, noch das andere ist richtig.**

SCHRITT 2

1. 채식주의자가 아니라고 할 때

A Ich habe etwas gekocht.
B Was denn?
A 생선도 고기도 아냐.
B Oh nein, dann ist es nur Gemüse? Ich bin kein Vegetarier!

A 나 요리했어.
B 무슨 (요리)?
A Weder Fisch, noch Fleisch.
B 안 돼, 그럼 채소뿐이야? 난 채식주의자가 아니라고!

2. 시험 결과에 대해

A Wie war deine Prüfung?
B 그리 쉽지도, 그리 어렵지도 않았어.
A Dann kannst du bestehen.
B Danke, ich hoffe auch.

A 시험 어땠어?
B Weder zu leicht, noch zu schwer.
A 그럼 넌 합격할 수 있어.
B 고마워, 나도 그러고 싶어.

TIPP 문화 채식

아직 채식주의자를 만나보진 못했지만 행사에 참여하거나, 공동 식사를 할 때에 채식주의자를 위한 식단을 따로 준비하는 것을 종종 볼 수 있습니다.

단어장 Wortschatz

r. Fisch(e) 생선 (* frisch 신선한)
s. Fleisch(x) 고기, 육류
r. Vegetarier(-) 채식주의자

상반된 두 가지 마음이 있을 때

219.mp3

teils ~, teils ….

반은 ~고, 반은 …야.

teils ~, teils …를 통해 대상에 대한 상반된 두 가지 마음이 있음을 표현합니다. 즉, 완전히 좋거나 완전히 나쁘지 않은 상태를 나타냅니다.

SCHRITT 1

1. 그럭저럭. (직역: 반반) **Teils, teils.**
2. 반은 좋고, 반은 나빠. **Teils gut, teils schlecht.**
3. 반은 행복하고, 반은 불편해. **Teils glücklich, teils unangenehm.**
4. 반은 맑았고, 반은 흐렸어. **Teils heiter, teils wolkig.**
5. 반은 더 많았고, 반은 더 적었어. **Teils mehr, teils weniger.**

SCHRITT 2

1. 책에 대한 평가

A Hast du schon das Buch gelesen?
B Ja, habe ich.
A Wie hat dir das Buch gefallen?
B 그럭저럭.

A 이 책 읽어봤어?
B 응, 읽었어.
A 그 책 마음에 들어?
B Teils, teils.

2. 독일에서 마음에 드는 것

A Wie geht es dir in Deutschland?
B 반은 행복하고, 반은 불편하지.
A Was macht dich glücklich?
B Gute Freunde, die wissenschaftliche Forschung, das Wohlfahrtssystem, das Wandern, das Grillen, der Kaffee, die Schokolade und die Butterbrezeln!
A Ich denke, du bist total glücklich!

A 독일에서 넌 어떻게 지내?
B Teils glücklich, teils unangenehm.
A 뭐가 널 행복하게 만드는데?
B 좋은 친구들, 학문적인 연구, 복지제도, 도보여행, 바비큐, 커피, 초콜렛 그리고 버터브레첼!
A 내 생각에 넌 완전 행복한 것 같아!

단어장 Wortschatz

r. Teil(e) 부분 (* s. Urteil(e) 판결, s. Vorurteil(e) 선입관)
unangenehm 불쾌한, 불편한 ↔ angenehm 쾌적한, 안락한
heiter 맑은
wolkig 구름 낀, 흐린
s. Wohlfahrtssystem(e) 복지 시스템, 복지제도
wissenschaftlich 학문적인
e. Butterbrezel(n) 버터브레첼
vor allem 특히
merken 인지하다

TIPP 문화 독일의 복지제도

의료보험뿐만 아니라 자녀수당, 주택보조금, 실업수당, 장학금, 차등 회비(예를 들어, 아이를 유치원에 보낼 때 부모의 수입에 따라 등급을 나누어 유치원비를 냅니다.) 등 다양한 복지제도가 유지되고 있습니다. 물론 지역에 따라 다르고, 직업을 가져야(세금을 내야) 더 많은 혜택을 누릴 수 있습니다.

이유를 말할 때

220.mp3

weil ~.

왜냐하면 ~.

weil로 이유를 나타내는 부문장을 만들 수 있습니다. 보통 주문장은 질문을 그대로 받기 때문에 일상 대화에서는 생략됩니다.

SCHRITT 1

1. 왜냐하면 네가 거기 있기 때문에. **Weil du da bist.**
2. 왜냐하면 나에 관한 것이기 때문에. **Weil es um mich geht.**
3. 왜냐하면 난 오늘 쉬기 때문에. **Weil ich heute frei habe.**
4. 왜냐하면 그것을 할 기분이 아니라서. **Weil ich nicht dazu aufgelegt bin.**
5. 왜냐하면 감동받았기 때문에. **Weil ich begeistert bin.**

SCHRITT 2

1. 약속을 깜빡 잊고 늦게 일어났을 때

A Du stehst spät auf!	**A** 늦게 일어났네!
B 응, 왜냐하면 난 오늘 쉬거든.	**B** Ja, weil ich heute frei habe.
A Hast du keine Verabredung mit Laura?	**A** 너 오늘 라우라랑 약속 있지 않아?
B Oh mein Gott! Die habe ich total vergessen!	**B** 이런! 완전히 잊고 있었어!

2. 시내 구경 가는 것을 거절할 때

A Hast du Lust, die Stadt zu besichtigen?	**A** 시내 구경 갈 마음 있어?
B Nein, geh ohne mich!	**B** 아니, 나 빼고 가!
A Warum willst du nicht mitkommen?	**A** 왜 함께하지 않으려고 해?
B 왜냐하면 그럴 기분이 아니라서 그래.	**B** Weil ich nicht dazu aufgelegt bin.

TIPP 문법 이유 제시

이유를 제시할 때 일상 대화에서는 weil을 가장 많이 쓰지만, 발표나 학술적 글쓰기를 할 때엔 다음의 표현을 즐겨 사용합니다.

1) Der Grund (dafür) ist, dass ….
(그것에 대한) 이유는 … 이다.

2) Der Grund dafür liegt darin, dass ….
(그것에 대한) 이유는 …에 있다.

단어장 Wortschatz

frei haben 자유시간을 가지다
zu + D aufgelegt sein D할 기분이다
von + D begeistert sein D에 감동받다
Ich habe ein Date(einen Verabredung) mit + Jm. (숙어) 난 Jm과 데이트를 한다.
besichtigen (도시) 구경하다

MUSTER 221

기대에 반대되는 결과를 말할 때

221.mp3

obwohl ~, ….

~임에도 불구하고 …이다.

obwohl은 부문장으로 예상이나 기대에 어긋나는 결과나 상황을 표현할 때 사용합니다.

SCHRITT 1

1. 그녀를 좋아함에도 불구하고, 난 그녀를 떠나야 해.
Obwohl ich sie mag, muss ich sie verlassen.

2. 피곤함에도 불구하고, 잠을 잘 수가 없어.
Obwohl ich müde bin, kann ich nicht schlafen.

3. 부지런히 배웠음에도 불구하고 시험에 합격할 수 없었어.
Obwohl ich fleißig gelernt habe, konnte ich nicht in der Prüfung bestehen.

4. 많이 먹지 않고 운동을 하는데도 불구하고, 살이 쪄.
Obwohl ich nicht viel esse und Sport treibe, nehme ich zu.

5. 그는 오랫동안 여기에 살았음에도 불구하고, 독일어를 잘 말하지 못해.
Obwohl er lange Zeit hier lebt, kann er nicht gut Deutsch sprechen.

SCHRITT 2

1. 살을 빼지 못하는 친구에게 조언하기

A 난 많이 먹지 않고 운동을 하는데도 불구하고 살이 쪄.
B Ich finde, du isst relativ viel!
A Ich muss also weniger essen?
B Wenn du sicher abnehmen möchtest.

A Obwohl ich nicht viel esse und Sport treibe, nehme ich zu.
B 내 생각에 넌 상대적으로 많이 먹어!
A 그럼 더 적게 먹어야 하니?
B 네가 정말 살을 빼고 싶다면.

2. 독일어를 못하는 이에 대해

A 그는 오랫동안 여기서 살았는데도 불구하고, 독일어로 잘 말하지 못해.
B Warum denn?
A Er hat nur mit seinen Landsleuten gesprochen. Er will keinen Kontakt mit Deutschen.
B Das ist aber schade!

A Obwohl er lange Zeit hier lebt, kann er nicht gut Deutsch sprechen.
B 왜 그럴까?
A 그는 그저 자기 나라 사람들하고만 대화해. 독일인과 친해지려고 하지 않아.
B 유감이네!

TIPP 문화 독일어 실력

독일어 시험을 준비할 때 독일어를 가장 잘한다는 말이 있습니다. 왜냐하면 시험에 합격하고 나면 그때부터 더 이상 공부를 하지 않기 때문입니다. 시험은 최대한이 아니라 최소한의 실력을 검증하기 위해 치르는 것입니다. 시험이 끝난 후에도 꾸준히 새로운 단어와 문장을 외우고 공부를 해야 계속 독일어 실력을 향상시킬 수 있습니다.

단어장 Wortschatz

verlassen 떠나다
relativ 상대적으로
r. Landsmann(단수) 같은 나라 사람
e. Landsleute(복수) 같은 나라 사람들
r. Kontakt(e) 관계

과거의 한때를 말할 때

222.mp3

als ich ~ war / p. p. + habe 내가 ~했을 때

als ich ~ war / p. p. + habe는 부문장으로 과거에 한 행동이나 일어난 일에 대해 말할 때 사용됩니다.

SCHRITT 1

1. 내가 한국에 있을 때, …. **Als ich in Korea war, ….**
2. 내가 어렸을 때, …. **Als ich jung war, ….**
3. 내가 독일어를 배울 때, …. **Als ich Deutsch gelernt habe, ….**
4. 내가 처음 독일에 왔을 때, …. **Als ich zum ersten Mal nach Deutschland gekommen bin, ….**
5. 내가 보훔에서 살 때, …. **Als ich in Bochum gewohnt habe, ….**

TIPP 문화 해 지는 시간

독일은 여름에는 밤 10시쯤에 해가 지고, 겨울에는 오후 4시만 되어도 해가 집니다.

SCHRITT 2

1. 여름에 낮이 긴 독일

A 내가 처음 독일에 왔을 때, etwa im Juni, ging die Sonne bis 22:00 Uhr nicht unter. Das habe ich zuerst in Deutschland erfahren.

B Wie ist es denn in Korea?

A Etwa um 20:00 Uhr geht sie dort unter.

B So früh?

A Als ich zum ersten Mal nach Deutschland gekommen bin, 6월쯤 이었는데 해가 밤 10시까지 지지 않았어. 난 그것을 독일에서 처음 경험했어.

B 그럼 한국은 어때?

A 저녁 8시면 해가 져.

B 그렇게 빨리?

2. 독일인의 음주량

A 내가 한국에 있을 때, habe ich oft gehört, dass die Deutschen viel Bier trinken.

B Stimmt das?

A Ja, aber ich denke, die Koreaner trinken mehr als die Deutschen. Weil die Deutschen nur am Wochenende trinken, aber die Koreaner nur am Wochenende nicht.

A Als ich in Korea war, 난 독일인들이 맥주를 많이 마신다고 들었어.

B 그렇지?

A 응, 그런데 난 한국인이 독일인보다 더 많이 마신다고 생각해. 왜냐하면 독일인은 오직 주말에만 마시는데 한국인은 주말에만 마시지 않아.

단어장 Wortschatz

zum ersten Mal 처음에
untergehen (해) 지다
s. Bier(e) 맥주
trinken 마시다 (trinken – trank – getrunken)

시점의 전, 후에 대해서 말할 때

223.mp3

nachdem / bevor ~

~ 후에 / 전에

nachdem / bevor ~는 부문장 형태로 사건이 발생한 후 또는 발생하기 전의 사건을 설명할 수 있습니다.

SCHRITT 1

1. 공부를 마친 후에, …. — **Nachdem ich mein Studium abgeschlossen habe, ….**
2. 네가 간 후에, …. — **Nachdem du gegangen bist, ….**
3. 그것이 일어난 후에, — **Nachdem es passiert ist, ….**
4. 내가 죽기 전에, …. — **Bevor ich sterbe, ….**
5. 네가 후회하기 전에, …. — **Bevor du es bereust, ….**

SCHRITT 2

1. 설거지 돕기

A Ich spüle noch ab!
B Nein, nein! Ich habe eine Spülmaschine. 네가 간 후에 나 혼자 할 수 있어!
A Soll ich die Teller abräumen?
B Ja, gerne.

A 내가 설거지할게!
B 아냐, 아냐! 식기세척기 있어. Nachdem du gegangen bist, mache ich das selbst!
A 내가 접시 치울까?
B 응, 기꺼이.

2. 여자친구와 싸운 후

A Ich habe mit meiner Freundin gestritten.
B Was willst du jetzt machen?
A Ich weiß es noch nicht.
B 후회하기 전에, 그녀와 다시 얘기해!

A 여자친구랑 싸웠어.
B 이제 어떻게 할 거야?
A 나도 아직 모르겠어.
B Bevor du es bereust, rede noch mal mit ihr!

TIPP 문화 식기세척기

한국과 비교했을 때 독일에서 더 보편적으로 사용하는 3가지 생활 용품이 있습니다. 오븐, 드럼 세탁기 그리고 식기세척기입니다. 특히 드럼세탁기와 식기세척기는 물이 적은 독일에서 물을 절약하기 위해 만들어졌다고 합니다. 또한 식기세척기는 음식에 기름기가 많지 않고, 식기가 사발이 아닌 접시 위주라 설거지거리가 많을 때 훨씬 유용한 것 같습니다.

단어장 Wortschatz

sterben 죽다 (sterben – starb – gestorben)
bereuen 후회하다
abspülen 설거지하다
e. Spülmaschine(n) 식기세척기
r. Teller(-) 접시
abräumen (접시 등을) 치우다
mit + Jm streiten Jm과 싸우다 (streiten – stritt – gestritten)

목적을 설명할 때

224.mp3

damit ~

~하기 위해서

damit은 부문장으로 무엇인가를 하는 행위의 목적을 설명합니다. 보통 주문장과 부문장의 주어가 같을 때는 um … zu + inf의 형태로 사용됩니다.

SCHRITT 1

1. 널 이해하기 위해서. — **Damit ich dich verstehen kann.**
2. 그들에게 말하는 걸 잊지 않기 위해서. — **Damit ich nicht vergesse, ihnen zu erzählen.**
3. 그것을 잃지 않기 위해서. — **Damit es nicht verloren geht.**
4. 환경을 보호하기 위해서. — **Damit die Umwelt geschont wird.**
5. 노숙자들이 그것을 모을 수 있도록 하기 위해서. — **Damit die Obdachlosen sie sammeln können.**

SCHRITT 2

1. 회수 가능한 병에 대해

A Was heißt das Zeichen?
B Pfandflasche. Wenn man die Flasche zurückgibt, bekommt man 25 Cent pro Flasche.
A Ist es nicht lästig? Wofür gibt es das?
B 환경을 보호하기 위해서.

A 이 표시는 뭘 의미해?
B 회수 가능한 병을 의미해. 만약 이 병을 반환하면, 한 병당 25센트를 받아.
A 번거롭지 않아? 무엇을 위한 거야?
B Damit die Umwelt geschont wird.

2. 회수 가능한 병과 노숙자들

A Dort steht eine Pfandflasche!
B Lass sie da stehen!
A Warum?
B 노숙자들이 그것을 모을 수 있도록 하기 위해서.

A 저기 회수 가능한 병이 있다!
B 거기 둬!
A 왜?
B Damit die Obdachlosen sie sammeln können.

TIPP 문화 회수 가능한 병 (Pfandflasche)

물이나 음료수 페트병을 살 때, 페트병값으로 25센트(약 400원)를 지불해야 하는 병이 있습니다. 그런 병에는 회수 가능하다는 것을 의미하는 표시가 있습니다. 재활용 병인 셈입니다. 회수 가능한 페트병은 마트에 가져다주면 병값을 받을 수 있습니다.

단어장 Wortschatz

erzählen 이야기하다
e. Umwelt(en) 환경
schonen 아끼다
r. /e. Obdachlose(n) 노숙자
sammeln 모으다
s. Zeichen(-) 신호
s. Pfand(¨er) 저당
e. Flasche(n) 병
zurückgeben 반환하다
lästig 번거로운, 부담스러운

비교급

형용사에는 원급, 비교급, 최상급이 있습니다. 특히 비교급은 일상생활에서 자주 사용됩니다. 비교급을 통해 비교되는 두 대상에 대해 어느 것이 더 좋은지 또는 나쁜지 등을 표현할 수 있습니다. 이번 Einheit에서는 비교급의 쓰임에 대해 자세히 배우도록 하겠습니다.

비교급과 최상급

1 비교급: 원급 + er
2 최상급: 원급 + -(e)st
3 변모음하는 형용사

원급	비교급	최상급	
schön 아름다운	**schöner**	**schönst**	**am schönsten**
günstig 저렴한	**günstiger**	**günstigst**	**am günstigsten**
jung 젊은	**jünger**	**jüngst**	**am jüngsten**
alt 늙은	**älter**	**ältest**	**am ältesten**
kalt 추운	**kälter**	**kältest**	**am kältesten**
groß 큰	**größer**	**größt**	**am größten**

4 불규칙 변화 형용사

원급	비교급	최상급	
gut 좋은	**besser**	**best**	**am besten**
viel 많은	**mehr**	**meist**	**am meisten**
hoch 높은	**höher**	**höchst**	**am höchsten**
nah 가까운	**näher**	**nächst**	**am nächsten**

5 최상급은 항상 정관사와 함께 사용 (예 die meisten Leuten 대부분의 사람들)
6 am + 최상급 + en 형태로 부사적으로 사용 (예 am meisten 가장 많이)

둘 중 더 좋아하는 것을 물을 때

225.mp3

Was ist besser, N1 oder N2?

N1과 N2 중에서 뭐가 더 좋아?

Was ist besser, N1 oder N2?를 통해 N1과 N2 중 더 좋아하는 것이 무엇인지 물을 수 있습니다. 다양한 의문사들과 함께 쓰입니다.

SCHRITT 1

1. 스파게티랑 마울타쉐 중에 무엇이 더 먹기 좋아? — **Was ist besser zu essen, Spagetti oder Maultaschen?**
2. 토마스 뮐러랑 메시 중에 누가 더 잘해? — **Wer ist besser, Thomas Müller oder Messi?**
3. 독일과 한국 중에 어디가 더 살기 좋아? — **Wo lebt man besser, in Deutschland oder in Korea?**
4. 아침과 저녁 중 언제가 더 조깅하기 좋아? — **Wann joggt man besser, morgens oder abends?**
5. 왼쪽과 오른쪽 중 어떻게 가는 것이 중앙역으로 가는 데 좋아? — **Wie kommt man besser zum Hbf, links oder rechts?**

SCHRITT 2

1. 더 맛있는 음식에 대해

A 스파게티랑 마울타쉐 중에 무엇이 더 먹기 좋아?
B Mir schmecken Maultaschen besser!
A Hast du schon einmal Maultaschen gegessen?
B Nein, aber in Korea gibt es ein ähnliches Gericht. Es heißt Mandu.

A Was ist besser zu essen, Spagetti oder Maultaschen?
B 나는 마울타쉐가 더 좋아!
A 마울타쉐를 전에 먹어봤어?
B 아니, 하지만 한국에 비슷한 요리가 있어. 만두라고 해.

2. 더 뛰어난 축구선수에 대해

A 토마스 뮐러랑 메시 중에 누가 더 잘해?
B Das ist schwer zu sagen.
A Wer macht mehr Tore bei der Fußball-Weltmeisterschaft?
B Ich hoffe: Thomas Müller!

A Wer ist besser, Thomas Müller oder Messi?
B 그건 말하기 어렵네.
A 누가 월드컵에서 골을 더 많이 넣을까?
B 희망컨대 토마스 뮐러!

TIPP 문화 괴체

요기(Jogi, 독일 국가대표 축구팀 감독인 뢰프 요아힘(Löw Joachim)의 애칭)가 2014년 브라질 월드컵 결승전에서 결승골을 넣은 괴체(Götze)에게 다음과 같이 말했다고 합니다.
"Zeig, der Welt, dass du besser als Messi bist." "세상에 네가 메시보다 더 낫다는 것을 보여줘!"

단어장 Wortschatz

e. Spagetti(복수) 스파게티
e. Maultasche(n) 마울타쉐 (독일 남부 음식, 보통 음식을 뜻할 때는 복수형태로 씀)
s. Maul(¨er) 입, 주둥이
e. Tasche(n) 손가방, 주머니
r. Hauptbahnhof(¨e) 중앙역 (= Hbf)
schmecken 맛이 나다
ähnlich 닮은, 비슷한
s. Tor(e) 1) 성문 2) 골대 3) 골

어떤 것을 다른 것과 비교하여 평가할 때

226.mp3

Es ist 비교급, ··· als ···.

···보다 ···가 더 ~하다.

Es ist 비교급, ··· als ···를 통해 어떤 것이 als 뒤에 언급된 것보다 더 어떠함을 표현할 수 있습니다.

SCHRITT 1

1. 하는 것보단 말하는 것이 더 쉬워. — Es ist **leichter, gesagt** als **getan.**
2. 허락을 묻는 것보다 용서를 구하는 편이 더 쉬워. — Es ist **leichter, um Verzeihung zu bitten,** als **um Erlaubnis zu fragen.**
3. 생각하는 것보다 느끼는 것이 더 어려워. — Es ist **schwieriger, zu fühlen,** als **zu denken.**
4. 아빠가 되는 것보다 아빠로 있는 것이 더 어려워. — Es ist **schwieriger, Vater zu sein,** als **Vater zu werden.**
5. 버스를 타는 것보다 걷는 것이 더 좋아. — Es ist **schöner, zu Fuß zu gehen,** als **mit dem Bus zu fahren.**

SCHRITT 2

1. 시험 준비를 하지 않는 친구에게

A Ich muss auf die Prüfung lernen!
B Aber warum machst du es dann nicht?
A 하는 것보다 말하는 것이 더 쉬워.
B Leg dich nicht auf die faule Haut!

A 난 시험 준비를 해야 해!
B 그런데 넌 왜 하지 않아?
A Es ist leichter gesagt als getan.
B 빈둥거리지 마!

2. 버스 타는 것보다 걷는 걸 좋아하는 친구

A Warum bist du so verschwitzt?
B Weil ich hierher gelaufen bin.
A Warum fährst du nicht mit dem Bus?
B 버스 타는 것보다 걷는 것이 더 좋아.

A 왜 그렇게 땀에 젖었어?
B 왜냐하면 여기까지 걸어왔거든.
A 왜 버스 안 타고?
B Es ist schöner, zu Fuß zu gehen, als mit dem Bus zu fahren.

TIPP 격언 Es ist schwieriger, ein Vorurteil zu zertrümmern, als ein Atom.
– Albert Einstein
원자보다 편견을 파괴하는 것이 더 어렵다. – 알버트 아인슈타인

단어장 Wortschatz

e. Verzeihung(x) 용서
bitten 부탁하다
e. Erlaubnis(se) 허락 ↔ s. Verbot(e) 금지
r. Vater(¨) 아버지 ↔ e. Mutter(¨) 어머니
verschwitzen 땀으로 흠뻑 젖다
laufen 1) 달리다 2) 걷다 (laufen – lief – gelaufen)
zu Fuß gehen 걸어가다
Leg dich nicht auf die faule Haut! (숙어) 빈둥거리지 마!

두 개를 비교하여 하나가 더 낫다고 표현할 때

227.mp3

N1 ist besser als N2.

N1이 N2보다 낫다.

N1 ist besser als N2를 통해 N1이 N2보다 더 낫다는 것을 표현할 수 있습니다.

SCHRITT 1

1. 그것이 (다른 어떤 것보다) 더 나아. **Das ist viel besser (als etwas anderes).**
2. 그것은 내가 생각한 것보다 더 어려워. **Das ist schwieriger als ich dachte.**
3. 그것은 없는 것보다 나아. **Das ist besser als nichts.**
4. 사람은 돈보다 중요해. **Der Mensch ist wichtiger als Geld.**
5. 늦은 것이 이른 것보다 나아. **Spät ist besser als früh.**

TIPP 격언 Die bitterste Wahrheit ist besser als die süßeste Lüge.
가장 쓴 진실이 가장 달콤한 거짓말보다 낫다.

SCHRITT 2

1. 그림이 싸게 팔린 것에 대해

A Ich habe für mein Bild 50 Euro bekommen.
B 없는 것보단 낫구나.
A Aber ein Bild von Piccaso kostet über eine Million.
B Das kannst du nicht vergleichen.

A 내 그림으로 50유로를 벌었어.
B Das ist besser als nichts.
A 하지만 피카소 그림은 백만 유로가 넘어.
B 네가 그것을 비교할 순 없지.

2. 버스가 늦게 오는 것에 대해

A Der Bus kommt so spät.
B 하지만 늦은 것이 이른 거보다 낫지. (유머)
A Naja, aber das Beste ist pünktlich.
B Aber wenn ich zu spät komme, bin ich froh, wenn der Bus auch spät kommt.

A 버스가 좀 늦네.
B Aber spät ist besser als früh.
A 그래, 하지만 정확히 오는 것이 제일 좋지.
B 하지만 내가 너무 늦었는데 버스 역시 늦게 온다면 난 좋을 거야.

단어장 Wortschatz

denken 생각하다 (denken – dachte – gedacht)
s. Bild(er) 그림
e. Million(en) 백만
r. Vergleich(e) 비교 (* gleich 같은)
pünktlich (시간) 엄수하는, 정확한

MUSTER 228

상대에게 힘을 북돋아줄 때

228.mp3

Du bist 비교급, als du denkst.

넌 네가 생각하는 것보다 더 ~해.

Du bist 비교급, als du denkst를 통해 상대가 스스로에 대해서 생각하는 것보다 더 낫다는 것을 표현할 수 있습니다. 문법적으로는 부정적인 표현도 가능하지만, 보통 상대방을 위로하거나 힘을 북돋아줄 때 사용합니다.

SCHRITT 1

1. 넌 네가 생각하는 것보다 더 나아. Du bist **besser,** als du denkst.
2. 넌 네가 생각하는 것보다 더 예뻐(멋져). Du bist **schöner,** als du denkst.
3. 넌 네가 생각하는 것보다 더 강해. Du bist **stärker,** als du denkst.
4. 넌 네가 생각하는 것보다 더 똑똑해. Du bist **klüger,** als du denkst.
5. 넌 네가 생각하는 것보다 나에게 더 소중해. Du bist **wichtiger für mich,** als du denkst.

TIPP 문화 영화 〈곰돌이 푸〉에서 크리스토퍼 로빈의 대사

Du bist mutiger als du denkst, stärker als du scheinst und schlauer als du denkst.
넌 네가 생각하는 것보다 용기 있고, 보이는 것보다 강하며 네가 생각하는 것보다 똑똑해.

SCHRITT 2

1. 함께 조깅하는 중에

A Ich schaffe das nicht.	A 나 끝까지 못할 것 같아.
B Doch du schaffst das!	B 아니 넌 할 수 있어!
A Der Weg ist zu weit, noch 10km!	A 길이 너무 멀어, 10km나 더 남았어!
B 넌 네가 생각하는 것보다 더 강해.	B Du bist stärker, als du denkst.

2. 가로세로 낱말 맞추기 문제

A Das Kreuzworträtsel ist zu schwer für mich.	A 이 가로세로 낱말 맞추기 문제가 내겐 어려워.
B 넌 네가 생각하는 것보다 더 똑똑해.	B Du bist klüger, als du denkst.
A Meinst du wirklich?	A 정말 그렇게 생각해?
B Ja, wenn du etwas nicht weißt, dann kannst du immer noch googeln.	B 응, 만약 모르겠으면 언제든 구글에서 검색할 수 있어.

단어장 Wortschatz

schaffen 1) 일하다 2) 끝내다, 완수하다
s. Kreuzworträtsel(-) 가로세로 낱말 맞추기, 크로스워드 퍼즐
s. Kreuz(e) 십자(가)
s. Rätsel(-) 수수께끼
immer noch 언제나
googeln 구글에서 검색하다

점점 변해감을 표현할 때

229.mp3

N wird immer 비교급.

N은 점점 더 ~해지다.

N wird immer + 비교급을 통해 N이 점점 어떻게 변해가고 있음을 표현할 수 있습니다.

SCHRITT 1

1. 난 점점 더 뚱뚱해져. — **Ich werde immer dicker.**
2. 넌 점점 더 예뻐지는구나. — **Du wirst immer schöner.**
3. 그는 점점 더 공격적으로 변해가. — **Er wird immer aggressiver.**
4. 내 노트북은 점점 더 뜨거워져. — **Mein Laptop wird immer heißer.**
5. 난 점점 더 독일인과 닮아가고 있어. — **Ich werde den Deutschen immer ähnlicher.**

SCHRITT 2

1. 살이 쪘다는 친구

A Oh, mein Gott!
B Was ist los?
A 난 점점 더 뚱뚱해져!
B Kein Problem! Du bist trotzdem dünner als ich.

A 오 이런!
B 무슨 일이야?
A Ich werde immer dicker!
B 문제없어! 그럼에도 불구하고 넌 나보다 날씬해.

2. 바비큐기를 산 친구

A Letztens habe ich ein Grillgerät gekauft.
B Das hört sich toll an!
A 난 점점 더 독일인과 닮아가고 있어.
B Hoffentlich nur in den guten Dingen.

A 최근에 바비큐기를 샀어.
B 멋져!
A Ich werde den Deutschen immer ähnlicher.
B 좋은 점만 닮길 바라.

TIPP 문화 바비큐

한국인들이 여름에 놀러 가서 가스버너로 고기를 구워 먹듯이 독일도 여름에 곳곳에서 숯불 바비큐 하는 광경을 볼 수 있습니다. 많은 이들이 독일 생활 오래하면서 배운 것이 그릴에 불 붙이는 것이라고들 하지요.

단어장 Wortschatz

aggressiv 공격적인
heiß 뜨거운 ↔ kalt 추운 (* heißen 불리다)
ähnlich 닮은, 비슷한
dünn 얇은 ↔ dick 두꺼운
letztens 최근에
s. Gerät(e) 도구
s. Ding(e) 물건, 사건

MUSTER 230

비교되는 두 개가 연관되어 변하는 것을 나타낼 때

230.mp3

Je 비교급, desto 비교급.

…하면 할수록 ~해지다.

Je 비교급, desto 비교급을 통해 부문장 Je의 비교급이 변해감으로 인해 주문장 desto의 비교급이 변해감을 표현할 수 있습니다.

SCHRITT 1

1. 많으면 많을수록 좋아.	**Je mehr, desto besser.**
2. 네가 연습을 많이 하면 할수록 더 잘 하게 돼.	**Je mehr du übst, desto besser bist du.**
3. 나이가 들면 들수록 더 겸손해져.	**Je älter er ist, desto bescheidener ist er.**
4. 오래 자면 잘수록 더 피로해지나요?	**Je länger man schläft, desto müder wird man?**
5. 그녀를 오래 알면 알수록 더 마음에 들어.	**Je länger ich sie kenne, desto besser gefällt sie mir.**

SCHRITT 2

1. 물건을 많이 사는 친구에게

A Ich habe mir vorhin im Internet ein neues Paar Schuhe gekauft.	**A** 조금 전에 인터넷으로 신발 한 켤레를 새로 샀어.
B Schon wieder? Du hast doch bestimmt schon 10 Paar.	**B** 또? 너 정확히 열 켤레를 이미 갖고 있잖아.
A 많으면 많을수록 좋아.	**A** Je mehr, desto besser.
B Zugleich desto teurer.	**B** 동시에 비싸기도 하지.

2. 데이트 후 여자친구에 대한 생각

A Wie geht's dir mit deiner Freundin?	**A** 여자친구랑 어때?
B Wir waren schon fünf Mal aus.	**B** 우린 이미 다섯 번 만났어.
A Und was denkst du?	**A** 어떻게 생각해?
B 그녀를 알면 알수록 더 마음에 들어.	**B** Je länger ich sie kenne, desto besser gefällt sie mir.

TIPP 문화 한국식품 구입하기

보통 큰 도시에는 아시아 마트가 있고, 그곳에서 한국식품을 구할 수 있습니다. 아직 종류와 양은 많지 않습니다. 아시아 마트 외에도 한국식품을 살 수 있는 인터넷 쇼핑몰이 여럿 있습니다. 단 50유로 이상 주문해야 배송료가 없습니다.

단어장 Wortschatz

vorhin 조금 전에
s. Paar(e) 쌍 (* ein paar 적은)
schon wieder 또, 재차

명령어

명령어는 말 그대로 명령을 뜻합니다. 하지만 단순히 상하관계에서 하는 명령뿐만 아니라, 일상생활에서 이루어지는 (강한) 부탁이나 권유도 명령어를 사용해 표현할 수 있습니다. 이번 마지막 Einheit에서는 일상생활에서 명령어로 자주 쓰이는 표현들을 배웁니다.

명령어

1. 상대방에게 무엇을 명령하거나, (강한) 부탁이나 권유를 표현
2. 명령형은 2인칭(du, ihr, Sie) 문장을 변형
3. 명령형은 (빠르고 강하게 말하기 위해) 최대한 짧아진 형태임 (동사 + … !)
   - 2인칭 단수(너): Guck mal! 이것 좀 봐! [주어 du와 동사의 어미 st를 생략]
   - 2인칭 복수(너희들): Guckt mal! 이것 좀 봐! [주어 ihr 생략]
   - 2인칭 존칭(당신/여러분): Gucken Sie mal! 이것 좀 보세요!
4. 앞서 배운 명령어 문장들
   - Hör auf! (그만둬!)
   - Komm herein! (들어와!)
   - Mach schnell! (서둘러!)
   - Setze dich hin! (앉아!)
   - Gib mir das Ding da! (거기 그것 좀 줘!)
   - Nimm die Hände weg! (손 치워!)
   - Halt! (멈춰!)

MUSTER 231

하라고 명령할 때

231.mp3

명령형 + mal!

~해!

명령형 + mal!을 통해 명령을 표현할 수 있습니다. 명령형은 2인칭 단수 (또는 복수) 형태를 축약해서 만듭니다.

SCHRITT 1

1. 말해봐! 너 울어?	**Sag mal! Weinst du?**
2. 내 말 들어!	**Hör mal auf mich!** **= Hör zu!**
3. 이것 봐!	**Guck mal!**
4. 잊어버려!	**Vergiss es!**
5. 주의해!	**Pass mal auf!** **= Achtung!**

SCHRITT 2

1. 울고 있는 친구에게

A 말해봐! 너 울고 있어?	A Sag mal! Weinst du?
B Ja, mir ist gerade, was Schreckliches passiert.	B 응, 지금 내게 끔찍한 일이 일어났거든.
A Beruhig dich doch!	A 진정해!
B Leichter gesagt, als getan.	B 하는 것보다 말하는 게 쉽지. (말은 쉽지.)

2. 중국 여행상품

A 이것 봐!	A Guck mal!
B Was gibt's?	B 뭐가 있는데?
A Hier ist eine Reise nach China im Angebot!	A 여기 중국 여행상품이 있어!
B 잊어버려!	B Vergiss es!

TIPP 문화 여행상품

인터넷이나 마트의 여행책자 혹은 기차역의 여행센터(Reise-zentrum) 등에서 다양한 여행상품을 찾아볼 수 있습니다.

단어장 Wortschatz

weinen 울다 (* r. Wein(e) 와인)
gucken 보다
vergessen 잊다
auf +A aufpassen A를 주의하다
schrecklich 무서운, 끔찍한
passieren 1) 발생하다 2) 통과하다

하지 말라고 명령할 때

232.mp3

명령형 + nicht!

~하지 마!

명령형 + nicht!를 통해 하지 말 것을 명령할 수 있습니다.

SCHRITT 1

1. 고맙다고 말하는 것을 잊지 마! — Vergiss nicht, **zu danken!**
2. 비웃지 마! — Lach **mich** nicht **aus!**
3. 흥분하지 마! — Reg **dich** nicht **auf!**
4. 불평하지 마! — Beklage / Beschwere **dich** nicht!
5. 날 귀찮게 하지 마! — Geh **mir** nicht **auf die Nerven!**

SCHRITT 2

1. 수업이 많다고 불평하는 친구

A Ich habe mittwochs sechs Stunden Unterricht.
B 불평하지 마! Ich muss zusätzlich jeden Tag zwei Stunden lang einen Minijob machen.
A Du wirst aber dafür bezahlt.
B Aber zugleich kann ich mich auf mein Studium nicht konzentrieren.

A 난 수요일마다 6시간 수업이야.
B Beschwere dich nicht! 난 거기에다 매일 2시간씩 알바를 해야 해.
A 하지만 넌 돈을 벌잖아.
B 동시에 난 공부에 집중할 수가 없지.

2. 가택 근신 벌을 받는 친구

A Haha, du hast Hausarrest!
B 비웃지 마!
A 흥분하지 마! Ich mache doch nur Spaß.
B Trotzdem ist es gemein.

A 하하, 너 가택 근신 벌을 받고 있구나!
B Lach mich nicht aus!
A Reg dich nicht auf! 그저 농담이야.
B 그럼에도 불구하고 불쾌해.

TIPP
격언 Sei fröhlich wie der Optimist, der alles Schlechte schnell vergisst. Gräm dich nicht, reg dich nicht auf, das Leben nimmt doch seinen Lauf.
모든 나쁜 일을 빨리 잊어버리는 낙천주의자처럼 기뻐하라. 슬퍼하지 말고 흥분하지 말라. 삶은 자신이 사는 대로 나아간다.

단어장 Wortschatz

auslachen ~를 비웃다
aufregen 흥분하다
über + A sich beklagen A를 불평하다
über + A sich beschweren A를 불평하다
Jm auf die Nerven gehen Jm을 귀찮게 하다
r. Nerv(en) 신경
gemein 1) 일반적인 2) 불쾌한
zugleich 동시에
sich auf + A konzentrieren A에 집중하다
r. Hausarrest(e) 가택 연금 (* 독일 청소년이 받는 처벌 중 하나. 일종의 근신 처벌)

하지 말라고 명령할 때

233.mp3

Kein + 명사!

~하지 마!

Kein + 명사!를 통해 하지 말 것을 명령할 수 있습니다. nicht가 동사를 부정한다면 kein은 명사를 부정하는 데 쓰입니다.

SCHRITT 1

1. 두려워하지 마! **Keine Angst!**
2. 걱정하지 마! **Keine Sorge!**
3. 당황하지 마! **Keine Panik!**
4. 그것에 대해 말하지 마! **Kein Wort davon!**
5. 말대꾸하지 마! **Keine Widerrede!**

SCHRITT 2

1. 열쇠가 없는데 문이 잠겼을 때

A Oh, nein! Der Wind hat die Tür zugeschlagen. Aber ich habe keinen Schlüssel!
B 걱정하지 마! Ich habe eine gute Idee.
A Was hast du vor?
B Ganz einfach, ich rufe den Hausmeister an!

A 오, 안 돼! 바람에 문이 닫혔어. 그런데 열쇠가 없어!
B Keine Sorge! 좋은 생각이 있어.
A 무슨 계획인데?
B 매우 간단해, 건물관리인에게 전화할 거야!

2. 열쇠기술자를 부를 때

A Leider kann ich den Hausmeister nicht erreichen.
B 당황하지 마! Ich habe eine gute Idee. Ich rufe den Schlüsseldienst an.
A Das kostet aber zu viel!
B Wir haben keine andere Möglichkeit.

A 유감스럽게도 건물관리인에게 연락이 닿지 않아.
B Keine Panik! 좋은 생각이 있어. 열쇠기술자에게 전화할 거야.
A 하지만 그건 너무 비싸잖아!
B 다른 가능성이 없어.

TIPP 문화 열쇠
독일의 건물 대부분은 열쇠 없이 문이 닫히면 밖에서 못열게 되어 있습니다. 외출할 때는 반드시 열쇠를 가지고 다녀야 합니다. 열쇠 없이 문이 닫히면 건물관리인을 부르던지 열쇠기술자를 불러야 합니다.

단어장 Wortschatz

e. Widerrede(n) 반박, 이의
r. Wind(e) 바람 (* e. Wand(″e) 벽)
zuschlagen (문) 쾅 닫다 (* schlagen 치다 'schlagen – schlug – geschlagen')
r. Schlüssel(-) 열쇠 (* r. Schluss(″e) 끝, 종료)
Ich habe eine gute Idee. (숙어) 좋은 생각이 있어.
r. Hausmeister(-) 건물관리인
erreichen 닿다, (통화) 연락이 되다

반드시 익혀두어야 할 동사 관련 문법사항

1 불규칙 동사 변화표

2 동사와 화법조동사의 법, 시제, 태

3 특정 전치사를 목적어로 가지는 동사

01 불규칙 동사 변화표

동사의 '부정사 – 과거 – 과거분사'의 변화 규칙에서 벗어난 동사를 불규칙 동사라고 합니다. 불규칙 동사는 일반적으로 과거 접미어 –te와 과거분사 접미어 –t가 붙지 않고(단, 접두어 ge–는 유지됩니다) 모음이 바뀝니다. (예 fangen–fing–gefangen) 이러한 현상은 두 가지를 의미합니다. 첫 번째는 오랜 기간 동안 불규칙 변화가 발생할 만큼 '많이 사용되었다'는 것입니다. 그렇기 때문에 중요합니다. 두 번째는 발음을 편하게 하기 위해 모음이 변한 것입니다. 그래서 불규칙 변화 동사들 간에는 나름의 공통점을 발견할 수 있습니다. 부정사의 모음에 따라 4가지 형태로 나뉘고(a, e, i, ei), 모음의 변화에 따라 다음 10가지 패턴으로 분류할 수 있습니다. 자주 사용되는 불규칙 변화 동사 130여 개를 간추려 실었습니다. 익숙해질 때까지 매일 반복해서 학습해야 합니다.

불규칙 변화 동사의 10가지 변화 패턴 분류표

	A–B–A	A–B–B	A–B(a)–C
a	1. a–i(ie)–a: fangen 2. a–u–a: fahren		
e	3. e–a–e: essen	4. e–o–o: bewegen 5. en–an–an(규): brennen	6. e–a–o: befehlen
i(ie)		7. ie–o–o: bieten	8. in–an–on/un: beginnen/binden 9. i–a–e: bitten
ei		10. ei–ie–ie: bleiben	
기타	sein, haben, werden, gehen, kommen, tun, denken, bringen, wissen, gebären		

패턴 1 a – i (ie) – a : A–B–A

	부정사	과거	과거분사	뜻
1	fangen (ä)	fing	gefangen	잡다
2	fallen (ä)	fiel	gefallen	떨어지다
3	halten (ä)	hielt	gehalten	붙잡다
4	lassen (ä)	ließ	gelassen	하게 하다
5	raten (ä)	riet	geraten	충고하다
6	schlafen (ä)	schlief	geschlafen	자다
7	laufen (ä)	lief	gelaufen	달리다

8	rufen	rief	gerufen	부르다
9	heißen	hieß	geheißen	불리다
10	stoßen (ö)	stieß	gestoßen	부딪히다

* 괄호 안의 모음은 단수 2, 3인칭일 때의 경우입니다.
* a 외에도 다른 모음의 경우(au, u, ei, o)도 있습니다. 물론 드뭅니다.

패턴 2 a – u – a : A–B–A

	부정사	과거	과거분사	뜻
1	backen	backte / buk	gebacken	(빵) 굽다
2	fahren (ä)	fuhr	gefahren	운전하다
3	graben (ä)	grub	gegraben	파다
4	laden (ä)	lud	geladen	싣다
5	schaffen	schuf	geschaffen	창조하다
6	schlagen (ä)	schlug	geschlagen	치다
7	tragen (ä)	trug	getragen	옮기다
8	waschen (ä)	wusch	gewaschen	씻다
9	wachsen (ä)	wuchs	gewachsen	자라다

패턴3 e – a – e : A–B–A

	부정사	과거	과거분사	뜻
1	essen (i)	aß	gegessen	먹다
2	vergessen (i)	vergaß	vergessen	잊다
3	messen (i)	maß	gemessen	(길이) 재다
4	lesen (ie)	las	gelesen	읽다
5	geben (i)	gab	gegeben	주다
6	sehen (ie)	sah	gesehen	보다
7	geschehen (ie)	geschah	geschehen	(사건) 일어나다
8	treten (i)	trat	getreten	(발을) 내딛다

패턴 4 e – o – o : A–B–B

	부정사	과거	과거분사	뜻
1	bewegen	bewog	bewogen	움직이다
2	heben	hob	gehoben	들어올리다

3	quellen	quoll	quollen	솟다
4	schmelzen	schmolz	geschmolzen	녹다
5	schwören	schwor	geschworen	맹세하다
6	lügen	log	gelogen	거짓말하다
7	trügen	trog	getrogen	속이다

* e 외에도 다른 모음의 경우(ö, ü)도 있습니다. 단, 극히 드뭅니다.

패턴 5 en – an – an : 규칙 A–B–B

	부정사	과거	과거분사	뜻
1	brennen	brannte	gebrannt	태우다
2	kennen	kannte	gekannt	알다
3	nennen	nannte	genannt	부르다
4	rennen	rannte	gerannt	달리다
5	senden	sandte	gesandt	보내다
6	wenden	wandte	gewandt	(향하게) 하다

패턴 6 e – a – o : A–B(a)–C

	부정사	과거	과거분사	뜻
1	befehlen (ie)	befahl	befohlen	명령하다
2	bergen (i)	barg	geborgen	구하다
3	brechen (i)	brach	gebrochen	깨다
4	empfehlen (ie)	empfahl	empfohlen	추천하다
5	erschrecken (i)	erschrak	erschrocken	놀라다
6	gelten (i)	galt	gegolten	가치 있다
7	helfen (i)	half	geholfen	돕다
8	nehmen (i)	nahm	genommen	잡다/ 취하다
9	sprechen (i)	sprach	gesprochen	말하다
10	stehlen (ie)	stahl	gestohlen	훔치다
11	sterben (i)	starb	gestorben	죽다
12	treffen (i)	traf	getroffen	만나다
13	verderben (i)	verdarb	verdorben	썩다
14	werben (i)	warb	geworben	애쓰다
15	werfen (i)	warf	geworfen	던지다
비교	werden (i)	wurde	geworden	되다

패턴 7 ie – o – o : A–B–B

	부정사	과거	과거분사	뜻
1	biegen	bog	gebogen	구부리다
2	bieten	bot	geboten	제공하다
3	fliegen	flog	geflogen	날다
4	fliehen	floh	geflohen	도망가다
5	fließen	floss	geflossen	흐르다
6	genießen	genoss	genossen	누리다 / 즐기다
7	gießen	goss	gegossen	붓다
8	riechen	roch	gerochen	(냄새) 맡다
9	schieben	schob	geschoben	밀다
10	schießen	schoss	geschossen	(사격) 쏘다
11	schließen	schloss	geschlossen	잠그다
12	verlieren	verlor	verloren	잃다
13	wiegen	wog	gewogen	(무게) 나가다
14	ziehen	zog	gezogen	끌다

패턴 8 in – an – on / un : A–B(a)–C

	부정사	과거	과거분사	뜻
1	beginnen	begann	begonnen	시작하다
2	gewinnen	gewann	gewonnen	얻다
3	schwimmen	schwamm	geschwommen	수영하다
4	binden	band	gebunden	묶다
5	dringen	drang	gedrungen	돌진하다
6	finden	fand	gefunden	발견하다
7	gelingen	gelang	gelungen	성공하다
8	klingen	klang	geklungen	울리다
9	ringen	rang	gerungen	싸우다
10	schwinden	schwand	geschwunden	사라지다
11	schwingen	schwang	geschwungen	흔들다
12	singen	sang	gesungen	노래하다
13	sinken	sank	gesunken	가라앉다
14	springen	sprang	gesprungen	뛰다
15	trinken	trank	getrunken	마시다
16	zwingen	zwang	gezwungen	(억지로) 시키다

패턴 9　i (ie) – a – e : A–B(a)–C

	부정사	과거	과거분사	뜻
1	bitten	bat	gebeten	청하다
2	sitzen	saß	gesessen	앉다
3	liegen	lag	gelegen	눕다, 놓여 있다

* 자동사 sitzen, liegen과 달리 타동사 setzen, legen은 규칙변화합니다.

패턴 10　ei – ie (i) – ie (i) : A–B–B (과거분사 = ge + 과거형 + en)

	부정사	과거	과거분사	뜻
1	bleiben	blieb	geblieben	머물다
2	leihen	lieh	geliehen	빌려주다
3	meiden	mied	gemieden	피하다
4	reiben	rieb	gerieben	비비다
5	scheiden	schied	geschieden	구별 / 이혼하다
6	scheinen	schien	geschienen	~처럼 보이다
7	schreiben	schrieb	geschrieben	(글) 쓰다
8	schreien	schrie	geschrien	외치다
9	schweigen	schwieg	geschwiegen	침묵하다
10	steigen	stieg	gestiegen	오르다
11	treiben	trieb	getrieben	몰다
12	weisen	wies	gewiesen	가리키다
13	beißen	biss	gebissen	깨물다
14	gleichen	glich	geglichen	같다
15	greifen	griff	gegriffen	잡다
16	leiden	litt	gelitten	고생하다
17	reißen	riß	gerissen	찢다
18	reiten	ritt	geritten	(말) 타다
19	schneiden	schnitt	geschnitten	자르다
20	streichen	strich	gestrichen	쓰다듬다 / 바르다
21	streiten	stritt	gestritten	다투다
22	weichen	wich	gewichen	물러가다

* 자음이 중복되면서(ss, ff, tt) 모음이 짧아지는 것은(ie → i) 자연스러운 현상입니다.

기타. **많이 사용되지만 공통된 패턴을 찾을 수 없을 정도로 변화된 동사들**

	부정사	과거	과거분사	뜻
1	bin (sein 동사)	war	gewesen	있다
2	haben	hatte	gehabt	가지고 있다
3	werden (i)	wurde	geworden	되다
4	gehen	ging	gegangen	가다
5	kommen	kam	gekommen	오다
6	tun	tat	getan	하다
7	denken	dachte	gedacht	생각하다
8	gebären (ie)	gebar	geboren	낳다
9	bringen	brachte	gebracht	가져가다
10	wissen (ei)	wusste	gewusst	알다

02 동사와 화법조동사의 법, 시제, 태

모든 동사는 자신의 화법(직설법, 접속법 1, 접속법 2), 형태(능동, 수동), 시제(현재, 현재완료, 과거, 과거완료, 미래, 미래완료)를 가집니다.

직설법

	능동태 (Aktiv)	수동태 (Passiv)
현재	Er baut das Haus. 그는 집을 짓는다.	Das Haus wird von ihm gebaut. 그 집은 그로 인해 지어진다.
과거	Er baute das Haus. 그는 집을 지었다.	Das Haus wurde von ihm gebaut. 그 집은 그로 인해 지어졌다.
현재완료	Er hat das Haus gebaut. 그는 집을 지었다.	Das Haus ist von ihm gebaut worden. 그 집은 그로 인해 지어졌다.
과거완료	Er hatte das Haus gebaut. 그는 집을 지었었다.	Das Haus war von ihm gebaut worden. 그 집은 그로 인해 지어졌었다.
미래	Er wird das Haus bauen. 그는 집을 지을 것이다.	Das Haus wird von ihm gebaut werden. 그 집은 그로 인해 지어질 것이다.
미래완료	Er wird das Haus gebaut haben. 그는 집을 지었을 것이다. (미래)	Das Haus wird von ihm gebaut worden sein. 그 집은 그로 인해 지어졌을 것이다. (미래)

접속법 2식 (가정, 추측, 공손)

	능동태 (Aktiv)	수동태 (Passiv)
현재	Er baute das Haus. = Er würde das Haus bauen. 그가 집을 짓고 있을 거야.	Das Haus würde von ihm gebaut. 그 집은 그에 의해 지어졌을 거야.
과거	Er hätte das Haus gebaut. 그가 집을 지었을 거야.	Das Haus wäre von ihm gebaut worden. 그 집은 그에 의해 지어졌을 거야.
미래	Er würde das Haus bauen. 그가 집을 지을 거야. (미래)	Das Haus würde von ihm gebaut werden. 그 집은 그에 의해 지어질 거야. (미래)
미래완료	Er würde das Haus gebaut haben. 그가 집을 지었을 거야. (미래)	Das Haus würde von ihm gebaut worden sein. 그 집은 그에 의해 지어질 거야. (미래)

접속법 1식 (간접화법)

	능동태 (Aktiv)	수동태 (Passiv)
현재	Er baue das Haus. 그는 집을 짓는다.	Das Haus werde von ihm gebaut. 그 집은 그로 인해 지어졌다.
과거	Er habe das Haus gebaut. 그는 집을 지었다.	Das Haus sei von ihm gebaut worden. 그 집은 그로 인해 지어졌다.
미래	Er werde das Haus bauen. 그는 집을 지을 것이다.	Das Haus werde von ihm gebaut werden. 그 집은 그로 인해 지어질 것이다.
미래완료	Er werde das Haus gebaut haben. 그는 집을 지었을 것이다. (미래)	Das Haus werde von ihm gebaut worden sein. 그 집은 그로 인해 지어졌을 것이다. (미래)

화법조동사의 직설법

	능동태 (Aktiv)	수동태 (Passiv)
현재	Er kann das Haus bauen. 그는 집을 지을 수 있다.	Das Haus kann von ihm gebaut werden. 그 집은 그로 인해 지어질 수 있다.
과거	Er konnte das Haus bauen. 그는 집을 지을 수 있었다.	Das Haus konnte von ihm gebaut werden. 그 집은 그로 인해 지어질 수 있었다.
현재완료	Er hat das Haus bauen können. 그는 집을 지을 수 있었다.	Das Haus hat von ihm gebaut werden können. 그 집은 그로 인해 지어질 수 있었다.
과거완료	Er hatte das Haus bauen können. 그는 집을 지을 수 있었었다.	Das Haus hatte von ihm gebaut werden können. 그 집은 그로 인해 지어질 수 있었었다.
미래	Er wird das Haus bauen können. 그는 집을 지을 수 있을 것이다.	Das Haus wird von ihm gebaut werden können. 그 집은 그로 인해 지어질 수 있을 것이다.
미래완료	Er wird das Haus haben bauen können. 그는 집을 지을 수 있었을 것이다. (미래)	Das Haus wird von ihm haben gebaut werden können. 그 집은 그로 인해 지어 질 수 있었을 것이다. (미래)

화법조동사의 접속법 2식

	능동태 (Aktiv)	수동태 (Passiv)
현재	Er würde das Haus bauen können. 그가 집을 지을 수 있을 거야.	Das Haus würde von ihm gebaut werden können. 그 집은 그로 인해 지어질 수 있을 거야.

현재	Er könnte das Haus bauen. 그가 집을 지을 수 있을 거야.	Das Haus könnte von ihm gebaut werden. 그 집은 그로 인해 지어질 수 있을 거야.
과거	Er hätte das Haus bauen können. 그가 집을 지을 수 있었을 거야.	Das Haus hätte von ihm gebaut werden können. 그 집은 그로 인해 지어질 수 있었을 거야.
미래	Er würde das Haus bauen können. 그가 집을 지을 수 있을 거야. (미래)	Das Haus würde von ihm gebaut werden können. 그 집은 그로 인해 지어질 수 있을 거야. (미래)
미래완료	Er würde das Haus gebaut haben können. 그가 집을 지을 수 있었을 거야. (미래)	Das Haus würde von ihm haben gebaut werden können. 그 집은 그로 인해 지어질 수 있을 거야. (미래)

화법조동사의 접속법 1식

	능동태 (Aktiv)	수동태 (Passiv)
현재	Er könne das Haus bauen. 그는 집을 지을 수 있다.	Das Haus könne von ihm gebaut werden. 그 집은 그로 인해 지어질 수 있다.
과거	Er habe das Haus bauen können. 그는 집을 지을 수 있었다.	Das Haus habe von ihm gebaut werden können. 그 집은 그로 인해 지어질 수 있었다.
미래	Er werde das Haus bauen können. 그는 집을 지을 수 있을 것이다.	Das Haus werde von ihm gebaut werden können. 그 집은 그로 인해 지어질 수 있을 것이다.
미래완료	Er werde das Haus haben bauen können. 그는 집을 지을 수 있었을 것이다. (미래)	Das Haus werde von ihm haben gebaut werden können 그 집은 그로 인해 지어질 수 있었을 것이다. (미래)

03 특정 전치사를 목적어로 가지는 동사

특정 전치사를 목적어로 가지는 동사들이 있습니다. 이들 동사와 함께 전치사의 의미가 확장됩니다. 그렇기 때문에 특정 전치사가 그 동사와 함께 오는 이유를 전치사의 의미에서 추측할 수 있습니다. 물론 그 의미가 불분명한 것도 있습니다. 그리고 장소 전치사의 경우(an, auf, über, unter, in 등) 3격(범위 안에서)과 4격(범위 밖에서 안으로)을 구분합니다.

1 an + A : 바로 옆으로

1 추상적인 대상/환경 바로 옆으로

denken an + A	–를 생각하다
glauben an + A	–를 믿다
s. erinnern an + A	–를 회상하다
s. gewöhnen an + A	–에 익숙해지다

* s.는 재귀대명사 sich를 뜻합니다.

2 바로 옆으로 ~를 보내다/쓰다

schicken A an + Jn senden A an + Jn	–를 –에게 보내다
schreiben A an + Jn	–를 –에게 쓰다

2 an + D : 바로 옆에서

1 관심/의심 → 참석 → 일 바로 옆에서

sein interessiert an + D	–에 관심 있다
zweifeln an + D	–를 의심하다
teilnehmen an + D	–에 참석하다
arbeiten an + D	–를 일/공부하다

2 원인 바로 옆에서

leiden an + D (병명) leiden unter + D	–인해 고통받다
sterben an + D sterben bei Unfall	–로 인해 죽다 사고로 죽다
es liegt an + D	–에 달려 있다 / –때문이다

3 auf + A : 바로 위로

1 (~ 위로) 강한 감정이나 행동

achten auf + A aufpassen auf + A	–를 주의하다
s. verlassen auf + A vertrauen + Jm / auf + A	–를 신뢰하다
s. freuen auf + A (미래, 사람) s. freuen über + A (현재, 사물)	–를 기뻐하다
hoffen auf + A	–를 희망하다
warten auf + A	–를 기다리다
s. vorbereiten auf + A	–를 준비하다
verzichten auf + A	–를 포기하다
eingehen auf + A	–에 관심 갖다
zugehen auf + A	–에 다가서다
ankommen auf + A	–에 달려 있다

2 (~ 위로) 강한 연관성과 대답/반응

s. beziehen auf + A	–에 관련되다
hinweisen auf + A	–를 가리키다
antworten auf + A	–에 대답하다
reagieren auf + A	–에 반응하다

4 auf + D : 바로 위에

근거/주장 바로 위에

basieren auf + D	–에 근거하다
bestehen auf + D	–를 주장하다

5 aus + D : 로부터 (근원/출신)

(근원)으로부터

bestehen aus + D	–로 구성되다

6 bei + D : 곁에

도움의 내용 곁에

helfen Jm bei + D	–를 –로 돕다

7 für + A / gegen + A : 찬성 / 반대하여

1 찬성/반대하여 결정, 싸움

sein für/gegen +A	–를 찬성/반대하다
s. entscheiden für/gegen + A	–를 찬성/반대하는 결정을 하다
kämpfen für/gegen + A	–위해 / –에 대항해 싸우다

2 ~를 위하여 소비, 돌봄, 노력

ausgeben für + A	–를 위해 (대개 돈을) 쓰다
sorgen für + A	–를 돌보다
s. einsetzen für + A	–를 위해 애쓰다

3 (긍정) ~에 대하여 감사/사과, 흥미, 간주

danken Jm für + A	–에게 –에 대해 감사하다
s. bedanken bei + Jm für + A	–에게 –에 대해 감사하다
s. entschuldigen bei + Jm für + A	–에게 –에 대해 미안하다
s. interessieren für + A	–에 흥미를 가지다
halten A für + A/adj	–를 –라고 간주하다

8 mit + D : 함께

1 진행 과정(시작 → 예상 → 몰두 → 서두름 → 끝)과 함께

anfangen mit + D beginnen mit + D	–를 시작하다
rechnen mit + D	–를 예상하다
s. beschäftigen mit + D	–에 몰두하다
s. beeilen mit + D	–를 서두르다
aufhören mit + D	–를 끝내다

2 관계(전화 → 약속 → 만남 → 좋은 관계), 둘의 관련/비교

telefonieren mit + Jm	–와 전화하다
s. verabreden mit + Jm	–와 (만나기로) 약속하다
s. treffen mit + Jm	–와 만나다
s. verstehen mit + Jm s. vertragen mit + Jm	–와 (좋은) 관계를 갖다
s. verbinden mit + D	–와 결합하다

zusammenhängen mit + D	–와 관련되다
vergleichen A mit + D	–와 비교하다

9 nach + D : 향하여, 따르면

1 질문, 그리움의 대상을 향하여

s. sehnen nach + D	–을 그리워하다
fragen Jn nach + D	–에게 –를 묻다

2 모습, 냄새, 맛에 대한 평가를 따르면

riechen nach + D	–의 냄새가 나다
schmecken nach + D	–의 맛이 나다

10 über + A : 넘어 위에 → 대해(서)

1 ~에 대한 대부분 부정적인 감정/행위

s. ärgern über + A ärgern Jn	–에 대해 화내다 –를 화나게 하다
s. aufregen über + A	–에 대해 흥분하다
s. beklagen über + A	–에 대해 불평하다
s. beschweren bei + Jm über + A	–에게 –에 대해 불평하다
s. wundern über + A	–에 대해 놀라다
lachen über + A	–를 웃다/비웃다

2 ~에 대하여 말하다.

sagen (zu) Jm A	–에게 –를 말하다
erzählen Jm A / etw über + A	–에게 –에 대해 이야기하다
reden mit + Jm über + A (von + D)	–와 –에 대해 대화하다.
sprechen mit + Jm über + A (von + D)	–와 –에 대해 대화하다.
s. unterhalten mit + Jm über + A	–와 –에 대해 담소를 나누다.

3 사건에 대하여

s. informieren über + A	–에 대해 조사하다
diskutieren über + A	–에 대해 논의하다
nachdenken über + A	–에 대해 숙고하다
berichten über + A	–에 대해 보도하다

11 um + A : 주위에

1 (총체적으로) ~에 대하여

es geht um + A	–에 대한 것이다
es handelt s. um + A	–이다

2 위하여 (노력, 돌봄, 걱정, 요청)

s. bemühen um + A	–를 위해 노력하다
s. bewerben um + A	–를 구하기 위해 노력하다
s. kümmern um + A	–를 돌보다
s. sorgen um + A	–를 걱정하다
bitten Jn um + A	–에게 –를 요청하다
beneiden Jn um + A	–에 대해 –를 부러워하다

12 von + D : 로부터 (분리)

1 분리하여

s. trennen von + D	–와 헤어지다
s. verabschieden von + D	–와 작별하다
s. unterscheiden von + D	–와 구분되다
ausgehen von + D	–에서 시작하다
abgesehen von + D	–를 제외하고

2 대하여

hören von + D hören + A zuhören + Jm	소식을 듣다 –를 듣다 –의 말을 경청하다
erfahren von + D erfahren + A	–에 대해 알다 –를 경험하다
träumen von + D	–를 꿈꾸다 –을 희망하다

s. überzeugen von + D überzeugen von + D	–를 확인하다 –를 설득하다
verlangen A von + D	–에 대해 –를 요구하다
handeln von + D	–를 다루다
abhängen von + D	–에 달려 있다

13 unter + A/D: 아래에

개념 아래에

verstehen A unter + D(Begriff)	–를 –로 이해하다

14 vor + D: 앞에

위험 앞에

s. fürchten vor + D	–를 두려워하다
warnen (Jn) vor + D	–에게 –를 경고하다

15 zu + D: ~로

(목표)로 향하다

einladen Jn zu + D	–를 –에 초대하다
überreden Jn zu + D	–를 –에 권하다
zwingen Jn zu + D	–를 –에 강요하다
erziehen Jn zu + D	–를 –하도록 가르치다
wählen Jn zu + D	–를 –로 뽑다
s. entschließen zu + D	–할 것을 결심하다
gratulieren Jm zu + D	–에게 –를 축하하다
passen zu + D	–에 맞다 –에 어울리다
gehören zu + D gehören + D	–에 속하다 – 것이다

16 in + A : 안으로

안으로

s. verlieben in + A	–와 사랑에 빠지다
geraten in + A fallen in + A	–에 빠져들다